约会名著·世界文学之旅

【名家全译本】

我们的先知
——纪伯伦散文诗选

【黎】卡里·纪伯伦　著

جبران النبيّ لنا

李唯东　译

中国出版集团公司
中国对外翻译出版有限公司

图书在版编目（CIP）数据

我们的先知 /（黎巴嫩）纪伯伦（Gibran,K.）著；
李唯中译. —北京：中国对外翻译出版有限公司，2012.4
ISBN 978 – 7 – 5001 – 3211 – 0
Ⅰ.①我… Ⅱ.①纪… ②李… Ⅲ.①散文诗—诗集
—黎巴嫩—现代 Ⅳ.①I378.25
中国版本图书馆 CIP 数据核字（2012）第 031617 号

我们的先知

出版发行 / 中国对外翻译出版有限公司
地　　址 / 北京市西城区车公庄大街甲 4 号物华大厦 6 层
电　　话 /（010）68359101　68357328　68359827
邮　　编 / 100044
传　　真 /（010）68357870
电子邮箱 / book@ctpc.com.cn
网　　址 / http://www.ctpc.com.cn

总 策 划 / 姚丹骞　张高里
策划编辑 / 刘　旭　于建军
责任编辑 / 顾　恬
封面设计 / 一鸣文化

印　　刷 / 北京画中画印刷有限公司
经　　销 / 新华书店

开　　本 / 880×1230 毫米　1/16
印　　张 / 32
字　　数 / 440 千字
版　　次 / 2012 年 4 月第一版
印　　次 / 2012 年 4 月第一次印刷

书　　号 / ISBN 978 – 7 – 5001 – 3211 – 0　　定价：32.00 元

出版前言

一部文学史是人类从童真走向成熟的发展史，是一个个文学大师用如椽巨笔记载的人类的心灵史，也是承载人类良知与情感反思的思想史。阅读这些传世的文学名著就是在阅读最鲜活生动的历史，就是在与大师们做跨越时空的思想交流与情感交流，它会使一代代的读者获得心灵的滋养与巨大的审美满足。

中国对外翻译出版有限公司以中外语言学习和中外文化交流为自己的出版宗旨，三十多年来，翻译出版了大量外国文学名著、社会科学著作和人物传记等，与国内翻译名家有着深厚的渊源。近年来，在市场化大潮的裹挟下，翻译质量急剧下降，出版物质量也令人忧虑。出版一套质量上乘、造福读者的高品味文学名著便成为中国对外翻译出版有限公司义不容辞的历史责任与光荣使命。我们的这一想法得到了国内翻译界的一致赞同与积极响应。这便是“中译经典文库·世界文学名著”丛书出版的缘起。在广泛讨论的基础上，我们成立了以中国翻译协会副会长、著名翻译家尹承东先生为主编，著名翻译家王逢振、尹承东、李玉民、杨武能、张建华、张经浩、陈众议、罗新璋、施康强、郭建中为编委的“中译经典文库·世界文学名著”编委会，他们本着对读者负责、对历史负责的态度，认真遴选篇目，选择国内最权威的译本，向读者奉献上一道精神盛宴。

“中译经典文库·世界文学名著”将是一个开放的系统，我们将一如既往地将世界上最优秀的文学名著、国内最权威的译本纳入这一系列，不断地将优秀的精神食粮奉献给广大读者。

“满纸荒唐言，一把辛酸泪，都云作者痴，谁解其中味”，这是曹雪芹在《红楼梦》第一回中的喟叹。中外大师们不必疑虑，捧读他们著作的读者，便是他们的千古知音，他们的作品将伴随人类文明的足迹，直至永恒。

译本序

李唯中

半个多世纪前，我还在中学读书的时候，偶尔听学航空的家兄提及我国的一位空气动力学家说过的一句话，大意是：东方人是碳水化合物，西方人也是碳水化合物，东方人为什么就不如西方人！就是这位受过西方教育的中国学子，完成学业之后，他的西方导师对他说："你已经超过了我。"他想回国，而美国人说他能抵五个师，宁可"枪毙"他，也不让他离开美国。但他冲破重重艰难险阻，终于回到了祖国，后来成为新中国两弹一星、航空航天事业的奠基人之一。当许多人物的塑像矗立在高高的底座上时，他示意他的塑像不要底座，谓之"脚踏实地"，果然见他的双脚站立在草坪中。他，就是现年98岁的钱学森先生。近50年前，听到钱学森先生的那句话，曾使我这个中学生热血沸腾，幻想联翩，周身充满上进的动力；50多年之后，我站在钱先生"脚踏实地"的塑像前，激动之情仍不减当年。

东方出了个纪伯伦（1883.1.6－1931.4.10），真是东方人的骄傲，也提前为钱学森先生的"碳水化合物"之说做了恰当注脚。东方人不比西方人差！

纪伯伦是"旅美派"作家中的杰出代表，被誉为"旅美文学家们的头号领袖"、"旅美文学的旗手和灵魂"。纪伯伦又是一位成功的画家。祖籍大马士革。先祖迁往巴勒贝克，后来他的祖父优素福·纪伯伦迁到黎巴嫩北部的卜舍里村，1883年纪伯伦就出生在这里。1894年，母亲带着他和三个孩子逃难到美国。为了满足母亲的愿望，同时也实现自己童年时代梦想，纪伯伦于1898年回到黎巴嫩，进入著名的“希克玛”学校学习4年。1908年得波士顿一所女子学校校长玛丽·哈斯凯勒鼓动和资助前往艺巴黎,入美术学校,受教于世界艺术大师罗丹门下。罗丹十分欣赏纪伯伦的才华,誉之为“20世纪的威廉·布莱克”。以优异成绩获美术学校毕业文凭。后去美国,定居纽约。旅美叙利亚作家成立“笔会”,一致选举纪伯伦为会长,继续从事文学创作,同时也很重视绘画。他的画被法国国际美术馆收藏,被选为英国美术家协会“荣誉会员”。

纪伯伦生前道路坎坷,境遇艰辛,患有多种疾病,逝世于纽约,年仅48岁。所幸身后世人给予他和他的作品评价之高却是许多大家难望其项背的。1983年他被联合国教科文组织列为七位“具有世界意义”的人物之一,其余的六位是瓦格纳、斯汤达、马克思、欧勒、卡夫卡和马丁·路德。

纪伯伦在诗歌、散文、小说的创作上不落窠臼,开一代文坛新风。尤其值得称道的是他的散文诗创作,达到了炉火纯青的境界,不仅当时的“旅美派”作家中无人能比,就是当今阿拉伯文坛上也很少有人堪与之相提并论。他不仅在用母语阿拉伯文创作上取得了可观的成就,还用英文写下了数部传世佳作,轰动了美国,誉满世界。他虽不曾得过什么奖,但他在世界文坛上的一席之地却是无可争议。他用英文发表的散文诗代表作《先知》出版后,大受读者欢迎,引起文坛轰动,被称为“小圣经”,堪称“警世恒言”。据统计,它已被译成五十六种文字,发行量超过七百万册。在中国,纪伯伦的作品成为仅次于《一千零一夜》的第二大阿拉伯文学畅销书。

《先知》是纪伯伦的散文诗代表作。纪伯伦说,“《先知》是我思考了一千年的书”,“在来年,我将发表两部作品:一部诗集,一部寓言集。之后,我将专心写《先知》,我已有用阿拉伯文写的草稿,写作时我不过十六岁……在这部书里,记录下了我内心的暗在神圣……它深居我的心底,但我却不急于将之呼出……就让它存在那里吧!”(致玛丽·哈斯凯勒信)“这本书现在充塞了我的生命,我睡觉时梦见它,醒来时想着它,吃喝时仍是它。”(1920年与友人谈话)纪伯伦20岁时,曾在波士顿把《先知》的阿拉伯文草稿读给他的母亲。

母亲听后对他说:“孩子,太好了!不过还不到发表的时候。”又过了十年,纪伯伦发表了系列作品之后,用英文写出了这部作品的初稿。1921年春,纪伯伦累倒了,他带着《先知》的初稿去波士顿“疗疾”。他对友人说:“我怎么办呢?难道放弃写作、绘画?丢下《先知》?……它还是一个婴儿,是我的精神至今孕育的最好婴儿。不能丢下,我将做到底,即使我的生命随之结束而结束。”

纪伯伦是用心血写成的《先知》。

纪伯伦身在西方生活,但他的心却在东方,无时不在关注着自己的祖国和东方,哀之不幸,怒其不争。“我之所以为东方人哭泣,因为在疾病面前嬉笑是双料愚昧。”“我之所以为那可爱的国度哀号,因为在失明的受灾者面前歌唱是盲目呆钝。”“东方乃一病夫,遭到种种疾病侵袭,遇重重瘟疫骚扰”,“东方人沉睡在自己那柔软的病榻上”。纪伯伦深刻揭示了遍布东、西方的奴性,指出:“人是生活的奴隶。奴隶主义使得人们白天充满屈辱、卑贱,黑夜饱浸血和泪水。”“奴隶主义是一个永恒的灾难,给人间带来了无数意外和创伤,就像生命、习性的继承一样,父子相传。”他深刻地揭示了东方的沉疴之后,主张消灭奴性,恢复人性,做“掘墓人”,埋葬“腐烂发臭的尸首”似的“灵魂”,用“手术刀”切除痈疽,拔掉“龋齿”,做自由人。如何才能成为真正的自由人呢?他指出:“只有当你们的愿望化为自由,而不是你们的羁饰,不再把自由谈论为你们追寻的目标和成就时,你们才能成为自由人。/当你们的白天不无忧虑而过,你们的黑夜不无惆怅而去之时,你便获得了自由。/不如说当忧愁包围你们时,你们却能赤裸裸地毫无拘束地超脱之,你们才真正获得了自由。”(《先知·论自由》)

纪伯伦很快发现了人类自身存在的“无限”即“神性”。他对奴性、人性和神性作了这样的诠释:“你们的神性自我像汪洋大海,永远一尘不染。/又像以太,只助有翼者高飞。/你们的神性自我也像太阳,既不识鼹鼠的路,也不寻觅蛇洞穴。/但是,你们的神性自我并不独自居于你们的实体之中。/你们实体里的,有一大部分是人性的,还有一部分尚未变成人性的。/那只是一个未成形的侏儒,睡梦中在雾霭里行走，寻求自己的觉醒。我现在就谈谈你们的人性吧，只有它才晓得罪与罚，而你们的神性自我和雾霭中行走的侏儒，却全然不知。(《先知·论罪与罚》)

纪伯伦认为人类精神的发展是沿着奴性——人性——神性轨迹前进的，只有摆脱奴性，恢复人性，使人性升华，最终成为神性的人。他主张人类要做"有翼者高飞"，捕捉"天空中飞行的大自我和真自我"，以期获得神性，成为"神性的人"而永生："汇入我的湖中的还有比笑更甜、比向往更美妙的东西，那就是你们内心中的"无限"；"无限"是巨人，而你们不过是细胞和组织而已。/是的，在这位巨人的歌喉里，你们的吟唱都是无声的搏动。你们与巨人结合在一起，才能显露出你们的巨大。/……/巨人用自己的力量将你们束缚在大地上，他的芳馨带着你们在天空翱翔，他的不停旋动使你们永远摆脱死亡。"(《先知·道别》)

纪伯伦还为做神性的人指出了道路，那就是响应"爱"的召唤："爱向你们示意，你们就跟他走，即使道路崎岖，坡斜陡滑。/如果爱向你们展开双翅，你就服从之，即使藏在羽翮中的利剑会伤着你们。/如果爱对你们说什么，你们只管相信他，即使他的声音惊挠你们的美梦，犹如北风将园林吹得花木凋零。""爱，除了自己，既不给予，也不索取。/爱，既不占有，也不被任何人占有。/"爱，仅仅满足于自己而已。"还要坚持"美"的追求："你们怎样去追寻美呢？假若美不作你们的路和向导，你们怎能找到美呢？/除了美编织你们的言语，你们又怎能谈论美呢？"

纪伯伦在《先知》这部垂世作品中塑造了一位东方智者的形象，以深邃的哲理散文诗论述了人类自古至今以及未来所面临的爱情、婚姻、衣食、住行、悲欢、苦乐、善恶、劳逸、乃至生死等种种实际问题，仿佛那位先知就是作者心目中的"神性的人"，作者也因此被誉为"超越人类和超越生命的巨人"。黎巴嫩人则自豪地直称纪伯伦为"我们的先知"。《先知》的巨大成功使纪伯伦登上了成就和荣誉的巅峰，令西方人五体投地。《芝加哥邮报》载文评论《先知》："如果一个男人或一个女人读了这本书，不能安静地接受一位伟人的哲学,那么,这个男人或女人,就生命和真理而言,确已死亡。”美国前总统西奥多·罗斯福曾对纪伯伦说:“你是最早从东方吹来的风暴,横扫了西方,但它带给我们海岸的全是鲜花。”

《先知》写的是人与人的关系。《先知花园》是《先知》的续篇,先知穆斯塔法接着回答人们有关人与自然之间关系的若干问题。纪伯伦早就打算写一本名为《先知之死》的阐述人与上帝之间的关系,构成“三部曲”,但未来得及下笔,疾病和劳碌吞噬了这位天纵之才的生命,留下无法弥补的遗憾,同时也留给世人无限想像的空间。

毫无疑问,纪伯伦的作品为东方乃至全人类的精神文明宝库增添了珍宝。有哲人说,二十一世纪是东方人的世纪,所谓“二十年河西,二十年河东”,我不怀疑。

俗话说“十年树木,百年树人”,物质文明与精神文明的建设恰恰就是树木与树人。物质文明十年多至二十年就可见效,改革开放仅仅二十年,高楼林立,汽车遍地,高峡出平湖,然而精神文明却要从“你好”、“再见”、“您请”开始学起。不妨可以说“十年建物质文明,千年建精神文明”。诚如一位“长袍”青年教师讲,西方创造了物质文明,汽车、洋房(还有飞机、洋枪洋炮、鸦片),而以儒家(东方哲人新说:儒学是宗教)为代表的精神文明却早就诞生在东方。纪伯伦就深刻体味过那种物欲横流、人情淡薄的西方物质文明之苦。读了纪伯伦,会使我们更加珍视东方以和为贵、和睦和谐的精神文明与哲学思想。

纪伯伦的作品独具风韵。他的文笔轻柔、凝练、隽秀,宛如行云流水;语词清新、奇异、俏丽,色彩斑斓夺目;哲理寓意深邃,比喻别致生动,想像力无比丰富;加上那富有神秘格调的天启预言式语句,还有铿锵有力的音乐节奏感、运动跳跃感,构成了世人公认的热烈、清秀、绚丽的独特风格,被世人誉之为“纪伯伦风格”。在欣赏美妙文字的同时,也会使灵魂得到陶冶、净化和升华。

是为小序。

2009 年 8 月　晏如居

目　录

先　知

船的到来

年值韶华，被主所选、为主所爱的穆斯塔法，在奥法里斯城等了十二年，等待着他的船到来，以便载他归返他出生的岛上去。

在第十二年的九月，即收获之月的第七天，他登上城墙外的小山，放眼向大海望去，只见他的船披着雾霭驶来。

此刻，他的心境豁然开朗，欢悦之情远远地飞越大海。他闭上双眼，在灵魂的静殿中祈祷。

*　　*　　*

当他从小山上走下来，忽觉一阵忧思袭上心头，他暗自想：

我怎能心无惆怅，安然地离去呢？

我在这座城郭里度过的痛苦白天是漫长的，我所度过的孤寂之夜是漫长的。谁能够与自己的痛苦和孤寂毫无遗憾地分手呢？

在这条条路上，我撒下了多少精神的颗粒！

有多少我所喜爱的孩子，赤身裸体地跪在它的山丘之间！因此，我不能毫无负担、毫无痛苦地离开它。

今天，我脱下的不是一件外衣，而是用我们双手撕下自己的一块皮。

今天，我不是把一种想法丢在了身后，而是丢弃了一颗用饥饿和干渴浸透的甜蜜之心。

*　　*　　*

但是,我不能再久留了。

呼唤万物前往的大海在召唤我,我必须扬帆起航了。

虽然我夜下的归思仍灼热似火,可如果再呆下去,却要凝固、结晶、模化了。

我多么希望能够带走这里的一切,又有什么办法呢?

唇和舌是声音的双翅,而声音飞走时却不能带着双翅,只能独自去觅寻以太。

如同鹰不能带着巢,只能独自飞过太阳。

* * *

现在,穆斯塔法行至丘山脚下,转身向着大海,看见他的船正向港口靠近,船头上站着来自故乡的水手。他向他们发出由衷的呼唤:

我的老母的孩子们,弄潮的英雄汉,

你们有多少次航行在我的梦里呀!现在,你们在我苏醒时来了,而苏醒是我更深的梦境。

看哪,我现在准备起航了。我的渴望风帆已经全部展开,正等待着风的到来。

我只求在这静静的空气中吸上一口气,

只要向这里的一切投上亲切的一瞥,

之后,我便加入你们的行列,成为一名水手。

还有你呀,宽阔的大海,不眠的母亲,

只有在你的胸膛里,江河和溪流才能找到平安和自由。

这条小溪仅剩下一次转变,之后在这林间只作一声低语,便奔向你那里,化作无边大洋中的一自由涓滴。

* * *

穆斯塔法正走在路上时,忽见远处有众多男女离开他们的田地和葡萄园，快步向着城门走来。他听见他们呼唤着他的名字，穿过田间阡陌，高声喧嚷着他的船来了。他自言自语道：

莫非离别之日正是聚会之时？

我的夕阳西下之时，果真是朝阳东升之时？

他们耕作之时丢下犁杖或者停下榨汁的轮子，我能给他们什么呢？我的心能成为一颗结满果子的树，可以采摘并分给他们吗？

我的愿望能像涌泉，以便斟满他们的杯盏吗？

我是可供上帝之手弹奏的琴，或是可让上帝吹奏的笛子？

我是探索寂静的人，在其中我能发现什么宝藏，并且满怀信心地撒播出去呢？

如果今天就是收获之日，那么，我曾在哪块土地上，又是在哪个被我遗忘的季节里，播下我的种子的呢？

假若那的确是我举灯的时刻，那么，灯里燃烧着的不是我所点燃的火焰。

我将举起我的灯，那灯里无油，而且灯光暗。

夜下守护你们的人将为灯添油，也将为你们将之点燃。

* * *

这些都是穆斯塔法说出口的事情，还有很多话隐藏于他的心中，未能道出他深藏心底的秘密。

* * *

穆斯塔法进城时，众人们纷纷迎接他，齐声呼唤他的名字。

长老们走上前，说道：

你不要急于离开我们！

你在我们生命的苍茫暮色中，曾像艳阳一样悬挂中天。

你的青春华年曾赋予我们美梦联翩。

你在我们中间，既非客居，也不是异乡人，而是我们可爱的孩子，我们的灵魂对你情有独钟。

不要让我们因渴望见到你的容面而望眼欲穿。

*　　　*　　　*

男女祭司们高声对他说：

莫让海浪现在就把我们分开，不要让你在我们中间度过那些岁月化为记忆。

你曾是一位神灵走在我们当中，你的影子曾是照亮我们脸面的光芒。

我们是多么深爱着你，虽然我们的爱默默无言，且又隔着薄纱；

然而它现在正高声呼唤你，希望它在你的面前能被撩开来。

爱总是这样，不知其深，除非到了别离的时辰。

*　　　*　　　*

另外一些人走来恳求、挽留。但是，穆斯塔法默不作声，然后低下头去。站在他周围的人们看见他泪流如注，直滴落在胸膛上。

穆斯塔法走去，众人们随着他走向神殿前的宽大广场。

*　　　*　　　*

一位名叫美特拉的女预言家从神殿里走出来。

穆斯塔法用充满温情的目光望了女预言家一眼，因为她是他进城仅一天的时间里第一个向他走来并寻求他相信的人。

女子深情地问候他，然后说：

上帝的先知，极致境地的探索者，

一直眺望天际寻觅自己航船的人呀，

你盼望的船已经来了，你的启程已成定局。

你对记忆中的土地和强烈希翼中的故国是多么渴望眷恋！我们的爱是拴不住你的，我们的需要也留不住你。

但是，在你离开我们之前，我们请求你给我谈上一谈，用你的真理把我们武装一番。

我们将用这些真理武装我们的子女,他们也将把真理传给他们的子女,如此代代相传,永世不断。

你曾在孤独中关怀着我们的白日;你曾在苏醒中倾听我们睡梦中的哭与笑。

现在,我们请求你把我们的内心世界揭示给我们,把你所知道的关于生与死之间的学问告诉我们。

*　　*　　*

穆斯塔法回答他们说:

奥法里斯城的居民们,除了回旋在你们心灵里的那些东西,我还能谈什么呢?

论　爱

美特拉说:

请给我们谈一谈爱吧!

穆斯塔法抬起头来,望着众人们,那里一片寂静,鸦雀无声。他用洪亮的声音说:

爱向你们示意,你们就跟他走,

即使道路崎岖,坡斜陡滑。

如果爱向你们展开双翅,你就服从之,

即使藏在羽翮中的利剑会伤着你们。

如果爱对你们说什么,你们只管相信他,

即使他的声音惊挠你们的美梦,犹如北风将园林吹得花木凋零。

*　　*　　*

爱为你们戴上冠冕的同时,也会把你们钉在十字架上。

爱能强壮你们的骨干，同时也要修剪你们的枝条。

爱能升腾到你们天际的至高处，扶弄你们那摇曳在阳光里的柔嫩细枝。

爱同样能沉入你们那伸进泥土里的根部，并将根部动摇。

* * *

爱把你们抱在怀里，如同抱着一捆麦子。

爱把你们舂打，以使你们赤体裸身。

爱把你们过筛子，以便筛去外壳。

爱把你们磨成面粉。

爱把你们和成面团，让你们变得柔软。

爱再把你们放在他的圣殿里的火上，以期让你们变成上帝圣筵上的神圣面包。

* * *

爱如此摆弄你们，为的是让你们知道你们心中的秘密。依靠这一见识，你们就能成为存在之心的一片碎屑。

* * *

如果你们心存恐惧，只想在爱中寻求安逸和享受，

那么，你们最好遮盖起自己的裸体，逃离爱的打谷场，

走向一个没有季节更替的世界；在那里，你们可以笑，但笑得不尽情；在那里，你们可以哭，但眼泪淌不完。

* * *

爱，除了自己，既不给予，也不索取。

爱,既不占有,也不被任何人占有。

爱,仅仅满足于自己而已。

* * *

当你爱的时候,你不要说“上帝在我心中”,

而要说“我在上帝心中”。

你切莫以为自己能够指引爱之行程。

爱会引导你,如果发现你适于引导。

* * *

爱除了实现自我,别无所求。

当你爱时,而且还要伴随着某些愿望,那就把这些作为你的愿望吧:

溶化自己,变得像一条流淌的溪水,对夜色哼唱小曲;

感受过分温柔产生的痛苦;

接受由对爱的了解为你带来的伤害;

甘心情愿地任你的血流淌;

黎明即起,带着一颗生翅膀的心,满怀谢意迎接爱的新一天来临;

中午小憩,深深沉浸在爱的微醉之中;

黄昏回家,满怀感恩之情;

入睡之时,你的心为你心爱之人祈福,唇间哼吟着赞美的歌。

论婚姻

美特拉又问:夫子,关于婚姻,你有何论说呢?

穆斯塔法回答道:

你俩同生,相伴到永远。

当死神的双翼带走你的岁月时,你俩在一起。

是的，同样在默默思忆上帝之时，你俩也在一起。
不过，你俩结合中要有空隙。
让天风在你俩间翩翩起舞。

*　　*　　*

你俩要彼此相爱，但不要使爱变成桎梏；
而要使爱成为你俩灵魂岸边之间的波澜起伏的大海。
你俩要相互斟满杯子，但不要用同一杯子饮吮。
你俩要互相递送面包，但不要同食一个面包。
一道唱歌、跳舞、娱乐，但要让各忙其事；
须知琴弦要各自绷紧，虽然共奏一支乐曲。

*　　*　　*

要心心相印，却不可相互拥有。
因为只有“生命”的手才能容纳你俩的心。
要相互搀扶着站起来，但不要紧紧相贴。
须知神殿的柱子也是分开站立着的。
橡树和松树也不在彼此阴影里生长。

论孩子

一位怀抱婴儿的妇女说：请给我们谈谈孩子吧。
穆斯塔法说：
你们的孩子并不是你们的，
而是“生命”对自身的渴望所生的儿女。
他们借你们来到世上，却并非来自你们，
他们虽与你们一起生活，却并不属于你们。

*　　*　　*

你们可把爱给予他们，却不能给予他们以思想。

因为他们有他们的思想。

你们能够庇护他们的身体，却不能庇护他们的灵魂。

因为他们的灵魂居于明日的华屋，那是你们无法想见的，即使在梦中。

你们可以努力以求像他们，但不要试图让他们像你们。

因为生命不能走退步，它不可能滞留在昨天。

你们是弓，你们的孩子则是从你们的弓弦上射出的尖箭。

射手看见竖立在无尽头路上的目标，

他会用自己的神力将你们的弓引满，以便让他的箭快速射至最远。

就让你们的弓在射手的手中甘愿曲弯；

因为他既爱那飞快的箭，也爱那静止的弓。

论施舍

一个富翁说：请给我们谈谈施舍吧。

穆斯塔法答道：

当你把你的财产给人时，那只是施舍了一点点儿。

只有把你自身献给他人，那才是真正的施舍。

你所占有的岂不是惧怕明天需要它而保存起来的东西吗？

那明天，又能随从前往圣城朝觐时，把骨头埋在无人迹的沙土里的多虑的狗，储存下什么呢？

除了需要本身，需要还惧怕什么呢？

你的井水充溢时还惧怕干渴，那不是无法解救的干渴吗？

* * *

有的人家财万贯，却只拿出一星点儿给人，

他们还自诩为施舍；他们心中暗藏的欲念难免要葬送他们的施

舍善意。

有的人囊中羞涩,却慷慨献出全部。

他们是笃信生命及其丰富内存,因而他们的金库总也不空。

有的人乐于施舍,施舍之乐便是他们的报酬。

或者痛苦地施舍,在痛苦中净化自己的灵魂。

有的人施舍既不觉痛苦,也不寻欢乐,亦不知道施舍是一种美德。

有些施舍的人,就像山谷中的桃金娘,只管把芳香撒向天空。

上帝通过这些乐善好施者的手说话,透过他们的眼睛将微笑洒满大地。

* * *

向求乞者施舍,当然好,若向未开口的,而你早知道的饥馑者施舍,那就更好了。

对于乐善好施者来说,主动寻觅有待周济之人,较之施舍的快乐有过之而无不及。

你真有什么必须保留的东西吗?

终有一天,你的一切所有都要给人。

你现在就施舍吧!让施舍的时令属于你,而不属于你的继承人。

* * *

你常说:“我一定施舍,但只给那些配得恩施的人。”

但你的果园中的树木及你牧场上的羊群不这样说。

他们为了生存而施舍,因为守财导致灭亡。

毫无疑问,凡配得到白昼与黑夜的人,均应得到你所施舍的一切。

凡配从生活的大洋中饮水者,均配在你的小溪中灌满自己的杯子。

接受施舍的勇气、信心和慈善是一种美德,还有比这更伟大的美德吗?

你是何许人,竟敢要人们向你袒露心中隐私,抛弃狂傲外衣,让你看看他们的价值和无愧傲气?

还是首先审视一下你自己是否配做施舍者,是否配做施舍者的工具吧!

其实,生命是生命的施舍者,自以为是施主的人啊,你不过是个证人罢了。

* * *

你们,接受施舍的人们——你们都是接受者——你们不必过分感恩戴德;如若不然,会把轭加在你们和施舍者的肩上。

你们和施主理应一道起来,那便是怀疑以慈善大地为母,以上帝为父的施舍者的慷慨仁义之情了。

论饮食

一个开饭店的老者说:请给我们谈谈饮食吧!

穆斯塔法说:

但愿你们能够依赖大地的芳菲而生存,就像攀缘藤萝那样依靠阳光的供养。

既然你们必宰牲而食,非从幼畜口中夺取奶汁解渴,那么,你们使之成为一种祭拜仪式。

让你们的餐桌成为祭坛吧!祭坛上那来自平原和丛林中的纯洁、清白的肴馔,正是为了使人变得更纯洁、更清白而牺牲的。

* * *

你宰牲时,心里要对它说:

“宰杀你的权力,同样也将把我宰杀;我的命运与你相同,都要走向死亡。

“把你送到我手里的法规，也将把我送到一只更强大的手里。

“你我的血，都不过是营养永恒之树的液汁。”

* * *

当你用牙咀嚼苹果时，心中要对它说：

“你的籽将在我的体躯中生存，

“你明日的蓓蕾将在我的心中开花，

“你的芳香将成为我的气息，

“我们伴随着四季一道欢乐。”

* * *

秋天，当你从你的葡萄园里采摘葡萄，以便将之送往榨汁酿酒时，你要对葡萄说：

“我也是葡萄，果实也要送去榨汁酿酒。

“像新酒一样，将被存储在永恒的桶里。”

冬天，当你咽吮酒时，你的心中要对每一杯酒唱歌。

让你的歌中充满对秋天、葡萄园及榨汁酿酒作坊的怀念。

论劳作

一个农夫说：请给我们谈谈劳作吧。

穆斯塔法说：

你劳作，为的是与大地及其灵魂一道前进。

因为松弛懈怠者将成为时节的陌路人，并会远离生命的队列，而生命的队列正在迈着庄重的步伐，昂首、顺利地走向永恒。

劳作时，你是一支芦笛，时光的低语在你的腹中变成了乐曲。

在万物合唱之时，你们当中谁愿意做一支哑然无声的芦笛呢？

*　　*　　*

你们常听人说,劳作令人厌恶,苦劳是祸殃。

我要对你们说,你们劳作之时,实现的是大地的深远梦想的一部分;而那梦想诞生之日,实现的责任就是你们的。

你们进行劳作时,就是实实在在地实践对生命的热爱。

通过劳作热爱生命,便彻悟到了生命的最深秘密。

当你们痛感生活的疾苦之时,会把出生唤作悲剧,把养身视为可诅咒,并且写在你们的额上,那么,我要对你们说:只有用你额上的汗水,才能洗掉你们写在额上的字句。

*　　*　　*

也有人对你们说,生命是黑暗的,致使你们在过度疲倦之时,重复疲惫者们所说的那些话。

我要说,没有激励,生命的确是黑暗的;

不与知识结合,一切激励都是盲目的;

不与劳作结伴,一切知识都是无用的;

不与仁爱相配,一切劳作都是空虚的;

当你的劳作与爱相结配时,你便与你自己、与他人和与上帝连在一起了。

*　　*　　*

怎样才是满怀仁爱地劳作呢?

那就是用从你心中抽出的线织布做衣,仿佛你所爱的人将要来穿。

那就是满怀热情地建造房屋,仿佛你所爱的人将要来住。

那就是满怀温情地播种,欢天喜地地收获,仿佛你所爱的人将要来吃。

那就是把你心灵的气息灌输到你所制作的一切之中去。

你当知道你的先人们都在你的周围看着你。

*　　*　　*

我常听见你们好像说梦话：

“雕刻大理石，在石头里寻找自己灵魂形象的人，要比耕夫高贵多了。”

“撷取虹的色彩，在画布上绘人像的人，要比编草鞋的人高明多了。”

至于我，则要在正午完全清醒时说：

风同高大橡树的低声细语，并不比同大地上最小的草更温柔。

只有把风声变成柔美歌声，并且将自己的爱心加入其中的人，才是伟大的人。

*　　*　　*

劳作是眼能看见的爱。

如果你进行劳作时不是满怀着爱，而是带着厌恶心里，还不如丢下工作，到庙门去，等待高高兴兴的劳作者们的周济。

假若你无所用心地去烤面包，烤成的是苦面包，只能为半个人充饥。

假若你怀着怨恨榨葡萄汁酿酒，你的怨恨会在葡萄里渗进毒液。

你能像天使一样唱歌，却不喜欢唱，那就堵塞了人们的耳朵，使他们听不见白昼和黑夜的声音。

论悲欢

一个妇人说：请给我们谈谈悲伤与欢乐吧。

穆斯塔法说：

你们的欢乐，正是你们揭去面具的悲伤。

供你的汲取欢乐的井,常常充满着你们的泪水。

事情怎会不如此呢?

悲伤在你们心中刻的痕迹愈深,你们能容纳的欢乐便愈多。你们盛酒的杯子,不就是曾在陶工的窑中烧的那只杯子吗?

使你们心神愉悦的那把琴,不是刀刻的那块木头吗?

当你沉浸在欢乐之中时,深究你的内心深处,就会发现曾是你的悲伤泉源的,实际上是你的欢乐所在。

当你沉浸在悲伤之中时,重新审视你的心境,就会发现曾是你欢乐泉源的,实际上又成了你的悲伤所在。

* * *

有人说:"欢乐大于悲伤。"

另一些人说:"悲伤更大。"

我要对你们说,悲欢是互相不可分离的。

悲欢同至,其一在与你同桌共餐,另一个则正睡在你的床上。

实际上,你们就像天平的两个盘子,悬在你们的悲与欢之间。

只有你们的心中空空时,那两个盘子才能平衡,你们的情况才会稳定下来。

当司库举起你用来称量他的金银时,你的悲与欢就不免要升或降了。

论房舍

一个泥瓦匠走上前来,说:请给我们谈谈房舍吧。

穆斯塔法说:

你在城中建造房舍之前,先用你的想像力在旷野建造一个草舍吧。

因为就像你黄昏之时有家可归一样,你那漂泊在遥远、孤独天际的迷魂,也该有个归宿之地。

你的房舍是你的更大的躯壳。

房舍在阳光下生长，静夜里入眠，且眠中不能无梦。你的房舍不做梦吗？不曾在梦中离开城市，走入丛林，或登上山巅吗？

* * *

但期我能把你们的房舍握在手里，就像农夫耕种一样，把你们的房舍撒在平原和丛林里。

愿谷地成为你们的街市，绿径成为你们的小巷，你们人人可穿过葡萄园去访朋问友，回返时衣褶间夹带着大地的芳香。

但此刻尚未到来。

你们的祖辈心存恐惧，因而把你们彼此聚集在一起。

这种恐惧必存在一段时间。

直到你们的城墙将你们的房舍与田地分隔开来。

* * *

奥法里斯城的居民们，请你们告诉我，你们这些房舍里有些什么东西？你们的门紧锁着，保卫的又是什么东西呢？

你们有和平吗？那不就是显示你们力量的温和动力吗？

你们有回忆吗？那不就是架在思想山峰间的闪光拱桥吗？

你们有美吗？那不就是把你们的心从木雕石刻天际引上圣山的东西吗？

请告诉我，你们的房舍里有这些吗？

或者你们只有舒适及对舒适的欲望？那种诡秘的东西，悄悄潜入你们的房舍做客，旋即反宾为主，继而成为家长。

嗨，他继之变成一个驯兽者，挥舞着钩和鞭，把你们的宏大意愿化为他手中的玩具。

是啊，他手柔如丝，心却如铁铸。

他为你们催眠，目的在于站在你们的床边，讥笑你那躯体的尊严。

他戏耍你们那健全的感官，将之像易碎器皿一样丢在蓟绒刺间。

无疑，贪图舒适的欲望，熄灭了灵魂激情烈火，之后狞笑着走在送葬行列中。

*　　*　　*

你们哪，太空的女儿，平静时也安不下心来，

你们不会陷入罗网，也不会被驯服。

你们的房舍永远不会成为下抛之锚，而是挺立的桅杆。

你们的房舍不会成为遮盖伤口的闪光薄皮，而是保护眼睛的眼帘。

你们不会因过门而收起翅膀，或因害怕碰着天花板而低头，或者担心墙壁崩裂坍塌而屏着呼吸。

不，你们不能住在死人为活人建造的坟墓里。

尽管你们的房舍富丽堂皇，但不应使之隐藏你们的秘密，或者使之居住在“天国”；那天国以清晨雾霭为门，以夜之歌及其寂静为窗。

论衣服

一位纺织工说：请给我们谈谈衣服吧。

穆斯塔法回答道：

你们的衣服遮住了许多美，却遮不住你们的丑。

你们在你们的衣服里，虽然可以寻到隐秘的自由，但却也发现了桎梏与枷锁。

我真希望你们多用皮肤而少用衣服去迎接太阳和风。

生命的气息隐藏在太阳光里，生命之手随着风移动。

*　　*　　*

你们当中有的人说：

“我们穿的衣服是北风织成的。”

我要说:“对的,正是北风。”

但它是用羞涩当织机,以柔弱肌肉作经纬,刚刚织完,便笑着跑向丛林中。

你们不要忘记,羞怯是挡住污秽目光的盾牌。

当污秽完全消失之时,余下的羞怯不就是心灵的桎梏和腐蚀剂吗?

不要忘记大地喜欢接触你们的赤脚,风渴望戏拂你们的长发。

论买卖

一商人说:请给我们讲讲买卖吧。

穆斯塔法说:

大地贡献果实给你们,假若你们只知道摘满双手,你们也就不该要它了。

你们拿大地的的献礼做交易,不仅得到富裕,且感到心灵上的满足。

假若你们不本着爱和公平进行交易,必将有人贪婪成性,有人饥饿潦倒。

* * *

大海上、农田中和葡萄园里的劳动者们,

当你们在市场上遇见织工、陶匠和香料商时,

要一道祈求大地的主神到你们中间来,圣化你们的天平和交易计量的核算。

你们不要让那些游手好闲的人参与你们的交易,因为他们会用花言巧语来骗取你们的劳动果实。

你们要对这些人说:

“和我们一起到田间,或同你们的兄弟一道去下海撒网吧;

“因为大地和海洋对你们像对我们一样慷慨。”

* * *

如果在那里见到了歌手、舞蹈家和吹笛子的，你们也要买他们的东西。

因为他们和你们一样，都要采集果实和乳香的；

他们带给你们的虽是梦幻的织物，但却是你们灵魂的衣和食。

* * *

你们离开市场之前，要留意不让一个人空手而回。

因为大地的主神只有在你们每个人的需求都得到满足时，才会安枕风翼进入梦乡。

论罪与罚

本城的一位法官走上前，说：请给我们谈谈罪与罚吧。

穆斯塔法说：

当你们的灵魂随风飘荡时，

你们孤独，无人监督，不慎对别人犯下过错，同时也对你们自己犯了过错。

因为犯了过错，你们只有去敲天府圣门，不免受到怠慢，让你等上一时。

* * *

你们的神性自我像汪洋大海，

永远一尘不染。

又像以太，

只助有翼者高飞。

你们的神性自我也像太阳，

既不识鼹鼠的路，也不寻觅蛇洞穴。

但是，你们的神性自我并不独自居于你们的实体之中。

你们实体里的，有一大部分是人性的，还有一部分尚未变成人性的。

那只是一个未成形的侏儒，睡梦中在雾霭里行走，寻求自己的觉醒。

我现在就谈谈你们的人性吧，

只有它才晓得罪与罚，而你们的神性自我和雾霭中行走的侏儒，却全然不知。

* * *

我常听你们谈起一个犯了过错的人，仿佛他不是你们当中的一员，而是一个闯入你们天地的陌生人。

至于我，却要说那纯洁或善良者，超不过在于你们每个人心灵中的至纯至善；

同样，那恶劣或柔弱者，也不会低于你们每个人心灵中的极恶极弱。

正如一片树叶，只有得到整棵树的默许，才会枯黄。

就像那作恶者，如果不是你们大家暗中默许，他是不会作恶的。

仿佛你们行走在队伍中，都要寻找你们的神性。

你们既是路，也是行路者。

倘若你们当中有人跌倒，是因为后面的人而跌倒的，那便是告诫他们，让他们绕开绊脚石。

是的，他也是为前面的人绊倒的。他们虽然比他走得速度快，脚步也比他稳，却未曾挪开那块绊脚石。

* * *

我还有话对你们说，尽管我的话对你们的心说来很沉重：

被杀者对自己被杀，不能全然无辜；

被劫者对自己被劫,不能全无可责;

正直人也不能完全摆脱恶人犯的过错,

清白人也不能完全摆脱罪人犯的罪过。

是的,罪犯常常是受害者的牺牲品。

更多的是被定罪的人往往替那些无罪的和未受责备的人担负罪责。

你们不能把公正与不公、善与恶分裂开来;

因为他们同站在太阳面前,如同交织在一起的黑线和白线。

黑线断时,织工就要察看整匹布,也要察看织机。

* * *

假若你们当中有人要把一个负心妻子送上法庭,

那就让她把她丈夫的心也放在天平上称一称,并拿尺子将其灵魂量一量。

你们中谁想鞭打伤害者,就请先察看一下受伤害人的心灵。

你们中谁想以正义之名砍伐罪恶之树,那就用刀剜出树根仔细观察;

他定将发现好根与坏根相互交织着。

探求公正的法官们哪,

你们怎样宣判外表无辜、内藏罪心的人呢?

你们怎样惩罚杀人肉体而自己灵魂遭杀的人呢?

你们怎样控告那种行为属于欺骗和伤害,

而实际上自己却受了委屈和虐待的人呢?

* * *

你如何惩处那些悔悟大于过错的人呢?

悔悟不正是你们所乐于奉行的法律所支持的公道吗?

但是,你们不能够把悔悟强加在无辜者的身上,也不能够从罪犯的心中将之剔除。

悔悟将在黑夜里自发呐喊，唤醒人们进行内心自检。

欲诠释公道的人们，若不在明光下细察全部行为，你们的愿望怎能实现？

只有在那里，你们才能弄明白，站着的和倒下的却是一个人，黄昏时分，在自己的侏儒性黑夜与神性的白昼之间站立着；

也会晓得那神殿的角石，并不比殿基里的任何一块最差的石头高贵。

论法律

一位律师说：关于我们的法律，你有何见教呢？

穆斯塔法说：

你们乐于立法，

但你们更喜欢犯法。

正像在海边玩耍的孩子，他们不断地用岸沙堆塔，然后又笑着把沙塔毁掉。

不过，在你们筑塔之时，大海又把更多的沙子推到岸边；

当你们毁掉沙塔时，大海也同你们一起欢笑。

是的，大海总是和天真无邪的人一起欢笑。

可是，对那些既不把生命看作大海，也不把人制定的法律视为沙塔的人，应当怎样呢？

对那些把生命看作石头，将法律视为能在石头上雕刻出自己形象的凿子的人，又当怎样呢？

对憎恶舞蹈家的瘸子，当怎样呢？

对喜欢牛轭，甚至把林中麋鹿视作迷途、流浪的牛崽的牛，又当怎样呢？

对年迈却无力蜕皮，却把除自己之外的虫豸都斥为赤裸、无耻的老蛇，又当怎样呢？

对早赴婚筵、撑饱而去，却说“一切筵席都是犯罪、所有宾客都是犯罪”的人，当怎样呢？

* * *

对于这些人,我除了说他们像别人一样站在日光里,而他们却背对着太阳之外,还能说什么呢?

他们只能看自己的影子;他们的影子便是他们的法律。

他们认为太阳只是影子根源吗?

在他们看来,承认法律只不过是弯曲着身子,在地上寻觅法律的影子吗?

面朝着太阳行走的人们,落在地上的影像能限制住你们吗?

随风游移的人们,风向标能为你们引路吗?

假若你们不在任何人的囚室门上砸碎你们的镣铐,

那么,那种人制定的法律能来束缚你们吗?

你们纵情狂舞,只要不碰任何人的索链,你们还怕什么法律呢?

假如你们脱下自己的衣服,不把它丢在别人走的路上,谁会把你们送上法庭呢?

* * *

奥法里斯的居民们,纵然你们能够抑制住鼓声,并能松却琴弦,可谁能命令云雀停止歌唱呢?

论自由

一位雄辩家说:请给我们谈谈自由吧。

穆斯塔法答道:

我们曾看见你们在城门前和自家炉火旁,对你们的自由顶礼膜拜,

就像奴隶们,在暴君面前卑躬屈膝,为鞭笞他们的暴君歌功颂德。

在寺庙广场,在城堡的阴影里,我看见你们当中对自由怀着最强烈热情的人,他们把自由像枷锁那样戴在自己的脖子上。

我的心在滴血;因为只有当你们的愿望化为自由,而不是你们的羁饰,不再把自由谈论为你们追寻的目标和成就时,你们才能成为自由人。

* * *

当你们的白天不无忧虑而过,你们的黑夜不无惆怅而去之时,你便获得了自由。

不如说当忧愁包围你们时,你们却能赤裸裸地毫无拘束地超脱之,你们才真正获得了自由。

* * *

假若你们不砸碎随你们苏醒的晨光而诞生,生命的太阳又将之加在你们身上的锁链,你们怎能超脱这些白昼和黑夜呢?

其实,你们说的那种自由,是这些锁链中最坚固的锁链,虽然链环在阳光下闪闪放光,令人眼花缭乱。

* * *

你们想成为自由人而要挣脱掉的东西,不就是你们自身的碎片吗?

如果那就是你们想废除的一个不公平的法律,但那法律却是你们亲手写在你们的前额上的。

纵然你们烧掉你们亲手写的法典,倾大海之水冲刷法官们的前额,也无法抹掉那个法律。

假若那里有你们想废黜的暴君,也要首先看看你们在自己的心中为他建造的宝座是否已经毁掉。

一个暴君怎能统治自由和自尊的人们呢? 除非他们的自由被专制,他们的尊严中包含着耻辱!

假如这就是你们欲摆脱的忧虑,那是你自选的,并非他人强加于你的。

假如这就是你们想驱散的恐惧,那是它的座位在你的心里,而不是握在你所怕之人手中。

* * *

说真的,在你们灵魂深处的一切事物,都是运动着的,包括期盼的与恐惧的,可恶的与可爱的,追寻的与回避的,几乎都是永恒相互拥抱着的。

这所有一切在你的灵魂里运动着,就像运动着的光与影,成双成对,互不分离。

阴影淡化消失时,留存的光则变成了新光的阴影。

你们的自由就是如此:当它挣脱了自己的镣铐时,它自身便变化为更大自由的镣铐。

论理智与热情

女祭司又开口说:请你给我们谈谈理智与热情吧。

穆斯塔法答道:

你的心灵常常是战场,你的理智、判断总在那里和你的热情、嗜好打仗。

我真想作为一个和平的调解人莅临你的心灵中,将那里相互对立、争斗的因素融合为彼此谐调的一体,共奏同一支乐曲。

但我的愿望难以实现,除非你的心灵致力于和平,并且钟爱你心灵中的各种因素。

* * *

你的理智和你的热情,是你那航行在海上的灵魂的舵与帆。

一旦舵毁或帆破,海浪就会把船抛离航线,或使船漂泊在海面。

因为理智独自当权,就会变成禁锢你的力量;而热情,你们一旦听任之,便化为火焰,甚至自焚。

那么,就让你的灵魂带着你的理智飞至热情的最高点,直至引吭高歌。

让你的灵魂用理智引导你的热情,让它在每日复活中生存,像凤凰一样自焚,然后从灰烬中重生腾飞。

但愿你将你的判断和嗜好当作两位嘉宾对待,

切不可厚此薄彼,因为如果厚待其一,便会失去两位嘉宾的爱戴与信任。

* * *

在山林中,你坐在白杨树荫下,享受着来自田野和草原的宁静与清凉,就让你的心反复默念:“上帝之魂静息于理性之中。”

当风暴刮起,暴风撼动林木,雷鸣电闪显示苍天威严之时,就让你的心敬畏地默念:“上帝之魂波动于理性之中。”

既然你是上帝天空里的一股气息,又是上帝森林中的一片叶子,你也应在理智中静息,在热情中波动。

论痛苦

一个妇人说:请给我们谈谈痛苦吧。

穆斯塔法说:

你的痛苦,是包裹着你的知识的外壳碎裂。

就像果核碎裂一样,以便将果仁露在太阳光下,因为你们心须理解痛苦。

假若你的心能为每天绽现在你面前的奇迹而感到欢悦欣喜,那么,你便认为你的痛苦之妙并不亚于你的欢乐;

你就会像乐意接受你的田野上经历的春夏秋冬四季一样,乐于接受心上季节的变换。

你也就会泰然自若地站着守望你那悲凉的冬天。

* * *

正是你自己选择了你的大部分痛苦。

那是你心里的医生为医治你的病而给你的苦药。

因此，你要信从医生，放心地默默服下它。

医生的手尽管沉重而粗糙，但却由冥冥中的上帝之手在指引着。

医生带来的杯子，尽管会灼烧你的双唇，那却是上帝用自己的神圣眼泪和成的泥焙制成的。

论自知

一个男子说：请给我们谈谈自知之明吧。

穆斯塔法说：

你的心在默不作声中晓知日夜之奥秘。

但是，你的耳朵渴望听到发自你内心的知识之声。

你多么想用语言了解凭思想晓知的奥秘！

你多么希望用手指触摸幻想的赤裸躯体！

* * *

你想得多好啊！

隐藏在你灵魂中的泉水定会溢出，低声吟唱着奔向大海；

你内心深处的宝藏定会呈现在你眼前。

不过，千万不要用秤去称量你那未知的珍宝，

也不要用标尺竿或绳子去探测你那知识之渊的深浅。

须知自我就是不可丈量的无边大海。

* * *

不要说“我找到了真理。”

而要说“我找到了一条真理。”

不要说“我找到了灵魂的道路。”

而要说“我发现灵魂在我的道路上行走。”

因为灵魂行走在所有道路上。

灵魂既不在一条划定的路上行走,又不像芦苇那样生长。

灵魂像荷那样开花,花瓣不计其数。

论传授

一位教师说:请给我们谈谈传授吧。

穆斯塔法说道:

任何一个人都不能向你揭示什么,除非他在知识的拂晓里微睡时。

在神殿的阴影里,行走在弟子们中间的教师,他所传授的不是他的智慧,而是他的信仰和仁爱。

如果他真是大智者,则不会让你进入他的智慧之门,而只会把你引向你的心灵门槛。

*　　*　　*

天文学家也许向你谈他对宇宙的理解,但他却不能把他的这种理解给予你。

音乐家也许会向你唱那韵律遍布宇宙的曲子,但他却不能把他那听取韵律的耳朵和他应和韵律的声音给予你。

通晓数学的学者能向你谈度量衡的范围,可是,他却不能引导你走入数学殿堂。

因为一个人不能把洞察力的翅膀借给他人。

正如上帝对你们每个人的认识是不同的,你们对上帝和大地秘密的理解也各不相同。

论友谊

一个青年说:请给我们谈谈友谊吧。

穆斯塔法说:

你的朋友是你的能满足的需求。

朋友是你的田地,你在那里满怀爱意播种,满怀谢意收获。

朋友是你的餐桌,是你的火炉。

因为你饥饿地奔向他,在他那里寻求安稳。

* * *

当你的朋友向你吐露心声之时,你既不怕坦诚地向他说"不",也不会不肯向他说"是"。

当你的朋友沉默时,你的心仍然在倾听他的心声;

因为在友谊里,一切思想,一切愿望,一切希冀,均在毫无炫耀之中而产生和共享。

你与朋友别离时,不要忧伤;

因为朋友的可爱之处在于,当他不在之时,你会觉得友谊更加清新,这正如登山者在谷地里望山峰,山峰显得更加分明。

除了加深神交之外,不要对友谊抱别的目的。

因为那种只探求揭示自身秘密的爱,并不是爱,而是一张撒下的网,只能网住一些无用的东西。

* * *

你要把你灵魂中最美好的东西,留给你的朋友。

朋友要知道你生命的落潮,也要让他知道你生命的涨潮。

你为打发空余时光而找的人,那算是什么朋友?

你要常找朋友共度生命的宝贵时光。

朋友不是为了填补你心灵的空虚,而是为了满足你的需要。

要让友谊在温柔甜美中充满欢笑和同乐。

因为在润物的露珠中，心可以寻到自己的清晨，继而精神抖擞。

论说话

一位学者说：请给我们谈谈说话吧。

穆斯塔法回答道：

当你与你的思想之间发生争论时，你就要说话了。

当你无法在你的心的孤寂中生活时，你的生活便挂在你的唇上，发出声音，作为娱乐和消遣。

伴随着你的大多话语，思想半受残害。

因为思想是天空之鸟，在语言中的樊笼里能够展翅，但却不能飞。

* * *

你们当中有些人，因怕寂寞，便去找贫嘴人。

因为孤独的寂静中，呈现在他们眼中的将是赤裸裸的自我，于是设法逃避。

你们当中有的人说话时，在不知不觉或不加思索中，揭示一条真理，而他们自己并不懂得它。

有的人把真理深藏心中，却不肯用话讲出来。

在这些人的胸中，心灵居住在韵律和谐的寂静里。

* * *

当你在路上或市场里遇到你的朋友时，就让你的心灵拨动你的双唇，指挥你的舌头。

让你声音里的声音，对朋友耳朵里的耳朵说话。

因为朋友的心灵会保存你心中的真理，

如同酒的颜色被忘掉了，酒杯也被丢掉，但舌头总保存着酒的滋味。

论时间

一位天文学家说:夫子,请给我们谈谈时间吧。

穆斯塔法说道:

你要衡量那不可测和不可限量的时间。

你要按照时辰和季节调整你的举止和行动,引导你的精神前进方向。

你要把时间视作一条小溪,静坐溪旁,观察溪水流淌。

*　　　*　　　*

但是,你那内心的永恒,却深知生命不能用时光限量。

也知道昨天只不过是今天的回忆,而明日不过是今天的梦。

你内心所歌唱和所思索的,仍然居于最初时刻的广阔空间里,那里散布着天空的浩繁星斗。

在你们当中,又有谁不觉得他那爱的力量是无穷无限的呢?

又有谁不感到,那爱虽则无限,却总绕着自身的核心转动,而不会从爱的一种思想转移到另一种爱的思想,从爱的一种行动转移到另一种爱的行为呢?

时间不正像爱一样,既不可分割,又是不可用步量的吗?

*　　　*　　　*

如果思维要你把时间分成季节,
那就让每一个季节围绕着其余季节,
让现在用记忆拥抱过去,用温情拥抱明天。

论善与恶

城中的一位长老说:请给我们谈谈善与恶吧。

穆斯塔法说:

你们的善,我能够谈,但不能谈恶。

恶,不就是被自身饥饿折磨得精疲力竭的善吗?

确确实实,善临饥饿之时,会到黑暗山洞里去觅食;善到干渴之时,会去饮死水。

* * *

你与自我合而为一时,你则是善者;

如若不能合而为一时,你就是恶人。

一座被分隔的房子,并不是贼窝,仅仅是一座被分隔的房子罢了。

一条船没有舵,或许会漂泊在充满险阻的群岛之间,但却不会沉入海底。

* * *

当你努力自我奉献时,你是善者;

但是,当你为自己谋求利益时,你也不是恶人。

当你为自己谋利时,你就像树根,深扎在大地里,吮吸大地的乳汁。

当然,果实不能对树根说:"你要像我一样成熟、丰硕,永远奉献。"

因为对于果实来说,奉献是一种需要,而对于树根来说,吸收也是一种需要。

* * *

你在完全清醒时谈话，你是善者；
而你在微睡时，口舌无目标地发呓语，你也不是恶人。
或许结结巴巴的话语，能扶助柔弱无才的口舌。

*　　*　　*

当你迈着坚定步伐走向目标时，你是善者；
但你的步子蹒蹒跚跚，你也不是恶人。
瘸子虽拐，却也不会后退。
你们这些身强力壮、健步如飞的人，
不要出于对瘸子的同情和怜悯，便在瘸子面前故作跛子行路。

*　　*　　*

在数不清的事情上，你是善者；
但是，你一时逃避善事，你也不是恶人。
你只不过迟缓、疏懒罢了。

*　　*　　*

在你渴求“大我”之中隐藏着善；你们每个人的心中都有这种渴求。

但是，在你们部分人的心中，这种渴求如同汹涌的洪流，挟带着山丘的秘密和森林的颂歌，滔滔奔向大海。

而在另一部分人的心中，这种渴望像平缓的小溪，徐徐徘徊在弯弯曲曲的途中，迟迟不到海边。

但是，千万不要让渴求强烈的人对渴求淡薄的人说：“你为什么行动如此迟缓？”

因为真正的善者不会问赤身裸体者：“你的衣服在哪里？”

也不会问流浪汉：“你的房子是怎样坍塌的？”

论祈祷

一个女祭司说:请给我们谈谈祈祷吧。

穆斯塔法答道:

你们在悲伤或需要时祈祷。

但愿你们在心里充满欢乐和日子宽裕时也祈祷。

* * *

祈祷不就是让你们的“自我”发散在活的以太之中吗?

假若你们发现向太空吐露心中的黯然之处是一种慰籍,

那么,你们倾吐心中的灿烂晨光也会感到是一种快乐。

当你们的灵魂要你们祈祷时,你们抑制不住自己的泪水,尽管你们哭个不住,灵魂还是催促你们再次祈祷,直到你们眉开眼笑。

你们祈祷时,心灵升入云天,以便会见那些同时祈祷的人们;

除了祈祷之时,你们不会见到他们。

就让你对冥冥中神殿的朝拜,成为微微陶醉、甜蜜柔美的聚会吧!

因为你进神殿只是求乞,那将一无所获;

假若你进神殿的目的只在于屈尊,那你的灵魂难以升华;

即使你进神殿是为他人求吉利,谁也不会听你的呼声。

只要你进入了那冥冥之中的神殿,也就够了。

* * *

我不能教你们用言语祈祷。

上帝不会听你们的言谈,除了上帝通过你们的口舌说的那些话。

我也不能把大海、森林、山岳的祈祷教给你们。

你们是大海、森林、山岳的儿子,你们能在你们的心中寻到它们的祈祷。

夜静之时,只要你们侧耳聆听,便可听到它们说道:

“我们的上帝啊,你是我们那展翅高飞的自我。”

你的意志就是我们的意志。

你的愿望就是我们的愿望。

你赐予我们内心深处的动力将我们的黑夜转化为白天;那黑夜是属于你的,那白天也是属于你的。

我们的主啊,我们不向你祈求什么,因为我们心中的需求产生之前,你已经知道我们需要什么。

因为你就是我们的需要;在你把自己更多地赐予我们时,你早把一切全赐予了我们。

论逸乐

每年进该城的一位隐士走上前来,说:请给我们谈谈逸乐吧。

穆斯塔法答道:

逸乐是一支自由的歌,
但它并不是自由。
是你们的开花的愿望,
但却不是愿望之果。
是呼唤高的深,
但既不是深,也不是高。
是翅膀,却被关在笼中,
但不是被围绕的天空。
说实在的,逸乐是一支自由的歌。
我多么希望你们满心愿意地歌唱它,
但却不希望歌把你们的心迷惑。

* * *

你们当中有些青年,他们寻求逸乐,仿佛逸乐就是一切,他们理应受到责备与惩罚。

假若我是你们当中的一员,我则既不责备他们,也不惩罚他们,而要鼓励他们去寻求。

因为他们找到逸乐之时,发现的不仅仅是逸乐;

他们将发现逸乐有七姐妹,其中最不漂亮的也比逸乐靓丽。

你们没听过一个刨地寻找树根的人却发现了宝藏吗?

* * *

你们当中有些老者,想起自己享受的逸乐,不免感到懊悔,仿佛那是他们醉时所犯下的罪过。

然而懊悔只是蒙蔽心灵,不是惩罚心灵。

他们应满怀谢意回忆自己的逸乐,就像他们回忆夏季的收获那样。

假若懊悔能给他们的心带来慰籍,那就让他们品味慰籍吧。

* * *

你们当中有的人,既不是寻求逸乐的青年,又不是回忆逸乐的老者;

他们在畏惧寻求回忆之时,弃绝一切逸乐,生怕怠慢或伤害了自己的心灵。

然而他们的逸乐就在他们的弃绝之中。

即使他们曾用颤抖的手刨寻树根,他们却也发现了宝藏。

不过,请你们告诉我,谁能伤及心灵呢?

或许夜莺能破坏夜的宁静,流萤能触犯繁星?

你们的火或烟能加重风神的负担吗?

或者你们以为心灵是一汪死水,仅用棍棒一根便能将之搅浑?

在你拒绝逸乐之时,常常是将欲望隐藏在你的内心深处罢了。

谁能料想今日能避开的事情,明天不会再等待着你呢?

你的体躯知道自己的遗传基因,也晓得自己的真正需要,任何东西都欺骗不了它。

你的肉体便是你灵魂的琴。

只有你才能使之发出甜美乐曲或噪音。

*　*　*

你现在就问自己吧:“我怎样区别逸乐中的善与恶?”

你到田野和花园里去,就会发现蜜蜂在从花中采蜜时找到了逸乐。

而花让蜜蜂把蜜采走,花也找到了逸乐。

而在蜜蜂的眼里,花是生命泉源。

在花儿看来,蜜蜂是爱的使者。

蜜蜂和花儿在授受中找到了需要和欢乐。

*　*　*

奥法里斯城的居民们,在你们的逸乐之中,你们要像花儿和蜜蜂。

论　美

一位诗人说:请给我们谈谈美吧。

穆斯塔法回答道:

你们怎样去追寻美呢?假若美不做你们的路和向导,你们怎能找到美呢?

除了美编织你们的言语,你们又怎能谈论美呢?

爱虐待、遭伤害的人说:

“美仁慈而温柔,就像一位年轻的母亲,带着豪迈心情,其中又夹杂着些许羞涩,行走在我们中间。”

情感冲动的人说:

“不,美强大而可怕,就像暴风,下撼大地,上摇苍天。”

* * *

精疲力竭的人说：

“美是温柔的细语，在我们的心灵中低声说话。

“它的声音久久存在于我们的静寂之中，就像微弱的光，因惧怕黑影而颤动。”

惴惴不安的人却说：

“我们已经听到美在山峦中呐喊，

“紧随呐喊声而来的是马蹄声声、翅膀拍击和雄狮怒吼。”

* * *

夜间，守城的人说：

“美将伴着曙光从东方升起。”

午时，劳动者和行路人说：

“我们已经看到美正凭着面临落日的窗口俯瞰大地。”

冬天，被冰雪所阻之人说：

“美将伴着春姑而至，活跃在群山之巅。”

炎炎夏日里，割麦子的人说：

“我们已经看见美正在与秋叶共舞，还看见美的发髻里夹带着雪花。”

* * *

是的，这都是你们对美的描绘。

其实，你们描述的不是美，而是你们那些未曾得到满足的需求。

美，并不是一种需求，而是一种欢悦。

美，并不是一张干渴的嘴，也不是一只伸出来的空手，

而是一颗燃烧的着的心，一个陶醉的灵魂。

美，既非你们想看见的一种形象，也不是你们想听赏的歌。

美是你们闭着眼睛能看到的一种形象，又是你们捂着耳朵亦能听到的歌。

美，既不是隐藏在皱巴巴树皮下的的汁液，也不是联系着爪子的翅膀，

而是一座鲜花开不败的花园，一群永远翱翔的天使。

*　　*　　*

奥法里斯城的居民们，美就是揭开面纱露出神圣面容的生命。

你们就是生命，你们就是面纱。

美是揽镜自照的永恒。

你们就是永恒，你们就是镜子。

论宗教

一位年迈牧师说：请给我们谈谈宗教吧。

穆斯塔法说道：

今天我讲过别的什么吗？

宗教不就是一切功德和省悟么！

或许它既不是功德，也不是省悟，而是一种惊异与感叹，

二者常常发自于手雕坚石或操作织机时的心灵之中。

谁能把自己的信念与工作分开，或者将自己的信仰与事业分开？谁能把自己的时间摊展在自己的面前，说"这些属于上帝，这些属于我，这些属于我的灵魂，这些属于我的肉体"？

你的所有光阴，都是在空中扇动着的翅膀，不时地从自我飞到自我。

*　　*　　*

把德行穿在身上，当作华丽衣饰显摆的人，最好一直赤身裸体。

风与太阳不会使他的皮肤裂口。

以伦理界定行为的人，是把善鸣之鸟关在笼子里。

最自由的歌声，不是从铁丝网和铁栅栏里发出来的。

视礼拜为可开可关窗子的人，他尚未深入到自己的灵魂堂奥，因为灵魂的窗子是从黎明开启到黎明的。

*　　*　　*

你每天的生活，就是你的神殿和宗教。

无论你什么时候进神殿都要把一切带齐：

带上犁耙、熔炉、木槌和琵琶，

带上为你日常需要或娱乐所准备的东西。

因为你在梦中遨游时，你既不能飞翔在你的最高成就上之，也不能下降到你的失败之下。

你要让所有的人跟着你去。

因为在你的慕恋中，你不能飞翔在他们的希翼之上，也不能将自己降到他们的失望之下。

*　　*　　*

假若你想了解上帝，那就不要使自己仅仅成为解谜的人。

而要看看你的周围，就会发现上帝正在逗你的孩子们玩儿。

你要望望天空，与闪电一起伸展双臂，在雨水中降下。

你将看见上帝在花丛中微笑，在树林间挥动双手。

论死亡

美特拉开口道：现在请给我们谈谈死亡吧。

穆斯塔法说：

你想知晓死亡的秘密吗？

如果不在生命中探寻死亡，你又怎能找到它呢？

黑夜里能够看见，而在白天盲目的猫头鹰，它是不能揭示光明秘密的。

你如果真想揭开死亡的秘密,那就要对生命的肉体敞开你的心扉。

因为生与死是一体的,正像江河与大海是一体一样。

* * *

在你的希冀与愿望的深处,隐伏着你对幽冥的无声理解。

你的心梦想着春天,就像藏在雪下的种子所做的梦。

相信梦吧,梦中隐藏着永生之门。

* * *

你对死亡的恐惧,只不过是牧人的颤抖;因为他站在国王面前,国王拍他的肩膀示宠。

牧人因肩上留有国王宠爱的印记而颤抖,心中岂不充满欣悦之情吗?

但,你没发现他更加重视那种颤抖吗?

* * *

死亡不过是赤身裸体站在风口上,消融在烈日之下吗?

断气不就是呼吸从无休止的潮汐中解脱出来继之升腾,不受任何限制地追寻上帝去吗?

* * *

只有你们饱饮静默河水时,你们才能真正引吭高歌。

只有你们到达山顶之时,你们才能开始登高。

只有大地包容你们的肢体之时,你们才能真正手舞足蹈。

道　别

已是夕阳西下时分。

女语言家美特拉说:为今天祝福,为这个地方祝福,为你那给我们谈话的灵魂祝福。

穆斯塔法说:谈话的是我吗?我不也是一位听众吗?

*　　*　　*

穆斯塔法走下神殿的台阶,所有的人跟随着他。之后,穆斯塔法登上船,站在甲板上,接着把脸转向众人,提高声音说道:

奥法里斯的居民们,风将把我吹离你们。

我虽然没有风那么迅急,但我必走不可了。

我们这些流浪天涯的人,永远寻觅更加孤独的道路,既不在休歇一天的地方起程,朝阳也不会在我们眼见落日的地方升起。

即使大地沉睡之时,我们仍然在行走。

我们是坚韧植物的种子,心一旦成熟丰满,大风便带着我们飞扬,将我们播撒到四方。

*　　*　　*

我在你们中间度过的日子是暂短的,我对你们讲的就更短。

当我的声音在你们的耳朵里渐渐模糊,在你们的记忆中渐渐消失时,我定会再回到你们中间,

定会用感情更加丰富的心和更积极响应灵魂召唤的双唇对你们谈话。

是的,我将随涨潮而至,

即使死亡将我卷起,更大的沉静将我包围,我也要与你们的心灵对话。

我的努力决不会白白付出。

倘若我讲的话是真理,那么,这真理将以更加清晰的声音,用更加接近你们思想的语言揭示出来。

奥法里斯的居民们,我将乘风而去,但不会坠入虚无深渊。

假如今天不能满足你们的需要和我的爱,那么,我们就另约一天。

人的需要是变化的,但他的爱是不变的,同样他使爱满足自己需要的愿望也是不变的。

那么,你们当知道,我将在更大的沉静中归返。

拂晓中消散的雾霭,只会在田野留下露珠,继之升腾,凝成云,化作雨而降下。

我也未尝不是雾霭。

我在静夜中行走在你们的街道上,我的心神拜访你们的房舍。

你们的心与我的心一起跳动,你们的呼吸轻拂我的面庞,我认识了你们所有人。

是的,我深解你们的欢乐和痛苦。你们熟睡中的梦,恰是我的梦。

我时常在你们当中,就像山间的湖泊。

我就像一面镜子,映照着你们心灵的高峰和斜坡,

映照着你们的思想和愿望的过往的行列。

你们的孩子们的欢笑,你们的青年们的向往,都会化为溪流、大河,淌入我的沉静之中。

当它流入我的湖中深处时,溪流和大河都会不住地歌唱。

* * *

汇入我的湖中的还有比笑更甜、比向往更美妙的东西。

那就是你们内心中的“无限”;

“无限”是巨人,而你们不过是细胞和组织而已。

是的,在这位巨人的歌喉里,你们的吟唱都是无声的搏动。

你们与巨人结合在一起,才能显露出你们的巨大。

我只有看到他时,才能看到你们,并爱你们。

爱若不超越这无边的空间,又能到达多远的地方呢?

什么幻想、什么希望、什么假想,能够展翅高飞呢?

在你们的心中,巨人就像开满苹果花的大橡树一样。

巨人用自己的力量将你们束缚在大地上,他的芳馨带着你们在天空翱翔,他的不停旋动使你们永远摆脱死亡。

有人说你们像一条锁链:你们像一条锁链,但你们是锁链中最脆弱的一环。

这话仅仅说对了一半,因为你们也是坚固的,就像锁链中最坚固的一环。

谁用你们最小的功绩衡量你们,就像用泡沫的脆弱衡量大海的威力。

谁用你们所遭受的失败评判你们,就像以季节的变化抱怨四季。

*　　*　　*

是的,你们就像大海一样,

虽然负重载之船等待着涨潮,以便靠岸,即使你们像大海,也无法使潮水早来。

因为你们也像四季,

虽然你们在冬天里拒绝了春天,

你们内心深处的春天,在微睡中微笑,你们的微笑对它毫无伤害。

*　　*　　*

你们不要以为我说的这些话是为了让你们当中的一个人对另一个人说:“他过奖我们了,他只看到我们的优点。”

我不过是用语言讲出了你们思想中所知道的事情。

有言知识不过是无言知识的影子吗?

你们的思想和我的言语,即使只是从封存的记忆中涌出来的波浪,但这种记忆却保存了我们昨天的记录。

保存了大地既不认识我们,也不认识自己的往昔的记忆。

保存了混沌中太古的漫漫长夜的记忆。

*　　*　　*

智者曾到你们这里来过,将他们的智慧传给你们。我来这里,为了吸取你们的智慧。

看哪,我已发现了比智慧更加伟大的东西。

那便是你们内心里愈聚愈旺的火焰似的心灵。

但你们不注重这种精神的扩展,却哀悼你们岁月的凋逝。

那是生命,在向害怕坟墓的肉体的生命求助。

*　　*　　*

这里没有坟墓。

这些高山和平原不过是摇篮和垫脚石。

每当你们经过埋葬你们先人的墓地,只要你们仔细看一看,就会发现你们在与你们的子女一起,手拉着手跳舞。

是啊,你们总是那样的欢乐,而你们自己则全然不知。

*　　*　　*

其他人来到你们这里,以闪光的许诺换取你们的信仰,你们却报之以钱财、权力和荣光。

我给你们的比许诺还少,而你们待我却格外的慷慨。

你们给予我对生命最热烈的渴求。

无疑,将一切向往变成干渴之后,把生命全部化为甘泉,一个人所接受的礼物,还有比这更珍贵的吗?

这其中包含着我的荣誉与报酬。

每当我去泉边饮水时,我总发现喷涌的泉水也是干渴的,我饮它的同时，它也饮我。

* * *

你们当中有的人认为我高傲和过分羞怯，致使我不肯接受礼物。

说真的，在接受酬劳时，我是自傲者，而对待赠礼却不是这样的。

当你们请我赴宴时，我已去采摘丘山上的桑葚去了；

你们邀请我入宿你们家时，我却睡在了宇宙的廊柱下。

虽然如此，你们不还是盛情关怀着我度过的日日夜夜，让我吃得饱、睡得香甜吗？

* * *

因此，我要深深祝福你们：

你们给出了许多，而你们都从不知道你们在给予。

是的，善行自我照镜之时，便变成了石头。

善事自赐芳名时，却引来了诅咒。

* * *

你们当中有人把我称为清高者，陶醉在自我孤独里。

你们说："他与林木交谈，却不跟人说话。"

"他独自坐在山巅，俯视我们的城市。"

是的，我确实曾攀登高山，独自远行。

我不在高远之处，能看到你们吗？

人若未曾尝过遥远之苦，又怎能感触相近之甘呢？

* * *

他们对我无声呼唤道："异乡人啊，异乡人，绝顶的爱慕者啊，为什么甘心居于鹰隼作巢的山巅呢？

"为什么刻求不可获取之物呢？

"你希望什么暴风落入你的网中呢？

"你想在天空捕捉何种虚幻的飞鸟呢？

"来吧，成为我们当中的一员吧。

"下来吧，用我们的面包充饥，饮我们的美酿解渴吧！"

是的，他们独处之时，说出了这些话；

假若我让他们更孤寂一些，他们就会知道：我要探索的只是你们欢乐与痛苦的秘密。

我要猎取的只是你们行空的"大我"。

*　　*　　*

然而猎人也是猎物；

因为从我的弓弦上放出的许多箭，将要回射到我的胸膛。

同样，飞鸟本来也在地上爬行，

因我的羽翼在太阳下展开时，投下的影子是地上爬行的乌龟。

我是个信仰者，同时也是怀疑者。

我常把手指按在我的伤口上，以期对你们的信仰更强烈，对你们的认识更深刻。

*　　*　　*

基于这种信仰和认识，我要对你们说：

你们既非被封闭在自己的躯壳之内，也不是被禁锢在房舍、田野里。

你们的自我宿于高山，随风漂游。

你们不是在阳光下爬行取暖或在黑暗中挖洞求安的动物。

而是自由之物，是围绕大地、遨游以太的灵魂。

* * *

如果我的这些话含混不清，你们则不必刻求完全明白。

含糊与混沌乃万物开端，而不是终结。

但愿我成为你们记忆中的开端。

生命及类似的一切生物，均孕育于雾霭，而非孕育于水晶。

谁知道水晶不是凝固的雾霭？

* * *

当你们想起我时，但希你们记住我说的话；

在你们看来，你们那最软弱、最迷惘的，实际上是最强大、最坚定的。

难道不是你们的呼吸使你们的骨架挺立支撑吗？

难道消隐在你们所有人记忆中的那个梦，不是建造了你们的城池，并描绘了城市中的一切吗？

假若你们能够看到你们那紊乱的呼吸，你们便看不见别的一切了。

假若你们能听到那梦的低语，你们也便听不到别的任何声音了。

但是，你们既看不见，也听不到，这倒对你们有好处。

蒙在你们眼睛上的纱，将被织纱的手揭去。

阻在你们耳朵里的泥，将被和泥的手捅开。

你们定将看得见，也听得到。

你们既不会因曾盲目而叹息，也不会因曾耳聋而懊悔。

那时侯，你们将知道万物的潜在的目的。

你们将像为光明祝福那样，为黑暗祝福。

* * *

穆斯塔法说完，环顾四周，但见船长在船上依舵而站，时而望望张起的风帆，时而放眼望望遥远的天际。

穆斯塔法说：

“我的船长好有耐心啊，好有耐心。

风刮起来了，风帆不耐烦了；

就连船舵也在乞求导航；

然而我的船长却静静地等待我把话说完。

这些水手们都是我的伙伴。

他们听赏过更大海洋的歌声之后，耐心地听我讲。

他们现在不用等待多久了，

我已做好准备。

溪水已到大海，伟大母亲将再次把她的儿子抱在胸前。

* * *

别了，奥法里斯的居民们。

这一天过去了。

白日的幕帘在我们面前垂降下来，就像莲叶合拢在自己的明天之上。

我们将保存起在这里给予我们的一切。

如果这不能满足我们的要求，我们只有再相聚一次，一起把手伸向赐予我们恩惠的人。

不要忘记，我将回到你们这里。

仅仅片刻，我的渴望将把泥土和泡沫集聚成新的躯体。

只一会儿，我乘风静息稍许，另一个女人就将怀上我。

* * *

我要同你们告别了，同与你们一起度过的青春告别了。

我们相会仅仅在昨天的梦中。

你们曾在我的孤独里为我唱歌，而我用你们的向往在空中建了一座高塔。

现在睡眠已终结，梦境已经消逝，黎明也已过去。

我们头顶中天丽日，已经从微睡中来到白昼，不得不分别了。

如果天命注定我们要在记忆的薄幕中再次相会，交谈将重新把我们联系起来。

你们要为我唱一支更加深沉的歌。

如果天命注定我们在另一个梦中握手，我们将在空中另建一座高塔。

* * *

穆斯塔法边说，边向水手们打了个手势，水手们立即起锚，解开缆绳，向着东方驶去。

人们异口同心呐喊，喊声高飞云天，随风飞向大海，如同巨号鸣响。

只有美特拉默不作声，目送船远去，直至消隐在雾霭之中。

人们全都散去，美特拉独自站在海堤上，心中响起穆斯塔法的那句话：

“只一会儿，我乘风静息片刻，另一个女人就将怀上我。”

先知花园

一

年值壮岁，被主所选、为主所爱的穆斯塔法，在使人记起的十月，返回他出生的岛屿。

船刚驶进港口，他便站在船头，身边围着水手。眼见故土就在脚下，他心里充满欢乐。

穆斯塔法开始说话，声音里响着海涛的轰鸣。他说：

“看哪，这就是我们出生的岛屿。就在这里，大地将我们倾吐出来，作为歌和谜；歌飞扬天空，谜留在大地。天地之间，除了我们的意愿，什么能传扬歌声，谁又能解开那谜语？

“大海一次又一次将我们倾吐到这海岸，我们又仅仅是大海的一重波浪；大海推动着我们，让我们重复它的话语。可是，假若我们不在岩石和沙子上撞碎我们心中的歌，我们又怎能重复大海的话语呢？

“那是大海和水手的法规。假若你要求自由，那么，你应该把生活的需求化为雾霭。无形之物总是寻求有形，就连数不清的星云，也想变成太阳和月亮。我们是那些求索甚多的人，如今回到这个岛上。这是坚固的模子，我们应该再次变成雾霭，从头开始求救。能够生长、长高的，只有在意愿和自由面前被撞得粉碎的东西。

“自今开始，直到永远，我们将寻找我能唱歌、并且有人谛听我们歌声的海岸。海浪被撞击着，但没有耳朵听它的撞击声，这又该如何解释呢？拥抱、抚慰我们更深刻悲伤的，正是没人谛听的曲调，也正是这些曲调，在雕掘我们的灵魂深处，以便铸造我们的命运。”

这时，一位水手走上前来，说：“导师，正是您勾起我们对这港口的思恋；看啊，我们已经到达，您却谈起悲伤，还说心灵将遇到撞击。”

穆斯塔法说：“我不是也谈到自由，论及雾霭是我们更大的自由吗？虽然如此，我却是以及其痛苦的心情来朝拜我出生的岛屿的，我简直就像一个冤死的灵魂，来到凶手面前下跪。”

另一个水手说：“看啊，岸上人山人海，人们虽不声不响，却连您到来的日期、时辰都预测准了。他们纷纷自田间和葡萄园赶来，在此恭候您，以表敬慕、思念之情。”

穆斯塔法远远望了众人一眼，不禁乡思缠心，随之默不作声了。

这时，一阵欢呼声从众人的心灵深处爆发出来，那是思念与渴望的呐喊。

穆斯塔法望着水手们，说：“我给他们带来了什么呢？我是一名猎手，曾寄居远方。我曾信心十足，射光了囊中的金箭；那金箭皆由他们提供，我却没有给他们带回一只猎物。我没去追寻那些金箭，也许挂在兀鹰的羽翼上；兀鹰受了伤，却未坠地，如今仍在太阳下翱翔。也许箭头已经落如那些饥馑人的手中，他们用之换了美食佳酿。

“我不晓得那些金箭的飞行情况，也不知飞向何方，但我知道它在空中出了偏向。

“即使如此，爱神依然在我面前。水手们，你们仍在操作着我那海上航行的幻想风帆。我不会哑口无言。当季节之手扼住我的喉咙时，我要高声呐喊；当我的双唇燃起火焰时，我定以放歌代言。”

他向水手们说了这些话，水手们有些心慌意乱。一位水手说：“导师，您向我们赐教吧！也许我们能够理解您的话，因为您的血流在我们的血管里，我们的气息中夹带着您的芳香。”

穆斯塔法回答他们，话音中回荡着暴风的吼声。他说：“难道你们把我送到我出生的岛屿，目的在于让我成为导师？我年纪轻轻、肢体柔嫩，至今仍在智慧笼之外，尚不允许我发表议论，只能谈我自己的灵魂；我的灵魂将永远是对深渊的深邃呼唤。

“让那些追求智慧的人在黄色的延龄菊或红色的土壤中去寻找吧！我至今仍是歌手，我将歌颂大地之美，歌唱你们那些失却的、整日徘徊在苏醒与睡眠之间的梦幻。但是,我将不再回头凝视大海。”

船驶入港口,到达岸边。就这样,他来到了自己降生的岛屿,又一次站在乡亲们中间;高昂的呼声发自人们的心底,他心里的思念让广漠为之震颤。

水手们预料他会说些什么,于是一个个静默无言。然而他没有开口,因为记忆的忧伤已将他心灵填满。他暗自言语:“我不是说要歌唱吗?我不能不开启双唇,让生命之声随风飘飞,尽享快乐,寻求佐助。”

这时,克丽玛走上前来,孩提时代,这位姑娘曾与他一起嬉戏在母亲的花园里。她说:“你有十二年不在我们中间露面了。十二年来,我们一直在盼望着听到你的声音。”

穆斯塔法无限温情地望着克丽玛。当死神拍翅将他母亲的灵魂送往天上时,正是她为老人家阖上了眼帘。

他回答到:“十二年?你说十二年,克丽玛,是吗?我是不用银河系的标准度量我的思念的,也不用回声测深与远。因为爱一旦变成思念之情,用时间测算便失去了意义。

“有那样一种短暂时刻,包含着极长时间的分别。虽然如此,但分别只不过是精神疲惫,也许我们彼此间并未远离。”

穆斯塔法朝人群望去,但见那里有老有少,有瘦弱者,也有强健者;有久经风吹日晒而面色变得黝黑的,也有的面透青春秀美。他发现每张脸上都闪烁着思念与期盼的光芒。

其中一个人说:“导师,生活何其严酷,摧毁了我们的希望和意愿,令我们心绪烦乱,忐忑不安,不知如何是好。我求您为我们揭示痛苦根源,让我们宽舒欢乐。”

穆斯塔法怜悯之心顿生。他说:“生活,比一切生灵都古老,正如地上的美物诞生之前,美早已拍翅飞翔;又像真理,为人所知、被人道出之前,早已存在世上。

“生活,在我们沉默时低声吟唱,在我们睡梦中展示幻想。我们遭受挫折、情绪低落之时,生活却得意洋洋,高居宝座之上;我们泣哭落泪之时,生活却笑对艳阳。当我们拖着沉重的奴隶镣铐时,生活却自由徜徉。

“我们常用最坏的词语称呼生活，原因在于我们自己处身黑暗痛苦之中；我们常认为生活空空洞洞，无益可言，原因在于我们的灵魂徘徊荒野，我们的心醉于贪婪酒蛊。

“生活深奥、高贵而遥远莫测；虽然如此，她却近在咫尺。你们的眼界再宽，也只能看到她的脚；你们的身影再长，也只能遮住她的脸；你们的气息再足，也只能传到她的心间；你们的低语回声，到了她的胸中，就会化为春令和秋天。

“生活与你们的‘自大自我’一模一样，是被遮盖、被隐匿着的。虽然如此，然而生活一旦开口说话，八面的风都会变成词语；当她再次启齿时，我们唇间的微笑、眼中的泪珠均会化为言辞。生活歌吟之时，可令聋者闻声，带他们高翔云天；生活走来之时，能让瞽者看见，无不大惊、茫然地跟着生活走向前。”

穆斯塔法中断话语，众人一片沉静。那寂静的天空中，回荡着一种无声之歌，使众人心中的忧苦为之消散。

二

穆斯塔法离开人们，径直向花园走去。那本是他父母的花园；二老就像他们的先辈一样，长眠在那里。

那些人都想跟着他去。他看到那花园是最后一个地方，而他也只有孤孤单单一个人。因为亲人无一人在世，没人再能按照家亲习惯为他举行接风洗尘宴会。

然而船长劝大家：“让他自己走生活之路，你们容忍他吧！因他的面包是孤独的面包，而他的杯中盛的是自饮的回忆之酒。”

水手们知道船长说的是真实情况，于是纷纷退了回来。岸上那些想跟着前往的人们，也停下脚步，转身回到原地。

跟在穆斯塔法身后的，只有克丽玛一人，克丽玛迈着缓慢的步子，心中冥思着他的孤独与记忆。她什么都没说，而是朝自己的家走去。她走进自家花园，来到杏树下，禁不住泪水潸然下淌，自己却不知原因何在。

三

穆斯塔法走进父母亲的花园，关上园门，不让任何人再进来。

他独自在花园里的那栋房子里住了四十个日日夜夜，没人来看他，因为园门紧闭，且人们都晓得他喜欢孤独。

四十个昼夜过去了，穆斯塔法打开园门，人们可以进来了。

于是九个人来到花园住下，和他做伴；其中三人是水手，三人曾在神庙供事，三人是他的童年伴侣。这些人成了他的学生。

一天早晨，学生围着他坐下来。他的双眼里闪着对遥远往事回忆的光芒，同时眷恋地凝视着遥远的地方。

第一个学生说话了，他叫哈菲兹。他说：

“导师，给我们谈谈乌尔弗里斯城吧，给我们谈谈你生活了十二年的那块土地吧！”

穆斯塔法默不作声，将目光投向远山，望着无际的以太，内心里充满斗争。

过了一会儿，他说：

“朋友们，同道们，一个信条繁多、群体无数而没有宗教的民族是何等可悲！

“一个穿非自织之衣、食非自种之粮、喝非自榨之汁的民族是何等可怜！

“一个视专制暴君为英雄、将显赫一时的征服者当作施主的民族是何等可悲！

“一个在睡梦中厌恶嗜好，在苏醒时又屈从于嗜好的民族是何等可怜！

“一个走在送葬队伍中才高声呐喊、只为废墟而自豪、刀剑置于脖子上时才反抗的民族是何等可悲！

“一个拥有狐狸似的政治家、魔术师式的哲学家、视修补和模仿为艺术的民族是何等可怜！

“以鼓声迎接、以哨声送别一位统治者，然后又用鼓和笛声迎接另一位统治者的民族是何等可悲！

“一个仅有年迈哑寂贤哲，而强者仍在襁褓里的民族是何等可怜！

“一个四分五裂，而又都认为自己是一个独立民族的民族，该是多么可怜可悲！”

四

另一个人说：“请向我们谈谈您此时此刻的心境吧！”

他望着那个人，答话声中有一种悦耳的乐曲，好像一颗星星在唱歌。他说：

“在你苏醒时的梦中，当你静静地聆听你那深邃的自我谈话时，你的思想便会像雪花一样飘散而下，为你在空中的回声裹上白色的寂静。

“醒时的梦，不就是你的心田天空之树萌芽、开花的云朵吗？你的思想，不就是你心里的风吹落在丘山和原野上的花瓣吗？

“你期待着和平，直到你心中的无形之物成型；同样，云要积聚，直至吉祥手指将其凝结成太阳、月亮和星星。”

这时，赛尔基斯有些怀疑，说：“春天总要来临，我们的梦与思想的雪花都将消融，任何痕迹都会消失干净。”

穆斯塔法回答道：

“当春天来到沉睡的丛林和葡萄园里与情人相会时，积雪将真的消融，化为溪水流淌，去谷涧寻觅大河，举着杯盏浇灌桃金娘和月桂树。

“你心田里的积雪也是如此，随着你的春天来临而消融，你的秘密将化为溪水流淌，去谷涧觅寻你的生活之河；这河将夹带着你的秘密奔向大海。

“春天到来，一切都会消融，化为歌声，就连星辰及缓缓降落在广阔原野上的雪片，也将融化在欢歌的溪流之中。当春天的太阳升起在更宽广的天际上空之时，还有什么冻结着的美，不化为倾泻的欢歌？还有哪个人不愿意成为灌溉桃金娘和月桂树的溪水呢？

“你们仅在此度过了一夜。在此之前，你们随着波浪起伏的大海漂游,不明自身,不见岸边。之后,风,这生命的气息,将你们织成她脸上的光罩,继而用手将你们拢在一起,赐予你们以形态,让你们抬头仰望大空,然而大海远远地跟着你们,海之歌仍旧充满你们的心,大海将永远同情怜悯你们、呼唤你们,即使你们忘却了你们的血亲关系。

“你们游荡在高山与大漠之间,会时常忆起大海冰冷之心的深处;尽管你们许多时候不知道自己向往什么,其实,你们思恋着大海的宽广而单一的平静。

“还会有什么分歧吗?当雨点伴着散落在丛林和花园山丘上的树叶翩翩起舞时;当雪花伴着吉祥与忠诚飘落时;当你们赶着你们的羊群在山谷中走向河边时;当银色的溪水汇流在你们的田野上,流入草原绿茵中时;当你们丛林中的露珠将天空映在大地上时;当你们草原上的暮霭用薄纱遮住你们的道路时……在这所有时辰,大海会与你们一道,为你们作证,希望它爱你们的权利。

“那是你们心底的雪花,飞舞飘落在大海之上。”

五

一天早晨,他们正在园中散步,门外出现一位女子,那就是克丽玛;穆斯塔法孩提时代像姐妹一样爱着她。她站在那里,没有问什么,也未抬手叩门,只是窘迫、沮丧地望着花园的各个角落。

穆斯塔法看见她眼含热泪神情,于是迈着缓慢、从容的步子,向园墙走去,为她打开园门,欢迎她进花园来。

克丽玛说:“你究竟为什么离开我们所有的人,使我们无法再借你的春颜之光呢?我们都很喜欢你,殷切地等待着你的归来,愿你平安顺利。如今,人们呼唤你,想听你谈些什么,我是作为他们的差使找你来的,盼望你出现在他们的面前,向他们谈谈存于你心中的智慧,抚慰有剑伤的心灵,照亮我们那被黑暗疯狂蒙盖着的头脑。”

穆斯塔法凝视着她,说:“你若不把所有人看成智者,那么,也不要称呼我为智者。我是一颗未熟之果,依然挂在枝条上;直到昨天,我仍然是一个待放的含苞。

“你不要把我看作你们当中的一个疯子；因为，事实上，我们既非智者，亦非疯子。我们是生活树上的绿叶；生活本身则在智慧上，当然也高于疯狂。

“我，难道我真的离开了你们，将自己与你们隔绝开来了吗？难道你们不知道，只有灵魂靠幻想不能跨越的，才能称为距离吗？难道你们不晓得，当灵魂跨越那一距离时，距离本身变成了灵魂中的一种乐曲吗？

“也许你与不相好的邻居近在咫尺，而你与好友相距七层地、七重天；实际上，那咫尺却比那七重天地还要遥远。

“因为在记忆中，距离是不存在的；而存在于遗忘中的距离，则是你的声音及眼睛无法缩短的。

“大洋之岸与高山之巅间，有一条秘密通道；当你们与大地之子联合时，应该走这条通道。

“你们的知识与智力之间，有一条隐暗通道；当你们与人类及你们自身合为一体时，应该发现这条通道。

“在给予的右手与取拿的左手之间，有一条鸿沟；只有使两者同时授、受之时，才能弥合这条鸿沟。因为只有当你们知道无可受亦无可授之物时，方才能够征服这条鸿沟。

“其实，你们醒时与睡时的梦幻之间及需要与愿望之间的距离，才是最遥远的距离。

“还有一条道路，倘若你们要与生活合一，那你们还应该通过；但我现在不能就此谈什么，因为我发现你们由于长途旅行而过度疲惫。”

六

穆斯塔法及九个学生，随那位女子来到街市，向人们及朋友、邻居发表谈话，人们兴高采烈，喜形于色。

穆斯塔法说：“你们在睡眠中长大，在梦乡中过着最完美的生活；因为你们把白昼都消耗在为静夜所得而感恩戴德之中。

“你们大部分时间里都在思考，说夜晚是休息时间；实际上，夜晚是探索和取得收获的时辰。

“白天以知识力量武装你们,教你们的手指精通索取技艺;而黑夜,则把你们带入生命宝库。

“太阳教导万物打内心里向往光明;而黑夜则将万物高举群星。

“事实上,夜下的寂静在为林中树木、园中花卉编织结婚礼物,继之准备盛大婚宴,装饰洞房,在那神圣的肃静气氛中,‘明日’胎儿在时光的子房中长成。

“就这样,通过你们的探索,在你们自身中找到食粮,得到满足。即使黎明时的苏醒抹掉了记忆,然而梦中的筵席已经摆好,洞房已经备妥。”

穆斯塔法沉默片刻,人们等待着他再度开口。过了一会儿,他说:“你们虽活动在躯体之中,你们却是精神;你们像在黑暗中被燃烧的油一样,虽被添入灯里,却是火焰。

“倘若你们仅仅是一躯躯肉体,那么,我站在你们面前,向你们发表的演说,不过都是胡言乱语,如同死人对尸体说话。然而事情并不是那样的。你们身上的永生之灵,白天黑夜都是自由的,无法禁锢,无以羁绊,因为那是至高万能之主的意愿。你们就是那万能之主的气息,如同风,抓不住,更不能置于笼中。我也是万能之主的气息。”

他离开他们,缓步走去,重进自己的花园。那个有些生疑心的赛尔基斯说:“导师,关于丑,您有什么话要讲呢?您还没谈及过丑呢!”

穆斯塔法言语如鞭辟地:

“朋友,路过你的门口而不叩你家门的人,能说你是不好客的吝啬鬼吗?

“操着你不懂得语言与你谈话的人,会说你是愚者、聋子吗?

“一个你从未努力达到、也不想进入的境界,不就是你所认为的丑吗?

“如果丑是一种东西,那么,可以说就是我们眼睛上的锈皮,耳朵上的洞孔。

“喂,朋友,除了迷住面对自身记忆灵魂的恐惧,不要把任何东西称为丑。”

七

一天，他们坐在白杨树下，一个人说：“导师，我害怕时光，时光从我们头上经过，掠走了我们的青春年华，又用什么代替它呢？”

穆斯塔法回答：

“你现在抓起一把土，也许会发现里面有一粒种子，或许有一条虫子。假若你的手大而力足，那么，可使种子变成森林，能让虫子变为天使。不要忘记，将种子变森林、使虫子变天使的岁月，归根结底属于‘现时’，漫长岁月均存在于这个‘现时’本身之中。

“一年四季，不就是我们那不断变更的思想吗？！春，是你们胸中的苏醒；夏，是对你们的果实的承认；秋，这支古老的歌，在你们的心中，不是依然似少女一样的歌吗？冬，我来问你们，不就是充满其余季节梦幻的一种长眠吗？”

这时，善于探索的学生马努斯朝四下望了望，看到攀缠在无花果树上那开着花的青藤，说道：“导师，您看这种寄生植物，都是耷拉着倦怠的眼皮的贼种，从坚强的太阳之子那里掠取光明，以吸吮树木枝条和叶子里的汁液为荣，您对之有何话要说？”

穆斯塔法回答道：“朋友，我们都是寄生者。我们将黏土变成有生命的人，并不比那些直接从黏土里获得生命、而对黏土一无所知者高级。

“母亲能对孩子说：‘你使我心与手疲惫不堪，我把你送回大森林母亲怀抱中去’吗？

“歌手会对其所唱的歌说：‘回到你的音洞中去吧！因为你耗费我的力气’吗？

“牧人会对满一岁刚断奶的羔犊说：‘我已无力领你去草场，你应该离开你的母亲，为此捐出自身’吗？

“朋友，请听我说！所有这些问题，不问已有答案，如同你的梦，入睡之前，已被证实。

“我们按照永恒的旧法则相互依存。就让我们这样生活在爱的乐园中吧！我们在孤独中相互寻觅；当没有火炉围坐之时，我们便上路漫游。

“朋友们，兄弟们，最宽广的路，就是你们的同伴们所走的路。

“这些攀树青藤，在宁静夜中吸吮大地的乳汁，而大地则在温馨的梦中吸吮太阳的汁液。

“太阳，则与你们及万物一样，同在伟大王子的筵席上光荣就座；王子的宫门常开，筵席永设。

“马努斯，我的朋友，万物相互依存而生，同时又以无限信念，依靠至高万能之主的恩泽而生存。”

八

一日清晨，天还没亮，大家来到花园里，默不作声，面对东方，留神观看日出景象。

片刻后，穆斯塔法说：

“露珠映出的旭日并不比太阳本身欠缺什么；反映在你们精神上的生活，与实际生活一样圆满。

“露珠反射光明，因为露珠与光同属一类；你们反映生活，因你们与生活源于同种。

“当黑暗笼罩你们之时，你们要说：‘黑暗是尚未出生的黎明；当夜之神用其宽袍将我裹起时，黎明必像降生在丘山上那样，降生在我的灵魂之中。’

“在晚香玉吐放的薄暮中膨胀成球形的露珠，酷似你们将你们的精神聚结在上帝心中。

“露珠如果要说：‘千年之后，我们仍将是一颗露珠。’那么，你就对它说：‘难道你不晓得，那些岁月的全部光明都映入了你的圆球之中了吗?!’”

九

一天傍晚，狂风大作。穆斯塔法和九位学生围炉火而坐，个个沉默，人人无声。

一学生终于打破寂寞，说："导师，我一个人，孤孤零零，时光之脚踏过我的胸膛，那样沉重。"

穆斯塔法站起来，走到他们中间，声若狂风呼啸似地说："孤孤零零，那有什么！？你独自来到这个世界，还要独自走入雾霭之中。

"那么，你就独自默默饮下你的杯中之酒吧！秋令已把一些杯盏给了另外的唇口，就像为你们斟满杯子那样，将那些杯盏斟满又苦又甜之酒。

"独自饮下你的杯中之酒吧！哪怕酒里和着自己的血与泪的味道。赞美生活赋予你的干渴之恩吧！假若你的心没有干渴，也便成了干海之岸，没有歌声，没有潮汐。

"你独自饮下自己的杯中之酒吧！痛痛快快地喝下去吧！

"将杯子高高举过头，为那些独酌的人干杯吧！

"一次，我与十个人同席共饮，喝了很多酒，但他们的酒不上头，也不入心，而是下沉到我的脚部。于是，我的智慧愤而离去，我的心扉关闭起来，我自己变成了一个被关闭的人，只有我的双脚与他们一起留在我们的烟雾里。

"后来，我再不和他们对坐，更不与他们共饮。

"因此，我对你说，即使时光的脚重重踏在你的胸膛上，那又有什么？！你最好独自饮下你杯中的惆怅之酒，日后也将独饮杯中之酒。"

十

一天，希腊人法尔杜鲁斯来花园散步，脚被石头绊了一下，因而勃然大怒，随即转脸回身，拾起那块石头，低声说："这个挡路的死东西！"然后愤而将之抛向远处。

被主所选，为主所爱的穆斯塔法说："你为什么要说'这个死东西'呢？你在这花园里呆了这么长时间，难道不晓得此处没有死东西吗？这里的一切都是活的，无不在日华和夜光下闪闪发亮。你和石头本属同类，唯一的差别在于脉搏，只不过是你的心搏动得稍稍细微些罢了。朋友,难道不是这样吗?然而你的心却不像石头那样从容镇静。

“你的心律中可能含有另外一种乐曲,但我要对你说:当你探测你的灵魂之深,丈量广宇之高时,你只会听到一种歌声,那正是石头和群星在完美和谐的乐曲中同唱的歌声。

“假若我的话仍不为你所理会,那么,就让我的话语走向另一个黎明吧!你既然在眼昏只时因被石头绊了一脚就诅咒石头,那么,当你抬头碰撞到星星时,也会咒骂星星吗?不过,你像孩子采集山谷里的百合花那样,收集石头和星星的日子很快就会到来;到那时,你将知道,一切东西都充满了芳香和生命。

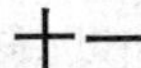

那是一个星期的头一天,当神庙里的钟声传入他们的耳际之时,一个学生说:“导师,我们常听我们的邻居谈起上帝。对此,您有何看法呢?上帝真的存在吗?”

穆斯塔法站在他们的面前,俨然似一株挺拔的巨树,不畏风暴。他回答说:“亲爱的朋友们,你们现在想像一下:有那样一颗心,能够包容你们所有人的心;有那么一种爱,能够包罗一切迷住你们的爱;有那么一种精神,能够包藏你们所有人的精神;有那么一种声音,能够包含你们所有人的声音;有那么一种寂静,它比你们经历的寂静都深邃,而且永在久存。

“你们还要知道:在你们那自身的完美之中,有一种美,胜过一切绚灿绮丽之物;有一首歌,比大海、森林之歌雄浑宽厚;有一种高居宝座的威严,在其面前,猎户星座只不过是脚踏板,金牛宫七星不过是闪光露珠。

“你们过去追求的,只限于吃、穿、住和用。现在,你们要追求‘一物’,既非你们的羽箭之的,亦非你们用来抵御大自然侵袭的洞穴。

“既然我的言语是石头和谜语,那么,你们就要努力——这并不是对你们的最低要求——让你们的心恭顺、碎裂,让你们的央求引导你们爱至高无上者及其智慧,爱那位被人们称为'上帝'的大智全能者。"

大家沉默无言,人人半信半疑,个个心神不安。穆斯塔法同情他们,和颜悦色地望着他们,说:"我们现在不谈至高无上的众神之主,谈谈你们的房舍和田园周围涌动的自然因素吧!

"你们想带着幻想升入天堂,认为那是至高无上处;你们想跨越浩瀚的大海,宣称那是极远距离。但是,我要告诉你们,当你们在大地上播下一颗种子时,你们便到了至高处;当你们对亲人赞美晨光时,你们便跨过了至大之海。

"你们常常吟唱永恒上帝的名字,但你们却不听你们所唱的歌。你们不是听过鸟儿鸣唱,不是听过树叶被风吹离树枝时发出呻吟声吗?! 朋友们,你们不要忘记,树叶只有离别树枝之时才会唱歌!

"我想向你们重述我对你们的嘱咐:你们不要下意识或不加称赞地谈论上帝,因为那是你们的'一切';你们要亲人与亲人、神与神之间相互交谈,互相理解。

"如果鸟母亲离开巢窝在天空盘飞,巢中的鸟雏吃什么呢? 倘若蜜蜂不为田地里的罂粟传授花粉,它又怎能成长结果呢?

"只有你们沉醉于你们的'小自身'之中时,才去寻找被你们称为'上帝'的天空。你们为什么不努力寻找通往你们的'大自身'的道路呢? 你们为何不努力减少惰性,勤于铺路呢?

"朋友们,水手们,我们理应少谈论我们无法理会的上帝,多一些我们之间彼此交谈,以便于我们之间互相了解。虽然如此,我仍希望你们知道:我们是上帝的芬芳气息;我们是上帝,在叶里,在花中,更多时间是在果里。"

十二

一日清晨,太阳已经升起,一个学生——他是穆斯塔法三个童年伴侣之一——走上前来,说:"导师,我的衣服破了,且除此别无换的,请允许我到市场上讨价还价,但期命运助我一臂之力,让我买到一件新衣。"

穆斯塔法久久注视着他，然后说："把你的衣服给我。"

青年脱下衣服，赤身站在炎阳之下。

这时，穆斯塔法用类似于马驹奔跑的声音说："赤身者，唯有赤身者才能生活在太阳下；质朴者，唯有质朴者才能驾驭风神；迷路者，唯有迷路千次者才能安抵家中。

"天使已经讨厌了那些聪明人。昨天，就在昨天，一位天使来了，对我说：'我们为那些自诩者创造了地狱。除了烈火，什么能够抹掉那光滑的表面，熔掉表面上的东西，使之显露出本质来呢?'

"我说：'不过，你们创造地狱的同时，也创造了掌管地狱的魔鬼。'天使回答说：'掌管地狱的是那些不怕火的神灵。'

"好一位高明的天使！他善辩全人与半人的道路，他是一位公正的天使。当狡猾的骗子诱惑先知时，他是要援助先知的。毫无疑问，先知微笑时，他会微笑；先知泣哭时，他会落泪。

"朋友们，水手们，只有赤身者才能生活在太阳下；只有无舵船长才能航渡波涛的大海；只有灵魂幽暗者才能夜下沉睡，黎明苏醒；只有与根柢同眠雪下者才能赢得春天。

"你们就像那根柢，朴实无华；你们有着从大地中汲取的成熟智慧。你们沉默无言；虽然如此，但在他们那尚未生长的枝条中，却包蕴着四面风乐队。

"你们柔弱，你们无形；虽然如此，你们却是参天巨树的发端。

"我再次向你们说：你们是天地之间的根柢。我常见你们破土而生，长大攀高，伴着光明起舞；但是，我也看到你们长高后却面浮羞色，所有根柢都感到害羞，因为它们将自己的心久藏，不知如何是好。

"然而五月将要到来。五月是不知休息的少女，她将抚爱山冈和平原。"

十三

一个在神庙供事的学生央求道：

"导师，教我们说话吧！以便让我们的言词像您的言词，如歌似花,悦耳飘香。”

穆斯塔法回答道:“你将凌驾你的言词。你的道路两旁,仍将是甜蜜的音乐和迷人的芳菲;音乐献给世间一切爱者和被爱者,芳菲赠予那些想在花园里生活的人们。

“你将凌驾你的言词,登上遍撒星尘的峰巅,张开双手,直至两手攥满;到那时,你将平卧,像雏鸟一样甜睡巢里,似白色紫罗兰一样梦想春天那样梦想明天。

“是的!你将潜入你的言词更深的地方,你将寻觅徘徊溪流的源头,你将成为隐蔽的洞穴,那里回荡着你现在听不到的、发自深渊的低微声响的回音。

“你将沉入比你的言词及所有言词都深的地方,直至潜入大地之心;在那里,你将独自与那信步银河之上者在一起。”

片刻过后,一个学生问道:“导师,请给我们谈谈存在吧!何为存在呢?”

穆斯塔法久久望着他,深感自己喜欢他。穆斯塔法站起来,走了几步,然后又折回,说:

“在这里,在这座花园里,长眠着我的父亲和母亲,是活人的手将二老埋葬的。在这座花园里,埋着昨天的种子,那是风神之翼夹带来的。我的双亲将在这里被埋葬一千次,种子也将在这里被埋下一千次。因此,我和你们以及这些花,将一起到这座花园里来一千次。就像现在的我们一样,我们将热爱生活,向着太阳,梦想宇宙。

“然而当前‘存在的可能性’,则是:要成为聪明人,但同时无别于疯子;要成为强者,但不能欺凌弱者;要和儿童一起嬉戏,不是作为父亲,而要作为朋友,向他们学习做游戏。

“在老翁老妪面前,要质朴温顺;即使你正伴着春姑娘,也要与他们一起坐在古橡树荫下。

“要寻访诗人,哪怕他居身七条河之外;在诗人面前,要平心静气,不求什么,不要怀疑,不要发问。

“要知道圣徒与罪犯是孪生兄弟,其父亲是‘宽厚君主’,二者降生时辰仅隔片刻,因此我们将之作为加冕王子看待。

“要紧紧追随美神,哪怕她将你引至深渊边沿;倘若她生有双翅,你却身无片羽,只要她从深渊上空越过,你亦应该紧跟不舍;因为美神不在之地,万物皆化乌有。

“要成为没有围墙的花园,要成为没有看守的葡萄园,要成为对路人敞开大门的宝库。

“要成为遭过掠夺、受过欺骗、遇过挫折的人;还要成为迷路人,曾落入陷阱。这一切之后,你站在你的‘大自身’顶峰,俯视你面前的一切,你会微微一笑,得知春天一定会降到你的葡萄园,在葡萄叶上起舞;秋天将催熟葡萄。你还会知道:假若你有一扇窗子总向东开,那么,你的家永不会空空如也;那些被人看作坏蛋、贼寇、阴谋家、骗人精的家伙,都是你的贫兄苦弟;也许此城上空有座无形之城,那里的居民认为你就是这些人的集合体。

“现在,我还有话向你们说。正是你们的巧手为我们日夜生活创造了一切必要的东西。

“存在的可能性,那就是要你做个手能代眼的织匠;做个精通采光和间隔的建筑工;做个农夫,自感埋下的每颗种子都有一个宝库;做个对鱼和兽怀有怜悯之心的渔夫和猎手;此外,还要怜悯人间的一切贫困、饥馑者。

“除此之外,我还要说,希望你们每个人,希望所有的人,都要帮助他人实现其崇高美好目标。

“朋友们,同道们,你们要勇敢,不要软弱;要襟怀坦荡,不要心胸狭窄。我和你们的大限来临之日,便是你们的‘大自我’实现之时。”

穆斯塔法中止谈话,九个学生如坠五里云雾,心纷纷离他而去,因为他们对他所言一点也不明白。

此时此刻,三个水手思念大海,三个神庙供职人员想回庙堂找慰藉,三个童年伴侣想去逛街市。在他的话语面前,他们就像聋子,致使话语回声又折回他自己的耳里,酷似失巢之鸟,疲惫不堪,四处窜飞寻找避身之地。

穆斯塔法离开他们,在花园里走了几步,既没说话,也没回头看他们。

他们相互商量,打算找理由离去。

看哪，他们离去了，各奔东西。被主选择、为主所爱的穆斯塔法依旧独自呆在那里……

十四

夜晚来临，夜幕笼罩了整个宇宙。穆斯塔法向位于一棵高大雪杉树下的坟墓走去，那里就是他母亲长眠的地方。在那里，天空闪出一道亮光，花园被照得通亮，宛如大地前胸上的一颗明珠。

穆斯塔法喊了起来，那喊声发自缠绕他的精神的孤独寂寞深处。他喊道：

“我的灵魂挂满了沉甸甸的果子，可有饿汉前来采摘果子，饱食一顿吗？

“莫非人间没有一位仁慈的戒斋者肯来餐食我的收成，卸去我的重担，让我轻松一下吗？

“我的灵魂被金银重载压着，难道没有人想取之装满自己的口袋，以便减轻我的荷载？

“我的灵魂里盛满陈年佳酿，莫非没有干渴者前来自酌畅饮？

“一个人站在大路中间，将满握珠宝的手伸向过路行人，呼喊着：‘你们为什么不怜悯我一下，将我手中的珠宝拿去?！可怜可怜我，拿走我的珠宝吧！’然而人们头也不回，继续朝前走去。

“也许他是个讨饭的叫花子，把颤抖的手伸向过路行人，然后收回战栗的空手。也许他是个瘫痪盲人，人们打他身边走过，谁都不曾瞧他一眼。

“看哪，那里有位慷慨好施的王子，在莽莽荒原与山脚之间搭起丝绸帐篷，每日夜晚燃起篝火，并派奴仆去路边迎候过往宾客，以便款待之。可是，大路却是那样吝啬，没有向他举荐一个觅食者，也没有给他送来一个讨饭人。

“假若那位王子是个普通人，人们不知其从何而来，也不晓其如何而来。只管四处奔走，八方讨饭，夜来寻找宿身之地也便罢了。倘使他是一个身无分文的流浪者，只有身上的破衣和手中的棍棒，岂不更好吗?！那样，夜幕降临之时，他可以与同类的诗人及流浪汉汇聚一处，与他们一道分享回忆与梦幻。

“看哪，那里有位公主，已从梦中醒来，离开象牙床，穿上紫红长袍，戴上珠宝首饰，发髻上喷洒麝香，手指浸蘸千日香蜜，然后步入花园，漫步花丛，衣角被露珠浸湿。

“在静谧的夜下，公主缓步花园中，寻觅心上人。可是，在父王的国度里，没有人爱她。

“她若是个村姑，那该多好！信步山谷草坡，牧放父亲的羊群，身披晚霞返回父亲的茅舍，双脚粘着隐居之地的尘埃，衣褶间散发着葡萄的芳馨；待到夜色来临时，村民们进入梦乡，她悄悄走向意中人等待她的地方。

“假若她是一位修女，那该多好！在修道院里，燃烧自己的心当香火，整个天空散发着自己的芳香；点燃自己的灵魂当蜡烛，让心上人擎着自己灵魂的烛光。她顶礼膜拜，让隐形的鬼怪将她的祈祷带往时光宝库；在那里，虔诚的信徒祷词被保存在情侣的热心与追求孤独者的低语旁！

“最好她是一位老妪，坐在太阳下，回忆童年时代伴她玩耍的少年。”

夜色渐暗，穆斯塔法的脸色随着夜色变得阴郁，精神变成沉重乌云，于是再次高声喊道：

“我的灵魂挂满成熟果子，
我的灵魂遭硕果压迫，
谁能前来饱食熟果？
我的灵魂醇香四溢，
谁来一饮，以消干渴？

“但愿我是一棵无果之树，
丰收之苦胜过荒芜焦灼。
富贵而无人前来分享，
其苦盖过乞讨而无人施舍。

“但愿我是一口枯井，
任凭人们用石投我；
总比是一道甘泉轻松，
因为行人不曾汲水解渴。

“但愿我是一根甘蔗，
任凭人们用脚踏过；
总比断指人家的吉他幸运，
既然女子聋而又哑，
纵使银弦相配也是白搭。”

十五

七天七夜过去了，没有一个人打花园附近路过，穆斯塔法独自一人，只有回忆与折磨伴陪着他。因为人们都已离开他，寻找另外一些地方，打发日子去了，就连那些怀着敬爱、羡慕之心聆听他谈话的那些人，也已各奔东西。

但克丽玛来了，只有她一人，静默表情遮面，她手托盘和杯子，送来肉和饮料，放在穆斯塔法面前，便离去了。

穆斯塔法再次伴陪白杨树，坐在园门内，注视着大路。片刻过后，只见一个人影出现在视野里，活像一块乌云，顺着大路朝他走来。乌云渐渐变成九个人，走在前面的是克丽玛。

穆斯塔法走去迎接他们。他们平安顺利来到园门前，仿佛他们刚离开这里。

他们进了花园，与穆斯塔法在一张简陋的桌子上共进晚餐。克丽玛为他们添了些面包和鱼，并把剩下的酒斟入杯中，她边斟酒，边对穆斯塔法说：“请允许我进城一趟，打些酒来，再把杯子斟满。”

穆斯塔法望着她，似乎在想着一次旅行和一个遥远的地方。他说：“不要去了！这些足够了。”

大家边吃边喝，兴高采烈，直至喝完吃光。穆斯塔法用深似海洋、激荡若月下大潮似的洪亮声音说:“朋友们,同伴们,我们今天非走不可了。在过去的一段时间里,我们曾一道航越大海,一起攀爬崎岖山路,一同搏斗风浪。我们知道饥饿是何滋味,也曾出席过婚礼筵席;我们时常衣不遮体,也曾身着国王的朝服御衣;我们确实到过很远的地方,但现在又要分手。你们将一道走你们的路,而我则独自沿着自己的路行走。

“虽然大海和旷野将把我们隔开,但我们仍然是共赴圣山的旅伴。

“但是,在我们踏上艰难征程之前,我想把我心灵的收获及其落穗献给你们:

“你们唱着歌,踏上自己的征程吧!但每首歌要短,因为只有在你们唇上早逝的歌,才能永久活在人们的心间。

“你们要用简捷的话语道出美的真理。永远不要用任何言词述说丑的真理。你们要对发髻在太阳下闪闪放光的女子说她是晨姑娘;但是,看见瞎子,决不要说他和黑夜一样。

“你们聆听芦笛手演奏,就应该像四月春姑娘歌唱;但是,当听吹毛求疵者夸夸其谈时,你们务必装聋作哑,就要像僵骨,躲到你们的想像力能把你们带向最远地方。

“朋友们,同伴们!你们在路上遇到生有偶蹄之人,就献上你们的翅膀;你们遇到生有犄角的人,向他们献上花环;你们遇到生着爪子的人,就把花瓣裹到他们的手指上;你们遇到尖舌利齿的人,就把蜂蜜抹到他们的嘴上。

“是啊!你们将会遇到这些人,甚至更多的人。你们将遇到卖拐杖的瘸子,卖镜子的瞎子和在庙门上讨饭的富翁。

“你们要把自己的健足给瘸子,把自己的明目给瞎子,把你们自身给讨饭的富翁;这些确实是天下最穷的人,因为只有真正的穷困之人,即使原来家财万贯,才肯于伸手接受施舍。

“同伴们,朋友们!我以将我们的心聚在一起的友爱的名义嘱咐你们:你们要成为千条道路,供人们彼此相会在沙漠;那里狮子伴野兔并行,豺狼与绵羊为伍。

“你们要牢记我这些话语,我不教你们施予,而教你们索取;不教你们忘恩负义，而教你们忠诚老实；不教你们屈从，而教你们唇浮笑意以示理解。

“我不教你们沉默寡言，而教你们用非喧闹的声音唱歌。

“我教你们实现能够容纳一切人的宏大自我。”

穆斯塔法站起来，离开餐桌，来到柏树荫下。夕阳即将落山，他们跟在穆斯塔法身后不远，突然之间，他们个个感到心情沉重，人人张口结舌无言。

克丽玛将餐桌收拾干净，走来说：“导师，请允许我为您准备明天旅行的干粮。”

穆斯塔法用能够看见另一个世界的目光注视着克丽玛，说：“我的姐妹，亲爱的，干粮早已备好，明天吃的已经齐备，包括昨天和今天吃喝在内。

“我要走了，假若我带着一个没有道出的真理离去，那么，那个真理将寻觅我，收拢我，即使我的肉体已在永恒的沉寂中四分五裂。我将再次回到你们中间，用发自那永恒沉寂中心的声音，再系向你们演讲。

“如果还有什么没向你们宣布的美，那就请呼唤我的名字，呼叫我的这个名字‘穆斯塔法’。我将给你们一个信号，让你们知道我已经回来，以便将你们需要的话都讲给你们。因为上帝不允许自己躲避人类，更不允许自己的话永远被遮蔽在人类心底的暗坑里。

“我将活在死神身后，
我将唱歌给你们听，
直到海浪将我带走，
送我去大海沧溟。
我将坐在你们的餐桌旁，
哪怕没有躯体；
我将与你们同下田野，
即使只有看不见的灵魂。
我将到你们的火炉旁，
虽是客人，却无行踪。

死神并不能改变什么，
只不过用面具将人脸遮影。
樵夫永远是樵夫，
耕农永远操犁耕种。
为风唱歌的人，
也将永远歌唱给苍穹星空。”

众学生像石头一样沉寂无声。他们心中充满忧愁,因为穆斯塔法说出“我要走”。然而没有人阻拦、挽留他,也没有人要跟他走。

穆斯塔法走出母亲的花园,步子缓慢,没有声音。须臾之间,只见他腾空而起,远离而去,就像一片叶子,被狂风卷去;他们所能看到的,只有一道微光,在天空抖动飘飞。

九个学生走了。那位女子却一直站在渐渐暗下去的夜色里,留心观看那道微光如何与暮色合而为一。她开始用穆斯塔法那几句话安慰自己的孤独与寂寞;“我要走了。假若我们带着一个没有道出的真理离去,那么,那个真理将寻觅我,收拢我……我将再次回到你们中间……”

十六

傍晚时分。

穆斯塔法来到山冈。脚步把他带入薄雾之中。他站在巨岩与白皮松之间,消失在一切视线之外。他说:

“云雾,我的姐妹,未入模的白气,
无声的白气,无人道出的话语,
我回来见你。

“云雾,生翅的姐妹,我们现在一起,
我们将永在一起,直到再生临莅;
黎明把你作为朝露降到花园,

我作为婴儿投入妇人怀里，
我们一起将往昔回忆。

“云雾，我的姐妹，我回来了！
我是一颗心，聆听自己搏动，
像你的心一样安逸。
我是一种思想，跳动而无目的；
和你的思念一样离奇。
我是一种思想，至今尚未成熟，
与你的思想全然无异。

“云雾，我的姐妹，母亲的头生女，
我至今手握你要我播撒的绿种，
我唇间含着你要我吟唱的歌曲。
我既没带来果实，
也无回音送给你，
因为我两手无眼，双唇无语。

“云雾，我的兄弟，
我爱世界，世界也爱我，
因为我所有微笑都在她的唇边，
我的所有泪水均噙在她的眼里。
然而我们之间有道沉默地峡，
峡上无桥，对面可望而不可及。

“云雾，我的姐妹，
啊，我不死的同胞姐妹！
我给小儿唱着古老歌曲，
他们个个面浮惊色，心领神会。
可是，他们明天会把歌儿忘掉，
不晓风神会把歌儿捎往哪里！?

歌儿虽非我的,却入我心头,
且在我的唇上曾作片刻逗留。

“云雾,我的姐妹,
一切已成过去,我亦平安顺利。
为已出生者唱歌也就够了,
虽歌儿确乎不是我的,
却发自我灵魂渴望的至深之地。

“云雾,我的云雾兄弟,
许久前我已非自我,
我与你现已融为一体。
墙壁已经坍塌,
锁链环断节离,
我攀高来到了你这里。
我们将一道航行,
直到再生之日临莅;
那时黎明将把你降为园中晨露,
把我当做婴儿抛入妇人怀里。”

沙与沫

这本小册子不超过其名——《沙与沫》——确乎是一捧沙，一把沫。

虽然我将我心的碎屑抛入了沙中，将我的灵魂液汁倾在了沫上，但它现在和永远离海岸比大海近，距有限的思念比不能限定的相见近。

每位男女身边都有些许沙与沫，但有的人敢于说出，而另一些人则羞于表述。我却不羞于将它道出。故请你们原谅、宽恕。

纪伯伦·哈利勒·纪伯伦

1926 年 12 月　纽约

* * *

在这沙滩上，我徜徉到永远，
徜徉在沙与沫之间。
涨潮时，海水会抹去我的脚印，
风会把水沫吹得很远很远，
然而海和海滩会存在到永远。

* * *

一次，我手里攥着一把雾霭，
我把手伸开，忽见雾霭变成了一条虫子。
我握上手，再次伸开，却见掌中有一只鸟儿。

我合上掌,第三次伸开,

忽见我的掌心上站着一个人,那个人愁容满面,仰望高天。

我合上掌,又张开时,只见掌中仅存雾霭。

但是,我却听到了一支歌,曲调是那样的甜。

* * *

仅在昨天,我还自以为是碎片,不住颤抖,杂乱无章,运行在生命的苍穹间。

现在我已知道,我就是苍穹,生命是在我心中运动着的、排列有序的碎片。

* * *

他们醒时对我说:"你和你生活的那个世界,不过是无际大海边上的无尽沙滩中的一粒沙子。"

我梦中对他们说:"我就是无垠的大海。大千世界不过是我的岸边的几粒沙子。"

* * *

我有一次哑口无言:当一个人问我"你是谁?"时。

* * *

神第一念想到的是:天使。

神第一语说出的是:人。

* * *

我们在丛林中接受大海和风的语言启迪之前的数万年中,本是迷茫徘徊、无路可走和仅存渴望的人类。

如今,我们又怎能用昨天的声音表述史前岁月呢?

* * *

斯芬克斯只开过一次口。他说:“一颗沙粒便是沙漠;沙漠就是一颗沙粒。现在,让我们再次沉默吧!”

我听到斯芬克斯的话,但我不明白。

* * *

我一旦看到一个女人的面孔,便看到了她所有的已出生和未生出的孩子。

一个女人看到我的面孔,也便认识了我所有在她出生前就已逝去的先人。

* * *

如今,我真想证实我的存在。可是,在我变成一颗供智慧生命队伍漫步的星球之前,这个愿望如何能实现呢?

难道这不是每个生灵为之奋斗的目标吗?

* * *

任何一颗珍珠都是苦难在一粒沙子周围建起的一座神殿。

究竟是什么渴望在哪颗沙子周围建造成我们躯体的呢?

* * *

当神把我当作一颗石子投向这汪奇异的湖水时,我用无数波圈搅乱了平静的湖面。

但当我到达湖底时,笼罩我的却是一片寂静。

* * *

赐我以静默,我便敢于用之征服黑夜。

* * *

我的灵魂与肉体相爱并结亲时,我便有了再生。

* * *

我认识一个人,他听觉敏锐,但是个哑巴。因为他在一次战斗中失去了舌头。

我现在才知道他陷入这巨大沉默之前所参加的是哪一次战斗。我为他的死感到高兴。

这世界何其狭窄,竟同时容纳不下我们俩。

* * *

我躺在埃及大地的泥土里,沉睡了多少岁月,默默无语,不辩季节更替。

之后,太阳赐予我生命,我站起来,行走在尼罗河畔,与白昼一起唱着歌,与黑夜一同做着梦。

如今,太阳用千只脚踩我,期望我再次沉睡在埃及大地泥土之中。

不过,请看惊人的奇迹和令人难解的谜团出现了:

将我聚集起来的太阳,却不能把我分解开来。

我依然站立在尼罗河两岸,信步行走。

* * *

记忆是相见的一种方式。

* * *

忘却是自由的一种形式。

* * *

我们用无数太阳的运转测定时间。

他们测定时间则用他们口袋里的工具。

现在,请你告诉我:我们怎样才能在我们确定的时间和地点相会呢?

* * *

对于那些从银河窗口俯视的人来说,空间就不是地球与太阳之间的空间了。

* * *

人性是一条光河,从无始流到永恒。

* * *

徘徊在能媒里的精灵,难道不羡慕人的痛苦吗?

* * *

在通往圣城的路上,我遇见了另外一位朝圣者,问他:"这是通往圣城的路吗?”

他说:“你跟我来,一天一夜就能够到达圣城。”

我跟着他走去。我们走了几天几夜,也没有到达圣城。

我大吃一惊,当时他竟然对我大发雷霆,只因为他给我带错了路。

* * *

主啊,在您使野兔成为我的猎物之前,还是让我成为雄狮的猎物吧!

* * *

人只有沿着黑夜之路前进才能到达黎明。

* * *

我的住宅对我说:“你不要弃离我!这里居住着我的过去。”

道路对我说:“来吧,沿着我走下去吧!我就是你的未来。”

我对住宅和道路说:“我既没有过去,也没有未来。我居留在这里,居留中包含离去;我离开这里,离去中包含居留。惟有爱情和死亡能改变一切。”

* * *

安卧在羽绒床上人的梦,并不比睡在尘土上那些人的梦更美。我怎能对生命的公正失去信念呢?

* * *

多么奇怪!对于某些享乐的向往,竟是我的某种痛苦。

*　　　*　　　*

我有七次藐视自己的灵魂:

第一次,我发现她想高升时,故作谦恭下士。

第二次,我看见她在瘸子面前跛行。

第三次,当让她在难与易之间选择时,她弃难而择易。

第四次,她犯了错误,却以别人也犯了错误而自感欣慰。

第五次,当她容忍软弱时,她却把忍耐视做坚强。

第六次,她鄙弃一张丑陋面孔,但她却不知道那正是她的一张面具。

第七次,她大唱赞歌,并且将之当作一项美德。

*　　　*　　　*

我对绝对真理一无所知。但是,我在自己的无知面前感到心悦诚服;这其中蕴藏着我的荣耀和报偿。

*　　　*　　　*

人的想像与现实之间的距离,只有向往之心才能超越。

*　　　*　　　*

天堂就在隔壁房间的门后,但钥匙丢了,也许我仅仅忘记了放的地方。

*　　　*　　　*

你是盲人,我又聋又哑,那就手摸手以求彼此了解吧!

* * *

一个人的价值,不在于他已经取得的成就,而在于他希望获得的成就。

* * *

我们中有的人像墨,有的人像纸。若不是有人是墨,另一些人就会变成哑巴;若不有人洁白,另一些人就会变成瞎子。

* * *

给我一只耳朵,我便给你声音。

* * *

我们的大脑是一块海绵,我们的心是一条溪水。然而我们大多数人宁愿吸收却不肯奔腾,岂不怪哉?

* * *

当你向往着无名恩赐,又不知何故而悲伤时,你便与生长着的万物一道成长,高升直向你的“大我”。

* * *

当一个人沉醉于一种梦幻之中时,他就是把自己对梦幻的轻淡表述认作香醇本身了。

* * *

你喝酒也许是为了醉;而我喝酒却为了从另外一种醉酒中清醒过来。

* * *

我把酒杯喝空时,就让其空着;但当酒杯半满时,我却恨其半空。

* * *

他人的实质,不在于他所表露的,而在于他未表露的。你若想了解他的实质,就不要听他说的,而要听他没说过的话。

* * *

我对你说的一半话是没有意义的;我之所以说,但期你听到另一半。

* * *

幽默感便是分寸感。

* * *

当人们赞美我高谈阔论的缺点,责备我沉默寡言的美德时,我的孤寂感便产生了。

* * *

当生命找不到歌手唱出她的心声时,她便造就一位哲学家阐述她的心思。

* * *

真理,在任何情况下都是被人所知的,只是在某种情况下才被人讲出来。

* * *

我们先天的真实都是沉默寡言的;而后天所得才变成多嘴多舌。

* * *

我的生命之音传入你生命之耳;不过,还是让我们交谈吧,以期排除寂寞。

* * *

两个女人交谈,什么也讲不出来。一个女人自言自语,却道出了生命中的一切。

* * *

或许青蛙比牛叫得更响,然而青蛙既不会在地里拉犁,也拖不动酒坊的榨汁轮,更不能取其皮子制鞋。

* * *

只有聋哑人才妒忌健谈的人。

* * *

如果冬天说:"春天居于我的心中。"谁会相信它的话呢?

* * *

每粒种子都是一个愿望。

* * *

假若你睁大眼睛,便会在每一个形象中看到你自己的形象。

假若你侧耳聆听,便会从每一种声音中听到你自己的声音。

* * *

揭示真理需要两个人合作:一个人将之说出,另一个人把它理会。

* * *

言语的波涛在我们的上面永久喧嚣,然而我们的深处永远是寂静无声的。

* * *

有多少学说,都像玻璃窗一样,我们透过它看真理,而它又把我们同真理隔开。

* * *

让我们玩捉迷藏吧!假若你藏在我的心里,我就不难找到你;但你若藏在你的躯壳里,谁也休想把你找到。

* * *

也许一个女人能用微笑遮盖自己的脸。

* * *

能同一颗欢悦之心共唱快乐之歌的忧伤之心是多么高尚！

* * *

想了解女人的内心，或认识天才，或想弄清沉默秘密的人，就像试图从美梦中醒来便坐在早餐桌上的人。

* * *

我愿意与行人一道前进，而不愿呆呆地站在那里，眼看着队伍从我面前走过。

* * *

你欠侍奉你的人的东西比黄金贵。你就把你的心献给他，或者为他效力吧！

* * *

我们的生命并未空耗。难道那些城堡不是用我们的骨头垒起来的吗？

* * *

我们不要过分苛求,不要不拘小节。诗人的心灵和蝎子的针尾,都是在同一块土地上生长出来的。

* * *

伴随着每一条毒龙的产生,必有一个屠龙的圣·乔治诞生。

* * *

树木是大地写在天幕上的诗。我们将树木伐下来做纸,记录下我们的空虚。

* * *

如果你有写作欲望——只有圣人才知道那种欲望——那么,你必须有知识、艺术和魔术:遣词的音乐知识,非矫揉造作的艺术,热爱读者的魔术。

* * *

他们把自己的笔蘸在我们的心中,便以为自己已经得到了灵感

* * *

如果一棵树也写自传,那将不会异于一个民族的历史。

* * *

如果要我在"写诗能力"和"诗写成前的心理陶醉"之间选择,我必选择那种"陶醉",因为那是更为美妙的诗。

但是,你和我的所有邻里都说我不善选择。

* * *

诗不是表述出来的一种意见,而是从带血的伤口或微笑的嘴里溢出来的一支歌。

* * *

词语不受时间限制;当你用它说话或写作时,当知道它的这个特点。

* * *

诗人是一位退位的君王,坐在自己的宫殿废墟里,试图从废墟里塑造出一种形象。

* * *

诗是大量欢乐、痛苦和惊奇,外加少许语汇。

* * *

诗人寻找自己心中诗歌的源泉,那是徒劳无益的。

* * *

有一次,我对一诗人说:“只有你死后,我们才能评估你的价值。”

诗人答道:“是的,死神总是揭示隐秘。你如果真想晓得我的价值,那么,你该知道,我心中的比口说出的多,我想写的比手里的多。”

* * *

你如果歌唱得美,即使你在沙漠腹地,也会发现有人聆听你的歌声。

* * *

诗是迷心醉神的智慧。

智慧是思想里唱的歌。

我们若能使一个人心迷神醉,并且在其思想里唱歌,那么,我们便真的生活在神的影子里了。

* * *

灵感从不停止歌唱;灵感从不解释。

* * *

为了让孩子睡,我们常常唱催眠曲,但求我们自己也进入梦乡。

* * *

我们所有的词语,不过是思想筵席上散落下的碎食屑。

* * *

苦思常是诗歌道路上的绊脚石。

* * *

杰出的歌唱家是能把我们的沉默化为歌声的人。

* * *

如果你的嘴里含满食物，你怎能唱歌呢？
如果你的手里满把黄金，你怎举手祈福？

* * *

人们说夜莺唱情歌时，将刺扎自己的胸膛。
我们都这样干。不然，我们怎能歌唱？

* * *

天才，不过是迟来的早春里知更鸟唱的一支歌。

* * *

即使是最高尚的灵魂，也摆脱不掉肉体的需要。

* * *

疯子是音乐家，才能并不比你逊色；不过，他所弹奏的乐器稍稍乱了节拍。

* * *

默默隐藏在母亲心中的歌，由孩子的双唇唱了出来。

* * *

没有不能满足的愿望。

* * *

我与另一个自我从未完全一致过。似乎真理将我俩隔开。

* * *

你的另一个自我常为你而惆怅。但是,你的自我在惆怅中成长。那么,也就没有任何妨害了。

* * *

除了在那些灵魂酣睡、躯体失调的人们的思维里,灵魂与躯体之间是没有斗争的。

* * *

当你到达生命的内核时,你将感触到万物中存在的美,甚至在瞧不见美的眼睛里。

* * *

我们活着是为了寻找美。其他一切只不过是形形色色的等待。

* * *

播下一粒种子,大地给你一朵花。赠给蓝天以梦想,蓝天会给你送来情人。

* * *

因为魔鬼在你出生的那天就死了,所以你不必通过地狱去见天使。

*　　　*　　　*

许多女子借到了男子的心;但很少女子能占有它。

*　　　*　　　*

你若想占有某种东西,千万不要求之。

*　　　*　　　*

当男子触摸到一女子的手时,二人便都触到了永恒的心。

*　　　*　　　*

爱是情侣间的面纱。

*　　　*　　　*

每个男子都爱着两个女人:一个是他想像力所创造出来的,另一个还未诞生。

*　　　*　　　*

不宽容女人小错的男子,永不会欣赏她们的大德。

*　　　*　　　*

不能日日自新的爱情会变成一种习惯,不久会变成奴役。

* * *

情侣拥抱的是他们之间的某种东西,而没有相互拥抱。

* * *

爱情与猜疑绝不相互交谈。

* * *

爱是光明之字,由光明之手将之书在光明之页上。

* * *

友情永远是一种甜蜜责任,绝不是一种可取的机会。

* * *

若不在各种情况下了解你的朋友,你就永远不能了解他。

* * *

你那最华丽的锦袍是别人织的;
你那最可口的一餐是在别人桌上吃的;
你那最舒适的床铺是在别人的房子里的。
现在请你告诉我:你怎能把自己同别人分开呢?

* * *

你脑所思与我心所想永远不会一致，除非你的脑不再徘徊在数字中，我的心不再恍惚于雾霭里。

* * *

不把语言简略到七个字，我们是不能相互了解的。

* * *

除了我的心碎裂，你又怎么能够使之启封呢？

* * *

只有大悲或大喜才能揭示你的真实。

你若想显示自己的真实，那就必须在光天化日下裸舞，或者背上你的十字架。

* * *

如果大自然留心我们说的知足的话，江河便不会注入大海，你也就见不到冬天变成春天。

如果大自然注意到我们所说的积攒之类的话，我们还有多少人能呼吸到这空气呢？

* * *

你背朝太阳，就只能看到自己的影子。

* * *

你面对着白天的太阳时是自由的，面对着黑夜的繁星时是自由的。

没有太阳、月亮和繁星时，你是自由的。你合上眼睛，不看世间万物时，你是自由的。

然而，你又是你所爱的人的奴隶，因为你爱他。

你也是爱你的人的奴隶，因为他爱你。

*　　*　　*

我们都是庙门前的乞丐，国王出入庙门时，我们都能得到一份恩施。

然而我们相互嫉妒，这是蔑视国王的另一种方式。

*　　*　　*

你不能吃得多过食物。要与另一个人分享面包，还要为不速之客留下一点儿。

*　　*　　*

如果没有客人，我们的房舍会变成坟墓。

*　　*　　*

一只和善的狼对一只天真的羊说："你何不光临寒舍造访呢？"

羊回答道："如果贵府不在阁下腹中的话，我将以造访贵府为荣。"

*　　*　　*

我在门口拦住客人，说："不必了！进门时不必擦脚，等出门时再擦吧！"

* * *

慷慨并不在于你把我比你更需要的东西给我，而是把你比我更需要的东西给我。

* * *

你施舍时确乎是慈善的。在你施舍之时，要羞涩地扭过脸去，不要看接受你施舍的人。

* * *

最穷者与最富者之间的差别，不过在于一整天的饥饿和一时辰的干渴。

* * *

我们常向明日告贷，借以偿还昨天债务。

* * *

我也曾见天使和魔鬼来访问我，但我把他们打发走了。

天使来访时，我念了一段旧祈祷文，天使烦而走开。

魔鬼来访时，我犯了一次旧的过错，魔鬼离我而去。

* * *

这倒不是坏监牢，但我不喜欢隔开我的牢房和另一牢房的这堵墙；

不过，我向你保证：我既不愿责备狱卒，也不愿责备建造监牢的人。

* * *

你要鱼却给你蛇的那些人，也许他们没有别的什么东西可给你。那么，从他们那方面来说，也算是慷慨了。

* * *

骗子有时得逞，但终究是自杀。

* * *

当你宽恕那些从不杀人的杀人犯、从不行窃的贼、从不说谎的骗子时，你才是真正宽宏大量的人。

* * *

能把手放在善恶分界线上的人，就能触及到上帝锦袍边沿了。

* * *

假若你的心是座大山，怎能指望在你的手掌里开出鲜花呢？

* * *

好一个奇异的自欺方式！我有时宁愿受害和被骗，也好让我嘲弄那些以为我不知道自己是受害被骗的人。

* * *

对于明明是追求者却假装被追求者的人,我有什么话好说呢?

*　　*　　*

在你的长袍上擦一双脏手的人,你就让他把你的长袍拿去吧!也许他还需要你那件长袍,你肯定不会要它了。

*　　*　　*

可惜的是钱币兑换商做不成好园丁。

*　　*　　*

千万不要用你后天所学到的德行粉饰你的先天缺陷。我宁愿你有这些缺陷,它与我的缺陷又何其相似啊!

*　　*　　*

我常把自己从未犯过的罪过拉到自己的身上,以让别人在我面前感到宽舒。

*　　*　　*

生命的面具是比生命更深刻的奥秘的面具。

*　　*　　*

也许你只能根据你对自己的了解去判断别人。

现在请你告诉我,我们中间,谁是无辜的,谁是罪人呢?

*　　*　　*

自感应承担你的一半过失的人,才是真正的公正者。

* * *

只有白痴和天才,才会破坏人制订的法律,因为他们最近于上帝的心。

* * *

你只有被追赶时才会飞跑。

* * *

我没有敌人。假如我有敌人,神主会让其与我势均力敌,使胜利归于真理。

* * *

死神会使你与你的敌人重归于好。

* * *

也许一个人为了自卫会自杀。

* * *

许久以前,一个男子被钉在十字架上,因为他过分爱他人,人们也过分爱他。

奇怪的是我昨天三次遇见他:

第一次,他求警察不要把一妓女送进监牢;

第二次,他正和一贱民一起喝酒;
第三次,他正在教堂里与一检察官拳斗。

* * *

如果他们所谈论的善与恶均正确无误,那么,我的一生便是连续犯罪。

* * *

怜悯是一半公正。

* * *

唯一对我不公正的,是那个我对其兄弟不公正的人。

* * *

当你看见一个人被带往监狱时,会心中暗想:“也许他是从更狭窄的一个监狱中逃出来的。”

当你看见一个醉汉时,会自言自语:“也许他借此摆脱更丑恶的事物。”

* * *

我常常憎恶人们,以求自卫;假若我是个更强有力的人,我就不用这种武器了。

* * *

用唇间的微笑掩饰双目中憎恶之情的人多么愚蠢!

* * *

不如我的人才会嫉妒或憎恶我。

没有人嫉妒我，也没有人憎恶我，因为我的地位不在任何人之上。

只有比我强大的人才会称赞我或蔑视我。

没有人称赞我，也没有人蔑视我，因为我的地位不在任何人之下。

* * *

你对我说，："我不了解你。"这话是对我的过分赞扬，对你说来则是不恰当的轻蔑。

* * *

生命给我的是黄金，我给你的是白银，还自以为慷慨，我多卑鄙。

* * *

当你达到生命中心时，你将发现自己既不比罪犯高，也不比先知低。

* * *

奇怪的是，你只可怜脚步缓慢者，而不可怜头脑迟钝者；

你只可怜盲于目者，而不可怜盲于心者。

* * *

瘸子不在他的敌人的头上敲断他的拐杖，那还是比较聪明的。

* * *

他自以为把自己的口袋里的东西给你，便能取走你心里的东西，多愚蠢啊！

* * *

生命是一支队伍。脚步慢的人认为队伍行进太快，于是落伍了。脚步快的人认为队伍行进太慢，于是他离开了队伍。

* * *

如果真有名叫“罪孽”的事，那么，我们当中有些人在追随祖先的足迹，倒着作孽；

有的人对孩子管教过分严厉，超前作孽。

* * *

真正的好人，是与众人都认为是坏人的人站在一起的人。

* * *

我们都是囚犯，但有的被关在有窗的牢房里，有的被关在无窗的牢房里。

* * *

奇怪的是我们为自己的丑行辩护的热情，竟然高于维护自己的功德。

* * *

假若我们坦诚地相互揭露罪过，必互相嘲笑，因为我们不能创新。

* * *

假若我们都来表露我们的功德，也会因为我们不能创新而大笑。

* * *

一个人在背离世俗惯例之前，他是居于人为法律之上的；

当他一旦背离了世俗惯例，他就既不在任何人之上，也不在任何人之下。

* * *

政府是我与你之间的契约。我和你则常常是错的。

* * *

罪恶要么是需要的代名词，要么是疾病的一种表征。

* * *

还有比意识到别人的罪恶更大的过错吗？

* * *

如果别人嘲笑你，你应该怜悯他；假若你嘲笑他，也许永远不会宽恕自己。

如果别人伤害你，你应该忘掉他对你的伤害；假若你伤害他，你会永远记起。

其实，别人只不过是附在另一躯体上的、你那最敏感的灵魂。

* * *

你想让人们用你的双翅飞翔，而你连一根羽毛都没有，你多轻率呀！

* * *

一次，一个人坐在我的餐桌上，吃我的面包，喝我的酒，走时还嘲笑我。

之后他又来要吃喝时，我拒绝了他；

于是，天使嘲笑我。

* * *

憎恶是一种死了的东西，你们谁愿做坟墓？

* * *

被杀者的光荣在于他不是凶手。

* * *

人道的保护者是在其沉默寡言者的心怀中，而不在其多嘴多舌的思维里。

* * *

人们以为我疯了,因为我不肯拿我的光阴去换金钱;

我也认为他们疯了,因为他们竟认为我的光阴可以用钱买。

* * *

他们把他们最重要的金、银、象牙和黑檀摆在我们的面前,我们把我们的心地和精神摊在他们的面前;

然而他们却自以为是主人,倒把我们当做客人了。

* * *

我宁愿做一个有梦想并有实现梦想愿望的最渺小的人物,也不愿做一个无梦想、无愿望的最伟大的人。

* * *

把自已的梦想变成金银的人是最可怜的人。

* * *

我们都在攀登我们心底愿望的高峰。

如果某登山伙伴偷了你的干粮和钱包,干粮肥了他的身骨,而钱包加重了他的负荷,你应该可怜他;

他,则因肥胖而攀登困难,负重延长了他的攀登路途。

你体瘦身轻,若看到他因肥胖而攀登时气喘吁吁,就帮他一把,他将加快你的登高速度。

* * *

你不能超越自己对人的了解去判断任何人,而你对人的了解又是那样肤浅。

*　　　*　　　*

我不喜欢听任何征服者对被他征服的人们说教。

*　　　*　　　*

真正自由的人,就是忍耐地扛着奴隶枷锁的人。

*　　　*　　　*

一千年前,我的邻居对我说:“我憎恨我的生命,因为它只不过是一种令人痛苦的东西。”

昨天,我走过墓地,看见生命正在他的坟墓上跳舞。

*　　　*　　　*

大自然的竞争只不过是渴望秩序的杂乱。

*　　　*　　　*

孤独是无声风暴,摧折了我们的枯枝;

虽然如此,它却把我们的活根更深地送进了活的大地中的跳动着的心底里。

*　　　*　　　*

有一次，我对小溪谈起大海，小溪认为我陷于幻想，过分夸张；另一次，我对大海谈起小溪，大海认为我求全责备，损人声誉。

*　　*　　*

竟把蚂蚁的忙碌抬到纺织娘的歌喉之上，眼界何其狭窄！

*　　*　　*

这个世界的最高德行，也许是另一个世界里的最低标准。

*　　*　　*

深与高达到的深度和高度都是直线的；只有那广阔的，才能绕圈转。

*　　*　　*

如果没有度量衡观念，也许我们站在萤火虫面前就像站在太阳面前一样顶礼膜拜。

*　　*　　*

只是科学家而无想像力，就像持钝刀和旧秤的屠夫。

既然我们并不全是素食主义者，你又该如何呢？

*　　*　　*

你唱歌时，饥饿者用肚子听。

*　　*　　*

死亡离老人并不比离婴儿更近;生命亦如此。

*　　*　　*

如果你确实必须坦率表白,那就坦率得干脆些;不然,你就缄默不言,因为我们邻居有一个人快要灵魂归天。

*　　*　　*

或许人间的葬礼正是天上的婚庆。

*　　*　　*

一个被忘却的现实可能死去,其遗嘱里却留下七千条可作为丧葬、建墓费用的真情实况。

*　　*　　*

其实我们只对自己说话,但有时声音大一些,好让别人听见。

*　　*　　*

明显的东西,人们总是视而不见,非要等人指点。

*　　　*　　　*

如果银河不在我的心意中，我怎能看得见它或了解它呢？

*　　　*　　　*

他们是不会相信我是个天文家的，除非我是医生当中的一个医生。

*　　　*　　　*

也许大海给贝壳下的定义是珍珠。
也许时间给煤炭下的定义是钻石。

*　　　*　　　*

荣誉是热情站在阳光下的影子。

*　　　*　　　*

根乃一朵鄙视荣誉的花。

*　　　*　　　*

美之外，既无宗教，也没科学。

*　　　*　　　*

我所了解的伟大人物的品格中总有些渺小的东西；正是这渺小

的东西防止了懒散、狂妄或自杀。

* * *

真正伟大的人,是既不想压制任何人,也不受任何人压制的人。

* * *

我决不会仅仅因为他杀了罪犯和先知,便相信他是平庸无能之辈。

* * *

容忍是对狂症害上的相思病。

* * *

多怪呀！虫子会转身拐弯,就连大象也会屈服。

* * *

也许争论是两个头脑之间沟通的捷径。

* * *

我是烈火,我也是干柴;我的一部分正在吃我自身的另一部分。

* * *

我们都在寻找圣山的顶峰;假若我们只把过去当作地图而不当

作向导,我们的路不是更短了吗?

*　　*　　*

当智者高傲得不肯哭,庄重得不肯笑,自满得不肯看他人时,智慧也就不成其为智慧了。

*　　*　　*

如果我用你所知道的一切塞满我的内心,哪里还有容纳你所不知道的一切呢?

*　　*　　*

我跟从善说的人学到了沉默,跟从偏执的人学到了宽容,跟从残酷的人学到了怜悯;不过,奇怪的是我并不感谢这些老师。

*　　*　　*

极端的修行者是极聋的演说家。

*　　*　　*

嫉妒者的沉默是喧嚣。

*　　*　　*

当你达到应该知道的终点时,也便到了你应该感觉的起点。

*　　*　　*

夸张是暴怒的真理。

* * *

假若你只看到光所显示的,只听到声音所宣告的,那么,你实际上没有看也没有听。

* * *

事实是没有性别区分的真理。

* * *

你不能同时集笑和粗暴于一身。

* * *

最接近我心的,是没有国土的国王和不知如何求乞的穷人。

* * *

一个令人羞涩的失败比一个值得炫耀的成功更高贵。

* * *

在你想到的任何一块土地上挖掘,都能找到宝库,只是要用农夫的信念去挖就是了。

* * *

一只狐狸被二十名骑士和二十条猎犬追逐,它说:“无疑他们想杀死我。可是,他们是多么懦弱、多么愚蠢啊!二十只狐狸骑着二十头毛驴,带着二十只狼去追杀一个人,真是太不值得了。”

* * *

我们的头脑屈从于我们自己制订的法律,而我们的精神从不屈从。

* * *

我是旅行家,也是航海家;伴随着每天日出,在我的灵魂中都会出现一个新大陆。

* * *

一个女人抗议道:“可以肯定那是一场正义战争。我的儿子在那场战争中倒下了。”

* * *

我对生命说:“我真想听到死神说话。”

生命稍稍提高声音,说道:“你现在就听到她说话了。”

* * *

当你弄明生命的所有奥秘时,你就渴望死亡,因为死亡也是生命的另一个奥秘。

*　　　*　　　*

生与死是勇敢的两种最崇高的表现。

*　　　*　　　*

我的朋友，
对于生命，你和我将永远是陌生的，
我们彼此也永远是陌生的，
我们每个人对自己也会是陌生的，
直到有一天你说我听，
我把你的声音当作我的声音；
当我站在你的面前时，
自认为我是站在镜子前。

*　　　*　　　*

他们对我说："你了解自己，也便了解所有人。"
我说："我不探索所有人，是无法了解自己的。"

*　　　*　　　*

人有两个自我：一个在黑暗中醒着，另一个在光明中睡觉。

*　　　*　　　*

隐士弃绝了部分世界，以期不受干扰地享受整个世界。

*　　　*　　　*

学者与诗人之间隔着一片秀美田野，如果学者穿越过去，他就变成了圣贤；如果诗人穿越过来，他就变成了先知。

* * *

昨天，我看见一伙哲学家用篮子拎着他们的头，在市场上高声叫卖道："智慧……卖智慧！"

多么可怜的哲学家！他们必须卖自己的头，才能养活自己的心！

* * *

一个哲学家对一个清道夫说："我可怜你。你的工作又苦又脏。"

清道夫说："谢谢你，先生。请告诉我，你是做什么的？"

哲学家答："我研究人的思维、行为和愿望。"

这时，清道夫转脸拿起扫帚，笑着说："我也可怜你。"

* * *

听真理的人并不比讲真理的人低下。

* * *

人是不能在必需与奢侈之间划分界限的。

只有天使能划分；天使聪慧，心灵。

也许天使就是我们在天空中的更高尚的思想。

* * *

在托钵僧心里找到自己的宝座的，才是真正的王子。

* * *

慷慨是超过自己能力的施与,自大是低于自己需要的索取。

* * *

其实你不欠任何人的。你把自己的全部所有看成欠所有人的债。

* * *

所有以前生活过的人,现在和我们一起活着。

我们中谁也不愿意怠慢客人。

* * *

向往多的人寿长。

* * *

他们对我说:“一鸟在手,等同十鸟在树。”

但我说:“树上的一鸟一羽,胜过十鸟在手。”你对那根羽毛的追求,就是脚下生翅的生命,而且是生命的本身。”

* * *

世间只有两种要素,美和真:美在情侣的心上,真在耕夫的臂腕。

* * *

伟大的美将我俘获，但更伟大的美却从它的掌中将我释放。

* * *

美在渴望美的人心里，比看到美的人眼里所发出的光更加灿烂。

* * *

我喜欢向我吐露心事的人；我敬重向我展示梦想的人。可是，在服侍我的人面前，我却为什么腼腆，而且感到害羞呢？

* * *

过去，有才华的人以侍奉王子而自豪。

今天，他们已把侍奉平民视为光荣。

* * *

天使们知道，许多讲究实际的人，都是就着梦想者额头上的汗水，吃他们的面包。

* * *

幽默往往是一副面具；你一旦将之扯下，便会发现一种被激怒的天赋或一种被扭曲的聪慧。

* * *

聪颖者把聪颖功归于我，呆钝者把呆钝罪归于我。我想二者都是对的。

* * *

只有心存秘密之人,才能猜透我们心中的秘密。

* * *

只能与你同甘而不能共苦的人,定将失去天堂七座门中一座门的钥匙。

* * *

是的,果有涅槃境界。

它在你赶着羊群到了青草茂密的牧场之时,它在你哄孩子入睡之时,它在你写完长诗的最后一行时。

* * *

我们选择我们的欢乐和忧愁,是在我们长期体味它们以前。

* * *

忧伤不过是两座花园间的一堵墙。

* * *

你的欢乐或忧伤一变大,世界在你的眼里就变小了。

* * *

愿望是半个生命,冷漠是半个死亡。

* * *

今日的悲哀中最苦的东西,恰是昨天欢乐的追忆。

* * *

他们对我说:“你一定要在今生的欢乐与来世的平安之间作出选择。”

我对他们说:“我已经同时选择了今生的欢乐和来世的平安。因为我打心底里知道最高尚的诗人,只写过一首韵律俱佳的长诗。”

* * *

信仰是心中的绿洲,思想的驼队永远到达不了那里。

* * *

你的顶峰时,你将感到愿望只是为了愿望,饥饿为了饥饿,干渴为了更强烈的干渴。当你到达

* * *

当你把自己的秘密吐露给风时,你千万不要责怪风把你的秘密吐露给树木。

* * *

春天的花是天使们在早餐桌上谈论的冬天的梦。

* * *

臭鼬对月下香说:“你看我跑得多快,而你既不能走,也不会爬!”

月下香对臭鼬说:“哦,高贵的飞毛腿,快跑你的吧!”

* * *

乌龟比兔子更清楚路况。

* * *

奇怪的是没有脊柱的生物都有坚硬外壳。

* * *

说话最多者是聪慧最少的人。一个演说家与一个拍卖人没有什么大差别。

* * *

感谢吧,因为你不必依靠父亲的名声或叔父的财产生活。

尤其应该感谢的是,没有任何人必须依靠你的名声和财产生活。

* * *

要把戏的人抓不到球时,才能引起我的兴趣。

* * *

嫉妒虫在不知不觉中赞扬了我。

*　　　　*　　　　*

你一直是你熟睡中的母亲的一个梦，她醒来时生下你。

*　　　　*　　　　*

人类的胚芽在你母亲的愿望之中。

*　　　　*　　　　*

我的父亲和母亲希望有个孩子，于是生下我。

我的心向往有个母亲和父亲，便生下了夜和大海。

*　　　　*　　　　*

我们的子女，有的使我们感到此生无悔，有的使我们感到不胜遗憾。

*　　　　*　　　　*

当夜幕降临，你的神情也黯然时，你就躺下去，听凭神伤心碎。

当晨光初照，你的神色仍黯然时，你就起来，信意对白昼宣布："我仍旧神情黯然。"

你对黑夜和白昼做戏，那是愚蠢的。

你若那样行事，黑夜和白昼都会嘲笑你。

*　　　　*　　　　*

雾霭环绕的山不是丘陵，淋雨的橡树不是垂泪的柳树。

*　　　　*　　　　*

瞧这似非而是的断语，它与模棱两可相比，深和高彼此更接近些。

* * *

当我像一面明镜一样站在你面前时，你凝视着我，便看到了你的形象。

之后你说："我爱你。"

其实，你爱的是在我身上的你自己的形象。

* * *

当你用对邻居的爱取乐时，那就不是美德了。

* * *

不涌溢的爱情已在渐渐死亡中。

* * *

你不能同时拥有青春和关于青春的知识。

因为青春忙于生活，无暇探求关于青春的知识；而知识在忙于探索自己，无暇顾及生活。

* * *

或许你会凭窗眺望行人，于是看到一位修女从你右边走过，一个妓女从你左边走过。

也许你会直率地说:“这一位多么高尚,而那一个多么卑贱!”

假若你闭上双眼,留心聆听片刻,便会听到太空中有低语声:“这一位用祈祷寻求我,而另一位则在痛苦中寻求我。在二人的灵魂中都有供奉我灵魂的殿堂。”

* * *

每隔一百年,拿撒勒人耶稣就会与基督教的耶稣在黎巴嫩丘山间的花园中相聚长谈一次。拿撒勒人耶稣每次离去时,都会对基督教的耶稣说:“我的朋友,我担心我们的见解永远永远不会一致。”

* * *

但求上帝喂饱那些穷奢极欲的人。

* * *

每个伟人都有两颗心:一颗心在滴血,另一颗心在沉思。

* * *

如果有人说了既不妨害你又不妨害他人的谎言,你何不对自己的心说,他那置放事实的房子太小,容不下他的幻想,因此,他不得不把幻想丢到更大的空间去。

* * *

每一道紧闭的门后,都有一个加了七道封条的秘密。

* * *

等待是时间的蹄子。

* * *

你家东墙的那个新窗子难道不是麻烦吗?

* * *

兴许你会忘掉和你同笑者,但永远不会忘记与你同哭的人。

* * *

盐里定有出奇神圣之物,它既存在于我们的眼泪里,也存在于大海之中。

* * *

当上帝感到慈悲的干渴之时,会把我们——露珠和眼泪——一道喝下去。

* * *

你不过是你的“大我”的一个碎片,一张求面包的嘴,一只盲目的、为干渴之口举起杯子的手。

* * *

你只要从种族、国家和自我上升高一腕尺,你就真地像神一样了。

* * *

如果我是你，我决不在退潮时埋怨大海。

船稳稳当当，我们的船长是精干的；只不过你的胃有些不适。

* * *

我们渴望而未得到的东西，总比我们已经得到的东西宝贵。

* * *

即使你有幸坐在一块云朵上，也看不到国与国之间的界线，更看不到田与田之间的界石。

然而遗憾的是，你无法坐上云朵。

* * *

七个世纪前，有七只白鸽从深谷里飞上盖着皑皑白雪的山顶。

看到白鸽飞翔的七个人中，有一个人说："我看见第七只鸽子的翅膀上有一块黑斑。"

今天，在那座山谷里，人们说有七只黑鸽子飞上了皑皑白雪覆盖的山峰。

* * *

秋天里，我收集起我的一切烦恼，将之埋在我的花园里。

四月到来，春天降临，与大地结亲，我的花园里繁花似锦，美丽绝伦。

邻居们走来赏花，异口同声对我说："秋天再来，该播种的时候，能否给我们些花种，让我们的花园里也开出这种花来呢？"

* * *

我把空手伸向人们而得不到任何东西,那固然是苦恼;然而,伸出满把东西的手而无人接纳,那才是绝望。

*　　*　　*

我渴望来生,因为在那里我会遇到我未写出的诗和未画出的画。

*　　*　　*

艺术是从自然走向无限的一步。

*　　*　　*

艺术品是雕刻成形象的一团雾霭。

*　　*　　*

就连用荆棘编织王冠的手也比闲着的手好。

*　　*　　*

即使我们的的最神圣的泪水,也不认识通往我们眼睛的路。

*　　*　　*

任何一个人都不外乎是已往每一君王和每一奴隶的后裔。

*　　*　　*

假若耶稣的曾祖知道自己体内藏着什么东西,难道他不会对自己肃然起敬吗?

* * *

难道犹大之母对儿子的爱不及马利亚对耶稣的爱?

* * *

我们的耶稣兄弟有三个奇迹尚未载如入《圣经》:

第一,他是像你我一样的人;

第二,他有幽默感;

第三,他知道自己是征服者,虽则是被征服者。

* * *

被钉在十字架上的人呀,你被钉在了我的心上;钉透你的双手的钉子,穿透了我的心墙。

明天,当一位异乡人经过隐藏在我心中的各各地①时,他不会知道有两个人在此流过血。

他将认为那是一个人的血。

* * *

也许你听说过那座圣山。

那是我们世上最高的山。

你登上山顶,必将产生一种愿望,那就是下山去,以便与住在谷地的人们生活在一起。

因此,人们将之称之为圣山。

---

① 各各地,《新约全书》中载耶稣被钉在十字架上之地。

*　　*　　*

我禁闭在文字中的每个想法,必须用实际行动将之解放出来。

*　　*　　*

调查,研究,尔后写者,是四分之一作家;观察,述说者,是半个作家;感触,传达,将自己的感受告诉人们者,才是完全作家。

*　　*　　*

当你知道了生命的秘密时,你会想死,因为死亡是生命之最深秘密。

*　　*　　*

被过去的声音扼死的人,决不能与未来对话。

*　　*　　*

要想看清女人的真面目,那么你就闭着双眼看吧!

*　　*　　*

男子爱两种女人:一种是他想像中的女人;另一种是还没有出生的女人。

*　　*　　*

不宽恕女人缺点的男子,也决不知道女人的长处。

* * *

眼眶里晶莹闪亮的并不是泪水;真正的泪水隐藏在我们的心里。

* * *

人间的殡仪恰是天上的婚礼。

* * *

古人说:要么你为自己选择今世,要么选择来世;我说,我选择了今世和来世,因为二者都是上帝的创造,而上帝喜爱其神圣双手创造的一切。

* * *

爱情的悲伤在歌唱。知识的抑郁在谈话。希望的苦闷在低语。贫困的忧虑在号丧。然而有比爱情更深刻的悲伤,比知识更高尚的抑郁,比希望更强烈的苦闷,比贫困更苦涩的号丧。但是,悲伤、抑郁、苦闷、号丧都是哑巴,不声不响;至于它的眼睛,则灿若群星,闪闪放光。

* * *

当你受邻居的坑害而诉苦时,你应该把自己心的一部分送给邻居当礼物。若邻居心胸宽广,会感谢你;若其心胸狭窄,会瞧不起你。

* * *

进步不能改善过去的一切，只会向着将要出现的东西前进。

* * *

镇静是掩饰傲慢脸面的面纱；诉苦是遮盖灾难面孔的假面具。

* * *

野蛮人饿时，从树上摘果子充饥；文明人饿时，从买者那里买来果子下肚，而这位买者从那位买者买到的，那位买者又是从另外一位买者那里买的，另一位买者是从上树摘果子人那里买的。

* * *

艺术是由明显的无知走向隐匿的未知的一步路。

* * *

有的人鼓动我忠于他们，凭以品尝我的宽厚豪爽滋味。

* * *

我无法了解一个人的意图，除非他认定我欠他的债。

* * *

大地呼吸，我们生存；大地咽气，我们死亡。

* * *

人的眼睛是显微镜,向人展示的世界要比真实世界大。

* * *

我在这样的人们之间是无辜的;他们将喋喋不休视为学问,将沉默无语看做无知,把矫揉造作当成艺术。

* * *

也许我们认为极难的事情,恰恰是通向它的极易之路。

* * *

人们对我说:“你若看见一个熟睡的奴隶,千万不要叫醒他,也许他在梦想自由。”我回答他们:“我若看见一个熟睡的奴隶,我就把他叫醒,和他谈谈自由。”

* * *

反对是最低等的才智。

* * *

美将我们俘获;至于最美,则把我们释放,甚至出自其本意。

* * *

热情是火山,其顶峰不会生长犹豫之草。

* * *

河水始终流向大海,不管水磨轮子破烂或完整。

* * *

文学家用思想情感写作,然后奉献言论;研究者用言论创作,尔后奉献一点点思想感情。

* * *

你吃得快,走得快,何不用脚吃饭、用手走路?!

* * *

你无大喜,也无大悲,仅仅因为世界在你眼里太小。

* * *

知识使你的种子发芽,而不把你当做种子抛掉。

* * *

我不憎恶他人,除非憎恶能够成为我的自卫武器;但是,假如我不是个弱者,我便不会以此做武器。

* * *

假若耶稣的先人知其心事,他们会恭恭敬敬地站在耶稣面前。

* * *

爱情是颤抖的幸福。

* * *

他们认为我目光犀利,穿肠透骨,因为我隔着筛子网眼看他们。

* * *

我并无孤独之感,除非人们赞扬我的种种缺点,批评我的样样优点。

* * *

在众人当中,有被杀者,但滴血未淌;在众人当中,有盗窃者,但未偷过任何东西;在众人当中,有欺骗者,但说的全是实话。

* * *

需要证明的真理,仅仅是半真理。

* * *

你们何不让我远离不会哭的箴言、不会笑的哲学、见童子不点头的傲慢!

* * *

宇宙,明智的宇宙,被万物遮掩的宇宙,拥有万物的宇宙,在万物之中,又属于万物的宇宙啊,你之所以能听到我的声音,因为你就是我的存在;你之所以能看到我,因为你的慧眼能见万物生灵。给我的灵魂里播下你的一颗智慧的种子,让它在你的森林中长成大树,为你奉献果子。阿门。

泪与笑

献给

M. E. H. [1]

这本书是我的生活暴风的第一丝微风,谨将之献给热爱微风并与暴风同行的高尚灵魂。

纪伯伦

泪与笑

——小引

我既不用人们的欢乐替换我心中的悲伤,也不想让忧伤在眼里凝成的泪水转而化作欢笑。但愿我的生活亦泪亦笑:泪,可以净洁我的心灵,使我晓知生活的秘密与奥妙;笑,可以使我接近同胞,并成为我赞美主的象征与记号。泪,我可让它与我共同承担心里的痛苦;笑,可以成为我对自己的存在感到欣慰的外在标志。

我宁愿在充满渴望中死去,不想在萎靡无聊中而生。我希望我的心灵深处充满对爱和美的饥渴追求。因为我仔细观察过;在我看来,那些无足无尽的贪婪之徒是最可悲的人,更接近于死物。因为我侧耳聆听过;在我听来,满怀雄心壮志者的长叹,远比二、三弦琴声甜润。

夜幕降临,花儿收拢自己的花瓣,拥抱着自己的渴望进入梦乡;

① 纪伯伦的终生知心女友玛丽·伊丽莎白·哈斯凯勒(1873–1964)的英文名字缩写。

清晨到来，她又开启自己的香唇，迎接太阳神的亲吻。花的生命是渴望与交往，是泪亦是笑。

海水蒸发，化为水蒸气，升入天空，然后聚而成云，信步在丘山、谷地之上，遇见和风，便泣而降下，洒向田间，汇入溪流，然后回到自己的故乡大海。云的生命是分别与相见，是泪亦是笑。

人也如此，脱离精神世界，走入物质天地，像云一样，走过痛苦高山，跨过欢乐平原，与死神吹来的微风相遇，终于回到原地——爱和美的大海，回到主那里……

爱的生命

春

亲爱的，让我们一起到丘山中走一走！冰雪已消融，生命已从沉睡中苏醒，正在山谷里和坡地上信步蹒跚。快和我一道走吧！让我们跟上春姑娘的脚步，走向遥远的田野。

来呀，让我们攀上山顶，尽情观赏四周平原上那起伏连绵的绿色波浪。

看哪，春天的黎明已舒展开寒冬之夜折叠起来的衣裳，桃树、苹果树将之穿在身上，美不胜收，就像"吉庆之夜"[①]的新娘；葡萄园醒来了，葡萄藤相互拥抱，就像互相依偎的情侣；溪水流淌，在岩石间

---

① "吉庆之夜"，伊斯兰教对《古兰经》始降之夜的敬称。"盖德尔"系阿拉伯语音译，意为"前定"、"定命"、"高贵"，亦译作"高贵的夜晚"、"珍贵之夜"、"高贵之夜"，又称"前定之夜"或"权力之夜"。关于盖德尔之夜的具体日期，教法学家说法不一。以布哈里、穆斯林所辑圣训为根据的3种说法是：(1)在莱麦丹月下旬的单日之中。(2)在该月的后七天之内。(3)该月的第29夜。另外还有4种说法，其中最后一种说法是："盖德尔之夜"一词由9个阿拉伯文字母组成，在《古兰经》第97章共出现3次，合起来为27个字母，故应为莱麦丹月的第27夜。因这一说法符合圣训精神，故被世界穆斯林所公认。伊斯兰历以日落为一天之始，而中国穆斯林习惯上沿用公历或中国的农历计日法，故常把莱麦丹月的第28夜误认为盖德尔之夜。

翩翩起舞，唱着欢乐的歌；百花从大自然的心中绽放，就像海浪涌起的泡沫。

来呀，让我们饮下水仙花神杯中剩余的雨泪；让我们用鸟雀的欢歌充满我们的心灵；让我们尽情饱吸惠风的馨香。

让我们坐在紫罗兰藏身的那块岩石后相亲互吻。

夏

亲爱的，我们一起到田间去吧！收获的日子已经到来，庄稼已经长成，太阳对大自然的炽烈之爱已使五谷成熟。快走吧，我们要赶在前头，以免鸟雀和群蚁趁我们疲惫之时，将我们田地里的成熟谷物夺走。我们快快采摘大地上的果实吧，就像心灵采摘爱情播在我们内心深处的种子所结出的幸福子粒。让我们用收获的粮食堆满粮库，就像生活充满我们情感的谷仓。

快快走吧，我的侣伴！让我们铺青草，盖蓝天，枕上一捆柔软禾杆，消除一日劳累，静静地听赏山谷间溪水夜下的低语畅谈。

秋

亲爱的，让我们一同前往葡萄园，榨葡萄汁，将之储入池里，就像心灵记取世代先人智慧。让我们采集干果，提取百花香精；果与花之名虽亡，种子与花香之实犹存。

让我们回住处去，因为树叶已黄，随风飘飞，仿佛风神想用黄叶为夏天告别时满腹怨言而去的花做殓衣。来呀，百鸟已飞向海岸，带走了花园的生气，把寂寞孤独留给了茉莉和野菊，花园只能将余下的泪水洒在地面上。

让我们打道回府吧！溪水已停止流动，泉眼已揩干欢乐的泪滴，丘山也已脱下艳丽衣裳。亲爱的，快来吧，大自然已被困神缠绕，即用动人的奈哈温德歌声告别苏醒。

冬

我的生活伴侣，靠近我些，再靠近我一些，莫让冰雪的寒气把我俩的肉体分开。在这火炉前，你坐在我的身边吧！火炉是冬令里最可口的水果，给我们讲述后来人的前途，因为我的双耳已听厌了风神的呻吟和人类的哭声。关好门和窗户，因为苍天的怒容会使我精神痛苦，看到像失子母亲似地坐在冰层下的城市会使我的心淌血……我的终生伴侣，给灯添些油，因为它快要灭了；把灯放得靠近你一些，以便让我看到夜色写在你脸上字迹……拿来酒壶，让我们一起畅饮，一道回忆往昔岁月。

靠近我些！我心爱的，再靠近我一些！炉火已熄灭，灰烬将火遮掩起来……紧紧抱住我吧！油灯已熄灭，黑暗笼罩了一切……啊，陈年佳酿已使我们的眼皮沉重难负……困倦抹过眼睑的眼睛在盯着我……趁睡神还没有拥抱我，你要紧紧搂住我……亲亲我吧！冰雪已经征服了一切，只剩下你的热吻……啊，亲爱的，沉睡的大海多么呆傻！啊，清晨又是何其遥远……在这个世界上！

一个传说

在那条河畔，椰子树和柳树阴下，坐着一个农夫的儿子，静静地凝视着淙淙流淌的河水。这个青年自幼长在田间，那里的一切都在谈情说爱：树枝相互拥抱，花儿彼此依偎，鸟雀对歌争鸣。整个大自然都令人精神振奋，赏心悦目。这青年才二十岁，昨天在清泉边看见一位姑娘坐在众少女中间，一眼便爱上了她，正所谓一见钟情。时隔不久，小伙子得知那姑娘是位公主，于是自我埋怨起来，连声责备自己；但是，自责并未使自己的心放弃那种爱情，久未见面也未能使他的精神脱离现实。人在自己的心与神之间，就像被夹在南风和北风之间的柔软枝条，摇摇晃晃，原地不动。

青年凝神注视，但见紫罗兰花生长在延命菊花旁边，随之听到夜莺与鹍鸟低声交谈，于是情不自禁，深感孤独，哭了起来。小伙子

深深陷于相思的几个时辰,在他的眼前就像幻影一样闪过。他的情感与眼泪同时溢出,不禁说道:

“啊,这是爱情在戏弄我呀!爱情把我当作笑柄,把我引向那样一个地方:在那里,希望被当作耻辱,意愿被视为下贱。我所崇拜的爱神,已经把我的心高高举上王宫,却把我的地位降低到农家茅舍,又将我的灵魂引向一位美丽的仙女,然而那仙女不仅被无数男子包围着,而且享受着崇高尊荣……爱神哪,我完全顺从你,你要我做什么?我曾跟随你步上火路,受尽烈焰燎烤。我睁开眼睛,看到的却是一片黑暗;我张口说话,说出的全是悲伤。爱神啊,思念之情满怀强烈的精神饥渴将我紧紧拥抱;这种饥渴得不到情人的亲吻,它是决不会消退的。爱神啊,我是个弱者,而你是强者,为何还要与我争高低?你公正大度,我是个无辜者,你为什么还要欺负我?你是我的唯一支持者,却为什么还要贬损我的尊严?你是我的依靠,为什么抛弃我?假若我的血未按你的意愿流淌,你可以泼掉它;如果我的双脚没有行进在你的路上,你可以让它瘫痪。你尽可信意对待我的躯体,但请让我的心灵在你羽翼下饱尝这静宜田园中的美丽风光和欢乐……千条溪水都向着自己的恋人——大海——流淌;万朵鲜花均朝它们的情侣——阳光——微笑;天上乌云总是冲着它们的追求者——谷地——降雨。而我的心事,溪水不理会,花儿听不到,乌云摸不着。我独自受苦难,孤处恋情中,远离心上人;她既不想让我成为她的父王军中的普通一兵,也不愿意让我做她宫中的一名仆人。”

说到这里,青年沉默片刻,仿佛想向河水的哗啦流淌声和树叶的沙沙响声学一些词语。然后又说:

“你,我不敢直呼姓名的人儿,与我隔着庄严幕幔、雄伟高墙的人儿啊,我那只有在绝对平等的天国才能相见的仙女,利剑听你使唤,万众在你面前俯首,钱粮库及寺院的大门为你洞开!你占据了一颗爱神敬重的心,你奴役了一个主神推崇的灵魂,你迷住了昨天还在这田中自由劳作的人;如今,他已变成了戴着爱情枷锁的俘虏。美丽的姑娘,我看到了你,方才知道我为什么来到了这个世界。当我知道你的地位高,同时看到自己的低贱时,便晓得主那里藏着不为人知的秘密,同时也晓知了把灵魂送往爱情不受人类法律约束的地方的必由途径。当我看到你的眼睛时,我就相信这种生活就是天堂,而天堂的门就是人的心扉。当我看到你的高贵与我的低微就像巨人与雄狮相互搏斗时,深知这块土地已不再是我的故乡。当我看见你坐在你的女友们当中就像玫瑰花居于香草中间时,我猜想我的梦中新娘已经化为肉身,变成了像我一样的人。当我洞悉到你父王的非凡尊贵之时,我意识到要采摘玫瑰花必定会碰到利刺,它会刺得手指流血;甜梦收集起来的一切,会被苏醒驱散……"

这时,青年站起身来,心灰意懒、悲伤失意地朝清泉走去,边走边说:

"死神哪,救救我吧!芒刺扼杀鲜花的大地已不适于居住。快使我挣脱爱神被逐出王位、高贵威严取而代之的岁月吧!死神啊,快来救救我吧!永恒天国比这个世界更适合情侣相会。死神呀,我在那里等着我的意中人,我将在那里与她相见。"

青年行至清泉旁时,天色已近黄昏,夕阳开始从田野上收起自己那金黄色的饰带。他坐下来,禁不住泪水簌簌下落,直淌入公主留下的脚印深处,只见他的头低垂在自己的胸脯上,仿佛在全力阻止自己的心从胸中掉出来似的。

就在那一时刻,柳树后出现了一位姑娘,长长的裙尾拖在草地上,旋即在青年的身边停下了脚步,伸出丝绸般光滑柔润的手,抚摩着青年的头。青年抬头望了姑娘一眼,只见他目光朦胧,像是梦中人刚刚被晨光唤醒。眼见站在自己跟前的正是那位公主,青年急忙双膝下跪,酷似摩西①看见面前的丛林燃烧时的情形。他想说话,不期周身颤抖,泪水模糊了双眼,张口结舌,一句话也说不出来。

---

① 摩西:《圣经》人物,古代以色列人的领袖。他出生在埃及,当时埃及法老下令杀尽新生的以色列男婴。他的母亲先将他藏了三个月,后因不能再隐藏下去,就将他放进蒲草箱里,搁在河边芦荻中;后被法老女儿所救,带回宫中养育。他长大后,因为打死了一个欺压以色列人的埃及人,听说法老要杀他,便逃到米甸,被当地祭司叶忒罗收留,娶其女西坡拉为妻。一天,他赶着岳父的羊群往野外牧放,突然来到何烈山,见火焰中有一个人。原来是上帝耶和华显现,摩西急忙双膝下跪。此处比喻青年看到公主,如同摩西看到了上帝。

随后,姑娘紧紧搂住青年,先吻他的双唇,再吻他那淌着热泪的眼睛,继而用比芦笛还柔美的声音说:

"亲爱的,我在梦中见到了你,我在孤独寂寞中看到了你的面容。你就是我失去的那位心灵伴侣。你就是我命中注定要到这个世界来时,与我分离的那绝美的另一半。亲爱的,我是秘密来与你相会的。看哪,你现在就在我的怀里,你不要失望,不要悲伤,不要急躁!我丢下了父王的荣华富贵,特意来跟随你到遥远的地方去,与你共饮生死甘苦。亲爱的,起来吧!让我们到远离人世的遥远荒野去吧!"

情侣双双走进林间,夜幕遮掩了二人的身影。国王的暴虐对他俩无可奈何,焉在乎黑暗中的幽灵。

在王国的边境地带,国王的侦探找到了两具人的尸骨,其中一具脖颈骨上还挂着一串金项链。两具尸骨旁有一块石头,上面刻着这样的字迹:

爱神将我们结合,
谁能将我们分开?
死神将我们召去,
谁能将我们追回?

在死人城

我昨天摆脱城市的喧嚣,出门漫步在静悄悄的原野上,终于登上一座山丘,但见大自然为它穿上了最华美的盛装。我站在丘山上,极目望去,工厂排出的烟雾凝聚而成的浓密云彩下,整座城市连同高大建筑和宏伟宫殿一览无余,尽收眼底。

我坐在那里,远远地观看人们劳作,发现他们大多是辛苦的。我试图不用心去思考人的作为,而将目光转向主的光荣宝座——原野,看见当中有一墓地,那里排列着许多大理石坟墓,周围满是苍松翠柏。

在那里，我坐在活人城与死人城之间沉思，思考着在这里进行的持续不断的斗争和永不休止的活动，而那里却是无限的沉寂与永恒的安静。这一面，充满希望与失望，而且有爱有憎，有富有穷，有信神的有不信神的；另一面，却是除了土，还是土，大自然将之翻过来，再埋下去，从中创造出植物、动物，一切都是在寂静的夜里完成的。

当我正沉湎于冥思遐想之时，忽见一群人缓步走来，走在前面的是乐队，哀乐响彻天空。那支队伍规模宏大，富贵威严，队伍里什么样的人都有，气势雄壮，浩浩荡荡。原来那是一支为一富豪送葬的队伍。一口棺木后面跟着大队活人，哭声惊天动地，直上云霄。

队伍到达墓地，祭司们聚在一起，祈祷焚香，乐师们吹起喇叭。片刻后，演说家们争相显示口才，用最精美的言词为死者歌功颂德。接着是诗人们朗诵诗歌，用最华丽的诗句悼念死者。所有这些仪式都在令人厌烦的冗长过程中完成。过了一会儿，众人散去，那里留下一座新墓，乃是雕刻工匠和工程师们的精心之作，四周摆放着工艺匠人们用巧手扎成的花圈。

队伍回返城里，我远远望着，依旧沉思。

夕阳西下，山岩、树木的影子渐渐变长，大自然开始脱下用光编织、剪裁的衣衫。

那时，我又看见两个男子抬着一口木棺，后面跟着一个破衣褴褛的女人，怀里还抱着一个吃奶的婴儿，身边跟着一条狗。那条狗时而望望女人，时而瞧瞧棺材。这是一个贫苦人的葬礼：跟在后面的妻子淌着悲泪，婴儿随着母亲哭泣不止，忠实的狗紧紧跟着，与孤儿寡母一样悲伤痛苦。

这些人来到墓地，将棺材埋在墓地的一个角落里，远远离开那座大理石墓，然后带着伤心的肃静回转。那条狗却不住回头望望主人的下葬之处。我一直望着那条狗，直到人们的身影消失在树林之后。

此时，我回头朝活人城望去，心想："那座城市属于富贵豪强。"而后又朝死人城望了望，说道："这座城池也属于富贵豪强！主啊，穷贫弱者的安身之地又何方？"

我说着，朝镶着金色夕阳光边的浓密彩霞望去，只听我的内心发出一种声音，说："就在那里！"

诗人的死是生

夜幕笼罩城市上空，冰雪为城市穿上冬装，严寒迫使人们退出市场，躲藏在自己的安乐巢窝里。狂风在房舍之间呼啸悲叹，就像吊丧者站在大理石墓间哀悼死神的猎物。

在城边上，有一座简陋茅舍，柱斜梁倾，在厚厚的冰雪重压下，行将坍塌。小屋的一角，放着一张破床，床上躺着一个奄奄一息、行将就木之人。他望着那微弱的灯光，那灯头似在竭尽全力挣扎，试图征服黑暗，但终于被黑暗压倒。那还是一个正值青春妙龄的少年郎，却知道自己大限即至，就要永远地摆脱生活桎梏，等待着死神降临。他那蜡黄色的脸上闪烁着求生渴望之光，而双唇上溢出的仍是凄楚的微笑。那是一位诗人：来到世上，以纯美言词给人送去欢乐为本；如今，就要饿死在这富贵活人城中了。那是一个高尚的灵魂：蒙主之恩而降生，以便使生活变得更甜美；如今，人类还未报之以微笑，它就要告别我们这个世界了。他已进入人生的弥留之际，行将断气，身旁只有油灯一盏，那是他孤独寂寞之中的伙伴；还有一页页诗稿，满载着他那颗高尚灵魂的梦幻。

那位生命垂危的青年，竭尽余力，把双手举上空中，睁开疲倦的眼皮，仿佛想用最后一丝目光穿透那破烂茅舍的屋顶，观看隐藏在乌云之后的繁星，然后说：

"美丽的死神，你来吧！我的神魂想念你呀！走近我，解去我身上的物质枷锁吧！因为我拖着它已感疲惫不堪。来吧，美妙的死神，快把我从人群中解救出来吧！只因我把从天使那里听来的话翻译成了人的语言，他们便说我是异己分子。快朝我走来吧！人已经抛弃了我，把我丢入被遗忘的角落，只因为我不像人一样贪图钱财，也不使用不如我的人。甜美的死神，快到我这里来，带我走吧！我的同胞们已不需要我。让我投入你那充满爱的怀抱吧！求你吻吻我的双唇。我这双唇既未尝过母亲亲吻的滋味，也没有接触过姐妹的前额，更未亲过意中情人的嘴。亲爱的死神，快来拥抱我吧！”

这时，诗人的病榻旁边突然闪出一位女子的身影，其美远非凡人所具有，只见她身穿雪白晶莹的衣裙，手持采自天园的百合花环。她走近诗人，热情拥抱他，伸手合上他的眼帘，以便让他借灵魂的目光看着她。她吻了吻他的双唇，那充满深爱的一吻留给诗人双唇的是心满意足的微笑。

刹那之间，茅屋变得空余尘土，只有一些诗稿散落在黑暗角落。

岁月不居，时节如流，数世代飞闪而过。那座城中的居民一直沉湎于昏睡之中。当他们苏醒过来，眼睛看到知识的曙光时，他们在公共广场的中心为那位诗人建造了一座巨大塑像，并为他确定了每年的纪念日……啊，人是多么愚昧！

美人鱼

在靠近日出的群岛周围的大海深处——盛产珍珠的地方——静卧着一具青年人的尸体，旁边的珊瑚丛间坐着一群金发美人鱼，她们用美丽的蓝眼睛望着那具尸体，用音乐般的甜润声音谈论着。大海听到了她们的谈话，海浪将之送往岸边，微风把它带给我的心灵。

一个美人鱼说：

“这是一个人，昨天才掉进大海，当时大海在发怒。”

第二个说：

“大海并未发怒，而是自诩为神之后裔的人参加了血腥战争，鲜血流淌，把水都染成了深红色。这个人是位战死者。”

第三个说：

“我不知道何为战争，但晓得人类在征服了陆地之后，还想主宰海洋，于是创造了种种奇怪机器，能够在海上破浪前进。海神尼普顿[①]得知，对这种挑衅勃然大怒。人类无可奈何，为了讨好我们的

① 尼普顿：古罗马宗教中所信奉的神灵。原为淡水之神，到公元前399年，人们已把他同希腊宗教中的波塞冬等同起来，成为海神。

海王,只得献祭赠礼。我们看到的尸骸,是昨天才落入海底的,不过是人类献给伟大海王尼普顿的祭品罢了。”

第四个美人鱼说:

“尼普顿伟大,而他的心又是何其冷酷!假若我是海王,我是决不会喜欢血肉祭品的。来吧,让我们看看这位青年的尸体,也许他能让我们了解关于人类的一些情况。”

美人鱼们靠近青年的尸体,开始在他的口袋里翻找搜寻。她们在贴近他心口处的衣褶里找到一封信。一个美人鱼拿起那封信,开口念道:

亲爱的:

时已是午夜,我辗转反侧,难以入睡,能为我解忧的唯有眼泪;能使我得到安慰的,只有盼望你挣脱战争魔爪,回到我的身旁。我一直思考着临别时你对我说的那句话:“每个人欠下的泪债,总有一天要偿还……”亲爱的,我不知道自己该写什么,只能听凭我这颗心自由流露在纸上。一颗被不幸折磨的心,只有爱情能给之以安慰;爱情可令痛苦化为欢悦,可教悲伤转为欢乐……当爱神把我们俩的心结合在一起,正期盼两体化为一体,拥有一颗灵魂之时,战争把你召去,你在义务与爱国主义的驱动下奔向战场。这种分离情侣,令女人变成寡妇,使孩子成为孤儿的义务,算什么义务?这种动辄宣战,破坏家园的爱国主义,又算何种爱国主义?这种只加于可怜乡下人而不涉及强汉、贵胄的义务,又算什么义务?

如果这种义务只会破坏各民族之间的和平共处,如果这种爱国主义只会扰乱人类的平静生活,那么,就让这种义务和爱国主义与我们永别吧……不,不,亲爱的!别把我这话放在心上!你要勇敢作战,热爱自己的祖国,不要听一位被爱情蒙住双眼,被离别夺去视力的姑娘的信口胡言……如果爱神不能让你今世回到我的身边,那么,爱神一定能够在来生把我送到你的面前。

……

美人鱼读完信，将之放在青年的衣褶里，一声不响，她们难过地游去了。当她们游远时，其中一个美人鱼说：

“人心比尼普顿的心更冷酷。”

灵魂

……众神之主神从自身分离出一颗灵魂，且在其中创造了美。

主神给予灵魂黎明微风的清雅、田野鲜花的馨香与月光的柔和。

主神赐予灵魂欢乐一杯，并叮嘱说：“你只有当忘记过去、忽视未来之时，才能饮用它。”主神赐予灵魂痛苦一杯，并叮嘱说：“你喝下它，才能领会生活欢快的本质。”

主神向灵魂中播撒慈爱；只要灵魂发出第一声贪得无厌的叹声，慈爱就会离开。

主神向灵魂中播撒甜美；只要灵魂吐出第一句自高自大的言语，甜美便会出走。

主神由天上降给灵魂以学识，以便引导灵魂步上真理之路。

主神注人灵魂深处以洞察力，足以看见不可见之物。

主动在灵魂深处创造一种情感，既可随幻想流动，又能与幻影同行。

主神给灵魂穿上思念之衣；那思念之衣由天使用彩虹之波编织而成。

主神又将疑惑之黑暗置人灵魂里；那疑惑之黑暗本是光明的阴影。

主神从愤怒熔炉里取火，采集起于愚昧沙漠上的风，从自私海岸上弄来沙子，又从时光脚下取来土，然后塑造成人。

主神给自己塑造的人以盲目力量：疯狂之时，大发雷霆；面对欲望，火熄烟消。

主神微笑、哭泣，感受无边无际的慈爱，将人与其灵魂结合在一起。

笑与泪

夕阳从花木繁茂的花园收起金黄色的长尾,明月升起在遥远的天际,将柔和的月华撒在花园里。我坐在树下,静静观赏着天色的变化,透过树木枝条间仰望挂在瓦蓝色的天毯上的银圆似的星斗,耳里聆听着从远处山谷传来的溪水的淙淙流淌声。

鸟儿藏身在叶子浓密的树枝间,花儿合上了眼,大自然一片寂静。这时,忽然听到踏着青草的沙沙脚步声传来,我调转视线望去,只见一对少年男女正朝我走来。片刻后,二人坐在一棵枝繁叶茂的树下;我能看见他俩,而他俩却看不见我。

那小伙子朝四周环视了一下,然后我听他说道:“亲爱的,你就坐在我的身边,听我说吧!你微笑吧!因为你的微笑是我们未来的标志;你欢乐吧!因为岁月已在为我们而欢乐。我的心灵告诉我,你的心中有疑虑;亲爱的,对爱情心怀疑虑是一种罪过。这大片银白色月亮映照下的地产很快就要归你所有,你也将成为这足以与王宫媲美的宫殿的女主人。我的宝马将供你四处游览时乘骑,我的花车将载着你出入舞场、筵席。亲爱的,你就像我的宝库中的黄金那样笑吧!亲爱的,你就像我父亲的珠宝那样望着我吧!亲爱的,你听啊,我的心只会在你的面前倾诉衷情。我们面临着甜蜜之年。我们将带着大量金钱,到瑞士湖畔、意大利的旅游胜地、尼罗河上的宫殿附近和黎巴嫩的雪杉枝条下,度过我们的甜蜜之年。你将见到公主和贵妇人,她们也将嫉妒你的周身华丽服饰、珠光宝气。那一切都由我提供给你,难道你不喜欢?啊,你的微笑多么甜美!你的微笑与我的命运微笑是何其相似啊!”

过了一会儿,我看见他俩缓步走去,脚下踏着鲜花,就像富人的脚踏着穷人的心。

二人消失在我的视野里,而我还在思考着金钱在爱情中的地位。我想:金钱乃人为恶之源,而爱情则是幸福与光明的源泉。

我一直沉湎于这种思考之中,直到两个人影从我面前走过,然后在草地上坐了下来。一个是小伙子,另一个是姑娘,来自田间的农家茅舍。一阵发人深省的寂静过后,我听到那个患肺病的小伙子谈话中夹带着深深的叹息声。他说:“亲爱的,擦擦泪吧!爱神想打开我们的眼界,使我们成为她的崇拜者。爱神赋予我们以忍耐品性和吃苦精神。亲爱的,擦擦眼泪吧!你要忍耐,因为我们早已结成崇拜爱神的同盟。为了甜蜜的生活,我们宁可忍受穷困的折磨、不幸的苦涩和分离的熬煎。我一定要与岁月搏斗,以便挣到值得放在你手中的一笔钱财,足以帮助我们度过此生的各个阶段。亲爱的,爱情就是我们的主,会像笑纳香火那样接受我们这叹息的眼泪,同样也把我们应得的奖赏给我们。亲爱的,我要同你告别了,因为月落鸟啼之前我得离去。”

之后,我听到一种低微柔和的声音,且不住被炽热的长叹声打断。那是一位温柔少女的声音,其中饱含着发自少女周身的爱情的火热、分离的痛苦和忍耐的甘甜。她说:“亲爱的,再见!”

二人分手,我仍坐在那棵树下,只觉得无数只怜悯之手争相拉扯我,这个奇妙宇宙的种种奥秘争相挤入我的脑海。

那时,我朝着沉睡的大自然望去,久久观察,发现那里有一种无边无沿的东西;那种用金钱买不到;那种东西,秋天的眼泪抹不去、冬季的痛苦折磨不死;那种东西在瑞士的湖泊、意大利的旅游胜地找不到;那种东西忍耐到春天便复生、到夏季便结果。我在那里所发现的就是爱情。

梦

在田野上,一条水晶般的小溪畔,我看见一只鸟笼子,竹篾、木条加工精细,一看那便知出于能工巧匠之手。笼子里的一个角,有一只死鸟;另一角有一水罐,但水已干;还有一个食罐,里面一粒食粮也没有。

我静静地站在那里,留心侧耳细听,仿佛死去的鸟儿和小溪的淙淙流水声有什么训诫似的,在求良知开口说话,要向人心探询些什么。我一番思考之后,知道那只可怜的小鸟曾在干渴中与死神搏斗,而它就在溪水旁边;它是饿死的,而它就在生命的摇篮——田野之中，就像一位富翁，因库房门紧闭，活活被饿死在金山间。

片刻后，我看见鸟笼突然变成了一个透明的躯体，死鸟变成了人的心脏，心上的深深伤口正在滴着鲜红鲜红的血，整个伤口酷似悲伤女人的嘴唇。

然后，我听到从伤口发出的一种夹带着血滴的声音说：

“我是人的心，物质的俘虏，人类世俗法律的牺牲品。在美的田野中，在生活干泉之畔，我被人为诗人制订的法律牢笼所俘获。在爱神手中的人类美德摇篮里，我孤独地死去。因为我被禁止享用那种美德和这种爱情之果。我所向往的一切，在人看来都是耻辱；我所渴望的一切，均被人判断为卑贱。

“我是人的心，被囚禁在世俗法规黑暗中，已是衰弱不堪；我被幻想的锁链束缚，故而奄奄一息；我被遗弃在文明迷宫的角落里，已经步入死亡。然而人类一言不发，袖手笑而旁观。”

我听到了这些话语，眼见它和着血滴由那颗带伤的心里滴出。那之后，我再也没有看到什么，也没有听到什么声音，旋即回到了现实之中。

美

美是智士的宗教
——印度一诗人

人们哪，你们徘徊在各种宗教的歧路上，迷惘在不同信仰的山谷里，认为不信的自由比受皈依束缚更充分，不信的舞台比归顺的堡垒更安全，你们何不把美当作宗教，把美敬畏为主！因为美是体现可理会成果的万物完美的外部表现。你们要唾弃那样的人：他们把虔诚比作游戏，今世贪图钱财无度，且乞盼来世尽享富贵。你们要相信美的神性！那是你们珍爱生命的起点，那是你们珍惜幸福的源泉。你们要向美忏悔！美会使你们的心靠近女性的宝座；那是你们所有情感的一面明镜。美，会把你们的心灵送返大自然的怀抱；那本是你们生命的故乡。

在夜下迷路的人们哪，沉溺在幻想汪洋里的人们啊，美中有不容怀疑的真理，美中有帮助你们对抗谎言黑暗的灿烂光明。请你们仔细观察春天的苏醒和晨曦的降临；那么，美可使观察者大饱眼福。

请你们侧耳聆听百鸟鸣唱、树叶沙沙作响和小溪淙淙流淌；那么，美可使听者得到一份福分。

请你们看看孩童的温顺、青年的机敏、壮年的力量和老年的智慧；那么，美足令观者迷恋、动心。

请你们赞美水仙花似的眼睛、玫瑰花似的面颊和秋牡丹似的小口；美，自然为赞美者们所颂扬。

请你们赞颂枝条般柔嫩的身段、像夜一般乌黑的秀发和象牙一样白皙的长颈；那么，美，一定为赞颂者们感到兴高采烈。

请你们把躯体作为圣殿献给美；那么，美，一定会奖赏那些顶礼膜拜者们。

承受天降美之奇迹的人们哪，你们欢呼吧，高兴吧！因为你们无可畏惧，你们无所忧伤。

火　书

请在我的墓石上刻下：
“此处长眠者，声名水上书。”
——约翰·济慈①

难道夜色就这样在我们面前闪过？难道夜晚就这样在岁月脚下消失？难道时代就这样将我们卷去，仅将我们的名字留在它的册页上，且用水代替墨来书写？

---

① 约翰·济慈(1795－1821)：英国诗人，也是19世纪最伟大的诗人之一。他把26年短暂的一生献给了借助逼真的意象，极大的感性美和通过神话传说表达哲理而探索诗的完美境界的艺术生涯。其主要作品有《睡眠与诗》、《伊萨贝拉》等。1823年2月23日死于罗马。按照他的嘱咐，墓碑上刻着“此处长眠者，声名水上书。”但从阿拉伯文直译，却当译为“其名用水书”。

莫非这光会熄灭,这爱情会退隐,这愿望会消逝?莫非死神将毁掉我们建造的一切,大风会把我们的一切言语吹走,阴影会把我们的一切作为遮掩?

难道这就是生命?它是已经消隐、踪迹皆无的过去;它是紧追过去的现在;它是毫无意义的未来,只是已经闪过,变成了现在或者过去?难道我们心中的一切欢乐和我们灵魂中的一切痛苦都已消退,而我们全然不知其结果?

难道人就是这样,像大海的泡沫,时而浮在水面,时而被微风一吹便消失,仿佛不曾有过似的?

不,凭我的宗教起誓,生命的本质就是生命。生命的起始不在子宫,它的终点也不在坟墓。这些岁月只不过是无始无终永恒生命的一瞬间。今世年龄及其一切,只不过是被我们称为可怕死亡的苏醒旁边的一个梦。那的确是一个梦,但我们在梦中的所见所为将与主同在。

苍穹可容下发自我们心中的每一丝微笑和每一声叹息,并且保存源于爱的每一吻的回音。天使数着痛苦从我们眼角里滴出的每一颗泪珠,又把我们情感中的欣喜创作的每一首歌送到遨游在无边无际天空中的灵魂耳里。

在未来的世界中,我们将看到情感的所有起伏和我们心灵的所有震动;在那里,我们将领悟我们神格的本质;而现在,我们为失望因素所推动还在蔑视那种神格。

被我们今天称为弱点的迷误,明天将显示为人生完整锁链中必不可缺的一个环节。

我们现在不报偿的辛劳,将和我们一起生存下去,并将宣扬我们的光荣。

我们承受的灾难,将成为我们来日的桂冠。

此外,假若那位善歌的夜莺——济慈——知道他的歌仍然在把爱美的精神播向人的心灵,那么,他定会说:

“请在我的墓石上刻下:此处长眠者,其名用火书在天幕上。”

废墟之间

月亮给太阳城周围的丛林蒙上一层美丽的面纱,万物被沉寂笼罩。那大片的废墟,看上去好像一位巨人,仍然在无情地嘲笑长夜带来的无穷灾难。

就在那时,凭空冒出两个幻影,活像由蓝色湖面升腾而起的蒸气,坐在岁月从那座奇异建筑物连根拔起的大理石柱上,注视着魔术舞台似的四周。片刻过后,其中一个幻影抬起头来,用类似于遥远空谷中回荡的回声一般的声音,说:

"亲爱的,这就是我为你建造的殿堂的遗迹,而那里则是我为讨好你而建造的宫殿的废墟;如今,都已坍塌,只剩下了断壁残垣,但它足以向世人说明,我曾付出毕生精力,役使平民,为扩建它而创造的光荣业绩。亲爱的,你仔细看哪!种种因素破坏了我建造的城池;世世代代瞧不起我主张的哲理;健忘绝症丢弃了我建立的王国。如今,我这里剩下的只有你的美姿产生的爱情时光和你的爱情复活的美的结果。我在耶路撒冷建造了礼拜堂,祭司们将之奉若神圣,之后被岁月摧毁;我在自己的心中建造了爱情的殿堂,主奉之为神圣,任何力量都破坏不了。我曾耗平生精力探索事物的种种现象,要求物质的成果开口说话,人却说:'多么英明的国王!'天使则说:'好一个小智士!'之后,我看见了你,亲爱的!我把爱情与思念之歌唱给你听,天使感到高兴,而人却未曾留心……我为王的岁月就像重重障碍,将我的干渴心扉与稳定在万物中的美丽灵魂隔离开来。当我看到你时,爱情苏醒过来,摧毁了那些障碍。我为自己空耗的岁月感到惋惜,终于向失望潮流投降,认定太阳下的一切东西全是虚假的。我打造了铠甲,铸就了盾牌,各个部落都惧我三分。当爱情照亮我时,我受到了蔑视,就连我的臣民也把我低看三分。但是,当死神降临时,我把铠甲和盾牌埋在了土里,带着爱情去投奔上帝。"

片刻沉寂之后,第二个幻影说:"就像花儿从土里得到馨香和生命一样,心灵从物质的弱点和错误里汲取力量能够与智慧。"

当两个幻影结合为一个幻影时，便离去了。过了一会儿，空中传来这样的话，回荡在那个地域：“永恒世界只保存爱情，因为爱情像永恒世界一样永恒……”

梦幻

此信呈S.L子爵夫人，权作复函。

青春在我前面走，我紧紧跟上他的脚步。当我们来到一片遥远的田野时，青春停下脚步，仔细观看漂浮在夕阳光上的云朵，那云朵好像一群雪白的绵羊；再看那些树木，但见光秃枝条直指天空，仿佛要求天归还它那繁茂的叶子。我问道：“青春哪，我们现在哪里？”青春回答：“我们在困惑的田野上。你要当心呀！”我说：“我们回去吧！因为此地一片凄清，我好害怕；白云和光秃秃的树木，使我感到悲伤。”青春说：“忍耐一下！困惑乃是知识的起点。”然后，我留心观看，忽见一位仙女正在朝我们靠近，像是幻影，我禁不住惊叫：“这是谁？”青春说：“她是墨尔波墨涅[①]，乃朱庇特[②]之女，悲剧女神。”我说：“欢乐的青春啊，有你在我的身旁，悲伤与我何干？”青春说：“她来这里是为了让你看看人地及其悲伤。看不到悲伤的人，也便看不到欢乐。”

仙女伸手捂住我的眼睛。当她移开手时，我发现自己离开了青春，而且被剥去了物质的衣服，变得赤身裸体。我问：“神女呀，青春到哪里去了？”仙女没有答话，而是用双翅将我抱住，带着我飞上了一座高山顶。在那里，我看见大地和大地上的一切，像一张纸一样摊展在我的面前；大地上居民的秘密，就像字迹一样展示在我的眼前。我忧心忡忡地站在仙女身旁，留心观察人的隐私，仔细探解生命密符。我看到——但期我看不到——幸福天使在同不幸恶魔进

① 墨尔波墨涅：希腊神话中的缪斯女神之一，主管悲剧与竖琴演奏。在希腊艺术作品中，她的表征是悲剧面具和赫拉克勒斯之棒。

② 朱庇特：古罗马和意大利的主神，相当于希腊的宙斯。

行战斗，而夹在二者之间的人不知道如何是好，时而倒向希望，时而倒向失望。我看到爱和憎在轮番戏耍人心：爱竭力掩饰人心缺点，用屈从之酒将之灌醉，令其只吐赞美之辞；憎则挑动人心争吵，蒙其眼，让其看不见其真实情况，塞其耳，令其听不到正确意见。我看到城市坐在那里，像烟花女一样死扯着人的衣角。我看到美丽的原野站得远远的为人哭泣落泪。

我看到祭司们像狐狸一样狡猾奸诈；我看到假救世主们千方百计迷惑人心；我听到人高声向智慧求救，而智慧愤怒弃人而去，因为智慧曾在大街上当众呼唤人，而人却未听见智慧的呼唤声。我看到牧师们抬眼仰望着天空，而他们的心却埋在贪婪的坟墓里。我看到青年男女们只用口舌求爱，怀着轻浮的希望相互接近，而他们的心神却远在天边，情感也在睡眠之中。我看到律师们在欺骗、虚伪市场上正用罗罗嗦嗦的话语做生意。我看到医生们在拿平民百姓的生命做游戏。我看到蠢货与智者同席对坐，让自己的现在枕在宽大的地毯上，并为自己的未来备下了豪华床铺。我看到可怜的穷苦人耕种，强悍的富人则收获、吃喝，而不义不公的恶神站在那里，人们却称之为法律。我看到黑暗盗贼在偷窃智力宝库，而光明看守却在那里睡懒觉。我看到女人就像男人手里的一把琴，而那个男人并不善于弹奏，女人只能让那个男人听不悦耳的乐声。我看到一支知名大军包围了具有传统光荣之城，而守军却已溃败，因其人数既少，且又不团结。我看到真正的自由独自在大街上行走，屡屡敲门求宿，而人们却拒之门外。我又看到庞大的放荡鬼队伍横冲直撞，而人们却将之称为自由。我看到宗教被埋在书中，虚妄取代了它的位置。我看到人们给忍耐穿上怯懦衣衫，给坚毅号以迟缓，加给温柔以惧怕之名。我看到不速之客在礼貌的筵席上装腔作势，夸夸其谈，而应邀者则沉默无言。我看到挥霍者手中的钱财是搜罗坏蛋的网，吝啬鬼手中的钱财招致人们厌烦，而智士手中却没有钱。

当我看到这一切时，感到痛苦不堪，高声呐喊：“神女呀，莫非这就是大地？难道这就是人类？”神女以可怕的平静答道：“这就是心灵之路，铺满荆棘和萤火虫。这是人类的影子。这是黑夜。黎明将要到来。”说罢，她又用手捂住我的眼。当她再次移开手时，我发现自己正与我的青春缓步同行,希望正奔驰在我的面前。

昔与今

一位富翁漫步在自己公馆的花园里,愁闷一直紧跟着他的脚步,忧虑在他的头上打转,就像苍鹰在死神击中的死尸上空盘旋。富翁终于走到了湖边;那是一个人工湖,周边有用大理石雕成的围栏。他坐在那里,时而望望从禽兽雕像口中喷涌出来的水,那水酷似从情人脑海里涌出的思潮;时而瞧瞧他那坐落在山丘上的宫殿,那宫殿很像美人痣镶在少女的腮边上。

富翁坐着,思绪联翩,往昔写下的关于他的生活的故事,一页一页地展现在他的眼前。他开始读着,禁不住泪水簌簌下落,模糊了双眼,看不到那人工湖水面;悲伤之情将神编织的往日画面重现于他的心间,止不住怨言脱口而出。他说:

"往昔,我曾在葱绿的山冈间牧羊,高高兴兴地生活,吹起我的芦笛,表达我的由衷欢乐。如今,我竟成了贪欲的俘虏,钱财把我引向钱财,钱财又把我引入醉生梦死,醉生梦死将把我带入不幸境地。往昔,我像鸟儿一样鸣啭歌唱,像蝴蝶一样款款飞舞。微风踏草头的脚步并不比我踏田野的脚步更轻。看哪,如今我却成了社会习俗的囚徒:靠穿着矫揉造作,不时出入筵宴;一切工作全为了讨好人类及其法规。我本期望我为享受人间快乐而生;然而今天,我发现自己为金钱所累,步上了一条痛苦之路,就像背驮黄金的骆驼,黄金将要置骆驼于死地。宽广的平原在哪里?唱歌的小溪何在?清新的空气在哪里?大自然的高贵何在?我的心神又在何方?我已失去了这一切,留给我的只有黄金;我喜欢黄金,而黄金却嘲笑、蔑视我。我的奴仆多了,而我的欢悦少了;我的宫殿高耸,却毁灭了我的快乐。往昔,我与游牧民的女儿同行,纯美贞操伴着我们,纯真爱情是我们的挚友,皎洁月光为我们照明;如今,我却身陷在那么一帮女人当中:一个个伸长脖子,挤眉弄眼,借金链、饰带换取艳美,见镯子、戒指便出让皮肉。往昔,我与青年们像一群羚羊活跃在林间,一道歌唱,共享田野之乐;如今,我在众人之间,就像猛禽爪中的羔羊,走在大街被人们用讨厌眼光盯视，被人们的嫉妒手指指点，到游览地看见的尽是高昂的头和冷酷的脸。往昔，天赋予我以勃勃生气，饱尝大自然之美；如今，这两项天福在我已完全被剥夺。往昔，我是个饱享幸福的富翁；如今，我变成了一贫如洗的穷光蛋。往昔，我与我的羊，就像仁慈的国王与其臣民；如今，我与我的金山，就像低贱的奴隶站在主人面前……我没有想到金钱会遮蔽我的心眼，将我的心灵引向愚昧深渊；我也不知道被人们视为荣誉的东西，却像地狱之火一样灼烧人心……"

富翁原地站起身来，缓步向自己的宫殿走去，不住地叹息道："莫非这就是钱财？难道这就是神，我已成了它的祭司？莫非它就是我们用生命买来的，却不能用它换回一丝生命？我付出一堪他尔[①]黄金，谁能卖给我一美好想法？谁能用一把珠宝换得一分钟爱情？谁能拿走我的金库，仅仅给我一只能看到美的眼睛？"

富翁来到殿门前，就像耶利米[②]望耶路撒冷城那样，朝城市望了一眼，并用手向城市指了一下，仿佛在向城市表示哀悼之意，并高声说道："人们啊，你们走在黑暗中，坐在死神阴影下，紧追困苦，胡乱断案，倾吐蠢言，只吃芒刺，却把果和花丢进深渊……如此行动，会延续到何年何月？你们走崎岖小道，栖身废墟之间，抛弃生命乐园，如此生活将继续到何日何年？绫罗绸缎锦衣已为你们做好，你们为什么却要穿破衣烂衫？人们呐，智慧之灯行将熄灭，快给它添些油吧！流浪汉要破坏你们的葡萄园，快起来保卫它吧！盗贼偷了你们的舒适库房，你们要当心呀！"

就在那时，一个穷人站在了富翁的面前，伸手向他讨钱。富翁望着穷人，颤抖的双唇合起，紧皱的面容舒展开来，二目间闪出温和

---

① 堪他尔：重量单位，等于44.928公斤。

② 耶利米：犹太人，大祭司希勒家的儿子。他原为便雅悯地区拿突城的祭司，奉上帝召见之后，成为列国先知。在约雅敬、约雅斤、西底家三个犹大王朝时期，耶利米一直四处传道，说了很多预言。因他所说的预言触怒当局，一再受到迫害。犹大国王西底家第十年，因他说了西底家必被巴比论王打败的预言，就被西底家囚禁起来。巴比论王攻破耶路撒冷城后，却把耶利米放了出来，并送给他粮食和礼物，让他自由选择去向。相传，《圣经》中的《耶利米书》和《耶利米哀歌》为耶利米所作。

的光芒。他在湖边痛惜的往昔已经走来向他问安。于是,他走近乞丐,亲切、平等地吻了吻他,并将一把黄金递到穷人手里,怜悯之情充满话语间,说:“兄弟,你现在拿着这些金子,明天和你的伙伴一道来,把你们的钱财都拿回去吧!”穷人就像凋零的花儿雨后重新鲜灵起来,微微一笑,快步离去。

富翁进到殿堂,说道:“生活中的一切都是美的,钱财也不例外,因为它能教人警句格言:钱财如同风琴,不善弹奏者只能听到不悦耳的噪音;钱财又像爱情,令吝啬鬼死亡,让慷慨者永生。”

灵魂啊,求你怜悯

我的灵魂哪,你明知我软弱,你还将哀号到何时?我只会借人类的话描绘你的梦,你将喊叫到何日?

我的灵魂呀,你好好看看!我毕生都在聆听你的教导。我的冤家呀,你仔细想想!为了紧跟你的步伐,我累坏了自己的体躯。

我的心本来属于我,而今却成了你的奴隶。我的耐心本来对我温存可亲,而今却用你来责斥我。青春本是我的朋伴,如今却抱怨起我来了。所有这些全来自于神的安排,你还有何更多要求?

我已经否定了自己,丢弃了生命的避难所,远离了我毕生的荣誉,只剩下了你,因此求你对我公正裁决,因为公正是你的声誉所在。如若不然,那就请你唤来死神,将我释放,免受你的看管。

灵魂啊,求你怜悯!你加给我的爱情,令我难以承受:你与爱情组成联合力量,强大无比;我与物质结合,力量薄弱,彼此分离。这一强一弱之间的搏斗,岂能长久下去?

灵魂哪,求你怜悯!你使我远远地看到了幸福:你和幸福站在高山之上;我与不幸位于山谷深底。这一高一低,岂能相会?

灵魂呀,求你怜悯!你向我展示了美,随后又将之隐藏起来;你和美处在光明之中;我和愚昧居于黑暗里。光明岂能与黑暗结合在一起?

灵魂啊,来世到来之前,你为来世而欣喜不已;而这肉体,因生活不幸,却处在生活里。

你迅速走向永恒,而这肉体却慢慢地向死亡走去;你不会放缓脚步,肉体也不会加快步伐。灵魂啊,这才是不幸至极。

你因为天有引力而升上高空,而肉体却因地心引力而下坠;你不能安慰它,它也不能祝贺你。这多么令人厌弃!

灵魂哟,你富于智慧,而这肉体本质贫困;你不会宽容、屈尊,它不会盲目跟从。这是最大的不幸。

你能于夜深人静之时去访情人,饱享拥抱之福;而这肉体永远被思念和分离所困死。

灵魂啊,求你怜悯,求你怜悯!

寡母与孤儿

夜迅速朝黎巴嫩北部袭来,彻底征服了白昼。在过去的白天里,卡迪沙山谷周围的村子下了一场大雪,使得田野、高原变成了一张大白纸,风神在上面不住地画线条,又不停地将线条抹去;暴风与向大自然发怒的气候结合,肆意嬉戏、拨弄那张白纸。

人们躲藏在自己的家里,动物隐身于自己的窝穴,一切有生息的都停止了活动,只剩下严寒、阴冷、可怕的黑暗和令人恐怖的死亡。

在那片农村中的一座孤零零的房子里,有一妇人,坐在火炉前,正在织毛衣。守在妇人身边的是她的独生子。孩子时而望望火炉,时而瞧瞧母亲那平静的面孔。那时,阴风怒吼,整座房子被刮得飘摇欲坠。孩子一惊,急忙靠近母亲,以求母亲慈爱的护佑,用来抵抗天怒。母亲忙把孩子抱在怀里,连连亲吻,然后让孩子坐在自己的双膝上,并且说:“孩子,不要怕!大自然有意教训人类:面对人类的渺小,显示自己的巨大;面对人类的脆弱,表现自己的强劲。孩子,不要害怕!在漫天飘雪、密布阴云和疯狂暴风之后,还有一个圣灵,全然知道田野和丘山需要什么。在这一切之后,还有一种目光,在用同情、怜悯的眼睛望着可怜的人。不要怕,我的心肝宝贝!春天微笑、夏季大笑、秋令叹息的大自然,现在想哭,伏在土层下的生命还等着吮吸它那冷冰的眼泪。睡吧,孩子!你明天醒来,会看到天空晴朗,田野穿着雪白的外衣,就像灵魂与死亡搏斗之后穿上圣洁衣裳。孩子,睡吧!你的父亲正在永恒舞台上望着我们。多好的暴风雪啊,正是它使我们更加思念那些不朽的灵魂。亲爱的孩子,睡吧!四月来临时,美丽的鲜花就将从这些相互剧烈搏斗的各种因素里采摘。孩子,人也是如此,只有经历了痛苦的疏远、苦涩的忍耐和致命的失望之后,才能采摘到至爱的果实。我的小宝贝呀,睡觉吧!甜蜜的梦必将来到你的心灵里,既不怕黑夜的阴森,亦不惧严寒的侵扰。”

孩子望着母亲,困神已经驾临他的双眼。他说:“妈妈,我的俩眼皮直打架,恐怕念不上祈祷词,我就睡着了。”慈祥的母亲紧紧抱住他,用眼泪望着他那天使般的面容,然后说:“孩子,跟妈一道说:主啊,怜悯穷人吧!保护穷人免受严寒折磨,用你的手遮盖住穷人的赤身吧!主啊,你瞧瞧睡在茅屋中的孤儿们!冰雪的寒气正在损伤着他们的身体。主啊,听听站在大街上、正在死神和寒冷魔爪中苦苦挣扎的寡母们的呼号吧!主啊,把你的手伸进富人的心中,打开富人的眼界,让他看看受压迫的弱者是怎样的贫困与饥谨吧!主啊,怜悯在这漆黑夜里站在门外的饥饿者,把沦落异乡的流浪汉们带入温暖的安身处,可怜可怜他们的背井离乡之苦吧!主啊,请你顾看一下小鸟儿们,用你的右手保护害怕狂风肆虐的树木吧……主啊,就让这一切化为现实吧!”

当困意拥抱孩子的心灵时,母亲将他平放在床上,用颤抖的双唇吻了吻孩子的前额,然后回到火炉旁,继续为儿子织毛衣。

世代与民族

在黎巴嫩山麓,溪水像银丝一样在岩石间潜行流淌。溪水附近坐着一位牧羊女,周围有一群羊,一只只瘦骨嶙峋,正在鲜嫩的荆棘间吃着干枯的草。少女望着远处天边的晚霞,好像她在读写在天幕上的未来前程。她的眼里噙着泪珠,活像露珠点缀在水仙花上。忧伤之情开启了她的双唇,仿佛还想趁她叹气之时占据她的心。

夜色降临,山冈开始围起暗色的外衣。蓦地,一位老翁出现在少女面前,但见白髯长垂至胸,银发披满双肩,右手拿着一把锯齿形镰刀。老翁用类似于波涛怒吼的声音说:"叙利亚,你好!"

少女一惊,急忙站起来,用被恐惧打断,又被痛苦连接起来的声音,说道:"世代老人,你现在找我有什么事吗?"

随后,少女指着自己的羊,接着说:"原来羊群布满山谷,如今只剩下这么一小群了。这都是由于你的贪婪所致。你还想再夺去一些吗?

"过去,这里曾是肥美牧场;如今被你的脚踏得干枯荒芜。昔日,我的羊在鲜花丛中牧放,挤出的奶甘甜芳香;如今一只只空着肚子啃食荆棘和草根,时刻面临着死亡。

"世代老人啊,你敬畏主,快离开我吧!你的不公正令我厌恶了生活;你的镰刀凶狠使我宁可选择死亡。

"请你离开我,让我独自饱饮泪水,沐浴痛苦微风吧!世代老人,你到西方去吧!那里的人们正参加生命的婚礼和节日,让我在你举行的葬礼上痛哭号丧吧!"

老翁用父亲般的目光望着少女,他已把镰刀藏在自己的衣服褶里,说:

"叙利亚啊,我只从你这里拿了我给你的部分赠礼,不是抢夺,而是暂借,以后是要奉还的,而且言必信,到时如数奉还。你要知道,你的姐妹民族有福分享用原属于你的光荣,有权利穿着原属于你的外衣。我与公正是两位一体,故给你的东西不能给你的姐妹。不然,我就不能使你们同样热爱我,因为爱只能平分。叙利亚啊,你和你的近邻埃及、波斯和希腊一样,他们都有像你的羊群一样的羊群,他们也都有像你的牧场一样的牧场。叙利亚呀,被你称作'衰败'的现象,我则称之为'应有的睡眠',紧随其后的便是生机勃勃与兴旺发达。花儿只有经过死,才能重生;爱情只有分别之后,才更火热。"

老翁走近姑娘,伸出手去,说道:"先知之女,握握我的手吧!"姑娘握住老人的手,用泪眼望着他,说:"世代老人,再见吧!"老翁答道:"再见,叙利亚,再见!"

旋即,老翁闪电似地隐去了。少女呼唤着自己的羊,边走边一遍又一遍地说:“能否再次相见?能够再见吗?”

美神宝座前

我从社会逃离出来,徘徊在宽广的山谷中,时而沿溪水前往,时而静听鸟儿鸣唱,终于来到一个枝叶遮天蔽日的地方,于是坐下来,开始独自沉思,自言自语。一颗干渴的心灵,认为一切可见的都是海市蜃楼,而一切不可见的却全是陈酿美酒。

当我的头脑挣脱了物质的监牢,跃入幻梦天际时,无意中回头一望,忽见一位姑娘站在我的附近。那是一位仙女,不见珠光宝气,没有华衣锦饰,只有一条葡萄藤遮盖着部分肢体,还有一个花环束着金黄色的秀发……她从我的眼神里知道我一时惊愕不已,不知如何是好。她说:“我是林地之女。你不要害怕!”她那甜美声音恢复了我部分气息。我说:“像你这样的好人怎会住在这野兽出没的凄清野外?凭你的生命起誓,告诉我,你究竟是何许人?又从何地而来?”她坐在草地上,说道:“我是大自然的象征。我就是你的祖辈崇拜,并在巴勒贝克、艾弗加和朱拜勒为之建祭坛、神庙的那位神女。”我说:“那些神庙已经倒塌,我的祖辈的尸骨也已化为净土,他们崇拜的神和宗教的遗迹仅仅留在几页书中。”她说:“有的神随着崇拜者的生而生存,伴随着崇拜者的死而死亡,而有的神则依靠永恒的神性长生不老。至于我的神性,它则源于你无论怎样都能看到的美。美就是整个大自然。美本是山冈间牧羊人、田间的农夫和山与海之间的漂泊者们的幸福起点。美是智者登上颠覆不破的真理宝座的阶梯。”我的心怦怦直跳,在说着口舌不会说的话。我说:“美是一种可怕的力量。”她的双唇间绽现出鲜花的微笑,目光中蕴含着生命的秘密。她说:“你们人类什么都怕,甚至怕你们自身。你们怕天,而天本是安全之源。你们怕大自然,而大自然本是休息的床铺。你们怕众神之主,并将仇恨和愤怒全归罪于它;其实,它即使不是什么仁慈和怜悯,也不是别的什么。”

一阵夹带着美梦的沉静过后,我问她:“美究竟是何物?就像人们对它的赞美和热爱各不相同一样,人们对它的解释和理会千差万别。”她说：“它对于你的心灵有一种吸引力；当你遇到它时，你会感到有数双手从你的内心深处伸出来，以使将它抱到你的内心深处；肉体将它看作一种考验，灵魂把它视作一种馈赠；它可使悲欢之间亲近、融洽、友爱；它隐藏着，你能看到它；它不为人知，你却知道它；它沉默无声，你能听到它；它是一种力量，起自你的圣洁灵魂，终在你的想像之外……”

林地之女走近我，伸出她那芳香的手捂住我的眼睛。当她把手移开时，我发现我独自站在那山谷中。我起身回返，心灵一遍又一遍地重复着：“美，便是你所看到的；你甘愿奉献，无意索取。”

睿智来访

寂静的夜里，睿智到来了，站在我的床边，用慈母般的目光望着我，擦去我的眼泪，说：“我听到了你心灵的呼唤声，特来给之以安慰。在我的面前打开你的心扉吧，我将让其充满光明。你尽管发问，我将为你指点通往真理之路。”我说：“睿智呀，我是何人？我怎么走到了这么一个可怕的地方？这宏大意愿、丰富图书和奇异画面是怎么回事？这像鸽群飞闪而过的思想是怎么回事？这充满倾向的诗句与富有情趣的散文从何而来？这些令人痛苦，又令人欢欣，拥抱我的灵魂，又涌上我的心头的成果从何而来？这些凝视着我，洞察我的内心深处眼睛，为何不理睬我的痛苦？这些声音何以为我的当今岁月哭号，却歌唱我的童年？何为青春？为何戏弄我的爱好，嘲笑我的感情，忘却往昔成就，为琐碎小事而欣喜，嫌明天来得太慢？这是什么世界？为何把我带往不为我所知的地方，和我一起站在光彩的立场上？这大地为何张着大口吞噬人的躯体，却敞着胸怀任贪婪魔鬼安居？通往幸福爱情的路上有万丈深渊，人却依旧对之恋恋不舍，原因何在？人为何不顾死神抽打，仍要求与生命亲吻？人为什么宁可以一年的悔恨去买一分钟的享乐？人为何不听梦想的呼唤，却要向困神投降？人又为什么随着愚昧溪流一直走向黑暗海湾？睿智啊，所有这些都是怎么回事呢……”

睿智回答道：“人啊！你想用神的眼光看这个世界，却又用人的思想了解未来世界的奥秘，此乃愚蠢至极也。到原野去吧，你会发现蜜蜂在鲜花周围旋飞，苍鹰在向猎物俯冲。进入你的邻居家中，你会看到孩童见火光而惊异的神态，母亲在忙于家务。你要像蜜蜂一样，而不要在静观苍鹰打猎中浪费大好春光。你要像孩童一样为火光而欢喜，让你的母亲安心忙自己的家务。你所看到的一切，过去和现在都是为你而存在的。那丰富的图书、奇异的画面和美好的思想，都是你的先人们灵魂的幻影。你撰写的诗文是你与人类兄弟之间互通的桥梁。令人痛苦，又令人欢欣的成果是往昔播在心灵田地的种子，未来将得到收益……戏弄你那爱好的青春将打开你的心扉，以供光明进入。这张着口的大地会使你的灵魂挣脱你的肉体的奴役。这个带你行走的世界便是你的心，而你的心则是你猜想的那个世界的全部。在你看来愚昧、渺小的那个人，他从上帝那里来，以便用痛苦学习欢乐，从黑暗中获取知识……"

睿智伸手抚摩着我那火热的前额，说："大胆往前走，决不要停留，前面就是至美。走啊，不要怕路上的荆棘，因为它只使败血外流。"

一位朋友的轶事

一

我知道他是生活道路上的迷途青年，放浪形骸，无拘无束，拼命满足自己的嗜好。我知道他是一朵柔嫩的花，轻率之风将之吹入了淫荡的汪洋大海。

我是在那个乡村认识他的。当时他就是一个坏孩子：手捣鸟巢，弄死雏鸟；脚踏花冠，葬送美妙。我知道他在学校里是个顽皮少年：懒于读书，骄傲自大，难得安生，总是捣乱。我知道他在城中是浪荡青年：丢尽了他父亲的脸面；他把钱都挥霍在淫乱场所，把理性全扔在了葡萄酒店。

但是，我却喜欢他；不过，这喜欢当中不免夹带着遗憾与同情。

我喜欢他，因为他的种种恶迹并非源于一颗渺小灵魂，而是出自一个柔弱、失望的灵魂。人们啊，灵魂偏离理智之路完全出于无奈，其实它很想回到正道上来。青春时期常有暴风刮起，夹带着沙尘，使人睁不开眼睛，长时间看不清眼前的路况。

我喜欢这个青年，而且诚实待他。因为我看到他那良知的鸽子正与他罪恶的兀鹰搏斗；良知的鸽子战败了，原因在于敌人太强大，决非因为自己怯懦。良知是正直而软弱的法官，而正是软弱阻碍了判决的执行。

我说过我喜欢他，而这种喜爱的形式不尽相同：有时表现为理智，有时表现为公正，有时表现为希望。我喜欢他，则是我对他的希望，希望他以自己心灵中的阳光战胜暂时的艰难黑暗。然而我还不知道怎样和从哪里下手，以便用清洁取代污秽，用温和取代粗暴，用理智取代鲁莽。人只有在心灵被从物质奴役下解放出来之后，才能知道怎样得到解放；也只有在清晨到来之后，才能晓得怎样微笑。

二

日夜相继，岁月不居。我不时地想起那个青年，总有难以言表的心酸；提到他的名字，禁不住长吁短叹，伤心及肝。直到昨天，我突然收到了他的一封信，信中说：

> 我的朋友，到我这里来吧！我想让你会见一位青年；你会因见到他而心花怒放，也会因结识他而神魂快慰……

我说："我是多么可怜！难道他想让我再结识一位像他那样的朋友，以便与他那令人痛苦的友谊成双结对？或者仅仅他这么一个例子，还不足说明迷途的结果？莫非现在他想用他的朋友的作为对那个例子加以补充，以便让我一字不漏地读完那本物质的书？"然后，我又说："我去！灵魂可凭其智慧从鼠李树上采摘无花果；心可凭借自己的爱从黑暗中撷取光明……"

夜幕垂降，我去了他那里。我发现他独自坐在房间里，正在读诗集。我向他问安之后，惊异地发现他面前只有书，便问他：“新朋友在哪儿？”他说：“亲爱的好友，就是我，就是我哟！”之后，他以我从未见过的平静和从容坐了下来。他望着我，二目中闪烁着奇异的光芒；那光芒足以穿透胸膛，穿透周身。他那两只眼睛，我曾注视过，但看到的只有凶狠与残暴；如今，闪出的却是使人感到心里温柔的光芒。之后，他用似乎发自另外一个人口中的声音说：“你在童年认识的、学校里陪伴的、青年时代相随的那个人已经死去，我正是从他的死中诞生的。我是你的新朋友，请拉我的手吧！”我伸出手，刚一拉住他的手，便感到他那手里有一个温情的灵魂在随血液流动。那只粗硬的手已变得柔软嫩滑；昔日像虎爪似的手指变得细软，即使触摸人的心，也不会留下任何伤痕。我记得，我当时说的话有些离奇。我说：“你是何许人呀？你是怎样走的？又到了哪里？究竟圣灵把你当作神庙崇拜，还是你在我的面前正扮演诗剧里的一个角色？”他说：“我的朋友啊，是的。圣灵已降临到我的身上，并且对我顶礼膜拜。正是伟大的爱情使我的心变成了圣洁的祭坛；我的朋友哟，那就是女人啊！被我往昔猜想为男人玩具的女人，把我从地狱的黑暗中拯救出来，并为我打开了天堂之门，我走了进去。真正的女性将我带到爱情的约旦河[①]，并为我施洗；由于无知，我曾蔑视它的姐妹，而它却把我推上了光荣宝座；由于愚昧，我曾玷污过它的同伴，而它却用温情净化了我的灵魂；我曾用黄金奴役它的同性人，而它却用自己的美解放了我……正是女性用自己的强烈意愿和亚当的软弱，将亚当逐出了伊甸园[②]；如今，它又用自己的怜情和我的温顺，将我送回那座天堂园。

那时刻，我望着他，发现他两眼里闪着泪花，唇间含着微笑，头上戴着爱情的光环。我靠近他，亲吻他的前额，就像牧师亲吻圣坛

---

① 《圣经新约》中的《马太福音》详细描述了耶稣的生平故事。据故事，耶稣在伯利恒降生。耶稣长大后，听说先知约翰在约旦河传道，并为众人施洗。于是耶稣来到约旦河，见了约翰，要受他的洗。约翰起初推辞，在耶稣坚决要求下，约翰给他施洗。

② 《圣经旧约》中的《创世纪》载，上帝造了一男一女，并将二人安排在伊甸园里，让他们结为夫妻。夫妻二人受蛇（魔鬼）的引诱，偷吃了树上的禁果，顿时眼睛明亮，发现自己赤身裸体，便摘树叶来遮盖。上帝得知后，便将二人赶出了伊甸园。

那样，向他祝福，为他祈祷。之后，我告别了他，返回的路上，一遍又一遍地重复着他的话："正是女性用自己的强烈意愿和亚当的软弱，将亚当逐出伊甸园；如今，它又用自己的怜情和我的温顺，将我送回那座天园。"

现实与幻想之间

生活背负着我们从一个地方走到另一个地方，命运领着我们从一种环境转移向另一种环境，而我们行进的路上无处不是障碍，我们听到的声音无不使我们胆战心惊。

我们看到美神端坐荣誉宝椅，于是接近他，以思念之名弄脏了他的衣边，摘下他那圣洁的王冠。爱神走过我们的身边，穿着告别的衣衫，我们害怕他，于是躲藏在黑暗洞穴，或者跟在他的身后，以他的名字干尽坏事；我们当中的明智者，将爱神当作桎梏背在身上，虽然他比花香轻柔，较黎巴嫩的微风和煦。智慧之神站在街口当众呼唤我们，而我们却认为他是虚妄，就连他的追随者也看不在眼里。自由女神邀请我们赴宴，与她同饮共餐，我们去了，大吃大喝，于是宴会变成了信意非为的舞台和自我轻蔑的场所。大自然向我们伸出了友好之手，要我们享受它的美，而我们却害怕它的寂静，于是躲到城市，只见城中的人越来越多，就像看见饿狼的羊群，相互拥挤在一起。现实带着稚童的微笑或亲吻造访我们，而我却紧锁情感的大门，像罪犯一样躲避。人心向我们求救，灵魂呼唤我们，而我们比矿物还聋，全然不去理会；有谁听到自己心的呼喊和灵魂的召唤，我们会说："这是个疯子，赶快躲开他！"

黑夜如此闪过，而我们不知不觉；白昼与我们握手，而我们既怕黑夜，又怕白昼。神本来属于我们，而我们却接近土。饥饿在吞噬着我们的力量，而我们从不去尝生活的面饼。

生活是多么可爱，我们距生活又是多么遥远！

致我的穷朋友

朋友啊，你生在不幸摇篮，长在屈辱怀抱，在专制门庭虚度青春，边叹息边吃你那干面饼，和着泪滴喝下污水；

兵士啊，人的不义法律迫使你别妻弃子和亲人，为了被他们称为义务的贪婪野心而奔赴沙场送死；

诗人啊，你作为异乡人生活在自己的祖国，在熟人当中不为人所知，甘愿靠一口食物生活，伴着墨水和稿纸度日；

囚犯啊，你因为小小过错而被投入黑暗监牢；那些主张以怨报怨者的谬误将小错夸大，就连希望以腐败进行改良者的理智对之都感到诧异；

可怜的烟花女啊，你那天赐美貌被花花公子盯住，紧追你，引诱你，用金钱征服了你的贫困，你屈从了他，而他却弃离了你，让你像猎物一样，在屈辱和不幸魔爪中颤抖；

我的弱者好友们，你们都是人类法律的牺牲品。你们是不幸者；你们的不幸源于强者的横蛮、统治者的暴虐、富者的为富不仁和淫荡者的自私。

你们不要失望！超越这个世界的不公，超越这物质，在这乌云之外，在这苍穹之后，在这一切之后，有一种力量，那才是真正的公正，完全的怜悯，地道的温情和完美的爱。

你们是生长在阴影中的花。和煦的微风将吹过来，把你们的种子带到阳光下，你们将在那里获得美好新生。

你们是冬雪重压下的光秃树木。春天将要到来，为你们披上繁茂的绿叶。

真理将撕下遮盖你们微笑的泪帘。

兄弟们，我亲吻你们！我蔑视压迫你们的人！

田野上的哭声

拂晓时分，红日尚未从朝霞后露面，我坐在田野里与大自然亲密交谈。在那充满纯与美的时刻,人们还在被窝里,时而魂游梦境,时而睁眼醒来,而我却头枕着草地,向我看到的一切,探询美的真谛;向可看到的一切,求问何为真正的美。

当我的想像力将我与世俗人间分开,又把物质的布片从非物质的自我上揭去时,我感到我的灵魂得到了升华,使我正在接近大自然,向我展示着大自然的秘密,让我明白大自然界中万物的语言。

就在这时,一阵微风从树枝间吹过,就像绝望的孤儿那样不住叹息。我问道:"和煦的微风啊,你为何叹气?"微风答道:"烈日炎炎似火烧,我被迫向城里逃,不料城中病菌缠住我的纯净衣角,人的有毒气息也将我死死粘着。因此,我痛苦不堪。"

随后,我向花儿望去,但见百花眼里的露珠化成了泪珠,簌簌滴落不止。我问:"美丽的鲜花呀,你们为何哭泣?"其中一朵花抬起它那秀雅的头,说道:"我们之所以哭泣,因为人就要来了。他们折断我们的脖颈,把我们带到城里去,就像奴隶一样把我们卖掉,可我们都是自由人呀!夜晚来临,我们凋零,他们便把我们扔进垃圾堆里。人的手如此残酷凶狠,将把我们与我们的故乡田野分离开来,我们怎能不哭呢?"

片刻后,我听到小溪像失去儿子的母亲一样哭号。我问小溪:"甘甜的溪水呀,你为何号哭?"小溪答道:"因为我情不自愿地流到城里,那里的人却看不起我,用葡萄汁取代我而饮用,只是利用我来承载污垢。我这洁净之体很快就会变得污浊不堪,我怎能不痛哭悲号呢?"

旋即,我侧耳细听,听见鸟儿在唱悲歌,酷似号丧。我问道:"美丽的鸟儿,你为何号丧呢?"鸟儿靠近我,站在枝头,说:"人就要来了,带着地狱里的刑具,像用镰刀割庄稼那样,将我们消灭。我们现在正在互相诀别,因为我们不知我们当中谁能幸免于不可逃避的命运。我们走到哪里,死神跟到哪里,我们怎能不号丧呢?"

朝阳爬上东山,树头戴上金黄色的冠冕。我自问:"人为什么要毁坏大自然的建树呢?"

茅屋与宫殿

一

夜幕垂降,富翁的公馆里灯火辉煌,仆人们站在大门口,个个身着锦衣华服,人人胸前纽扣闪光,等待着宾临客至。

乐队高奏着欢乐的迎宾曲,众贵族男女乘坐香车宝马陆续来到公馆前,男的绣金锦袍加身,女的拖着显示富贵的长裙,一个个高视阔步,洋洋得意地步入大门。

男人们站起邀女子跳舞,女人们选定舞伴,刹那之间,大厅变成了舞曲惠风拂面的乐园,百花随风起舞,翩跹摇曳,春意盎然。

夜半时分,筵席摆就,种种美味俱全,色色鲜果均有。宾主举杯把盏,尽饮玉液琼浆,人人直喝得酩酊大醉,头晕目眩,东倒西歪。

晨光初照,熬了一整夜的贵族男女,酒喝得醉意朦胧,舞跳得精疲力竭,个个无精打采,方才散伙,各自爬上自己的软床睡觉去了。

二

日落之后,一个身穿劳动服的男子汉站在一座简陋茅屋门前。敲过门,门开启了,他走了进去。他微笑着向家人问安之后,和孩子们一起坐在火旁取暖。片刻后,妻子备好了晚饭,一家人围木桌而坐,大口大口吃得又香又甜。饭后,他们走去,坐在一盏油灯旁,那灯头发出的黄色微弱光箭直射黑暗。

一更天过去,他们不声不响地站起,然后躺下,酣然进入梦乡。

黎明时分,那男子汉起床后,与妻儿一起吃过些许面饼和牛奶,一一亲吻家人,继之肩扛大锄走向田地。他要用自己额头的汗水浇灌土地,收获食粮,以供养昨夜纵酒狂舞作乐的富人们。

太阳升上东山,炎热之神的脚重重地踏在耕夫的头上,而那些富人们仍在他们巍峨宫殿里安睡在梦中。

这是人类舞台上常演不衰的悲剧;为之叫好的观众大有人在,

而静心沉思者却很少很少。

两个婴儿

国王站在宫殿阳台上，呼唤聚集在御花园里的人们，说道："我向你们报喜，我向国家道贺！王后生下一个王子，他将传承皇家光荣门第的尊严，同时也是你们的荣耀，还将成为列祖列宗留下的基业继承人。你们欢呼吧！你们的未来就寄托在王家子孙身上。"

众人齐声欢呼，欢声直上云天，热烈庆贺王子降生，衷心祝贺他在富贵摇篮里发育，在慈爱花台上长大，日后成为操奴隶生杀大权的绝对统治者，以自己的力量控制弱者的命运，随便使用他们的肉体，信意毁灭他们的灵魂。因此，他们兴高采烈，喜唱欢歌，沉湎于醉态之中。

就在那座城中居民赞颂强者、蔑视自己、歌唱专横者的大名，而天使却为他们的渺小泣哭之时，在一个被废弃的简陋房子里，有一妇人躺在病榻上，火热的怀里抱着一个用破烂襁褓包裹着的婴儿。

那是一位年轻女子，岁月注定她贫困不堪；贫困便是不幸，人们置之不理。她是一位妻子，国王的暴虐夺去了她丈夫的生命。她孤身一人，那天夜里，神给她派来了一个小伙伴，缠住了她的双手，使她无暇劳作、谋生。

街上人的喧闹声静息下来，那个可怜的女人将婴儿抱在怀里，望着孩子那闪亮的两眼，痛哭不止，仿佛她想用热泪为孩子施洗。她用足以使顽石为之破裂的声音说："我的心肝宝贝儿，你为什么要从灵魂世界来到人间呀？你想分担我的痛苦生活呢，还是你要怜悯我的虚弱？你为什么要离开天使和广袤天园，来到这个充满不幸和屈辱的狭窄人间？我的独生儿啊，我只有泪水；泪水能替代奶汁将你喂饱吗？你能穿我这赤裸的双臂当衣物吗？小牲口能吃青草，然后在窝棚里放心过夜；小鸟儿能啄食子粒，然后安栖枝间巢中；你呀，我的孩子，除了我的叹息和虚弱，一无所有啊！"

妇人将孩子紧紧搂在自己的胸口，仿佛想使二体合一。她抬眼望着上方，大声喊道："主啊，怜悯怜悯我们吧！"

乌云散去，月亮显现，柔和的月光透过窗子，映入简陋房间，洒在两具冰冷的尸体上……

旅美派[①]诗人

假若海里勒[②]想到自己精心串起的诗歌韵律璎珞会变成衡量才智的标准和拴缀思想珠母的绳线,那么,她定会割断连线,将璎珞抛撒。

假若穆台奈比[③]和伊本·法里德[④]预料到自己的作品会变成迟钝思想的源泉和牵着今人情感走的缰绳,那么,二人定会把墨水泼洒在被废弃的坑里,将笔杆用轻率的手折断。

假若荷马[⑤]、维吉尔[⑥]、麦阿里[⑦]和弥尔顿[⑧]的灵魂,得知用近似乎上帝的心神凝成的诗篇将落脚在富人邸宅,那么,他们的灵魂定会离开我们的地球,躲藏到众行星后面。

我并非固执之辈,但我实在不忍眼见灵魂的语言沸于蠢人之口,神灵的墨水流淌在自矜博学者的笔下。并非我一人对此不满;

---

① 指由旅居美洲的阿拉伯、主要是黎巴嫩和叙利亚作家所组成的现代阿拉伯文学派流。因黎巴嫩在历史上曾作为叙利亚的组成部分,所以也有"叙美派"之称。纪伯伦为其代表人物。

② 海里勒·伊本·艾哈迈德(? –786):第一位总结出阿拉伯诗歌韵律的语言学家。

③ 穆台奈比(915 –965):阿拉伯阿拔斯王朝时代大诗人。留传下来将近三百首诗歌,达五千多行。其代表作,有:《荣誉归不可辱者》、《泪别》、《行动取决于决心》、《壮志凌人》、《思想先于勇敢》、《灾祸》、《美丽的贝杜因姑娘》等。

④ 伊本·法里德(1181 –1234),叙利亚诗人,他对苏菲派神秘主义的表述被认为是阿拉伯语中的佼佼者。其代表作,有:《神秘的进程》、《酒颂》等。

⑤ 荷马:指创作古希腊两大史诗《伊利亚特》和《奥德赛》的一个或几个诗人。希腊人自己就是这样认为的,但由于有关荷马本人的史料贫乏,以致后来的学者提出种种奇谈怪论。

⑥ 维吉尔(前70 –前19):古罗马诗人,只活了51岁。其在生前就已被公认为最重要的罗马诗人。《埃涅阿斯纪》史诗为其代表作。

⑦ 麦阿里(973 –1057):阿拉伯诗人、作家。幼年因患天花双目失明。其著名散文作品《宽恕书》,以丰富的想像,描写向他求教的伊本·格利哈在天堂、地狱的游历,表现了诗人的渊博知识,并对社会、宗教、传统以及关于天堂、地狱的传说表示了怀疑,采取嘲讽和批判的态度。后人往往将它与但丁的《神曲》相比拟。

⑧ 弥尔顿(1608 –1674):英国诗人,著有长诗《失乐园》、《复乐园》、《力士参孙》等。在英国诗人中,他的地位常排在莎士比亚之后,而在所有其他诗人之前。

相反,如你所见,有许多人看到青蛙把自己吹得像水牛一样大,心中气愤不已;我不过是这许多人当中的一个罢了。

众人们!诗是有形的神圣灵魂,来自醒心的微笑,或者催人泪下的叹息。诗是幻影,寄居在神魂,饥餐心田,喝饮情感。倘若不是这样而来,那么,它便是假基督,必被抛弃。

诗神啊!埃拉托[①]!请你宽恕那些只用夸夸其谈接近你,而不用灵魂的尊严和思想的想像力崇拜你的那些人的罪过吧!

从永恒世界高天望着我们诗人的灵魂啊,我们本无缘走近你们用思想珍珠和心灵宝石装点的圣坛。只因我们这个时代里铁器叮当响,工厂噪音杂,故而我们的诗来得那样沉重,就像火车,还夹带着气笛声。

你们,真正的诗人们,原谅我们吧!我们来自新世界,一心追求物质;我们这里的诗也变成了物质,任凭人手传送,心灵却不能理会。

在日光之下

> 我察看我手所经营的一切事和我劳碌所成之功,谁知万事皆属虚空,均为捕风,在日光之下毫无益处。
>
> ——传道节[②]

遨游在灵魂世界太空中的所罗门[③]的灵魂啊,脱去了我们现在仍穿在身上的物质衣服的人哪!你身后留下了发自软弱和失望的

---

① 埃拉托:希腊宗教中的九位缪斯女神之一,主管抒情诗。传说她是色雷斯诗人萨米里斯的母亲。萨米里斯在夸口他的诗歌能胜过缪斯女神之后,立刻被她们打得既瞎又聋。

② 《传道书》:是《圣经旧约》中的一卷书,属《圣录》。为犹太智慧之书。本卷书共十二章。相传为所罗门所作。书中用生动语言来谈人生的宗教哲理,宣传九个方面的思想:万事皆属虚空;万事均有定时;上帝决定一切;人的劳碌无益;人世不平;人终旧一死;厌世与恋世的矛盾观;人当尊重智慧之美;人必敬畏上帝。

③ 所罗门:古代以色列国王,犹大伯利恒人。他重知识,求智慧,人们把他看成智慧的化身。他是政治家,又是作家和学者。在位四十年,死后,由儿子罗波安继位。

语言，而在肉体的俘虏中又滋生出了软弱和失望。现在，你知道这人生自有意义，就连死神也无法将之抹去；可是，这种只有灵魂摆脱净土监视后才能领略的知识，人怎能通晓呢？

现在，你知道人生并不像捕风，太阳下也并非万事皆属虚空，而是万物皆实际存在，永远朝着真理运动。但是，我们这些可怜人坚持你的话，总是深思熟虑它，仍然将之认作灿烂智慧结晶；你也知道，那是一派胡言，尽毁智力，泯灭希望。

现在，你知道愚蠢、邪恶和暴虐都具有堂皇理由；而我们只能通过智慧的外在表现、美德的功绩及公正的果实来认定什么是美。

你知道，痛苦和穷困能纯洁人心；而我们的有限智慧所能看到的自由存在物只有宽裕和欢乐。

现在，你知道灵魂在征服生平中的各种障碍走向光明；而我们则仍然重复着你的话，意指人不过是无名力量手中的玩具。

你后悔自己散布了那样一种精神，削弱了人对今日生活的热爱，泯灭了人对来日生活的迷恋；而我们却仍然坚持背诵你的话语。

居于永恒世界的所罗门的灵魂啊，请你启示那些喜欢哲理的人们，要他们不要走上失望和不信之路。因为那有可能成为无意中所犯过错的赎金。

展望未来

我听到现代高墙后传来人类的赞歌声。我听见钟声振动了以太①的分子，宣布美神殿堂里开始祈祷；那种由源于情感金属的力量铸就，并且将之高高置于自己的圣殿——人心——之中。

我看到未来的后面有一群人正跪在大自然的胸膛上，面向东方，等待真理的晨光显现。

我看到城市已经被毁，只留下一片废墟，告诉人们黑暗已在光

① 以太：19世纪物理学理论中认为普遍存在的物质，它在电磁波的传播过程中起媒介作用，与弹性物质（如空气）在声波传播中起的作用很相似。以太曾被假想为透明、无重量、无摩擦阻力，而且用化学物理实验都不能探测，并渗透所有的物质和空间。

明面前彻底败北。

我看到老年人坐在杨柳树荫下，而孩子们坐在他们周围，正在听往日的故事。

我看到小伙子们在弹琴、吹笛，姑娘们披着长发，围着他们在素馨、茉莉花枝下翩翩起舞。

我看到壮年男子在收割庄稼，而女子们则忙于捆绑抱运，还唱着充满欢乐、愉快的歌。

我看到妇女用百合花环取代了破衣烂衫，将翠绿树叶做的带子系在腰间。

我看到人与万物和睦相处，鸟儿和蝴蝶大胆地飞近人身，羚羊群放心地走向溪边。

我再仔细观看，已不见穷困，也不见奢华，只见彼此平等，亲如兄弟。看不到医生，因为每个人都成了医生，尽可凭借自己的知识和经验为自己施治。看不到牧师，因为良知已成为伟大的牧师。看不到律师，因为大自然取代了法庭，已为人们之间订好亲善友好条约。

我看到人已知自己乃万物基石，因而不屑于计较琐碎，揭去了灵魂慧眼上的模糊纱巾，面前豁然明亮，可读乌云写在苍天脸上的字迹，能识微风留在水面上的图样，善悟百花芳息的真谛，更知鸫鸟、夜莺歌声的内涵。

在现代高墙之后，在未来数代人的舞台上，我看到美如新郎，心灵是新娘，整个生活就像“盖德尔之夜”。

幻想女王

我走到台德木尔废墟[①]时，已是精疲力竭，于是躺在草地上休息。那青草生存在石柱之间，岁月已将那些石柱拔起，让它们横躺竖卧在低矮的地上，看上去就像大战留下的残肢断臂。我仔细端详着那些庞然大物，闭目沉思它们辉煌的往昔，如今变得破烂不堪，乱

① 台德木尔废墟：叙利亚著名古迹，系季诺碧亚女王（公元267－272在位）的帕米拉王国故址。位于大马士革东北台德木尔30公里。

石一堆,而细微小草却依然茂盛青翠。

夜幕垂降,互不相关的万物一起披上寂静的外衣,我感到周围的空间里有一种流体,正在与香料斗香,与佳酿比醇,于是不由自主地吸了一口,只觉得数只无形的手掐住了我的脑袋,遮住我的眼帘,使我的灵魂摆脱了锁链。旋即,地动天摇,我在一种奇迹力量推动下猛然一跳,顿时发现自己落在了一座花园里。那是人绝对想像不出的一座花园:一群妙龄少女身上仅穿着美,在我的周围走动,步履轻盈,脚不触草坪;口里唱着用爱情美梦编织的赞歌,玉指弹着金弦象牙吉他。当我来到一块空地时,见中间摆放着一把镶嵌着珠玉的宝座,两厢的舞台上放射着彩虹似的七色光。少女们分站左右两厢,歌声琴声更加嘹亮,明眸一起转向散发着没药、乳香芳馨的地方。就在这时,忽见一女王出现在花枝丛中,缓步向宝座走去。女王刚刚在宝座上坐稳,忽见一群雪白的鸽子飞来,稳稳降落在女王脚周围,排成一弯新月形状。

一切齐备,少女们簇拥着女王,高歌女王的光荣;香烟如柱,依依升腾,以表对女王的敬仰。我站在那里,观看着人的眼睛未曾见过的美景,聆听着人的耳朵未曾领悟过的妙音。

只见女王用手一指,一切活动静止下来。女王开始发话了,她的声音就像玉指轻弹琴弦那样动我心神,似乎也感动了周围的一切,仿佛万物都有耳有心,均在聆听她的话语。

女王说:“人哪! 我是幻想舞台之主,是我邀请你前来;我是梦想森林女王,是我要你站在我面前。请听我的忠告,并向人类传达,就说:幻想城是新房,守门者是位巨人,只有穿着结婚礼服的人才准进门;幻想城是天堂,守卫者是爱神,只准前额上有爱情烙印者观看;幻想城是想像田野,河水美如酒,飞鸟似天使,花儿香四溢,唯有幻梦之子才配踏上。你要告诉人类:我曾赠予他们充满欢乐的酒;由于愚昧,他们将之泼掉。黑暗之神到来,将杯子斟满苦汁,他们却一口饮下,终于烂醉。你要对人类说:只有手指触摸着我的绶带,二目望着我的宝座的人,才能在生命的吉他上弹奏出美妙乐声。以赛业[①]用我的爱恋之线将智慧串成项链;约翰[②]用我的口舌讲述自己的梦境;但丁[③]在我的引领下才走进了灵魂洞天。我是拥抱真实的隐喻;我是你要对人类说:思想有自己的故乡,它比可见世界纯洁高尚,欢乐的乌云也无法玷污它的天空;想像有自己的画面,呈现在神灵的天空,映入心灵的明镜,灵魂得以挣脱凡尘之后,它的希望就可以化为现实。

刹那间,少女们歌声飞扬,烟柱升腾直上,遮住了我的视线。继之,地动天摇,我发现自己身处令人痛苦的废墟之间。此时此刻,黎明在微笑,我的双唇间喃喃有声:“不在梦幻舞台欢度时光的人,便是岁月的奴隶。”

致非难者

非难我的人哪,不要打搅我,让我独自呆一会儿吧!情侣的俊美使你爱在心中;母亲的慈爱在你心里无比可靠;儿女的情感将你的神魂打动。我求你凭这一切起誓,不要管我,让我自主行事吧!

请让我独自行事,自由做梦。请你忍耐到明天,任凭明天对我裁决。

你曾对我提出忠告,而忠告不过是幻影,只能把心灵带往彷徨天地,引导心灵走到生命僵死如土的地方。

---

① 以赛亚:《圣经》人物,犹大人,著名先知。他反对偶像崇拜,坚持一神论原则。他告诫人们:除了上帝耶和华,再无别的真神。人们背离上帝,所以灾难重重,只有信奉上帝,才能得到拯救。他一生说了很多预言,诸如:亚述必灭的预言,以色列人被掳的预言,巴比伦败落的预言,基督降生的预言,等等。后来都成为史实。荣获文学巨著美称的《以赛亚书》,相传为他所写。

② 约翰:耶稣的十二使徒之一。他是渔夫西庇太的儿子。一天,他和哥哥雅各在船上补网,被耶稣召唤,跟从了耶稣,后来成为耶稣喜欢的门徒。耶稣死后,他不畏艰险,宣传福音,创办基督教会。相传,《圣经》中的《约翰福音》、《约翰书》和《启示录》,均为他所作。

③ 但丁(1265-1321),意大利著名诗人,《神曲》为其代表作,由《地狱》、《炼狱》、《天国》三部分组成。

我有一颗微小的心,我想把它从胸中掏出来,托在掌上,仔细探究它的深处秘密。非难我的人啊,请你不要用你那信念的利箭伏候着它,致使它因为害怕中箭而躲进胸腔,既无暇倾出心血,也不能尽情用美和爱尽时光赋予它的义务。

太阳已经升起,夜莺、篱雀唱个不停,桃金娘、紫罗兰花馨四溢。我想挣脱卧榻粘缠,随着雪白羊群前进。非难我的人哪,不要对我那样严厉,不要用林中猛狮、山谷毒蛇恫吓我！因为我的神魂不知何为恐惧,不善于警戒厄运来临。

非难我的人啊,莫要管我,也不要告诫我！因为灾难打开了我的眼界,泪水洗刷了我的眼帘,痛苦教会了我用心语。

请不要提那些禁令！我的良知里就有一个法庭,会对我做出公正判决:假若我确乎无辜,它会保护我免受惩罚;我如真是罪犯,它定会让我得到报应。

看哪,爱的队伍已经走了,美举着爱的旗帜紧紧跟上,青年们边走边吹奏着欢乐乐曲。非难我的人呀,你不要阻拦我,让我跟着他们前进吧！看哪,眼前的道路上铺满了玫瑰花和香草,空气中充满着麝香的芬芳。

请把我从利禄功名的说教中解放出来！因为我的心灵不再需要那些,只是沉醉在上帝的荣光之中。

请让我免受政治、权势的纠缠！因为整个大地是我的故乡,所有人都是我的同胞。

爱情秘语

我的美人儿呀,你现在哪里？你在小花园里浇灌那些爱你如同婴孩恋母的花儿？还是在自己的闺房,那个你为圣洁建造了祭坛,我誓愿以灵魂和生命献祭的地方？或者你在书海徜徉,虽然你已满腹经纶,还想更多地汲取人类的智慧？

我心灵的伴侣,你在何方？你在庙堂为我祈祷,还是在田野与你钦敬和梦想的大自然亲切交谈？或者在受苦人的茅舍里,用你那甜润的心灵安慰苦心欲碎的女人,并且慷慨施予她们以思想？

你无处不在,因为你是上帝灵魂的一部分;你无时不有,因为你强健胜过光明。

你可记得我们相聚的夜晚?你的心灵之光在我们周围形成光环,爱的天使围绕着我们,我们尽情歌颂圣灵的伟业。你可记得我们同坐在树荫下的白天?浓荫遮蔽着我们,仿佛有意挡住人们的视线,就像肋骨将心的神圣秘密遮掩。你可记得我们走过的小径、斜坡?你我的手指,就像你的辫子一样,发束相互编在一起;你我头依着头,酷似你保护着我,我保护着你。你可记得你来告别的时刻?你拥抱我,亲吻我。你给我的是圣母马利亚式的一吻,我从中知道,唇与唇一旦相吻,便带来了语言难以表述的天上秘密。那一吻是双双合叹一口气的前奏;那一口气就像上帝吹入泥中的那口气,泥顿时变成了人。那一口气,先于我们到达灵魂世界,宣布你我两颗心灵的高贵,在那里一直待到我们与之相会,永不分离……之后,你亲吻我,再亲吻我,流着泪说:“肉体有说不清、道不明的志趣,往往因为世间琐事和微小目的而分别远离;灵魂则不同,总是安居爱神掌中,直至死神降临,将之带往上帝那里。亲爱的,你去吧!生活既然委派你完成什么使命,你就乖乖服从她吧!生活是位美女,她会让服从者饱饮满杯的甘甜多福河[①]水。至于我嘛,你的爱就是与我朝夕相伴的新郎;思念你,那便是经久不散的吉庆婚礼。”

我的情侣,你现在哪里?每当微风吹向你那边时,我总是让它带去我的心脏搏动声和周身的隐秘。莫非你静夜里没有入睡?或者在静观意中情郎的肖像?那肖像已不似今日的他:往昔他因在你的身旁而眉头舒展,如今痛苦已在他的额上投下了阴影;往昔他的眼睑因用你的美搽涂而神采飞扬,如今已因哭泣而枯皱不堪;往昔他的双唇因你亲吻而富有润泽,如今已因干裂而失颜。

亲爱的,你在何方?你在大海后可能听到我的呼喊和哭声,看得见我的虚弱和低贱,晓知我的耐心和坚忍?莫非天空中没有能传达一个痛苦临终人声息的灵魂?难道心灵之间没有报送一位弥留中情人苦衷的无形连线?

① 多福河:神话传说中天堂里的一条河。

我的生命啊，你在哪里？黑暗已将我扼住，悲伤已将我压倒。只要你在空中微笑，我就能恢复精神；只要你在苍穹呼吸，我就能重得生机。

亲爱的，你在何方？你在哪里？

啊，爱情是多么伟大，而我又何其渺小！

罪 犯

路当中坐着一个乞讨青年。那青年本来身强力壮，饥饿已使他体弱无力，于是坐在街口，伸手向行人乞讨，朝行善者求救，一遍又一遍重复着自己处境可怜，诉说着饥饿如何痛苦难忍。

夜幕垂降，他已唇干舌燥，而他的手仍然空如饥腹。这时，他站起来，用泪水模糊的双眼望着天空，在饿神的口授下说："主啊，我到财主那里找活儿干，结果因为我衣服褴褛被赶了出来；我叩学校的大门，因为我两手空空被拒之门外；我求别人雇用我，哪怕只能餬口，说来倒霉，我竟被驱赶。最后，我只得沿街要饭。主啊，你的信徒们看见我却说：'这小子身强力壮，即使行善也不能施予懒汉！'主啊，母亲按照你的意志生下了我，我现在正是因你的存在而活着；我以你的名义乞讨，为什么人们却不肯给我一块面饼？"

一时间，失望的青年脸色顿改，猛地站了起来，二目里闪着灰一样的光，折下干树枝做成大棒，指着城市大声喊道："我用额头的汗水求生活而未得生活，我将用我的臂力去求生活。我以仁爱之名乞讨面包，人们听不见我的喊声，我将用邪恶之名抢夺，还要得到更多……"

几天过去了，青年为抢项链砍断了若干脖颈；他的欲念受到阻拦，便动手捣毁灵魂的圣殿。青年的财富大增，凶残也出了名，博得大盗们欢喜，百姓们闻之心惊。后来，就像国王选派自己的代理人一样，那位国王选定那个青年作为他的代表主管那座城市。

就这样，人们用自己的吝啬把一个可怜的叫花子造就成了刽子手，用自己的冷酷将一个温和的人改造成了杀人罪犯。

情 侣

第一眼

那第一眼,是分开人生醉与醒的一瞬。那第一眼,是照亮心灵各个角落的第一柄火炬。那第一眼,是人心之琴第一根弦奏出的第一声神奇乐音。那第一眼是暂短瞬间,却可以使心灵重听往日的故事,向心灵之眼揭示夜的作为,向心灵的洞察力显露这个世界本质的功绩,并且吐露未来世界的永恒秘密。那第一眼,是阿施塔特从空中抛下来的一粒果核,眼睛将之投入心田,情感促其发芽成长,心灵令其开花结果。来自情侣的第一眼,就像飘荡在海面上的圣灵,天和地由之而诞生。来自终身伴侣的第一眼,酷似上帝之言:“就这样!”

第一吻

上帝将爱情的多福河水斟满杯子,把杯饮下的第一口,便是那第一吻。怀疑会令相信中充满痛苦,而相信则会使欢乐弥漫心间;怀疑与相信的界限,便是那第一吻。第一吻,是精神生活长诗的开端,又是理想人生小说的第一章。那第一吻,是连接平淡过去与辉煌未来的纽带,将情感的静默与歌声集于一体。那第一吻,是四片嘴唇同时说出的一句话,宣布心变成了宝座,爱情是国王,忠诚是王冠。那第一吻,是柔雅一触,就像微风指头轻抹玫瑰花唇,带着美味的长叹和甜滋滋的轻轻呻吟。那第一吻,是消魂的颤抖之始,正是它将情侣双双脱离度量衡世界,走进梦悟天园。那第一吻,将秋牡丹与石榴花结合为一体,混合起两种花的气味,从而生出第三种气息……如果说第一眼是爱情女神抛入人的心田的第一颗果核,那么,第一吻就像生命之树第一枝头开出的第一朵花。

结　婚

在这里，爱情将生活的散文写成诗篇，把生命的意义编成书卷，供白昼朗读，供黑夜吟唱。在这里，思念揭去了遮掩往年隐秘的层层幕幔，集星点乐趣组成了只有灵魂拥抱主时才能得到的幸福。结婚，就是两性神格结合在一起，在大地上创生第三种神格。结婚，就是用爱情将两个强者结合在一起，共同抵抗一个可恶的弱灾。结婚，就是将黄色的美酒与红色的佳酿混合在一起，产生出类似黎明到来时朝霞显现出的金黄色。结婚，就是两个灵魂和谐一致，两颗心联合化一。结婚，是一条长链的一个金环，那长链的首端是第一眼，其尾不见终点。结婚，是圣洁天空降向神圣大自然的纯净春雨，以便开发吉祥大地的潜力……如果说来自情侣的第一眼是爱情女神抛入人的的心田的第一颗果核，而来自情侣双唇的第一吻像生命之树第一枝头开出的第一朵花，那么，与情侣结婚就像是那颗果核开出的第一朵花结出的第一颗果子。

幸福之家

我的心在我的胸中呆得疲倦了，便告别我去了幸福之家。他到了心灵崇拜的那座殿堂，站了下来，不禁感到茫然。因为他没有看到他久所想像的一切。他既没有看到力量，也没有看到金钱，更没有看到权势。他只看到一个青年——壮美，及他的女伴侣——爱娘，还有他俩的女儿——智慧。

我的心对爱娘说："爱娘，满足在哪里？我听说它和你们在一起住在这个地方。"爱娘说："满足走了，躲到城里那个贪欲集聚的地方去了。我们不需要它。幸福不求满足，幸福是追求拥抱的一种向往。满足是一种安慰，与之相伴的是遗忘。永恒的心灵永不满足，因为他追求完美，而完美是没有止境的。"

我的心对壮美说："壮美呀，让我看看女人的秘密吧！因为你满腹经纶，求你启迪开导。"壮美说："人心哪，女人就是你呀；你怎样，她就怎样。女人就是我;我到哪里,她就到哪里。女人就像未经愚昧之辈扭曲的宗教;女人就像乌云未遮的圆月;女人就像没有被腐败气息纠缠的微风。"

我的心走近壮美与爱娘的女儿智慧,说道:"把智慧给我,让我把她带到人间去吧!"爱娘回答道:"你要说,她就是幸福:始于心灵最神圣的圣地,而非来自外部。"

过去的城

生命带着我站在青春山脚下,示意我向后看。我转身向后一望,只见一座形状、房舍奇异的城市,伏卧在平原当中;那里幻象起伏,五彩蒸气升腾,构成一层薄雾纱幔,几乎将城市遮掩。

我问:"生命啊,这是什么?"生命说:"那是过去的城市。你好好看看吧!"

我极目仔细观看,但见:

行动学院像巨人一样坐在睡眠之神的翅膀下;言语寺院的周围有一群幽灵在盘旋,时而发出绝望的呼叫,时而唱着希望的歌;信仰建起的宗教庙堂,旋即被怀疑捣毁;思想的宣礼塔高耸入云,酷似乞讨者伸出的手;偏好的大街延伸开来,就像河流穿行在山丘之间;隐藏看管的秘密仓库,却被询问盗贼窃光;勇敢假造的脚塔,却被恐惧拆毁;黑暗装饰起来的梦幻大厦,随即又被苏醒毁掉;小人物的茅屋里住着软弱,孤独寺里站着忘我;知识俱乐部被智慧照亮,随即又被愚昧弄得一片黑暗;情侣们在爱情酒店醉倒,幽会却将他们嘲笑;生命在人生的舞台上演自己的喜戏,死神来临结束自己的悲剧。

生命在我前面引路,说道:"跟我来吧!我们站得太久了。"我说:"生命啊,去哪儿?"生命说:"到未来城里去。"我说:"慢点走!我已走得疲惫不堪。岩石弄伤了我的双脚,障碍已使我精疲力竭。"生命说:"走吧!停步就是怯懦;仅仅回眸过去的城便是愚蠢。"

相　会

当夜色用宝石般的繁星装饰完天空之时，一位仙女从尼罗河谷腾起，无形的翅膀发出沙沙的响声。那仙女坐在彩云宝座上，宝座闪烁着银白色的月光，高高飞翔在地中海上空。一群遨游在太空的精灵从仙女面前闪过，高声呼道："神圣啊，神圣，神圣的埃及女儿！她的光荣弥漫整个大地。"

与此同时，一位青年的幻影，由六翼天使们用手托着，从杉树林周围的笕口山峰上腾空而起。他坐在仙女的宝椅上，只见精灵们返回，从他们身旁闪过，高声喊道："神圣啊，神圣，神圣的黎巴嫩青年！他的光荣照耀古今世代。"

当情郎拉住恋人的手，并眷恋凝视着她的双眼时，风和浪将这些悄悄话传向了各个地域：

"伊希斯[①]之女，你多么美！我是多么爱你！"

"阿施塔特之子，你是最漂亮的青年！我想念你！"

"亲爱的，我对你的爱就像你的金字塔，无穷岁月无法将之捣毁。"

"亲爱的，我对你的爱就像你的杉树，不论什么力量都压不垮。"

"亲爱的，来自东西方的各民族智士，都为了汲取你的智慧，破译你的密码。"

"亲爱的，来自各个王国的世界伟人，都想痛饮你那甘美的香醇，领略你那德行的魅力。"

"亲爱的，你的双掌中有丰富宝藏，足以装满千车万箱。"

"亲爱的，你的两臂是甜水之泉，你的气息是醒神的微风。"

"亲爱的，尼罗河畔的宫殿和庙宇在宣扬你的尊贵，狮身人面像在畅谈你的庄严。"

"亲爱的，你胸前的杉树是你高贵门第的标志，你周围的高塔讲述着你的威风和力量。"

---

① 伊希斯：古埃及最崇敬的女神。

“亲爱的，啊，你的爱情多么甜美，希望寄托在你的身上多么叫人放心！”

“啊，你是多么慷慨的朋友，你是多么忠诚的丈夫！你的礼品多么漂亮，你的馈赠多么宝贵！

你给我派来了青年人，他们本是沉睡的苏醒。你支援我一位‘骑士’[①]，他战胜了我的民族的懦弱；你给我送来一位‘文豪’[②]，他振兴了我的民族精神；你赠予我一位‘精英’[③]，他使我的民族醉入酩酊……”

“我给你送去种子，你能使之变成鲜花；我给你送去树苗，你能使之长成大树。你是处女地，可令玫瑰生长，可使松杉高大……”

“亲爱的，我看你眼含悲伤，莫非你在我身边高喊感到难过？”

“我有女儿，已经到了海外，留下我与痛苦为伴，跟思念共处。”

“亲爱的，我多么希望有你一样的痛苦，以使恐惧远离我身！”

“尼罗河的女儿，你就是强大的国家，你害怕什么？”

“我担心暴君用花言巧语接近我，然后用武力将我控制。”

“亲爱的，国家的生活也像个人的生活一样：希望会与之结拜兄弟，恐惧也会与之结交朋友；理想会围之团团转，失望也会缠住它不放。”

情侣相互拥抱在一起，共饮亲吻的玉液琼浆。众精灵们经过时唱着：“神圣啊，神圣，神圣！爱情的光荣铺天盖地。”

胸中的隐秘

站在夜幕下的雄伟大厦，酷似被卷在死神幕幔之间的生命。就在那座大厦里，一位女子坐在一张象牙桌旁，用手撑托着头，就像凋

---

① 指法里斯·西德亚格(1805－1887)，黎巴嫩著名语言学家，主张社会改革，抨击土耳其奥斯曼帝国统治。

② 指艾迪布·伊斯哈格(1856－1885)，生于大马士革，后去埃及从事戏剧和新闻工作。主张实行民主，建立议会，维护民权等。

③ 指纳吉布·哈达德(1867－1899)，生于贝鲁特，阿拉伯近代文艺复兴运动先驱者之一。

零的百合花靠在叶子上。她望望四周,那目光宛如失望的囚犯想用自己的双眼穿透牢墙,以求看一看行进在自由行列中的生命。

几个时辰像黑暗中的幻影一样闪过,少妇独自坐在那里,泪水簌簌下落,心里有吐不出的怨言。她终于抑制不住自己的情感,再也封锁不住胸中秘密库房的大门,随即拿起笔,墨水和着泪水一道往纸上泼洒,话语和着胸臆一起倾泻而出。

她写道:

亲爱的姐姐:

当心中塞满秘密,眼皮被热泪灼伤,肋骨因胸中隐秘膨胀而几乎被撑断之时,人也只有开口说话,倾诉心中苦楚了。朋友啊,一个心存愁苦之人,总是以倾吐为快;一位热恋中的情人,总是以相互依偎寻找安慰;而一个受虐待的人,总是从他人同情中寻找愉悦……我现在写信给你,因为我变得像诗人一样,看到事物的美,就会在美的神性的促使下,将美神留给他的印象化为诗篇,或者像穷人的饥饿孩童,在饥饿痛苦的驱动下,不顾母亲的贫困潦倒境遇,放声高喊求救。

姐姐,听一听我这令人心酸的故事,为我痛哭落泪吧!因为哭就像祈祷,怜悯的眼泪就像行善不会白流,原因在于它溢自一位诗人活灵魂的最深处……家父就像每一个门第高贵、家财万贯的家长一样,总想一富再富,害怕贫困,一心追求尊上添尊,以期永远摆脱岁月的辱没;不但这样想,而且竟然将我婚配给一个贵胄富翁。

就这样,我和我的情感与梦想,一道成了我所蔑视、厌恶的金钱和世袭尊荣祭坛上的献祭品;成了战栗在物质魔掌中的猎物,而物质一旦不百依百顺地为精神效力,便会变得比死神更残酷,较地狱更苦煞人。我敬重我丈夫。因为他品德高尚,心地善良,一心为了我的幸福,为我花钱在所不惜。但是,我发现所有这些都抵不上一分钟真正的神圣爱情,那真正的爱情是蔑视一切、永恒长在的……

同伴啊,不要笑话我!我现在最知道女人的心需要什么。

> 这是一颗激烈跳动着的心；这是翱翔在爱情天空的小鸟儿；这是斟满了时光佳酿、特供灵魂饮用的玉盏；这是一本印成的书，幸福与不幸，甘甜与苦涩，欢乐与悲伤，均包含在各个章节之中，只有真正的伙伴才能读懂，那便是女人的另一半，本来为她而生，与她相伴到永远……真的，我变成了最了解灵魂追求和心的偏爱的女人！我发现我丈夫的宝车香车、充裕金库、尊荣富贵还抵不上我看那个贫苦青年一眼的快活。他为了我，我也是为了他，方才来到了这世上。他忍着灾难折磨和分离的屈辱，无罪而被囚禁在黑暗岁月牢中；这不幸完全是我的父亲一手造成的……我的好朋友啊，你不必试图安慰我！因为我面临灾难时自有安慰者，那就是我对爱情的深深领悟和对思念尊严的彻底体会。现在，我透过泪眼看到死神正一天天朝我走近，以便把我引领到我等待灵魂伴侣的地方，在那里与他相会，与他拥抱，圣洁到永远。请不要责备我！我服从人类法律的裁决，正坚忍、从容地尽着一个忠诚妻子的义务。我用我的智慧、心和灵魂敬重我的丈夫，但不能把我的全部献给他，因为在我认识我的意中人之前，上帝已把我的全部给予了我的意中人。苍天按照不为人知的哲理让我与一个不为我而生的男人一起打发日子，我只得按照苍天的意愿一声不吭地度日。但是，永恒之门一旦开启，我必与我美丽的另一半结合为一身。我将像春天回望冬天那样回首往昔，即今天。我将仔细思虑我的这种生活，就像到达山顶的人那样回眸越过的重重障碍。

写到这里，女子停下笔，用双手捂住自己的脸，难过得哭了起来，仿佛她的巨大心灵不想把自己最神圣的秘密付诸于纸面，于是将之交给瞬息即干的热泪，让其与柔和的惠风结合在一起，那才是情侣气息的故乡和鲜花之魂。

片刻过后，女子拿起笔，继续写道：

> 我的好朋友，你还记得那个青年吗？你还记得从他那明眸中闪出的光芒和显示在他前额上的愁苦相吗？你还记得他那

类似于失子之母的声音吗？他注视事物总是用沉静、久长的目光，然后才是用罕有的语气谈论之，接着便低下头叹起气来，仿佛害怕自己的话揭示出自己内心的隐秘。这一点，你还记得吗？你可记得他的梦想和信条？你还记得那位青年的所有情况吗？常人认为他是人杰，而我父亲却看不起他。他对那些常人贪婪的东西不屑一顾，更比那些继承先人荣光的人高尚。姐姐，你知道我正是为这个世界上微不足道的小事而殉难的，我是愚昧无知的牺牲品。怜悯妹妹吧！她正在可怕的寂静中度过不眠长夜。你会怜悯我的；爱情毕竟已滋润过你的心田。

晨光熹微，女子走去上床入睡。但愿她睡着时的梦比醒时的梦更加温馨柔美……

盲目力量

春天来了，大自然借溪水的口舌说话，令人心旷，用鲜花的芳唇微笑，令人神怡。人类听惯了大自然那甜蜜的话语，看惯了大自然那柔美的微笑。可是，突然间，大自然怒气大发，将美丽城市捣毁。那是一种可惧的盲目力量，仅仅一个时辰，将在漫长年代里建成的一切夷为一片平地。暴虐的死神用利爪掐住人们的脖颈，残酷地使人们粉身碎骨。饕餮似的大火吞噬了无数生命财产，漆黑的夜色将生活的美掩藏在灰烬的厚被之下。强烈飓风从自己隐蔽地刮起，夺去弱者的生命，将他们的房舍摧毁，把他们缓慢聚集起来的一切顷刻卷扬而去。剧烈地震本是由大地孕育，阵痛过后，生下来的却是废墟与不幸。

所有这一切发生之时，痛苦的心灵只能站在远远的地方默默沉思，难过悲伤：沉思面对没有理智的巨大力量，人的有限能力无可奈何，只能与那些从烈火下和毁灭性灾难中有幸逃生的人一起难过悲伤；沉思人类还有多少敌人隐藏在地下和天空，与号哭的母亲和饥饿的儿童一起难过悲伤；沉思物质的冷酷及其轻蔑宝贵生命，与那些昨天还在自己家安睡，如今站在远远的地方的人们，淌着悲泪，凭吊那座美丽的城市;沉思希望怎样变成了失望,欢乐如何化为痛苦,宽舒怎样转成了折磨,与那些在失望、悲痛、折磨魔爪下挣扎的心一起难过悲伤。

就这样,心灵站在沉思与悲伤之间,时而怀疑维系各种力量的公正性,时而又回来对着寂静的耳朵低语:“在这万物之后,有一条永恒的哲理,它能把我们看到的灾难和地震化为我们看不到的美好结果。源于地球自身的火灾、地震和暴风,就像人心里的厌恶、仇恨和邪恶一样,会爆发、喧嚣,然后平息下来;正是上帝将这爆发、喧嚣和平息化为一种有益知识,供人类用眼泪、血汗和财产去换取。”

回忆使我停下脚步,这个民族的灾难充满听觉的是呻吟和哀号,昔日舞台上上演的种种不幸悲剧与教训,一幕一幕从我的眼前闪过。我看到一代又一代的人在大地的胸膛上建造了无数座城楼、宫阙和殿宇,不久大地又将之收回到自己的胸中。我看到强者们建造了许多座坚固的高楼大厦,雕塑家们用各种石料制成了无数尊雕像,画家们用各种画图和锦缎将内墙外壁装饰一新。我看到大地张着血盆大口,粗暴地将艺术之手和聪慧头脑建造的楼宇吞了下去,残酷地毁坏掉那尊尊雕像,愤怒地抹去那些画面上的线条,凶恶地埋葬掉那巨柱和高墙,仿佛认定自身就是一位窈窕淑女,根本用不着人类制作的首饰装点,仅仅穿上缀着沙金、石玉的草原绿装,就完美无比了……

然而,我发现在这些可怕的巨大灾难之中,有人的神格像巨人一样站立在那里,正在嘲笑大地的愚昧和飓风的肆虐,就像一根光柱矗立在巴比伦[①]、尼尼微[②]、台德木尔、孟买和旧金山的废墟之间,唱着永恒的歌:“让大地拿走它的钱财吧!而我的所有是无穷无尽的。”

---

① 巴比伦古城遗址在今伊拉克巴格达东南。被称为世界七大奇迹的“空中花园”就建在当年的巴比伦城。

② 尼尼微:遗址在今伊拉克北部重镇摩苏尔附近,曾为亚述之国都城。

两种死

夜阑更深，死神从上帝那里降向熟睡的城市，落在一座宣礼塔顶。它用它那明亮的双眼穿透住宅墙壁，看到了乘坐在幻梦翅膀上的灵魂和受困神意志制约的躯体。

月亮沉没在曦微晨光之后，城市披上一层梦幻似的薄纱，死神迈着轻轻的脚步穿行在住宅之间，终于来到一个富豪的公馆。死神抬脚进门，没有遇到任何障碍。它站在富豪床边，伸手触摸富豪的前额，富豪惊醒过来。他一看见死神的影子站在面前，惶恐万状，失声喊道："可怕的梦魔，离我远点！凶恶的幻影，你快走开！你这个盗贼，你是怎么进来的？你这个强盗，你来干什么？我是这家主人，你给我走开！快滚开！不然，我就要喊来奴仆和守卫，将你碎尸万段！"

死神走近富豪，用惊雷似的声音说道："我就是死神！你要注意，放尊重一些！"富豪回答道："你现在要我怎么样？你有什么要求？我还没有结束自己的工作，你为什么就来了？你对像我这样的富豪大亨有何要求？你还是到久病的人那里去吧！你快离开我，不要让我看见你那伤人的利爪和你那毒蛇似的长发。你走吧！我讨厌看你那两个巨大的翅膀和破烂的体躯。"一阵令人烦恼的沉寂之后，富豪又说："不，不！仁慈的死神啊，我刚才说的那些话，请你不要在意！我因害怕，一时心惶，才那样说的。你拿一斗黄金走，或者带走几个家仆的灵魂，放我一码吧……死神啊，我还想活下去，因为我还有没结清的账，人们欠我的钱还没有还清。海上还有我的船，尚未靠岸。地里的庄稼也还没有长成。我这里的东西随你拿，只要放过我就行。我有婢女若干，个个像晨光那样美丽，任你挑，任你选。死神呀，你听我说，我有一个独生子，我喜欢他，我的希望全寄托在他的身上，你把他带走吧！只要能把我留下，你愿意拿什么就拿什么，你可以把一切都拿走，只求你放开我！"

富翁话音未落，死神伸手堵住那个凡奴的嘴，摄取了他的灵魂，并将之交给风神带走了。

旋即,死神又走进柔弱穷苦人们居住的区域,来到一座简陋茅舍。进了门,靠近一张床,那张床上躺着一个青春少年。死神一番观察少年的文静面孔,然后伸手触摸少年的眼睛,少年醒了过来。少年见死神站在自己的身边,急忙双膝下跪,伸出胳膊,用充满钟爱和思念的声音说:"死神啊,美丽的死神,我就在这里。你是我梦中的真实,你是我的希望所在,请接受我的灵魂吧!我心爱的死神,把我带走吧!你是仁慈的,不要把我丢在这里。你是神的使者,你是真理的右手,不要把我丢下。我曾多少次找你而见不到你,我曾多少次呼唤你而你没听到。你现在听到我的声音了,请不要拒绝我的愿望。亲爱的死神,拥抱我吧!"

这时,死神用柔软的手指捂住少年的双唇,摄取了他的灵魂,放在自己的双翼之下。

死神在空中盘旋,望着这个世界,对着风说:"只有来自永恒世界的人,才能回到永恒世界去。"

在岁月游戏场上

在美的效用与爱的幻梦之间徜徉的一分钟,要比可怜弱者在把光荣献给贪婪强者中所度过的一生都要高贵。

那一分钟里,人的神格得以生发;而那一生里,人的神格总在沉睡,蒙着恶梦的面幕。那一分钟里,心灵得以从人的种种法规重负下解放出来;而那一生里,心灵总是被囚禁在被人冷落的高墙之后,身上戴着沉重的镣铐。那一分钟,是所罗门诗篇①、山中训诫②和法里德塔韵长诗③的摇篮;而那一生,则是一种捣毁巴勒贝克神庙、台德木尔王宫和巴比伦城堡的盲目力量。

---

① 指《圣经旧约》中的一部多人诗歌创作合集《诗篇》,属《圣录》。所罗门为其中的作者之一,还有大卫、可拉后裔、亚萨、以探、摩西等人。主要内容包括歌咏犹太教的真、善、美,颂扬圣境、圣物、圣徒,赞美上帝耶和华。

② 指穆罕默德四十岁那年,斋月的"珍贵之夜",在希拉山洞里所得到的"训诫",即第一次降临世上的《古兰经》。

③ 法里德:即伊本·法里德,其作品《塔韵长诗》达760行,描写精神恋爱。

心灵在为穷人权利被剥夺、为公正丧失而遗憾,在叹息中度过的一天,要比富翁在纵欲、自私中度过的一生高贵、圣洁。那一天,可以借火纯洁心灵,用光明将心照亮;而这一生,全是在黑暗中挣扎,最后被埋在土层之下。那一天,是得启悟道①日,是髑髅地之日,是迁徙②日;而这一生,则是尼禄③自己的生命耗在暴虐市场上的一生,是可拉④身贪欲祭坛上的一生,是唐璜⑤埋在坟墓中的一生。

这就是生活:黑暗在岁月里的游戏场上将之演得类似悲剧,而白昼则将之当歌唱,最后永恒世界将之作为珍宝保存起来……

我的朋友

穷朋友啊,假若注定不幸的贫困启示你认识公平,让你晓知生命的本质,那么,你一定甘心接受上帝的安排。我要说,你想认识公平,而富人只顾自己的金库,哪管什么公平;我要说,你欲晓知生命的本质,而强者早把视线转向了功名。你就为生命而欢欣吧!因为你就是生命之书。你尽情欢悦吧!因为你是支持者们美德之源,同时你也是那些从你这里获取美德人的支持者。

悲伤的朋友啊,假若你知道你所面临的灾难正是照亮心房的力量,并且将心灵从被蔑视提高到被尊重的地位,那么,你一定甘心承受它,甘愿受它的威力教化;而且你一定会明白生命是一条多环锁链,环环相扣,痛苦则是屈从当前处境与向往明日欢乐之间的一个金环,正像清晨介于睡梦与苏醒之间。

---

① 当指摩西一天何烈山为岳父放羊,见到耶和华上帝,上帝命令他带领以色列人离开埃及返回迦南。

② 指穆罕默德迁都至麦地那,即公元622年7月15日,这是回历元年1月1日。

③ 尼禄:古罗马暴君,公元54-68在位,以暴虐、放荡而闻名。

④ 可拉:《圣经》人物,以色列利米族人,可拉党的领袖。他出生在埃及,在出埃及前往迦南途中,带头结党反对摩西和亚伦,受到上帝的惩罚,死于大地崩裂之中。

⑤ 唐璜:拜伦著名长诗《唐璜》中的主人公,一生玩世不恭,几经情场艳遇的花花公子。

朋友啊！穷困可以映出心灵的高尚，而富贵只能暴露灵魂的卑贱；痛苦能镇定情绪，而欢乐则能愈合创伤。因为人们挥霍无度，寻欢作乐，仍然有增无减。就像他们以圣书之名做圣书忌讳的坏事一样，在人道主义的名义下干人道主义所拒绝的勾当。

假若贫困消失、痛苦远离，那么，心灵就会变成一张空白纸，上面只留下表明自私自利、贪得无厌的数字及意为肮脏欲望的词语。因为我曾细心观察，发现了神性，那就是人的精神自我，金钱买不到，也不会生于花花公子的欢乐之中。我曾留意察看，我发现富人抛弃了神性，一心积聚钱财，而公子哥儿也弃离了神性，一意追求享受。

穷朋友啊，你从田地中回到家里之后，与妻儿一起度过的时辰，那是未来人类家庭的象征，也是后代幸福的标志，而富翁在金库里度过的一生，则类似于坟墓中的虫蚁生活，那是可怕的象征。

悲伤的朋友呀，你所挥洒的泪水比佯装健忘者的笑容要美，较嘲讽者的大笑要甜。那泪水可以洗刷掉心上的憎恶污垢，挥泪者能够学到如何与伤心人的情感共通。那是拿撒勒人耶稣基督的眼泪。

穷苦人啊，你播下的，却被富有强者收获的力量，必将回到你的手里。因为按照自然法则，万物总会归根。悲伤人呀，你所面临的悲伤，必将按照天意化为欢乐。

后代人将从贫困中学到平等，从悲伤中学到爱情。

情　话

在一座孤零零的房子里，坐着一个青春少年。他时而透过窗子望望镶嵌着繁星的夜空，时而看看手中一位姑娘的画像。画像上的线条和色彩都映在小伙子的脸上，这个世界的秘密以及永恒天园的玄妙都显示在他的面庞，那姑娘的画像在与他窃窃私语，使小伙子的双眼变成了耳朵，能够聆听游荡在房间里的灵魂低语，并把青年的一切化为无数颗爱情照亮、充满思念的心。

一个时辰过去，就像是一分钟的爱情甜梦，或者像是永恒世界里的一年。之后，青年把画像放在自己的面前，拿起笔和纸写道：

我的心上人：

超越自然的伟大真情，在人与人之间不是通过人的共同语言传递的，而是选定寂静无声作为心心相通之路。我觉得今夜的寂静就能带着比微风写在水面的书信还轻的情书，在你我两颗心灵之间传递，并且把你我两颗心里的话语向彼此吟诵。不过就像上帝意志那样，将心灵囚禁在肉体里，爱情有意让我变成了话语的俘虏……亲爱的，人们说："爱神能把崇拜者变成吞噬一切的烈火。"我发现离别时刻并未能将我们精神本身分开，正像第一次见面时，我觉得自己早就认识你，我看到你的第一眼并非真的是第一眼似的……亲爱的，将你我那两颗脱离天界的心合在一起的时刻，那是极为罕见的时刻，使我坚信灵魂是永恒的。在这样的时刻，大自然方才揭掉了自己那被疑为不义的有限公正的假面具……

亲爱的，你还记得那座花园吗？当时我们站在那里，相互对视着情人的面容。你可知道你的目光对我说，你对我的爱并非出自对我的同情？那目光教给我对自己和世人说："源于正义的馈赠，要比出于恩赐的施舍伟大得多；迫于环境的爱情，就像沼泽的水一样浑浊。"

亲爱的，我希望我度过伟大、壮丽的一生，值得后人记起的一生，引起后人崇拜和羡慕的一生。这一生始自见到你的那一天，我深信它永恒垂青。因为我相信你完全能够通过非凡言行将上帝赋予我的力量化为现实，就像太阳催开田野上的百合，令芳馨四溢。如此，我的爱属于我，也属于后代。我善爱众生，这爱纯洁无私；我特别爱你，这爱高尚脱俗。

写到这里，青年站起身来，在房间里缓缓踱步。过了一会儿，他朝窗外望去，见月亮已经升起在天际，柔和的月光遍洒广宇，于是回到原位，继续写那封信：

亲爱的，原谅我，刚才我竟用了第二人称和你谈话。你是我美丽的另一半，那正是我们同时离开上帝之手时，我失去的那另一半。亲爱的，求你宽谅我。

哑畜生

哑畜的眼睛会说话哲人心灵能理会它

——印度诗人

一日傍晚时，我心血来潮，异想天开，便走到城郊边沿地带，在一座被废弃的房舍前站了下来。那座房舍已是柱倒墙塌，只留下一堆废墟，说明早被遗弃，也证明被毁坏得令人痛心。我看见一条狗卧在灰烬中，骨瘦如柴，遍身伤口，病入膏肓。那狗望着夕阳，目光中充满屈辱的阴影，满目失望神情，仿佛知道太阳已开始从那块远离迫害弱小动物的被遗弃的地方收起自己的温暖气息，因此，用惜别的悲凉目光注视着落日。我缓慢地走近它，想知道它说些什么，以便安慰它遭遇的不幸，对它的悲惨处境表示安慰。我刚一接近它，它害怕了，很想凭借它那行将衰竭的生命和它那完全瘫痪了的四肢动上一动。但是，它已经站不起来，无奈只有望了望我一眼，那目光中充满了乞求怜悯的苦涩和乞求同情的甘甜，其中有希望，也有责难。那目光替代了语言；那目光比人的口舌伶俐，比女人的眼泪更加雄辩。当我的目光与它那凄凉的目光相遇时，不禁情感激动，心潮起伏，于是将它的神色具体化为人间共通的语言，似乎在说：

“喂，人哪，我受够了，我已经受够了人们的压迫和病痛的折磨。你走开吧，让我独自安静一会儿吧！让我借太阳的温暖，再把我的寿命延长几分钟吧！我逃离了人的残暴和虐待，躲到了比人心柔软的灰烬里，藏到了并不比人的灵魂更凄清的废墟之中。你快离开我吧！因为你不过是缺少仁义、没有公正的土地上的一个居民……我是卑贱畜生，但我为人效过力，曾忠实地守卫在人的住宅中；我跟随人外出，机警伏候，未曾松懈须臾；我曾与人同欢共悲。主人外出的日子,我不忘主人;主人回来时,我热情迎接。我满足于吃主人的残羹剩饭,啃主人啃过的骨头。但是,当我年迈乏力、疾病缠身时,主人抛弃了我,将我驱逐出家门,让我沦为街巷中酷心少年手下的玩具,让我变成病箭的靶子,人们将垃圾朝我的身上倾倒,致使我周身肮脏不堪。人呀,我是个弱小畜生,但我发现我与你的许多人类兄弟殊途同归。因为你们的情况立刻也像我一样,一旦年老体弱,餬口之资顿时减少,情况立刻恶化。我像士兵:年轻之时保卫国家,壮年之时耕种土地;生命的冬天到来之时,失去往日活力,便被他人赶走、忘掉。我像女人:年少时梳妆打扮,以取悦于小伙子的心;做了妻子熬夜,生儿育女,辛辛苦苦将孩子养大成人。人啊,是多么不义,又是多么残酷!"

那畜生眼神说的话,我的心全明白,而我的神魂却游荡在对那条狗的同情与对我的同胞想像之间。当狗闭上双眼,我不想再打搅它时,便抬脚离去了……

和　平

将树枝吹弯、把庄稼刮倒的暴风平息下来了,繁星出现,像是电闪留在天幕上的剩余碎片。田野也平静下来了,仿佛那里不曾发生过两军激战。

这时,一位娘子走进自己的卧室,跪在床上,痛哭起来。旋即,她长吁短叹,声音阵高,呼出的热气凝成了这些话语:

"主啊,把他还给我吧!我的泪已哭干,我的肝胆俱裂。圣灵啊,你让他回来吧!因为你的英明裁决远比人的禁令有力。我的忍耐力已枯竭,我已完全被悲伤压倒。求你让他摆脱残酷的战争魔爪吧!求你把他从死神的手中拯救出来吧!主啊,求你怜悯他这么一个羸弱青年,正是强者的暴力从我的手中将他夺去的。爱神啊,你战胜你的劲敌——战神吧!求你将我的爱人拯救出来,因为他也是你的儿女。死神呀,你离他远一点!让他看看我,或者把我带到他的身边去吧!"

就在这时,一个青年走进房间,但见他头裹白色绷带,上有战神书写的腥红色字样。青年走近娘子,用泪和笑向她问安,然后拉住她的手,放在自己那火热的嘴唇上,继之用饱含炽热情感和久别重逢欢乐的声音说:

“你莫惊惶!你为之泣哭落泪的人回来了!你高兴吧!和平将战争夺去的人送回到了你的身旁,也把野心家抢去的善良青年还给了你。亲爱的,擦干眼泪,尽情地欢笑吧!因为暴君压迫人民之时,就是英明领袖引导人民抗暴之时。我能活着回来,你不要觉得奇怪!因为爱神身有印记,死神见之,必迅速逃离;敌人一经识别出来,也会踏步后退。我就是爱神。你不要以为我是来自沙场的鬼魂,只是为了欣赏你的俊美和这方的安静。你不要害怕,我是真理,安然摆脱了刀山火海,以便告诉人们:爱情必定压倒战争。我是语词,由和平之人讲出,以便为你的幸福故事作序言。”

讲到这里,青年语塞,泪水簌簌下落,取代了话语。欢乐天使在简陋茅屋四周盘旋,两颗心开始重温离别时失去的幸福。

晨光初照,二人站在田间静赏大自然秀美。充满甜言蜜语的一阵寂静之后,战士望着极远的东方,对他的爱人说:“你看哪,太阳已从黑暗中升起。”

诗　人

他是连接今日世界与未来世界的一环。他是供干渴心灵饱饮的甘泉。他是植于美河之畔的树,结出的成熟果子供饥饿的心餐食。他是夜莺,跳动在话语的枝条上,唱出的歌使人们周身充满文雅、温柔。他是白云,生于曙光线上,继而扩展上升,充满整个天空,然后降下甘露,供生命田野之花饱饮。他是神差的天使,教人们理会神性。他是灿烂灯光,黑暗压不倒,升斗难掩藏,爱神阿施塔特为之添油,乐神阿波罗将之点燃。

他单身一人,穿朴拙,食斯文,坐在大自然的怀抱中,一心学习创造;夜深人静之时不眠,等待灵感降临。他是一位农夫,将心的种子播撒在情感的园地,丰收的庄稼供人类收割、食用。

这就是诗人!诗人在世时不为人知;而在他辞别这个世界、返回天国之时，人们才晓得他的价值。这诗人只要求人类报之微微一笑；这诗人气息升腾，使整个天空充满活生生的美丽幻影，而人们却不肯给他一片面包，更不肯给他一个栖身之地。

众人啊众人，世界啊世界，何日何月，你们才能用荣誉为那些以鲜血灌溉大地的人建起住宅呢？众人啊众人，世界啊世界，何月何年，你们才能放弃对那些牺牲自己的华年为你们带来平安、舒适的人以冷眼相看呢？你们崇尚杀戮，敬重那些为人们戴上奴役枷锁的人，却佯装忘记了那些人：他们用光明驱逐黑暗，以便教你们如何观赏白日的光华；他们毕生挣扎在不幸魔爪中，以便让你们享受幸福甘甜。你们这样不识真伪还会继续到何日何月何年？诗人啊，生命的生命啊，你们不顾岁月严酷，征服了岁月；你们不畏虚假芒刺，赢得了桂冠；你们占据了人们的心田，这占据无始无终。

啊，诗人们！

我的生日

1908 年 12 月 6 日写于巴黎①

在这样的一天，母亲生下了我。

二十五年前的这一天，寂静将我生在这个充满喧嚣、纠纷和格斗的世间。

啊，我绕着太阳已经转了二十五周，不知道月亮围着我走了多少圈。但是，我仍未能弄清光明的秘密，也不知道黑暗的内涵。

我和地球、月亮、太阳及众星斗一起绕着至高无上天主转了二十五圈。但是，我的心灵现在还在低声呼唤着天主的美名，就像山洞传出大海波涛的回声：山洞与大海同在，却不知大海的实质；山洞唱着大海的潮汐之歌，自己却不明白意义为何。

---

① 伯伦的生日应为“1 月 6 日”。纪伯伦给梅娅的信（1921 年 1 月 11 日）中说：“……将‘January 6th’译成了‘12 月 6 日’！就这样把我的年龄扣除了一岁，将我的生日推后了整整一个月！”

二十五年前，时光之手把我写成这个奇异巨大世界书上的一个字。看哪，我就是这个含义模糊不清的字，时而表示没有什么，时而又表示许多东西。

每年的这一天，我的脑海里总是思潮翻滚、悬念云集、追忆联翩，它使往日闪过的队列在我的面前停下脚步，让我仔细观看已过去的夜下的种种幻影，然后又像风扫天边云彩那样将之驱散，就像遥远空谷之中溪水的歌声那样，渐渐消失在我房间的各个角落。

每年的这一天，为我画魂的灵魂从世界各地向我这里集结，围着我唱着令人痛苦的回忆歌曲，然后慢慢退去，消隐在可见物之后，活像一群鸟儿落在一个被遗弃的打谷场上，连一颗谷粒都没啄食到，于是扇动翅膀片刻，随后向另一个地方飞去。

在这一天，往日的生活画面展现在我的面前，活像一面小镜子，我照了许久，而看到的只有像死人脸一样的岁月那憔悴惨白的来年，希冀、梦想和愿望的容貌也像老年人一样，已是皱纹满面。我闭上眼睛，片刻后睁眼再照镜子，看到的只有我的面容。我仔细观察自己的脸面，看到的只有忧伤。我想与忧伤说话，却发现它是不会说话的哑巴；假若忧伤会说话，那定比欢乐还要甜美。

在过去的二十五年中，我已爱过很多。我常爱人们所憎，而憎恶人们认为好的东西。我少年时代所爱的，至今仍然爱。我现在爱的东西，将一直爱到我生命的终结之时。爱是我能够得到的一切，谁也不能让我舍弃它。

我曾多次爱过死神，并用许多甜美的名字呼唤它，而且暗暗和公开地歌颂它。即使我未忘记死神，也不曾背弃与它的约言，我却变得也爱生。在我看来，死与生同样具有美，有着同样滋味，都会引发我的思念与眷恋，均能激起我的爱和怜。

我爱过自由。对人们受压迫和奴役的境况了解得越深，我就越是热爱自由；对人们屈从可怕偶像的情景知道得越多，我对自由的爱就越强烈。那些偶像都是黑暗世代雕成的，由持续不断的愚昧树立起来的，奴隶们的嘴唇将之磨得溜光。不过，我像热爱自由那样爱这些奴隶。我同情这些奴隶，因为他们是盲人：他们明明在与饿狼的血盆大口接吻，而他们却看不见；他们明明在吮吸毒蛇的毒液，而他们却感觉不到;他们明明在用自己的指甲挖自己的坟墓,而他们却全然不知。我爱自由胜过爱一切。因为我发现自由是位姑娘,孤独已使她精疲力竭,幽居已使她憔悴不堪,简直变成了一个透明的幻影,穿行在住宅之间,站在街口,大声向过路人求救,但谁也不听她的喊声,更没有人回头看她一眼。

在过去的二十五年中,我像爱所有人一样爱过幸福。我每天醒来,像人们一样寻求幸福,但在他们的路上从未找到幸福;非但如此,既没有看到幸福在他们公馆周围的沙土上留下脚印,也没有听见从他们寺院窗里传出的幸福声音的回声。当我独自寻觅幸福之时,我听到我的心灵对我悄悄耳语:"幸福是位少女,生和活在心的深处;那心宽广无比,你难以走到那里。"我打开心想看一看幸福,发现那里只有她的镜子、床铺和衣服,却未见到少女幸福。

我爱过人们,我很爱他们。在我看来,人分几类:其一诅咒人生,其二为人生祝福,其三深刻思考人生。我爱其一,怜其不幸;我爱其二,谅其宽容;我爱其三,慕其博学。

就这样,二十五年过去了,我的日日夜夜从我的生命中相继匆匆跌落去了,就像树叶面临着秋风,纷纷飘落在地。

今天,我停下脚步,就像走过一半路程的疲惫行人,暂时停下脚步歇息。我朝四下望去,却不见在我走过的人生路上有什么痕迹,足以让我在太阳面前指着它说:"这是我的。"我也没有发现我的人生四季有什么收获,只有一些被黑墨水滴染过的稿纸,还有一些充满和谐线条和色彩的零散奇异绘画。那零散绘画包裹和掩埋着我的情感、思想和幻梦,宛如农夫将种子播撒在地里。但是,下地将种子播入土里的农夫,满怀希望戴月而归,期待着收获季节的来临;而我呢,只是撒下了心里的种子,没有希望,没有寄托,更没有什么可等待的。

现在,我已经到了年龄的这个阶段:透过叹息与悲伤的雾霭,过去的一切展现在我的眼前;透过往昔的薄纱,我的目光看到了未来。我站在玻璃窗前,眺望万物,看到人们的脸面,听到人们的声音,都在扶摇直上云天;我觉察到了他们在住宅之间走动的脚步声,感触到了他们的灵魂、他们的嗜好和他们心脏的搏动。我极目望去,儿童们玩耍、奔跑，相互往脸上扬撒沙土，笑声不断，喜气洋洋；我看见青年们昂首阔步走向前，仿佛在读写在用阳光衬里的云端上的青春长诗：我看见姑娘们步履轻盈，一步三摇似杨柳枝条，微微笑容似鲜花开放，望着小伙子们，眼帘里跳动着爱慕的目光；我看到老年人缓步走着，个个背驼似弓，人人拄着拐杖，两眼盯着地，好像在寻觅丢在细土里的珍宝。我凭窗而站，仔细观看这所有画面以及城市街头巷尾那或动或静的幻影。旋即，我把目光转向城外，看到了原野上的一切：惊人的美，有声的寂静，高高的山冈，低低的谷地，茂盛的绿树，摇曳的青草，喷香的鲜花，吟唱的河溪，鸣啭的百鸟。我再往原野后面看，望见了无数大海：大海深处有无穷无尽的奇珍异宝，隐藏着无数秘密；海面上波涛翻滚，时急时缓，时而化为蒸气升腾，时而凝成雨滴落下。

之后，我向大海后面望去，但见无边太空，那里有无数遨游着的世界，那里有无数颗闪亮的星斗，还有无数个太阳、月亮、行星和恒星，它们相互吸引，既相互争斗，又相安无事；不论是生于大自然，还是转化而成，却均按照一条无端无尾的法则相互交织在一起，都服从于一条无始无终的规律。我透过窗玻璃看到了这一切，既忘掉了二十五年，也忘掉了这之前的时光以及未来的若干世纪。在我看来，我的自身及周围的一起，不论可见或不可见的，都不过像在永恒空间里一个周身颤抖的孩子叹息时喷出的一颗微粒，而空间又是那样高深没有边际。不过，我感觉到了这微粒的存在，就是这个灵魂，其本身被我称为“自己”。我能感觉出他的动态，我能听到他的呼声。

他现在拍翅飞上高空，把自己的双手伸向四面八方，不住地摇摆颤抖，在这样的一天里显示自己的存在，用发自最圣洁心灵里的声音高喊道：“你好哇，生命！你好哇，苏醒！你好哇，幻梦！你好，用自己的光盖过大地黑暗的白昼！你好，用自己的黑暗显示天光的黑夜！你好，一年四季！你好，使大地重现青春的春天！你好，传播太阳光荣的盛夏！你好，以硕果、五谷报答辛苦劳动的金秋！你好，用暴动重现大自然决心的严冬！你好，把时光遮掩的一切重新展示的岁月！你好，把岁月破坏的一切重新修复的世代！你好，带着我们走向完美的时光！你好，掌握生命命脉、用太阳面纱遮脸的灵魂！心啊，你好，因为你沉浸在泪水里，所以不能讥笑这问候。嘴唇啊，你好！因为你发出问候之时，正在尝着苦涩的滋味。

孩童耶稣

说与初恋

亲爱的，往昔我在这个世界上是孤独的；这种孤独像死神一样残酷。我孤孤单单，像生长在高大岩石阴影里的花儿，生活感觉不到我的存在，我也感觉不到生活的存在。在今天，我的心灵已经醒来，看到你就站在我的心灵旁边，我先是惊惧不安，继之笑逐颜开，然后就像那位牧羊人看见丛林燃烧时那样①，急忙跪拜在你的面前。

亲爱的，往昔的风是那样干涩，阳光是那样微弱，雾霭遮盖着地面，海浪的喧嚣声酷似惊雷。我环顾四周，只见我的痛苦自我站在我的身旁，黑暗的幻影就像饥饿的乌鸦一样在我的周围盘飞。今天，风和日丽，风平浪静，云消雾散，我无论怎样看，你总是在我面前。我看到生活的秘密围绕着你，就像小鸟在平静湖面上借平静的湖水沐浴时激起的圈圈波环。

往昔，你是静夜里无声的话语；如今，你变成了白昼口中的欢歌。所有这一切仅在一分钟里完成；那一分钟里包含着一眼、一语、一叹和一吻。亲爱的，那一分钟将我心灵过去的准备和未来的希望集连在一起。那一分钟就像洁白的玫瑰花，生自大地的黑暗之心，位同世世代代心目中的耶稣降生。因为那一分钟充满活力、纯洁和爱情；因为那一分钟使我内心深处的黑暗化作光明，令悲哀化作欢乐，教痛苦化作幸福。

亲爱的，爱情的火炬自九天而降，波浪起伏，千样百种。但是，

---

① 此典故出于《圣经旧约》中的《出埃及记》。一天，摩西赶着岳父的羊群往野外牧放，突然来到何烈山，见丛林起火，火焰中有一个人。原来是上帝显现。

爱情在这个世界上的作用和影响却只有一个:照亮单个人心的小火炬,就像来自高天照亮各民族黑暗的大火炬。因为单人心灵中的各种成分、爱好和情感,与人类大家庭心灵中的各种成分、爱好和情感完全一样。

亲爱的,犹太人早就期盼着自古以来已经许诺了的伟大救世主的降临,以便把他们从异族奴役中解救出来。希腊的伟大心灵认为对朱庇特和密涅瓦①崇拜已经衰弱,众神灵已经不再能满足精神生活的要求。罗马的高尚思想一番精心沉思,发现阿波罗的神性已经远离人们的情感,维纳斯②永恒之美也已近于衰老。各个民族都下意识地感到心灵上的饥饿,需要一种超越物质的学说,深切地向往着精神自由,就是那种教人同自己的亲朋一道欢享阳光和生活美的精神自由。那便是美好的自由:它授权给人,让人们确信他接近他们,完全是为了在他们得到幸福之后,他可以无所畏惧地接近一种不可见的力量。

亲爱的,那一切都是两千年以前的事情。当时,人心的情感都还围绕着可见物盘旋,害怕接近无处不有的永恒灵魂;那时,牧羊神潘③牧羊人心中充满惊惧,太阳神伯阿勒④祭司们的手控制可怜人和弱者们的心灵。

在一夜之间,不,在一个时辰里,不,在独立于世代的一瞬间(因这一瞬间比世代更强大),圣灵启唇,讲出了本在自己那里的“生命词语”,继之随星光和月华而降下,渐显形体,变成一女子怀抱中的婴儿,落在一个牧人为保护自己的牲畜免受夜间活动的野兽侵袭的简陋地方……那婴儿睡在牛槽里的干草上－－那天使坐在用戴着沉重桎梏的心、渴求精神的灵魂和追求智慧的思想做成的宝座

---

① 密涅瓦:古罗马神话中的智慧女神。
② 维纳斯:古罗马神话中的爱和美女神。
③ 神潘是希腊神话中司畜牧、山林之神
④ 伯阿勒,系腓尼基人所崇拜的太阳神。

上——身上裹着贫困母亲的破衣衫[①]孩子温文尔雅地从朱庇特手里夺过权杖,交给在羊群中靠在草上的可怜牧羊人;那孩子谦和温顺地从密涅瓦那里取来智慧,传授给坐在湖边的贫苦渔夫;那孩子用自己心中的痛苦换来阿波罗的欢乐,赠送给挨门乞讨的心碎人;那孩子将来自维纳斯的美,倾注到担忧遭压迫者残害的烟花女的灵魂里;那孩子将伯阿勒从其威力的宝座上拉下来,让在田间挥汗播种的贫寒农夫坐上去。

*　　　*　　　*

亲爱的,我昔日的情感不是也像以色列人一样吗?不是也在夜阑更深之时期盼着救世主将我从岁月的奴役及烦扰下拯救出来吗?不是也像已往诸民族那样深感灵魂饥饿吗?不是也像一个在荒郊迷路的孩子蹒跚在生活路上吗?不是也像一颗被抛弃在岩石上的果核,既没有鸟儿将之啄而食之,也没有别的因素将之裂开,使之发芽生长吗?

亲爱的,所有那些都发生在昔日:但是我的梦在黑暗之中爬行,害怕接近光明;当时,绝望忽而把我的肋骨弄弯,烦恼忽而又将之整直。

在一夜之间,不,在一个时辰里,不,在我生平岁月之外的一瞬间(因这一瞬间比我的生平岁月更美),圣灵自至高光明圈中心而降临,透过你的眼睛望着我,用你的口舌与我交谈;爱情就生自那一眼和一语之间,继之驾临我的心田……这伟大爱情所坐的牲口槽就在我的胸中;这爱情便是依偎在我心灵胸口上的婴儿。正是这爱情将我内心的悲伤化成了幸福。正是这高居精神自我宝座上的天使,用他的声音将我死去的岁月复活;正是这位天使,使我哭瞎了的眼睛恢复了光明;也正是这位天使,用他的右手从绝望的海洋中打捞

① 据《圣经新约》中的《路加福音》载,约翰带着妻子马利亚前往犹大的伯利恒城去报名上册。刚到那里,马利亚产期已到,因为所有旅店已客满,只好在马厩生产,将生下的耶稣用布包着放在马槽里。纪伯伦在此用“牛槽”,译者忠实译出。

出了我的希望。

*　　*　　*

亲爱的,过去的时间全是黑夜,黎明已经绽现,就要变成白天。因为孩童耶稣的气息已经渗入宇宙空间的分分秒秒。我过的生活全是痛苦,已经变成欢欣,即将化为快乐。因为孩童耶稣的双臂已将我的心和神魂紧紧拥抱。

灵魂谈心

“亲爱的,醒醒吧！你醒一醒！因为我的灵魂正在大海后面呼唤你,我的心神正在狂涛巨浪上空展翅飞向你那里。你醒一醒！活动已经停止,寂静淹没了马蹄声和行人的脚步声。睡神拥抱着人们的灵魂,而惟独我醒着,因为每当困倦侵袭我时,思念总是把我强拉回来;每当忧虑逼近我时,爱情总是把我推近你。亲爱的,因为我害怕藏在被窝里的遗忘幻影,所以离开了床;我丢开了书,因为我的叹息抹去了书上的字,那一页一页的书在我眼里都变成了空白纸。你醒醒吧,亲爱的！你醒一醒,听我把话对你讲。”

“我在这儿,亲爱的！我听到你在大海后的呼唤,也感觉到了你的翅膀在拍击。我已经醒来,离开了自己的闺房,行走在草地上,而且我的双脚和衣角都已被夜露打湿。看哪,亲爱的！我已站在花儿盛开的巴旦杏树枝下。”

“亲爱的,你说吧！让你的气息随着起自黎巴嫩山谷的惠风向我这里流动。你说呀！别人听不见,因为黑夜已把万物打入各自的巢穴,困倦也已令城市居民醉入梦境,只有我醒着。”

“亲爱的,云天用月华织就了轻纱,并将之盖在黎巴嫩的躯体上。”

“亲爱的,高天用夜的黑暗织成了厚厚的一件披风,用工厂的烟雾和死人的气息做衬里,并将之把城市的肋骨遮盖。”

*　　*　　*

“亲爱的，乡下人已在他们坐落于核桃树和柳树之间的茅舍里入睡，他们的气息竞相登上欢梦的舞台。”

“亲爱的，金钱的重载压矮了人的身材，贪婪路上的重重障碍已使他们的驼队疲惫不堪，疲倦已使他们睁不开眼睛，他们只有躺在床上，恐惧和失望的幻影折磨着他们的心。”

*　　*　　*

“先辈们的幻影行走在山谷之中，丘山上空盘旋着帝王、先知们的灵魂。我的思想转向回忆的舞台，看到了迦勒底人的伟大恢弘、亚述人的壮丽堂皇和阿拉伯人的富贵尊荣。”

“盗贼的黑影活动在胡同里，窗子缝隙间探出淫荡毒蛇的头，病魔气息搀杂着死神的喘息在街口奔走。记忆揭去遗忘的幕帘，使我看到了所多玛[①]的邪恶和蛾摩拉[②]的罪行。”

*　　*　　*

“亲爱的，树枝条轻柔摇曳，树叶的沙沙声与山涧溪水的哗哗声结为联盟，我的耳边响起所罗门的《雅歌》[③]、大卫的琴声[④]和穆苏里的歌喉[⑤]。”

---

①② 据《圣经》故事传说，所多玛和蛾摩拉原为死海岸边的两座古城。因其居民行多不义，罪恶深重，而被上帝降下的硫磺与火所毁灭。

③ 《雅歌》是《圣经旧约》中的一卷书。卷首云：“所罗门的歌，是歌中的雅歌。”本书如果真为所罗门所作，其形成期大约在公元十世纪。书中以优美动人的诗句，歌咏了男女之间炽热而又纯洁的爱情。

④ 大卫，《圣经》人物，以色列犹大族人，以色列王扫罗的女婿。他生相英俊，能写诗、会弹琴，又智勇又善战。青年时作扫罗的战士长，后为犹大王，最后成为以色列统一王国的国王。在耶路撒冷作王初期，大卫强占下属官员的美貌妻子拔示巴，她生下个儿子叫所罗门。即《雅歌》的作者。《圣经》中有“大卫弹琴驱魔”的故事。

⑤ 穆苏里，古代阿拉伯哲学家、著名歌手。

“这里的孩子们的心灵在颤抖,饥饿使他们神情不安;躺在忧伤与失望病榻上的母亲们在长吁短叹;贫困恶梦常常惊扰失业者们的心坎。我听到了苦涩的哀号和断断续续的悲叹,使人不禁落泪、哀怜。”

“这里水仙花、百合花芳香四溢,素馨花与接骨木的香气相互拥抱在一起,继之与杉树的香气汇合,与微风的波浪掠过零散废墟和弯曲长廊之上,令人心充满遐想,真想乘风飞翔。

“此间胡同里的恶臭气味熏天,病菌四下扩散,就像无数根隐形细箭,令人直觉担心,将空气毒化污染。”

*　　*　　*

“看哪,亲爱的,清晨已经来临,苏醒的手指戏动着睡者的眼帘。紫色的晨光从夜身后升起,揭去了夜幕,露出了生命的意志和光辉。静静依偎在山谷两侧的乡村苏醒了,教堂的钟声响了,使天宇充满了令人心满意足的呼声,宣告晨祷开始。山洞传来了钟声的回音,仿佛整个大自然都在进行祷告。牛离开圈,山羊、绵羊群出了栏,向着田野走去,吃着挂着闪光露珠的青草。牧童吹着短笛走在羊群前,羊群后跟着一群少女,和鸟雀们一道欢迎清晨的降临。”

“亲爱的,清晨已经到来,白日的沉重手掌已在堆积起的房舍上伸开。窗帘已经取去,门扇也已开启,露出来的是一张张愁苦的脸和无精打采的眼。不幸的人们走向工厂,而在他们的体躯里,死神就栖息在生命旁边。他们的愁容上满是失望和恐惧的阴影,仿佛他们是被强拉向殊死决斗的战场。看哪,大街上挤满贪得无厌之辈,天空中充满铁器响声、车轮轰隆和汽笛长鸣。整个城市变成了战场,弱肉强食,富贵不仁,强占可怜穷人的劳动成果。”

*　　*　　*

“亲爱的,这里的生活多么美好!它就像诗人之心,充满了光明和温柔。”

“亲爱的，此间的生活多么残酷！它就像罪犯的心，充满了邪恶与恐怖。”

风

你时而欢快地蹒跚掠过，时而叹息号丧。我们听得见你的声音，却看不到你的身影。我们能感觉到你，却不能见到你。你就像爱的大海，弥漫了我们的灵魂，却从不将其淹没；你戏动着我们的心神，而我们的心神却不动声色。

你随着高山上升，贴着峡谷下降，又跟着平地和草原舒展开来。你上升时意志高强，下降时温和谦让，舒展时轻快敏捷。你就像一位仁慈厚道的君王，平易以近平民弱者，傲然以待大夫霸强。

秋天里，你在山谷里哀号，万木与你一道泣泪；冬天里，你雷霆大发，整个大自然与你一道暴怒；春天里，你体弱多病，田野却因你衰弱而苏醒；夏天里，你隐身于静静的面纱之后，我们以为你被太阳用箭射中，太阳又用自己的高温为你裹上殓衣。

不过，我来问：秋天里，你究竟在哭，还是在你剥光了万木的叶子之后，因万木害羞而笑？冬天里，你究竟在发怒，还是围绕着夜下盖着雪的坟墓舞蹈？春大里，你究竟是生了病，还是一位被久别远离熬得体弱不堪的多情少女，叹息着走来，以求将自己的气息喷到恋人——四季中的青年——脸上，欲将之从睡梦中唤醒？夏季里，你真地死去了，还是在果心里、葡萄园中、打谷场上小憩？

你从城市街巷里带来疾病的气息，从山冈带来了鲜花的芳馨。伟大的心灵正是如此行事：静静地承受着生活的痛苦，也在静静地接纳生活的欢乐。

你对玫瑰耳语了奇异秘密，而玫瑰全知其中含义，故时而局促不安，时而绽出微微笑颜。上帝正是这样对待人类灵魂。

你在这里慢条斯理行走，而在那里又步履匆匆，换一处又奔跑飞驰；但是，你从不停息。人的思想亦如此，运动则生，静止则死。

你在湖面上写下诗句，随后又将之擦去。诗人也是这样，随写随擦，反反复复。

你自南方来，灼热得似爱情；你自北方来，寒冷得像死亡；你自东方来，像灵魂一样轻柔；你自西方来，似凶神一样疯狂。莫非你像岁月一样变化无常？难道你是八方的使者，将各方的叮嘱如实对我们传讲？

你怒气冲冲地从沙漠掠过，残酷地践踏驼队，然后将之埋葬在沙被之下。莫非你，你就是那种无形的流体，随黎明曙光起伏穿行在枝叶之间，像欢梦一样徜徉在谷地，那里的鲜花因迷恋你而频频摇曳，青草因陶醉于你的气息而翩跹起舞？

你在海上怒气大作，搅乱了大海深处的平静，致使大海对你大发雷霆，张开汪洋大口，一举吞下无数船只和生灵。难道你，你就是那顽皮多情的男孩儿，将围着房舍跑着玩的女孩子们的辫子轻轻抚弄？

* * *

你要把我们的灵魂、叹息和心神带往哪里？你要把我们的笑颜送往何方？你将怎样对待我们心里迸发出的火花？你想把它带往晚霞之后、尘世之外，还是把它当作猎物拖往遥远山谷和可怕山洞，在那里将之左右抛撒，直至消失隐匿？

夜阑更深，心向你透露自己的秘密；黎明时分，眼睛让你拨开自己的眼皮。你可记得心的感受和眼睛看到的东西？

在你的羽翼下，存放着穷苦人的悲伤回音、孤儿的哭号和寡妇的哀叹；在你的衣褶里，储藏着异乡人的思念、遭抛弃者的悲叹和烟花女子心灵的哭喊。这些可怜小人物的寄存物，你可曾妥善保管？或许你像大地，我们只要把一种东西交给你，你便将之变成自己身体的一部分？

你可听到了这呐喊、哀号、嘈杂和哭声？或许你像富豪强人，穷苦人向他们伸手乞讨室，他们头都不回；人们对着他们高声呼喊，他们充耳不闻？

听者的生命啊，你听到了吗？

情郎归来

夜幕刚刚降临，敌人败退了，人人背负箭伤，个个满身矛痕。胜利者高擎光荣旗帜，唱着胜利凯歌，踏着锤子击打山谷石子似的马蹄声节奏，豪迈地登上归程。

明月已爬上笕口山。胜利者们俯视战场，只见巨大岩石高耸，与民众的心灵一道直插天空。杉树林镶嵌在原野中，活像先辈们挂在黎巴嫩胸膛上的荣誉勋章。

胜利者们继续前进，月光洒在他们的武器上，闪闪发亮；远处山洞回荡着他们的欢呼声。他们行至一条山路口，一声马嘶使他们停下脚步，但见那匹马站在灰色岩石之间，仿佛变成了岩石的一部分。他们凑上前去，仔细观看，忽见一具尸体静静地躺在血凝的地面上。首领高声喊道："让我看看那口宝剑，我就认出剑的主人。"几个骑士翻身下马，围着死者仔细打量。片刻后，一骑士回头望着首领，用深沉、嘶哑的声音说："他那冰冷的手指依然紧紧握着剑柄，我们羞于夺他的剑呀！"

另一骑士说："宝剑穿上了血鞘，钢刃不见了。"

又一骑士说："血凝固在手掌和剑柄上，将剑与手臂连成了一体。"

首领离鞍下马，走近死者，说："扶住他的头，让月光为我们照一照他的面容。"

骑士们迅速行动。旋即，死者的脸面透过死亡的面纱显现出勇敢、强悍和坚毅的英容。那是一位坚强战士的脸，无声的言语道出了男子英勇气概；那是一张懊悔而欢乐的脸，遇敌人严厉以待，见死神微笑相迎；那是一位黎巴嫩英雄的脸，身临战役，看到了胜利的曙光，但未能与战友们合唱凯歌同返。他们摘下死者的头巾，揩去他那蜡黄脸上的征尘，首领大惊，难过地高声喊道："这是伊本·萨阿比呀！多么惨重的损失！"骑士们边叹息，边异口同声呼唤着烈士的英名。过了一会儿，他们肃静下来，认为这位英雄捐躯，使他们蒙受的损失巨大，远远盖过胜利的光荣。霎那之间，他们就像一尊尊大理石雕像,场面的可惧令他们人人呆站在原地,个个寂静无声。所有这些都是死神带给英雄们的心态,而哭天抹泪才是女人的本能,号丧喊叫只适合于孩童。挥剑的男子们只有充满庄重严肃的沉默:那沉默紧紧扣着坚强的心,就像鹰爪紧掐猎物的脖颈;那不屑于哭泣落泪的沉默,使灾难显得残酷沉重;那沉默将一颗伟大的心灵从山巅降至海底;那沉默宣告暴风来临,即使一时没有到来,那沉默的作用也胜过暴风。

他们脱下烈士的衣服,察看死神之手所伤及的部位,但见他的胸膛上刀伤处处,就像一张张怒口,在寂静的夜下,诉说着男子汉的雄心壮志。首领走上前去,跪下仔细察看,发现烈士的手腕上缠着一条金丝绣花香罗帕。首领暗自打量、沉思,终于认出了织绸的巧手和绣花的纤指。他将香罗帕取下,藏在自己的怀里,站起来后退了两步,用颤抖的手遮着阴沉的面容。首领的手曾经何其威风,取下了多少敌人的首级;如今却软弱无力,擦着眼泪,不住抖动。因为他的手触摸到了那条金丝绣花香罗帕,而那香罗帕又是一位热恋中的姑娘亲手系在情郎手腕上的,以便送他奔赴战场,勇敢战斗;不期壮士倒在沙场,如今只能让战友们的肩膀将他抬回到姑娘的身旁。

首领的思绪徘徊在死神的暴虐与爱情的甜美之间!站在那里的一位骑士说:“来吧!我们在那株冬青槲树下给他挖个坟墓,让树根靠他的血滋养,让树枝从他的尸骨中吸取养料,从而长得更加茁壮,永久挺立在这旧址上,象征烈士的勇敢与坚强。”

有的说:“让我们把他抬到杉树林中去,把他埋葬在教堂附近,让他的遗骨永远被十字架阴影守护。”

有的说:“就把烈士埋葬在这里吧!这里的土坡被烈士的血浸染过。让烈士右手握宝剑,将他的长矛插在一侧,就地宰掉战马,让他的武器永远慰藉他的孤独寂寞。”

有的说:“不要埋掉他那沾着敌人鲜血的利剑,不要宰杀那匹征服死神的战马!不要把武器丢在这山间小路上,因为它已习惯于肩膀的晃动和手腕的力量;理应将它交给烈士的亲属,因为那是最好的遗物。”

有的说:“来吧!让我们跪在烈士周围向拿撒勒人耶稣基督祈

祷,愿苍天宽恕他,并为我们的胜利祝福。”

有的说:“让我们拿长矛和盾牌作灵床,把烈士抬在我们的肩上,遍游山谷,高声把胜利凯歌唱。让烈士看看敌人的尸横遍山野的壮景,也让烈士入土之前脸上绽出笑容。”

有的说:“来呀,让我们把烈士抬到他的马鞍上,用敌人的头颅支撑着他的遗体,让他手握长矛,像胜利者一样活着凯旋而还,表示他只有在不堪承受敌人灵魂的重负之后,方才将生命交给死神。”

又有的说:“来吧,让我们把他埋葬在这山中,使山洞传出的回音与他结为好友,溪水的淙淙流淌声给他送来安宁,因为夜的脚步在这里总是那么轻柔。”

还有的说:“千万不要把烈士留在这里!因为荒野寂寞难耐,孤独凄凉。来吧,让我们把他安葬在村上墓地,与我们先人的灵魂欢聚在一起,以便在寂静的夜间与他交谈,向他讲述先辈们的征战故事和他们的光荣历史。”

这时,首领走到众骑士当中,示意他们安静。之后,首领叹了一口气,说道:“不要再用战争的回忆打扰他了,也不要让他那盘旋在我们头上的灵魂再听利剑和长矛的故事。来吧,我们一道静静地把他送回故乡去,那里有一个不眠的心灵在期盼着他的归来,那是一位姑娘的灵魂,正等待着他从刀丛中回返。让我们把他送到姑娘那里去,好让她看一看情郎的遗容,吻一吻意中人的前额。”

众骑士将烈士抬在肩上,个个低头,人人垂目,神情沉静肃穆,迈着缓步走去。烈士那匹战马拖着缰绳跟在人们身后,不时地发出悲嘶,山洞以回音相应,仿佛山洞有心,与牲畜同感到悲伤沉重。

那山谷中的月光似乎放慢了脚步。凯旋大军跟随在祭送烈士的队伍之后,在拖着折断了翅膀的爱情幻影引领下前进着……

死之美

献给 M. E. H.

让我安睡吧!我的心已沉醉于爱情。

让我长眠吧！我的魂已享尽日夜照应。

请在我的灵床周围点起蜡烛，燃起香，将玫瑰花和水仙花瓣儿撒在我的身上！把麝香粉撒在我的头上，把香水洒在我的脚下，然后仔细观看死神之手在我的前额上留下了什么字样。

让我深深睡在困神的怀抱！因为久醒，我的眼帘痛感疲劳。

请弹起琴弦！让银丝弦声响在我的耳边。

请吹起芦笛！用那甜润的笛声，在我那行将跳动的心脏周围织上一层薄纱。

请唱起轻歌！用那神妙的词句为我的情感铺床，然后仔细观察我的两眼里闪出的希望之光。

伙伴们，擦去眼泪，抬起头来！就像黎明到来之时，鲜花昂起花冠，向着太阳开放。你们看，死神的新娘像光柱一样站我的灵床与天空之间……请你们屏着呼吸，留心细听，片刻之后，便能和我一道听到她那雪白翅膀的沙沙扇动声。

同胞们，你们来同我告别吧！用微微笑唇将我的前额亲吻。用你们的眼睑亲吻我的双唇，再用你们双唇将我的眼睑亲吻。

让儿童们靠近我的灵床，请他们用那柔嫩的玫瑰色手指摸一摸我的脖颈。让老年人靠近我的灵床为我祝福，用他们那枯萎、僵硬的手将我的前额抚摩。让本地的姑娘们靠近我，看看我眼中的上帝影像，听听永恒世界的歌声回音与我的呼吸声共鸣同响。

永　别

呵！我的身已到山顶，我的魂已遨游在自由无束的太空。

同胞们，我已走得老远老远。我的视线被遮挡，丘山壮景已阴翳在雾霭后面。千道峡谷被寂静汪洋淹没，万条蹊径已被遗忘之掌尽抹。草原、森林、道路笑隐在无数幻影之后；那幻影，白的像春云，黄的似阳光，红的如晚霞。

大海波涛的歌声变得微弱，溪水的吟唱消失在田间，人间的喧嚣哑然静止。此时此刻，我的耳际中只有与灵魂嗜好相协调的永恒之歌

安　息

请取下我身上的麻织殓衣，用茉莉、百合花瓣为我裹体。

请从象牙棺材里抬出我的遗骸，让之平躺在柑橘、柠檬花枕上。同胞们，不要哭我，而要高唱青春欢乐之歌。田家女啊，请不要流泪，而要吟诵收获、榨汁季节的二重韵诗。

请你们不要用呻吟、叹息掩盖我的胸膛，而要用你们的手指画上友情与欢乐的符号和标记。

请你们不要用念咒和占卦打扰太空的休息，而要让你们的心与我一道盛赞永恒的真谛。

你们不要穿黑衣哀悼我，而要披白纱与我同乐。

你们不要伤心地谈论我一去不复返，而要闭上眼睛，就会看见我今天、明天和以后都在你们中间。

请你们让我躺在青枝绿叶上，肩抬着我，缓步把我送到空旷荒野那没有人烟的地方。

请你们不要把我抬到墓地，因为大理石会干扰我安息，尸骨、骷髅的咯咯碰撞声也会夺走我长眠的静谧。

请把我送到松柏林里，找块地方，为我掘个坟坑；在那里，紫罗兰与白头翁同长共生。

请把我的坟坑挖得深一些，以免洪水将我的尸骨卷入山谷。

请把我的坟坑挖得宽一点，好让夜的幻影来访时坐在我的身边。

请脱去这些衣服，让我赤身裸体入土。请你们将我放下，要慢要轻，让我安睡在母亲的怀中。

请你们用松软的土将我掩埋，每把土里都要掺入百合、茉莉和长寿花种，让群芳吸收我遗体的养分，在我们墓上生长；开出的花儿，在空气里散发我心底的馨香；高高扬起头，将我灵魂里的秘密诉与太阳；随微风摇曳，让过路人记起我过去的爱好和梦想。

同胞们，现在请离开我，让我独自留在这里！你们走吧，迈步要轻，就像寂静行走在空谷之中。

让我独自留在这里，请你们静静地散去，就像巴旦杏、苹果树花飘飞散落在四月的春风中。

请你们回家去吧！在那里，你们会发现死神也不能够从我和你们身上取走的东西。

离开这个地方吧！你们所要的东西已经远远地远远地离开了这个世界……

组　歌

一支歌

我的心灵深处有支歌，不喜以语词为衣；那支歌居于我的心坎，不愿随墨水注入笔端；那支歌像透明的封皮，包着我的情感，不肯像口水涌上舌尖。

我怕能媒细尘将之玷污，怎可将它吟唱？因它习惯于安居我心灵中，担忧它难耐人耳粗糙，我又能唱给谁听？

假如你看看我的眼睛，便会看到那支歌幻影的幻影；倘若你触摸我的手指，就能感到那支歌在抖动。

我的作品能显示那支歌，就像湖面能够倒影星斗之光；我的泪水能揭示那支歌，如同气温将露珠挥洒之时，露珠便将玫瑰花的秘密揭露。

寂静将那支歌张扬，喧嚣又将之掩盖；幻梦令其复出，苏醒又将之隐藏。

众人哪，那是一支爱之歌，哪位以撒[①]能唱？哪位大卫能歌？

它比茉莉花的气味芳香，哪个喉咙能将之抵抗？它比童贞女的秘密严实，哪根琴弦敢将之揭示？

---

① 以撒，《圣经》人物。亚伯拉罕的嫡子，撒拉所生。意为“欢乐”。撒拉一直到九十岁还未生育，因为上帝赐福，第二年，亚伯拉罕一百岁时，她生下了一个儿子。晚年得子，全家欢乐，故名之。上帝为了考验亚伯拉罕，要他将爱子以撒献为燔祭。亚伯拉罕捆了以撒摆好干柴，正要举刀杀儿子献祭时，上帝派天使拦住了他，让他用一只公羊代替儿子献为燔祭。

谁能把大海咆哮与夜莺啼鸣结合在一起？谁能将暴风与孩子叹息合二而一？哪个人会唱神的歌曲？

浪之歌

我与海岸是一对情侣，爱情使我俩接近，风又把我俩分离。我来自兰色晚霞之后，以便让我的银沫与它那金沙结合，用我的唾液把我的心冷却。

黎明时分，我对着情人的耳朵山誓海盟，情人把我紧紧搂在怀中；夜幕降临，我把思恋祷词对他唱吟，他便与我热烈亲吻。

我执拗、急躁；我的情侣却既有耐心，且又坚韧。

涨潮时，我拥抱情人；落潮时，我拜倒在情人脚下。

多少次，当美人鱼游出深水，坐在岩石山观赏繁星，我围着她们跳舞；多少次，我听情人与美女们诉说爱情之苦时，我与之一道叹息；多少次，岩石悔恨自己僵死不能动，我与它逗笑，而它从无笑意；多少次，我从海底窃得珍珠，将之赠送给天下美女！

夜阑更深，人们与困神拥抱进入梦乡，而我却不眠，时而歌唱，时而叹息。我多可怜！熬夜使我精疲力竭，容颜憔悴。但是，我是热恋者；爱情的真谛是长醒不睡。

这就是我的生活；我活着就要这样做.

雨之歌

我是银线，上帝将我从高空抛下。大自然将我笑纳，并用我去装点千谷万壑。

我是美丽的珍珠，散落在阿施塔特女神的王冠上；晨光的女儿将我偷去，用我将田野镶嵌。

我哭，而山川在微笑；我谦恭下士，而花儿却高昂起头。云彩与田地本是一对情侣，我是二者之间的救急使者；我自天而降，医好那位的病疾，解除这位的干渴。

雷声和闪剑是我到来的先兆，七色彩虹宣布我的行程终结。世间生活亦如此：始终盛怒的物质脚下，终于平静的死神手上。

我从湖心升腾,在能媒的翅膀上行走。当我看见美丽的园林时,便立即降下,亲吻白花芳唇,拥抱绿叶青枝。

寂静之时,我便用自己的纤细柔软手指敲击窗玻璃;那敲击声构成乐曲,敏感的心灵方能通晓领会。

空气的高温将我生下,我则解除空气的高温。正如女子,她从男子那里汲取力量,又用这力量去征服男子。

我是大海的叹息,我是天空的泪水,我是田野的微笑。爱情亦如此:它是情感大海的一声叹息,思想天空的一滴泪水,心灵田野的一丝微笑。

美之歌

我是爱情的向导,我是精神的醇酒,我是心灵的美食。我是一朵玫瑰花,日出东方,我开启心扉,少女将我摘下,又把我亲吻,然后把我挂在她的胸前。

我是幸福之家,我是欢乐源泉,我是宽舒起点。我是窈窕淑女粉唇上的轻柔微笑,小伙子看见我会忘怀疲劳,他的生活会变成美梦的舞台。

我能启迪诗人的心灵,我能给画家引路,我能给音乐家当导师。

我是婴儿眼中的亮光,慈母见之,急忙跪拜、祈祷,把上帝赞扬。

我将夏娃的胴体展示在亚当面前,致使亚当对之顶礼膜拜;我在所罗门面前饰作他那意中人的苗条身段,致使所罗门变成了哲学家和诗人。

我向海伦[①]微微一笑,特洛伊[②]化为一片废墟;我为克娄巴特拉[③]戴上王冠,尼罗河谷充满温馨和睦。

我像世世代代的人们,今天建设,明日毁坏;我是上帝,使万物

① 海伦,希腊传说中最美丽的美人,特洛伊战争的间接起因。

② 特洛伊,小亚西亚西北部的古城遗址。位于土耳其达达尼尔海峡主要港口查纳卡累以南40公里处,即今土耳其的希沙立克。此处山峦青翠,流水潺潺,一派典型的土耳其爱琴地区的乡村风光。

③ 克娄巴特拉(前69-30),埃及托勒密王朝著名女王。

生，亦令之死。

我比紫罗兰花的感叹轻柔；我比暴风强烈。

众人们，我就是真理。我是真理，这一点你们最该知晓。

幸福之歌

人是我的情郎，我是人的情侣。我思慕他，他迷恋我。可是，呜呼！我和他之间冒出了个第三者，和我一道爱上了他，使我面临不幸，也给他造成了痛苦和折磨。那暴虐的第三者名叫“物欲”：我们走到哪里，它跟我们到哪里；它像毒蛇一样，分开了情郎和我。

我去旷野寻情郎，在树下，到湖旁，不见他的身影；因为物欲引诱他，将他带往城市，去会狐朋狗友，搞腐化堕落，终于自投不幸之中。

我去知识学院、智慧殿堂，不见他的身影；因为那以尘土为衣的物欲把他带到自私自利堡垒中去了。那是醉生梦死居住之地。

我去知足之地寻情郎，不见他的身影；因为我的情敌把他禁锢在贪得无厌的洞穴里。

黎明时分，东方欲晓，我呼唤情郎，他听不到我的喊声；因为留恋过去的困意使他的眼皮感到沉重。夜深人静，百花入眠，我与他嬉戏，而他却不理睬我；因为向往未来的迷恋占据了他的心。情郎爱我，他在自己的作品中寻觅我；其实，他只能在上帝的作品里找到我。他想到用弱者的骷髅建在金银中的荣誉宫殿去与我相会，而我只在情感溪畔那神灵建造的朴素茅舍里才与他见面。他想在暴君、杀人犯面前和我亲吻，而我只有在纯洁花丛间幽会时，才准许他吻我的双唇。他希望计谋为我俩做媒，而我只求纯洁、美好的工作当我们之间的媒婆。

我的情郎从我的情敌——物质——那里学会了呐喊和喧嚣，而我将教他自己的眼里流出求怜的泪水，发出要求充足东西的叹息。我的情郎属于我，我也属于他。

花之歌

我是大自然说出的话语；旋即大自然又将之收回，隐藏在自己的心里，然后又将其讲出。我是星斗，由兰色帐篷落到绿地毯上。

我是冬天孕育的各种成分的女儿；春天将她生下，夏天将她养大，秋天哄她入睡。

我是情侣俩的礼物；我是婚礼上的花环；我是生者送给死者的最后一件赠礼。

清晨，我与微风合作宣布光明的到来；夜晚，我与百鸟一同与光明告别。

我在平原上摇曳晃动，将平原装饰一新；我在风中呼吸，使空气里充满芳香。我睡下时，夜晚的无数只眼睛盯着我；我醒时，用白日的单只眼睛观察。

我喝着露酒，听着鸢鸟唱歌，和着青草的掌声起舞。我经常向高空仰望，以便看到光明，不看自己的幻影。这就是人尚未学到的哲理。

人之歌

你们原是死的，而他以生命赋予你们，然后使你们死亡，然后使你们复活，然后你们要被召归于他。

——《古兰经》[1]

我自古存在，依今故我，我将存在到永久，我的存在无终结。

我曾在无穷太空遨游；我曾幻想世界翱翔；我接近过最高光明圈；看哪，如今却成了物质的囚徒。

我听过孔夫子的教诲；我聆听过婆罗门的哲理；我曾在菩提树下坐在达摩的身旁；呵，我现在正与愚昧和不信神搏斗。耶和华面谕摩西时，我在何烈山上；在约旦河旁，我亲眼目睹过拿撒勒人耶稣显示奇迹；在麦地那城，我听过阿拉伯人的先知训教；呵，我现在却成了迷惑、彷徨的俘虏。我看到过巴比伦的强盛；我见识过埃及的辉煌；我领略过希腊的壮丽；但我仍看到柔弱、屈辱和卑微显现在那

---

① 引自马坚译《古兰经》第二章二十八节。

所有功业里。我曾与艾尼·杜尔的妖术师、亚述的祭司、巴勒斯坦的先知们坐在一起,但我仍然歌颂真理。我背诵过来自印度的格言;我熟读过源自阿拉伯半岛居民心中的诗歌;我领略过由马格里布人情感凝结而成的音乐;但我是视而不见的瞎子,听而不闻的聋子。我承受过贪婪征服者的残暴;我遭受过专制统治者的欺凌和暴虐之徒的奴役;但我仍然有力量与日月抗争。

我看到和听到所有这些时,我还是个孩童;我将要看到和听到青年时代及其未来的功业;我将要步入老年,臻于完美,归于上帝。我自古存在,依今故我,我将存在到永久,我的存在无终结。

诗人之声

一

力量能够把种子播在我的心田,我来收割,集起谷穗,将之一捆一抱地送给饥馑者。灵魂使这微小的葡萄树成活,我则把它结出的葡萄榨成汁,送给干渴人喝。苍天给这盏灯添满了油,我则将之点上,放在我家窗口,为夜下行人把路照亮。我之所以做这些事情因为我依靠而活着。假若白昼禁止我的行动,黑夜又将我的双手捆起,我则求一死。因为最适合于一个被其民族抛弃的先知和在乡亲中被视为异乡人的诗人。

人们像暴风一样喧嚣,我则静静地叹息。因为我发现暴风的怒吼会消失,会被世代的汪洋大海吞噬,而叹息则与上帝一起永存。

人们贪恋冰雪一样寒冷的物质,我则追求爱的火焰,将之抱在怀里,让其吞食我的肋骨,消蚀我的五脏六腑。因为我熟知物质能使人毫无痛苦地死去,而爱情则用痛苦使人复活。

人类分种族、群体,分属国家、地域。我视自我在某一地区为异乡人,独立于任何一个民族。整个地球都是我的祖国,所有人类家庭都是我的亲戚。因为我发现人已十分弱小,还要自我分割,岂不是自视卑贱!地球本来就很狭窄,还要分成若干王国,岂不是过分愚昧!

人类竟相捣毁灵魂殿堂，合力建造肉体学院，我却独自站在痛惜的立场上。但是，我留心聆听，听到我的内心里有一种希望声音在说："就像爱情用痛苦使人复活那样，愚昧能教人认识知识之路。痛苦和愚昧能化为巨大快乐和完整知识。因为永恒的智慧在太阳上没有创造任何虚假东西。"

二

我思恋我的祖国，因为她美丽无比；我热爱我的国民，因为他们无比不幸。但是，如果我的民族在被他们称为"爱国主义"的策动下，起来向临国发动进攻，掠夺人家的财产，残杀他们的男子，使儿童变为孤儿，令女子变成寡妇，使土地饮其男儿的血，令野兽食其青年的肉，那时，我便会厌恶我的祖国和国民。

我赞美我的故乡，我思念我在那里成长起来的国家。但是，如果有路人经过那里，要求在那家园投宿，向乡亲们要口面饼，竟会遭到拒绝，并被躯干而去，那么，我的赞美就将为哀叹所代替，我的思念也将被遗忘淹没，我会自言自语："连一块面饼都舍不得给饥馑者，连一张床都不肯给投宿者的家园，应该就地捣毁，夷为废墟！"

我爱故乡，更爱祖国，尤爱祖国的大地。我全身心热爱大地，因为大地是人性的摇篮，而人性则是大地上的神性灵魂。神圣的人性正是大地上的神性灵魂。那人性站在废墟之间，赤条条的身上只盖着破布片，凹陷的两腮挂着热泪，高声呼唤着自己的儿女们，使整个广宇充满了呻吟声和哭叫声，而她的儿女们根本不去理她的喊声，只顾唱着宗派主义的歌，更无视她的簌簌泪流，只顾磨自己的利剑。那人性独自坐着，向民众大声求救，而民众听不见。假如有人能听到她的喊声，定会回应，继而走近她，为她擦拭眼泪，安慰她惨遭不幸。这时，民众会说："不要管她！眼泪只能打动弱者。"

人性是大地上的神性灵魂。那神性行走在各国之间，畅谈博爱，指出人生之路，而人们却嘲弄神性的言论和教诲。往昔，那里虽然耶稣听了神性,人们却把他钉在十字架上;苏格拉底[1]听了神性,人们让他服毒杀身;如今,许多人听了神性,而且当着众人大谈耶稣、苏格拉底和神性,人们再没有能力杀死他们,但却讥笑他们说:“讥笑比杀人更厉害、更苦涩。”

耶路撒冷未能杀死耶稣,耶稣活到永远;雅典未能处死苏格拉底,苏格拉底得到永生. 讥笑也不能征服听从人性呼唤、紧跟神性脚步的人们,他们也将活到永远,得到永生。

三

你是我的兄弟;我俩都是至尊圣灵之子。你像我一样,因为我俩同是肉体的囚徒,而上帝铸造两个肉体时用的是同一块泥。你是我生活道理上的伙伴,正是你帮助我认识隐藏在乌云之后的真理的本体。

你是人,我的兄弟,我爱你!你可以随意对我加以评说。因为明天将为你做裁判,你的话语将在公正裁决面前成为明显而确凿的证据。

你可以随意从我这里拿东西。因为我所占据的钱财,其中一部分属于你;我所占有的房地产,是我为我的贪心占有的,你可以享用其中一部分,如果一部分能让你满意。

你可以随意处置我。但是,你却没有能力触犯我的真理。你可以放我的血,焚烧我的肉体,但你不能使我的心灵痛苦,更不能使之死去。你只管给我的手脚戴上镣铐,将我下到黑暗的牢狱,但你却不能俘虏我的思想,因为它自由得像微风,徜徉、遨游在无边无沿的天宇。

你是我的兄弟,我爱你。

你在你的清真寺里做礼拜,我爱你;你在你的庙堂里顶礼膜拜,

---

① 苏格拉底(公元前469－399),古希腊大哲学家。认为自然界是神按一定目的所创造的,是神智慧的体现。反对研究自然,认为那是干涉神的事情,是渎神。提出“自知自己无知”的命题。

我爱你;你在你的教堂里做祈祷,我爱你。你和我本是一种宗教之子,那宗教便是灵魂。这种宗教各分支的领袖都是指向心灵完美的神性之手上相互连在一起的手指。

我爱你,爱你那源自一般智力的真理。那真理,我现在看不见它,因为我盲目;但我认为它是神圣的,因为它是心灵的作品。那真理将与我的真理在未来的世界里相遇,像花的气息一样相互结合在一起,变成一个完整永恒真理,与爱与美一道永存长在。

我爱你,因为我见你在暴虐强者面前那样软弱;我爱你,因为我见你在贪婪的富豪门前那样穷困。因此,我为你哭泣落泪。我透过眼泪,看见你在公正的怀抱中,公正在向着你微笑,蔑视压迫你的那些人……你是我的兄弟,我爱你。

四

你是我的兄弟,我爱你。既然如此,你为什么与我为敌?

你为什么来到我的国家,试图说服我讨好那些教长们?君不见,那些教长用你的话语求取荣光,借你的辛苦获得欢乐。你为什么丢下你的妻儿,去到遥远的地方,为将军们送死?君不见,那些将军们想用你的鲜血买高官,借你母亲的悲痛换取尊荣。难道说一个人杀自己的兄弟能算高尚?如果是那样,我们就为该隐①雕像,为亚那②颂歌。

喂,我的兄弟,他们说:“维护自我是大自然的根本法则。”但是,我认为野心家的特点在于:首先使你甘心牺牲自我,以便达到制服你的兄弟们的目的。他们说:“要想生存,必须侵犯他人权利。”我则说:“维护他们的权利,那才是人类至尊至美行为。”我还要说:

---

① 该隐:《圣经》人物。人类始祖亚当和夏娃的长子,以种田为生。他和弟弟亚伯用各自的产品向上帝献祭,上帝悦纳了弟弟的供物,而未看中他的供物。他出于嫉妒,将弟弟杀害。上帝惩罚他,将他流放挪得。

② 亚那:《圣经》人物。犹太大祭司,该亚法的岳父。该亚法后来当上了大祭司,成为杀害耶稣的元凶。据传,耶稣被出卖后,首先被带到亚那那里。

“假若我的存在必须使他人死亡，那么，死亡对我来说最甜最美。假如没有人让我体面、光彩、清白地死去，我会亲手把自己提前送往永恒世界。”

我的兄弟呀，自私自利会导致盲目竞争，竞争会产生沙文主义，沙文主义会生出专利。所有这些都是争执和奴役生成的原因。心灵主张智慧和正义压倒愚昧和邪恶，而坚决反对那种拿金属锻造长矛、利剑，用武力推行愚昧和邪恶的权势。正是那种权势毁坏了巴比伦，毁坏了耶路撒冷的支柱，摧毁了罗马的建筑。正是那种权势造就了刽子手、杀人犯，而人们却把他们描述为“伟人”，作家依然在宣扬他们的名字，书籍也把他们的战斗记录、保存下来；与此同时，当他们用鲜血染红地面时，大地也不得不把他们背在自己的背上……兄弟呀，究竟是什么东西使你迷恋于欺骗你的东西、依附于危害你的人呢？真正的权势是维护公正普遍自然法则的智慧。假若一种权势能够处决杀人犯，将盗贼打入监牢，自己却又去进攻临国，乱杀成千无辜，掠夺上万财富，那么，这种权势的正义何在呢？对那些让杀人犯去惩处杀人者，让盗贼去处罚小偷的宗派主义者，又该作何评论呢？

你是我的兄弟，我爱你。爱是做高形式的正义。假若我对你的爱在各方面有失公正，那么，我就是穿着爱的漂亮外衣，以掩饰自私自利丑陋面目的诈骗犯。

结束语

我的心灵是我的好友：每当日月灾难沉重，总给我以安慰；生活艰辛之时，与我共分忧愁。谁不做自己心灵的朋友，便成为人们的敌人；谁不能自我安慰，便会绝望而死。因为生命源自人的内心，而非来自周围外界。

我来到人间，有话要说；我将要把它讲出。假若在我讲出它之前，死神就把我召去，那么，来日会将之讲出。来日是不会把隐藏的秘密留在没有穷尽的书中的。

我来到人间靠爱的荣耀和美的光明活着；看哪，我现在活着，人们无法使我远离生活。

如果人们挖去我的双眼,我会留心听赏爱之歌和美之曲。如果人们塞住我的两耳,我会因为接触到融合着情侣气息和美的芳香的能媒而感到快乐。

我来到人间,是为了大家,也依靠大家。我今天孤自做的事情,未来会当众宣布;我现在单口说的话语,来日会用许多口舌道出。

先行者

你是你的灵魂的先行者

喂，朋友，你是你的灵魂的先行者。你生平中所建造的高塔，不过是你的巨大自身的根基，而这个自身同时又将成为他身的基础。

我和你一样，我是我的灵魂的先行者。因为日出之时展现在我们面前的影子，将在中午时分收缩在我的脚下，红日再出东方，影子重现面前；中午时分再至，影子复缩脚下。

自打开始，我们就是我们的灵魂的先行者，我们将永远是我们的灵魂的先行者。我们平生中已经和正在积聚的，不过是些种子，我们准备将之播撒在尚未开垦的土地上。我们就是土地，我们就是农夫，我们就是果实，我们就是果农。

喂，朋友，当你是在雾中徘徊的一种思想时，我与你一样，也是一种思想，走投无路，去意彷徨，我寻觅你，你寻觅我；我们渴望的是幻梦；幻梦是无拘无束的时光，幻梦是无边无际的苍穹。

当你是生命的颤抖双唇间一个无声的词语时，我和你一样，也是一个词语，静默沉寂，一声不响；生命刚刚将我们吐出，我们便来到世上，我俩的心同为昨日的记忆而跳动，共同对明天的向往而欢腾；昨日不过是被驱逐的死神，明天才是希冀的诞辰。

看哪，我们现在上帝手中，你是上帝右手中发光的太阳，我是上帝左手里借光的地球；而你发光的力量并不比我借光的力量更强。

我们是太阳，我们是地球，但仅仅是更大太阳的发端，仅仅是更大地球的起头。我们将永远是发端和起头。

喂，从我们园门经过的异乡客啊，你是你灵魂的先行者。我和你一样，我是我的灵魂的先行者，虽则我坐在自己的树荫下，纹丝不动,默不作声。

小 丑

古时候,有一个人从沙漠来到洪都“法律城”。此人是位小丑兼幻想家,除了身上衣服和手中棍子,别无行装。

他漫游城市街巷,眼见庙宇、高塔、宫殿座座,惊异不已。因为“法律城”确乎堂皇富丽,无与伦比。他不时与过往行人搭话,询问城市情况,打听奇闻趣事。但是,人们不懂他的语言,他也听不懂任何人的话。

日悬中天,他站在一家大饭店前。饭店建筑精美,装饰华丽,人们进进出出,不曾遇到麻烦。

幻想家心想:“无疑此乃圣殿。”于是随着人们走了进去。

他来到一座豪华大厅之中,不禁张皇失措,一时不知如何是好。只见那里无数男女,皆是达官贵人,围坐在丰盛宴席旁,边吃边喝;与此同时,乐师歌手将最动人的歌曲和歌声送入了他们的耳际。

此时此刻,幻想家暗自说:“我弄错了!这不是我想像中的拜神仪式,而是宴会;定是王子为庆什么大典,特为百姓举行盛宴。”

这时,一个人走近他,他猜想那定是王子的奴仆。那个人要他入座,他便坐下,随即送来上等酒肉和甜点,他开始大吃二喝起来。

酒足饭饱之后,幻想家起身告辞。但当他行至厅门时,一个衣着华贵、体态肥胖的大汉将他拦住。

幻想家心想:“这位定是王子。”于是弓身行礼,用其部落语言问安、致谢。

那大汉用“法律城”语言对小丑说:“先生,你还没付餐费呢!”

小丑不知大汉在说什么,只是再次表示衷心谢意。大汉仔细端详小丑,久久注视其脸面之后,知道他不是本城人;看其褴褛衣衫,断定他贫困不堪,囊中绝无支付无餐费之资。霎时间,本城四个巡警来到大汉面前,大汉讲过小丑的情况,巡警立即将小丑抓住带走。小丑见自己左右各有两个身着金线绣边制服的人护卫,高兴得简直要飞起来,暗自说:“这几位肯定是本城的贵族。”

巡警把他带到法院，走进审判厅。小丑抬头望去，只见大厅正座的高椅子上，坐着一位表情严肃的人，长长的白髯洒然垂在胸前，使他显得更加威严、庄重。小丑猜测那定是国王，为自己有幸见到国王而不胜欣喜。

巡警向法官控告了小丑，法官指定两名律师，一个为原告律师，另一位为小丑辩护，两位律师相继站起来，各陈其词。

小丑呢，他则认为二人在以国王的名义对他致欢迎辞，禁不住由衷感谢国王及王子的大恩大德。

审判结束，法官宣读判决书："取木牌一块，将罪犯罪名写在上边，挂在罪犯胸前，再让他乘骑一匹无鞍之马，由笛手和鼓手在前边开道，游街示众。"

判决即将执行。小丑被推上一匹无鞍之马，由吹鼓手开道，游街开始。城中居民们听见吹吹打打声，纷纷走出家门，观看小丑游街情景，三五成群，人人笑个不止。孩童们则结队尾随，从一条街跟到另一条街。

小丑双眼大睁，不住扫视人群，又惊又喜。因他认为胸前的木牌是国王授予他的勋章，一来向他表示祝福，二来嘉奖他的来访；至于那行进的队列，则象征着对他阁下殷勤接待与热烈欢迎。

正当小丑骑在马上被众人围观之时，他看见本部落的贝杜因人站在人群之中，禁不住高兴得心跳陡然加速。他高声喊道："喂，朋友，凭主起誓，我们现在何处？这不就是被我们的长老称为如意城的那个地方吗？长老们说这里的人们个个慷慨豪爽，人人大方好客，在宫殿里款待过客，亲王们不离左右，国王为之胸前关光荣牌，并且为他打开自天而降的城市的大门……这不就是那座如意城吗？"

那个贝杜因人什么也没说，只是微笑着摇了摇头。

队伍继续行进。小丑却总是腆着脸，二目间闪烁着得意的神情。

爱 情

人云胡狼与雄狮同饮一溪之水。

人云兀鹰与秃鹫共啄一具腐尸，彼此却相安无事。

啊，公正的爱情啊，

你用你那万能之手抑制了我的欲望，

将我的饥与渴化成了傲骨与自尊。

你不许我那刚强的自我吞食面包或把酒饮，因为面包和醇酒都在迷惑着我那软弱的自身。

最好让我在饥饿中度日，令我的心干渴得如同火焚；

趁我还未伸手去取你未斟满或未祝福过的杯盏，让我灭身丧魂。

出家的国王

据说在山间林中住着一位青年，原是国王，其国土辽阔，横跨两河。我还听说，这位青年自愿放弃王位，离开国土，投身到那人迹罕至的森林。

我暗自想，一定要拜访他一趟，探讨一下他心中的秘密。放弃王位的人，一定比国王更伟大。

就在那天，我来到青年居住的森林里，发现他正坐在白杨树荫下，手握一根竹竿儿，犹似他的权杖，我像晋见国王那样向他请安。他还了礼，看了看我，温和地说：

“朋友，你为何来到这僻静的树林？是寻找丢在绿茵下的宝贝，还是收工回家路过此地？”

我回答：

“我特地前来找您，想知道您为何离弃王位，独居这小小野林。”

“故事很简单。”他说，“我的幻想破灭了……请听我讲：

“一天，我靠宫殿窗口坐着，看到我的一位大臣陪同一位外国大使漫步来到宫中花园。二人靠近窗口，我听大臣自我介绍说：‘我像国王一样，贪恋美酒佳酿，酷爱各种赌博，动辄大发雷霆。’之后，大臣与大使便消失在林木中。过了不大一会儿，两个人又转了回来，我听到大臣议论我，说：‘国王像我，一日三澡。’”

他稍许停顿，又说：

“就在那天傍晚，我离开了王宫，除了头巾之外，什么都没带来，打那以后，我再不想当国王了，因为臣民将我的成绩归于他们，而把他们的缺点归于我。”

我惊叹道：

“你的故事多么奇怪！你的事迹多么动人！”

他答道：

“没什么奇妙，我的朋友！你满怀希望来扣击我这寂静大门，但你能得到的却很少，请你凭主起誓，告诉我：谁不乐意以其王位来换取这四季欢歌、终年起舞的林间仙境？谁不甘愿以自己的王权来换取这幽静、宽舒、幸福、安乐的隐居生活呢？多少雄鹰自高天而降，与鼹鼠共居洞穴，探索大地秘密迷；多少人离开梦寐以求的王位，借以表白自己既未疏远甘居平庸之辈，也没脱离志士仁人。他们逃避王权，自由追求真理，向往善美。当然，能逃离烦恼王国的人更伟大，因为他们不愿让别人看出自己内心的忧伤。”

说到这里，他拄着竹杖站起来，继续说：

“你现在就回去吧！站在城门口，察看过往行人，你就会发现那个自诩为天生国王，而实际没有王权的人，他佯称以躯体，而不是用灵魂行使统治权。他的仆从们都不承认他的统治权。因此，他表面上是个国王，而实际上则是奴子仆孙。”

说完，他望望我，脸上浮现出黎明般的微笑。

以后，他离开我，向林中走去。

我回到城里，按照他的嘱咐，站在城门上，观望过往行人。自那天至今，许多君王的影子在我头上掠过，而在眼前路过的百姓却很少。

恶有恶报

这是守卫临海七个山洞之雄龙唱的歌：

“我的情侣将乘海浪而来。

“他将以惊天动地的咆哮声使大地充满恐怖，

“他鼻孔的火将烧向宇宙极远处。

“月蚀时，我将做他的新娘；

“日蚀时，我将生出另一个圣·乔治[①]，尔后由他将我杀死。”

这就是守卫临海七个山洞的雄龙唱的歌。

狮子的女儿

四个奴隶站着给国王打扇。其时老女王靠在御座上睡得正香，鼾声如雷。一只猫依偎在老女王怀中，用充满厌腻的目光望着奴隶，间或咪咪叫上两声。

第一个奴隶对伙伴说：“这老太婆的睡相多么丑陋！你们说，她的双唇松垮，呼吸那样费劲，就像魔鬼要掐死她似的。”

猫咪道：“她睡觉时的丑相，不过是你们这些奴隶醒着时丑相的一部分罢了。”

第二个奴隶说：“真怪呀，睡眠并没有使她的脸变得舒展一些，而是皱纹更多，无疑她正在做恶梦呢！”

猫咪道：“假若你们睡时能梦见你们的自由，那该多好哇！”

第三个奴隶对伙伴说：“看来她梦见了无辜被她杀害的所有冤魂排成的队列。”

猫咪道：“正是，她梦中看到你们祖辈和子孙组成的队列。”

第四个奴隶说：“你们在女王睡时议论她，是多么愚蠢呀！这对你们或我又有什么益处呢？难道那能减轻我站着为她打扇的疲

---

① 圣·乔治：基督教殉教者，英格兰的主保圣人，活动时期约为公元三世纪。传说他曾杀死恶龙，从恶龙爪下救出少女。

劳吗?”

猫咪道:“是啊,你们将永远打扇,因为天上的情形与地上一模一样。”

这时,女王动了动睡姿,王冠落在地上,一奴隶说:“这是凶兆!”

猫咪道:“一些人倒霉,恰是另一些人的福气。”

第二个奴隶说:“假若女王现在醒来,发现自己的王冠掉在地上,我们会有什么命运临头呢?天哪,她非把我们统统宰掉不可!”

猫咪道:“蠢货们,你们还不知道,自打你们一出世,她就把你们宰杀了。”

第三个奴隶说:“当然,无疑她会杀掉我们,因为她认为自己的这种行为是祭神。”

第四个奴隶不让伙伴们再说下去,而是轻手轻脚拣起王冠,稳稳当当给女王戴上,女王并未醒来。

猫咪高声说:“老实说,只有奴隶才会去拣落在地上的王冠。”

片刻之后,女王醒来,打着哈欠,向四下环视一周,然后对奴隶说:“我刚才做了个梦,梦见一只蝎子正围着巨大的橡树追赶四条毛毛虫。好一个噩梦!”

说完,女王合上双眼,又进入了梦乡,顷刻间如雷的鼾声回荡在大厅之中。四个奴隶继续照常为她打扇。

猫咪说:“打扇吧,瞎子,愚人们,打扇吧!你们扇出的是吞噬你们肉体的火焰!”

圣　徒

我年轻时,来到小丘间一处僻静禅房,拜访一位圣徒。正当我们谈论着什么是美德时,发现丘上有个贼,只见他疲惫不堪,走起路来一瘸一拐,边走边朝我们俯视。那盗贼来到禅房,双膝跪在圣徒面前,说:

“心地善良的圣徒,我寻求安慰来了。我的罪恶已淹没了我的头顶。”

圣徒回答道:

“亲爱的,我的罪恶也没了我的头顶。”

贼说:“先生!我是个盗贼、土匪,您怎么和我一样?”

圣徒回答:

“亲爱的,你想错了,其实我和你一样,也是盗贼、土匪。”

贼说:

“您说什么?我的先生!我是个杀人犯,无数鬼魂在我耳边呐喊。”

圣徒说:

“亲爱的,我也是个杀人犯,无数阴魂在我耳边叫冤。”

贼说:

“先生,我干的坏事无数,罪恶滔天。而您是上帝的伟大的儿子,怎好与我等量齐观呢?”

圣徒回答说:

“如果你早知道我的罪恶,那么,你就不会再提你的罪过。”

贼立即站起身来,久久凝视着圣徒,两眼间充满惊愕神情。尔后,只字未吐,悄然离去。

至于我,则一直沉默到此时此刻。我望了望圣徒,问道:

“我的先生,你明明干净圣洁,何苦说自己恶贯满盈?难道你没发现这个人并不相信你的话,愤然而去了吗?”

圣徒回答道:

“是啊,亲爱的,你判断得完全正确,他并不相信我的言谈,但实际上,我应该对你说,他满心欣慰地离去了。”

那时,我们听到贼在远处唱歌,整个山谷回荡着他那充满快乐、慰藉的歌声。

饕 餮

我在地球上周游时,曾在一个荒岛上看到一种野兽,生着人头铁蹄,正在不停地吃土地、喝海水……我停下脚步,望了许久,然后走近野兽,问道:

“你还没有吃饱喝足吗?难道你永无足饱?”

野兽回答：

“不，不！我已经吃饱喝足了，而且厌腻了吃喝。可是，我却担心到了明天，此处既无土地可食，亦无海水可饮。”

大自身

古拜勒国王努菲斯比尔加冕典礼结束之后，回到自己的房中，那是山中修道士们为他建造的房舍。他摘下王冠，脱掉朝服，站在房间中央，想到自己作为当时大权在握的古拜勒国王，威武至极，不禁自我陶醉起来。

房间中有一面镜子，是母亲送给他的礼物。他猛一回头，突见一裸体男子从镜子里走了出来。

国王心惊肉跳，大声喊问道：

“你想干什么？”

男子答：“国王陛下，我仅有一事相问：为什么人们拥戴你为国王？”

国王说：“他们之所以拥戴我为王，因为我是他们当中最高贵者。”

男子：“假若你真像你说的那样高贵，那么你是不会接受王权的。”

国王：“他们之所以拥戴我为王，因为我是他们当中最勇猛者。”

男子：“假若你真是他们当中做勇猛者，那么，你也便不肯成为他们的国王。”

国王：“我的人民之所以拥戴我为王，因为我是他们当中最有智慧者。”

男子：“凭主起誓，假若你果然像你现在这样最有智慧，那么，你就不会选择为王之路。”

这时，国王倒在地上，伤心地哭了起来，裸体男子用同情、怜悯的目光望着国王，对自己的无知与傲慢深表遗憾。他拿起跌落在地上的王冠，轻轻将它戴在国王那低垂的头上，继之也用充满忧伤与温顺的目光注视着国王，边像从镜子里出来时那样，回到了镜中。

国王突然站起来,走到镜前,仔细观看镜子,映入眼帘的只有头戴王冠的大自身。

战争与弱小民族

草原上,一只母羊和它的羊羔正在吃草,天空中有只兀鹰,边盘旋边用饥饿的目光盯着羊羔,思捕而食之。它正欲俯冲捕捉羊羔时,飞来另一只兀鹰,拍翅盘飞在母羊及其羊羔上空,心怀同种贪婪意念。

二鹰相遇,厮杀开始,天空中回荡着粗野、凄惨的叫声。

母羊抬眼仰望双禽,心中惊愕不已,它又回头望着羊羔,说:

"孩子,你瞧呀!多么奇怪,这两只尊贵的大鸟厮杀起来了!天空是那样宽阔,足以供二位和平共处,相安无事,却要拼个你死我活,岂非大耻大辱么?不管怎样,你祈祷吧?衷心祈求上帝赐你那两位生着翅膀的兄弟以平安!"

羊羔衷心祈祷起来。

批评者们

一日黄昏。一旅行者骑着马去海滨,途中来到一家旅店,下了马,把马拴在店门前的一棵树上。因为他像所有去海滨的旅行者一样,都对夜晚及人们感到放心。之后,他与众旅客走进旅店。

夜半,店中人都进入梦乡之时,来了一个贼,把马盗走,谁都不曾察觉。

翌日晨,旅行者醒来后,随即来到拴马处,马却不见了。经认真寻找,得知贼于昨夜将马偷走,不禁心中十分难过。然而使他更感难堪的是人们之中竟有人怂恿他去行盗。

旅伴们得知失马之后,纷纷来到他的身旁,开始严厉地责备起他来。

第一位说:"你这个人真呆!为什么把马拴在马厩外面呢?"

第二位说:"真奇怪,你拴马时,怎么不给马腿加上镣呢?!你这个人多笨呀!"

第三位对前两位说:"骑马到海边旅行,压根儿就是愚蠢举动。"

第四位说:"我则认为,只有行动缓慢的呆瓜才要马呢!"

事情已经发生,旅伴们个个能言善辩,又是劝戒,又是指教,令失马者大为惊异。失马者生气地说:"朋友们,我的马被盗走了,你们的口才都来了,一个接一个地数说我的过错。然而,使我吃惊的是,尽管你们如此口齿伶俐,却没有一个人对盗马之贼加以半句评论!"

四诗人

四位诗人围坐在餐桌旁,桌上放着一杯醇酒。

第一位诗人说:

"我看到酒香腾空,宛如林中群鸟盘旋。"

第二位诗人抬起头来,说:

"我亲耳听到鸟儿鸣啭,歌声充满我的心间,林中蜜蜂、鸢隼翩跹起舞。"

第三位诗人闭上眼睛,举起胳膊,说:

"我差点儿亲手捉住鸟儿,只觉鸟翅轻扇,恰似春睡海棠,呼吸甜润柔缓。"

第四位诗人站起来,双手捧杯,说:

"兄弟们,请原谅,兄弟我目光短浅,听觉迟钝,触觉麻木,既看不到鸟群,也觉不出鸟翅扇动,可惜呀!除了酒之外,我什么也感触不到。因此,我应当饮下这杯酒,以此唤醒我的迟钝感官,借诸位灵感之火,点燃我的精神之薪。"

话毕,他举起酒杯,一饮而尽。

三个伙伴惊愕、贪馋地望着他,眼里燃烧着扑不灭的干渴之火,闪烁着难以平息的怨恨之光。

风向标

风向标对风说:"该死的风,你多么使人厌烦!莫非你不能不冲我的脸上吹?难道你不知道你干的这种事搅乱了上帝赐予我的清静?

风只言未答,只是在空中笑个不停。

国 王

艾尔杜赛城的长老们站在国王面前,请求国王颁布一道命令,禁止在城中酗酒。

国王没有答话,而是转身走去,心中暗笑那群老朽。

长老们绝望地离开了朝廷。

行至宫门,他们遇到宰相,这位宰相聪慧过人,见众长老局促不安的样子,便知事端原由。

宰相对他们说:"喂,朋友们,你们有些不走运哪!假若你们乘我们的国王醉时前来,你们定能如愿以偿!"

我的信仰之鸟

一只鸟自我心之深处飞出,直上青天,越飞越高,越飞越大;初如燕子一般大小,继而似金翅雀,尔后像雄鹰,直至变得像春天的云朵,充满了镶嵌着星斗的苍天。

一只鸟自我心之深处飞出,直上青天,越飞体躯越大。

虽然如此,它仍居于我心之深处。

啊,我的信仰!啊,我那任性多能的真知!

我怎样才能和你飞得一样高,与你同观影印在天幕上的人的巨大自身?

我又如何将我心之深处的海变成浓密的雾,伴你一道翱翔在无边无际的苍穹?

处于神庙暗处的囚徒能够看到神庙那镀金的圆顶吗?

果仁能够渐渐伸延,最后像果实包裹自己那样将果实包起来吗?

是啊,我宽厚温和的信仰!是的。我身缚铁链,被关在狭窄的监牢阴暗处,这由骨肉制成的隔墙将你我分开,我现在无法与你同飞向无垠世界。

然而你自我心之深处飞上广阔天空,而你仍然居于我痛苦的心之深处,我对此感到心满意足。

分 歧

伊沙纳国王后在产床上,正经历着阵痛。国王及朝臣们坐在“飞牛厅”①,个个忐忑不安,人人如坐针毡,期待着王后尽快摆脱剧烈痛苦。就在这个时候,一信使急匆匆走进大厅,跪在国王脚下,禀报道:“国王陛下,我给你们,给王后、给国王的所有奴仆带来喜讯一则:陛下的凶恶敌人、比特隆国王、暴虐的米赫拉卜一命呜呼了。”

国王及国家要人们听到这个好消息,一个个喜形于色,额手称庆。因为如果暴虐的米赫拉卜再多活一年,就要入侵伊沙纳国,掠其百姓到他的国家去当奴隶。

就在这时,宫廷御医向国王躬身施礼,然后说:“祝愿国王陛下万寿无疆!上帝赐国王一贵子,王位后继有人,必将使陛下以传世万代,伊沙纳国泰民安!”

国王容光焕发,欣喜不已,因为同一时刻劲敌丧命,适逢王室添后,恰是双喜临门。

当时伊沙纳城有位真正的预言家,而且是位勇敢无畏的青年人。

国王当夜差人去叫预言家,不多时便被带到了国王面前。

国王说:“喂,先知先觉的预言家,你来预言一下,我这个刚刚为

① 古亚述人崇拜的一种神,人头牛身,生着翅膀。头象征思想,身象征意志,翅膀象征想像力。作者所说的“飞牛厅”指的是以该神命名的大厅。

王国生的儿子的前程如何?"

预言家立即回答道:"国王陛下,请听我说,我将如实预言你这位今天出生的儿子的前程:

昨夜国王的死敌米赫拉卜国王驾崩,但他的阴魂仅随风飘飞一夜,随后又降落在大地上,再次寻找躯壳投生;找来找去,没找到比你的这个新生儿子更合适的躯壳,故择之而寄生。"

国王勃然大怒,口吐白沫,抽出宝剑,亲手削下了预言家的首级。

许多年过去了,伊沙纳的贤哲们私下议论:"自古有个传说,且岁月已证实了那种说法:伊沙纳一直处于其敌人统治之下。难道不是吗?"

全知与半解

大河边上,有一根圆木,上面趴着四只青蛙。一个巨浪打来,圆木被冲到河心,遂顺水缓缓而下。河面宽阔,情趣无穷。青蛙欢快起舞,庆祝这前所未有的航行。

片刻过后,第一只青蛙喊道:"好奇妙的圆木,同伴们,你们仔细瞧瞧,它像动物一样,能走会动。凭上帝起誓,我压根儿没听说过这种怪事情!"

第二只青蛙答声:"朋友,这圆木不能走,也不会动的,并不像你想像的那样妙趣横生,而是奔向大海的河水带着这圆木,同时也带着我们漂游远行。"

第三只青蛙说:"凭我的宗教起誓,不是这样的。二位朋友,你俩都想错了。圆木没有动;和圆木一样,河水也不动,而是我们的思想在动,是思想使我们以为我们静止的身体在动。"

三只青蛙为究竟什么在动而争论起来。争论越来越激烈,嗓门亦越来越高,终不能取得一致意见。

它们一齐把目光转向一直在留心听它们争论的第四只青蛙的身上,问它有何看法。

第四只青蛙说:"伙伴们,你们说的都对,谁也没说错。因为运动同时存在于圆木、河水和我们的思想之中。”

这话并未使它们都感到高兴,因为每只青蛙都认为自己的见解正确,而其余二伙伴的意见显然是错误的。

之后发生的事可就离奇了:三只青蛙相互之间化敌为友,同心协力将第四只青蛙从圆木上推入河中。

白　纸

一张雪白的纸说:“我生来纯洁无暇,我将永远洁白。我宁愿被焚化而为白灰,也不愿让黑色接近我,亦不愿让污秽触摸我。”

墨水瓶听到白纸这番话,漆黑之心暗笑,但又害怕起来,没去接近白纸。各种颜色的笔也听到了白纸的这番话,再也没有触摸白纸。

就这样,那张纸依然白如雪——纯洁无暇——然而,终究是白纸一张。

学者与诗人

蛇对金翅雀说:“喂,金翅雀,你飞得多好看哪!不过,假若你能在地下洞穴之中潜行,那该多好;那里,生命的浆汁在寂静中微微颤动!”

金翅雀答道:“一点儿不错!你不仅博学多才,简直是至聪至慧者。不过……假若你会飞翔,那该多好!”

蛇好像没听到什么,而是说:“金翅雀,你真可怜!你不能像我那样看到大地深处的秘密,不能漫游地下王国宝库,看看那里珍藏的财宝。我则和你不同,我昨天还栖身于一个红宝石洞中,那里酷似一颗成熟的石榴心,最弱的光线也能将它映成晶莹透明的玫瑰花。除了我,谁能看到这样的奇景呢?”

金翅雀说:“大学者,你判断得很对。除了你,谁也不能躺在往事记忆和古代遗迹所凝结成的床上安睡。但是,很遗憾,你不会唱歌!”

蛇说:“我知道有一种植物,根插大地之腹;谁吃了它的根,谁就会变得比阿施塔特还美。”

金翅雀答:“除了你,谁也摘不下大地神奇思想的面具。不过,很可惜,你不会飞翔!"

蛇说:"我知道有一条紫色的小溪,流经一座大山脚下;谁喝了该溪之水,谁就会像神仙一样长生不老,不管飞禽走兽,都找不到这条小溪!"

金翅雀说:"是啊!如果你乐意,你本可以像神仙一样长生不老。可是,很遗憾,你不会唱歌。"

蛇说:"我知道地下埋有一座神殿,尚未被研究家或考古家发现,我却每个月都去游览一次,那是古代巨人留下的一座建筑物,墙上刻着所有时空秘密;谁读懂了那些铭文,谁的智慧和知识就能与神仙媲美。"

金翅雀说:"亲爱的学者,你说的全对。如果你愿意,你能以你自己的柔软躯体围住历代知识。不过,很可惜,你不会飞翔!"

蛇终于厌腻了金翅雀的谈话,掉头向自己的洞穴爬去,口中念念有词:"上帝诅咒这个头脑空空的歌使!"

金翅雀拍翅飞去,高声唱道:"可惜呀,你不会唱歌!可怜呀,我的学者,你不会飞翔!"

价 值

一个人掘地时,挖出一尊精美的大理石雕像,送到一个十分喜欢古董的人那里,让其观看。那个人便以很便宜的价钱把石雕买下,之后各自回家。

回家路上,卖者边想边自言自语:"这些钱会带来多大的力量和生计呀!真怪,令我吃惊的是,一个头脑健全的人,怎么肯花这么多钱换取一块既听不见,又不会动,在地下埋了千年,谁都不曾梦想到的石头呢?"

与此同时,买者仔细端详着手中的石雕,自言自语道:"啊,真是精美至极!果然气韵生动!你究竟是哪位高尚灵魂的梦幻!正是我将它从地下沉睡千年的梦中唤醒,给了它青春生命!天哪,我简直不能理解,像这样的稀世珍宝,那个人这么就要那么少的钱呢?!"

另有大海

一条鱼对其姐姐说:“我们这个海的上面另有一个大海,就像我们在这里生活、游泳一样,那里有各种各样生物在生活、游泳。”

姐姐回答道:“那是幻想!纯系幻想!亲爱的妹妹,任何生物只要离开我们这个大海一步,在外面呆上片刻,就会马上死去,难道你不知道?再说,你有什么根据说别的大海里会有生物呢?”

忏　悔

一个漆黑的夜里,一个人走进邻居的瓜园,摸到一个大西瓜,便摘下偷回自己的家中。

打开西瓜一看,却是个尚未长足的生瓜,突然良心发现,自我责备起来,后悔自己偷了西瓜,由衷表示忏悔。

临终者与兀鹫

莫急,朋友,千万莫着急!
我这具遗体,很快就交给你,
临终挣扎之久,竭尽了你的耐力。
我怜悯你的饥腹,不想让你久等,
即使残喘结成的镣铐,砸碎谈何容易?!
我愿意死——死是我的最高愿望,
却被我的最低愿望——欲生锁链所缚羁。
朋友,原谅我行动缓慢迟疑。
因为记忆把握着我的灵魂,
令其将历史上闪过的队列一一观看回忆:
观看我在梦中度过的青春年华,
眼前出现一张面孔令我不要合上眼皮。
让我听到一种回音久响的声音,
让我的手感触到一只看不见的手臂。

朋友,原谅我让你等待久矣!
然而时辰已过,一切都会枯萎而成过去,
脸面、二目、双手及领头的雾气。
看哪,结扣已经松启,
绳索也已断裂分离。
既非食物、又非饮料的东西已被搬走,
来吧,我饥饿的兀鹫兄弟!
靠近些吧,宴席已经摆好,
食欠丰盛,却充满真挚友谊。
来呀,先啄我的左肋,
务请救出胸腔中的那只小鸟;
因其双翅再也不能扇动,
求你带着它盘飞高天云际。
来吧,朋友,来吧!
今夜,我做你的东道主,
欢宴你这位佳宾兄弟!

我的孤独之外

我的孤独之外,另有一种更遥远的孤独。
与隐居那里人相比,我的孤单只不过是挤满人的广场。
与居住在那里的人相比,我的寂静不过是一种喧闹嘈杂而已。
我年轻卤莽,怎样才能到达那遥远孤独境地呢?
那个山谷的乐曲在我耳际波涌,
它那黑洞洞的阴影遮住了我的视线,
我怎样到那高远孤独境地去呢?
这些山谷和丘陵之后有一个爱与恋的森林,
与居住在那里的人相比,我的平静则是狂烈风暴;
与那里的情侣相比,我的迷恋只不过是欺骗与自负。
我年轻而莽撞,怎样才能到达那种神圣的森林中呢?
血腥味依旧在我嘴上,

父亲的弓和箭仍在我的手中，
我怎么到那种高雅孤独境地之中去呢？
我这个被囚禁的自身后有我一个放任自由的自身，
在它的信条中，我的梦仅是黑暗中的战斗，
面对它的愿望，我的愿望只是骨头的嘎嘎响声。
我年轻且尽受奴役侮辱，
怎么能让自己成为那自由的自我呢？
是啊，我不起来宰掉我那被奴役的自我，
或把所有的人都变成自由者，
我又怎能让自己成为那自由的自我呢？
我的根不扎入大地之黑暗处，
我的叶又怎能高歌在云风之上呢？
我的雏鸟不离开用汗水筑起的窝巢，
我的精神雄鹰又怎能展翅翱翔太阳面前呢？

最后的醒悟

在黎明前的黑暗中，微风夹带着黎明之始的芳香而至，“先行者”——耳朵尚未听到的声音的回声——起来，离开卧室，登上自家屋顶。他站立许久之后，抬起头来，望着静夜之中的城郭，仿佛那些熟睡人们苏醒着的灵魂已聚集在他的周围，他向人们演说道：

“兄弟们，邻居们，每天打我们门前经过的人们，我想在你们熟睡时和在你们梦幻的谷地里对你们讲话。我想赤身裸体自由行走。你们醒着时，比你们睡觉时还要粗心大意；你们被嘈杂之声累赘的耳朵，像寂静无声的深夜。

“我对你们的爱甚厚甚深。

“我爱你们当中的一个人，他如同你们所有的人。

“我爱你们所有的人，如同你们就是一个人。

“在我心中的春天里，我在你们的花园里吟唱；

“在我心中的夏令里，我守卫着你们的打谷场。

“是的，我爱你们所有的人，不论君王还是平民，也不论患病者还是健康人。我爱你们当中夜下寻路之人,也爱那些白日起舞于山冈上的人。

“强者啊,我爱你,虽然你那铁蹄的痕迹依然印在我的肉体上。

“弱者啊,我爱你,尽管你怠慢了我的信仰,荒废了我的耐心。

“富人啊,我爱你,纵然你的蜜糖到了我的嘴里就变成了苦瓜汁。

“穷人啊,我爱你,虽则你已晓得我两手空空,一贫如洗。

“诗人啊,我爱你,虽然你一味模仿,借来邻居的吉他,用自己的断指弹奏,我仍爱你的慷慨与厚道。

“学者啊,我爱你,虽然你在瘦弱的陶工田地里采集腐烂殓衣,耗尽了平生精力。

“牧师啊,我爱你,因为你坐在昨日的寂静中探问明天的运气。

“拜神者,我爱你,虽然你将自己愿望的幻影作为神灵膜拜顶礼。

“干渴的女子,我爱你,虽然你的杯子总是满的,因为我熟知你的秘密。

“打更女子,我爱你,我同情你;

“多嘴多舌者啊,我爱你;我心想,生活当中有许多等待你说出来的东西。

“寡言少语者啊,我爱你;我心想,假若我能听到表达你的静默含义的声音,那该多合我的心意!

“法官、评论家啊,我爱你;可是,当你们看见我被钉在十字架时,你俩却说:‘从他血管流出来的血多么可爱!血在他那白皙皮肤上留下的线条何其美丽!’

“是的,我爱你们所有的人,不论青年还是老翁。

“我爱你们那摇曳的芦苇和根深叶茂的橡树。

“然而多么遗憾!我心中充满着对你们的厚爱,却使你们的心背离了我。

“因为你们只贪啖小杯中的爱醇酒,而不身临奔腾的大河畅饮。

“你们只能听到爱神在你们耳边低声细语,却听不到爱神对着你们的耳朵放声欢呼。

“你们见我对你们一视同仁,你们却讥讽道:‘他的心多么容易驾驭,他的聪慧偏离他的轨道多远!他的爱是叫花子的爱,习惯于拣面包渣吃,哪怕是坐在君王摆设的宴席上;他的爱是卑贱弱者的爱,因为强者只爱强者。’

“你们见我对你们爱的深切,你们便说:‘他的爱是瞎子的爱,分不出美与丑;他的爱是鉴赏力缺乏的爱,把喝醋等同饮酒;他的爱是好管闲事者的爱,有哪个陌生人能爱我们如同我们的兄弟、姐妹和父母?!’

“这就是你们所说过的话,此外还有许多。你们常在城市街头巷尾、市场广场指着我嘲笑:

“‘你们瞧这个老小孩儿,不管春夏秋冬,不论岁月年龄,整天和我们的孩子一道嬉戏,傍晚与我们的老翁对坐,冒充斯文,装有学问。’

“当时我则心想:没什么,我将更爱他们,越来越爱他们。不过,我要在我的爱之前挂起用厌恶制成的帐幔,用强烈的恨遮罩起我的柔情。我还要戴上铁面具,披上铁甲去追赶他们。

“之后,我把一只沉重的手放在你们的伤口上,同时就像黑夜里的狂风一样,呼啸吼叫在你们的耳边。

“我站在房顶上,向你们揭露了口是心非、奸猾狡诈的法利赛人①和大地上虚假空洞的泡沫。

“我诅咒那些鼠目寸光之徒是瞎眼蝙蝠。

“我把你们当中那些俯着在地上的小人比做没有灵魂的鼹鼠。

“至于你们当中那些口齿伶俐、能言善辩者,我则将他们称为舌头生叉者;将沉默无声之人称为石心石舌者;而天真单纯之人则说:‘死者都不会厌恶死神。’

“我把你们及你们儿女当中那些追求人类知识的人判做亵渎神圣精神者;

---

① 法利赛人,希腊文 PHARISAIOS 的意译,意为“隔离者”。前二世纪至后二世纪犹太教内的一个派别,主要由文士和律法师组成,为哈西德派精神上的后继人。其神学思想对后世犹太教有影响。福音书载耶稣称之为伪君子。

“我把宠爱精神及大自然之外之物者判做扑捉幻影的猎手；他们把网撒入死水之中，只能捞起他们那愚蠢的倒影。

“我用双唇中伤你们，而我的心在滴血，正以最温柔、最甜美的名字呼唤你们。

“朋友们，邻居们，爱在自己的鞭策下向你们发表演说；

“高傲蒙着失败的尘埃，忍受着痛苦的煎熬，在你们面前舞蹈；

“我对你们爱的渴望，在房顶上大发雷霆，狂喊咆哮；

“然而我的爱无声地跪着，祈求你们恕饶。

“众人们，我给你们带来了奇迹：

“我的掩饰，擦亮了你们的眼睛；我的憎恶，开启了你们的心窍。

“现在，你们爱我了！

“你们只爱刺向你们心房的宝剑，你们只喜欢射穿你们胸膛的利箭；

“因为你们只为自己的伤口感到欣慰，只有把自己的血当酒喝才会烂醉。

“就像飞蛾扑灯寻死，你们天天聚集在我的花园里。你们仰着脸，睁大双眼，望着我撕扯你们白日的织物，相互窃窃私语：‘他借上帝的光明观察，他像先知那样说话，他揭去了我们灵魂的面纱。他打碎了我们心上的锁，就像兀鹰熟知狐狸的行踪那样，对我们所走的道路了如指掌。’

“正是。我确乎熟知你们所走之路，就像兀鹰知其雏鹰所行道路。我敞开心扉，向你们展示我的秘密。但是，我为接近你们之需要，我要佯装疏远你们；我担心你们的爱近乎完结，我则牢牢守护着我的爱的堤坝。”

先行者讲完这番话，双手捂住脸，失声痛哭起来。因为他心里明白：被人瞧不起的赤裸裸的爱，比伪装着求胜的爱要伟大。此时，他自感羞愧。

片刻后，他猛然抬起头来，宛如从沉睡中醒来，伸展双臂，说：

“啊，夜已经过去。当黎明爬上山冈之时，我们这些黑夜之子就该死去了。从我们的灰烬之中，将生出比我们的爱更加强烈的爱，它将在阳光下欢笑，它将是永恒的爱。”

疯　子

我怎样成了疯子?

这是我的故事。我要把它讲给每位希望知道我怎样成了疯子的人。许久之前,众神灵尚未诞生,我从酣睡中醒来,发现我的所有面具——我在地球上的七生中所铸就并使用的七种面具——全被盗走。于是,我裸露着脸,奔跑在拥挤不堪的大街上,大声呼唤人们:“抓贼!抓贼!可恶的盗贼!”男男女女都笑我,有的人害怕,惊恐地逃回家去。

来到城市广场,突见一青年站在房上,大声叫嚷:“众人们,这个人是个疯子!”我刚一抬眼看他,阳光便第一次亲吻了我那裸露的脸。阳光第一次吻我那裸露的脸,我的灵魂里燃起了爱太阳的火焰,我再不需要面具了,我仿佛在神志恍惚状态中呼喊:“祝福啊,祝福!为盗窃我的面具的贼祝福!”

就这样,我变成了疯子。可是,我却因为这种癫狂,得到了自由和解脱:离群索居的自由,避免人了解我的解脱;因那些了解我的人,总想奴役我们的某些东西。

然而我不能为这种解脱感到多么豪迈。因为盗贼,即使身入监牢,也不担心受别的盗贼的侵害。

上　帝

当我的双唇第一次颤动说话时,我登上圣山,呼唤上帝道:“主啊,我是你的奴仆。你的隐秘意志是我的法律。我将终生服从你。”

上帝没有回答我,而是像风暴吹过,消失在我的视野里。

一千年之后,我第二次登上圣山,对上帝说:“造物主啊,我是你的手制之物;你用大地上的泥土将我捏成人形,又注入你高贵灵魂的香气,使我有了生命。我的一切都受惠于你。”

上帝没有回答我,犹如千面翅膀,从我上空掠过。

一千年后,我又登上圣山,第三次呼唤上帝:“圣父大人,我是你的爱子。你以怜悯、慈爱之情将我生养,我必用敬慕、崇拜之心继承你的王位。”

这一次,上帝也没有答话,如同遮障远山丘陵的云雾,消失在我的眼前。

一千年之后,我登上圣山,第四次对上帝说:“英明大智之神,完美无缺之神!我是你的昨日,你是我的明天。我是你在黑暗地下的根,你是我在光明天上的花。我们同在太阳面前生长。”

其时,上帝怜悯我,弯腰俯身,对我一阵耳语,洋溢着温馨、甜润之意;恰如海纳溪流,上帝将我抱在他那宽厚的怀里。

我走到山谷平原,上帝也已在那里。

喂,我的朋友

喂,我的朋友,我并非你所看到的我。我的外表,只不过是一件用宽容、善果之线精织的外衣;我用它裹身,目的在于抵挡你的不期而访,免得让你觉察出我的粗心大意。至于被称为“隐藏的大自我”,那则是秘密,深居于我的灵魂寂静处,除了我概无人知,将永远作为秘密,永久隐藏在那里。

喂,我的朋友,请不要相信我的言谈话语,莫相信我的所作所为。因为我的谈话,不过是你的思想的回声;我的作为,不过是你的希望的幻影。

喂,我的朋友,你对我说:“风吹向东方”,我会立刻回答:“是的,风向东方吹。”因为我不想让你想到我那随海波游动的思想,不能和风飘飞。至于你呢,风能则已经撕破了你那陈旧思想的织物,无法再了解我那高飞在海上的深刻思想,你不知道我的思想底细更好,因为我想独自行于海上。

喂,我的朋友,你白日的太阳刚一升起,正是我的夜幕降临之时。虽然如此,我还要在夜幕之后向你谈谈正午舞动在山峦峰巅的金色阳光,谈谈它在舞蹈中所造就的注入河谷和田野的浓密阴影。我之所以跟你谈这些,因为你不能听到我幽暗的歌声,也看不到我的双翅在群星之间鼓动。啊,多好啊,你既听不到,又看不见那一切,因为我喜欢独自与黑夜交谈。

喂,我的朋友,你升入你的天堂之时,正是我下我的地狱之日。虽然你我之间隔着一道不可逾越的鸿沟,你却仍然呼唤着我:"喂,我的伙伴,我的朋友!"我回答你说:"我的伙伴,我的朋友",因为我不想让你看到我的地狱,那里炽燃的火焰能烧伤你的眼睛,那里的烟雾能堵塞你的鼻孔。至于我,则珍视自己的地狱,不希望像你这样的人光顾。因为我喜欢独自呆在我的地狱中。

喂,我的朋友,你说你酷爱真理、美德和纯美。我效仿着你说,人应该酷爱这样的德行。可是,我的内心里却暗暗嗤笑你的这种爱。我之所以不想让你看见我在笑,因为我喜欢独自笑在心里。

喂,我的朋友,你是位德高、机警、明智的男子汉。你简直是位完人。因此,我珍惜你的尊严,以理智和谨慎的态度同你说话。然而,我是个疯子,离开了你所居住的世界,来到了一个陌生而遥远的天地。我之所以不让你看出我的癫狂,因为我喜欢独自成为疯了。

喂,我的朋友,你并不是我的朋友!可是,又有什么办法能让你明白这些呢?我的路并非是你的路,但我们可以并肩前进。

稻草人

一次,我对稻草人说:"你独自站在这田间,难道不感到厌倦吗?"

它回答我说:"我有一种吓唬人的乐趣,其乐无穷。因此,我喜欢自己的工作,决无厌倦之感。"

我思考片刻后,对它说:

"你回答得对。我曾亲身体验过这种乐趣。"

它答道:"喂,老兄,你只是空想而已,这种乐趣,只有像我这样用甘草填腹者,才能知其滋味。”

这时,我离它而去,不知道它会称赞我,还是会贬低我。

一年过去了,那个稻草人成了一位大有学问的哲学家。我第二次从它身边经过时,看到两只乌鸦正在它的帽子下搭窝。

相伴梦游

在我出生的城里,生活着母女二人,二者均有梦游习惯。

夏天的一个宁静、美丽的夜里,母亲及其女儿照习惯起来,梦游到雾霭濛濛的花园。

母女边走,母亲边对女儿说:

“该死的,你这个凶恶的敌人!正是你毁坏了我的青春,在我的生活的废墟上建起你生活的大厦!我真想杀死你!”

女儿回答道:“可恶、自私的老太婆,你就是不让我自由一点!你想让我的生活成为你那破旧生活的回音!你为什么不早点死去!”

就在这时,雄鸡一声啼鸣,唤醒了仍在园中游走的母女二人。

母亲温情脉脉地说:“啊,原来是你,我的小鸽子!”女儿声调甜润地回答:“是我,您的女儿!我的好妈妈!”

两个修道士

在一座高山顶上,住着两个修道士,崇拜上帝,彼此相敬。

二修道士共有一只陶碗,别无其他财产。

一天,一个恶魔钻入年长修道士的心里,他便走到年青修士面前,说:“我们一起生活了很长时间,该分手了。因此,我想把我们的财产分一下。”

年青修士不禁惆怅起来,回答说:“你我分手,令我伤心。不过,贤兄,如果你非走不可,那就随你的意吧!”

年青修士拿来陶碗,说:“贤兄,这陶碗就是我们的仅有的财产;鉴于我们无法分它,我看你自己拿走就是了。”

年长修士面浮怒气地回答道:“我不求你施舍;不是我的东西,我也不要。因此,你应该把陶碗平分,各自拿自己的一份。”

年青修士谦让地说:“一个碗分成两半,对你我还有何用呢?若你认为好,我们就抽签吧!”

年长修士回答:“应该平分合理,我只要我的那份。贬低公平原则的抽瞎签,让我把公平原则和我应得的那一份交给偶然的运气,我不同意。我要求平分陶碗。”

年青修士见没和他再讨论的余地,于是说:“贤兄,既然这是你的真实愿望,那就照你说的办。那就请你把碗分成两半吧!”

年长修士面色发黑,高声喊道:“呆钝的家伙,多么胆怯,连争吵的能力都没有!”

聪明的狗

一天,一只聪明的狗打一群猫旁边走过。当狗接近猫群时,见猫们个个全神贯注,根本没有注意它的到来。狗停下脚步,惊异地望着猫们。

当狗正注视着猫们时,只见一体态硕大的猫站起来,面浮严肃表情,望了望同伴们,说道:“信士兄弟们,祈祷吧!我老实告诉你们,你们祈祷,反复热烈祈祷,天就会答应你们的要求,立即给你们降下老鼠。”

聪明的狗听了这重要的训诫,心中暗笑它们,边重复着自己的话,边离开它们,说:“这群猫多么愚蠢!它们的眼多瞎!连书上写的东西都不知道!书上写着的,我和我的先辈不是都读过吗?他们告诉我说,老天对祈祷、哀求的应答不是降老鼠,而是降骨头吗?”

有求必应

从前有一个人,他拥有满山谷的针。

一天,耶稣的母亲来到此地,对那个人说:“喂,朋友,我儿子的外衣破了,我想在他去圣殿前给他补好,你能借给我一根针吗?”

他没有给她针，而给了她一篇训诫词，题目是《有求必应》，以便让她在儿子去圣殿前给她儿子。

七个自身

夜深，寂静，困神封住了我的眼帘，我的七个自身坐而低声交谈。

第一个自身说："我在这个疯子的躯体里栖身多日多年，除了白日更新他的痛苦、黑夜重复他的忧伤之外无所事事。我厌腻这种枯燥无味的职业，非造反不可了。"

第二个自身回答第一个自身说："阿姐，你比我走运多啦！我被注定要与这疯子同欢共乐；他笑时，我得笑；他高兴时，我唱歌；他的思想兴奋，我就要以生着三个翅膀的脚为之起舞。倘若你造反，我该怎么办？"

第三个自身说："哎呀呀，二位贤姐呀！论工作，我比你们二位更该造反。我是相思之病、欲念之火、狂爱之神的化身！我如此不幸，难道我不该造这个疯子的反！？"

第四个自身说："同伴们，我比你们要不幸得多，规定我要激起这个疯子心中的憎恨之情，点燃其心中的憎恶、仇恨之火。我，就是生于地狱里暗洞中狂飙的化身，比你们更配造这种职业的反。"

第五个自身说："姐妹们，我真羡慕你们那份好工作。命运规定我更新这个疯子那无止无休的梦，激发其永无平静的饥与渴，伴之徘徊于无边宇宙，压根儿尝不到休息滋味，永久探索未知与未造之物。我，我比你们都应该进行造反。"

第六个自身说："姐妹们，你们多么幸福，而我又是何其不幸啊！我是卑贱低下劳碌的化身，以耐劳双手和不眠双眼，将白日绘成图象，赐种种低贱无形之物以永恒美之形式。我这么一个孤独寂寞的化身，难道不应该报仇、造反吗？！"

第七个自身望了望诸姐妹，说："别说啦！你们那份工作都那么好，却要造这个可怜人的反，何等离奇呀！倘若岁月能让我干上你们那份好工作，我该是多么幸福！我是失业化身，终日无所事事，呆坐在无止无休的沉默与黑暗之中；与此同时，你们的生活外观不断更新。凭你们的主起誓，你们评一评理，究竟哪一位姐妹更该造反？是我，还是你们？”

第七个自身说完，六个自身均用同情、怜悯的目光望着她，谁也没有吱声。

夜幕垂降，众自身各怀对自己那份工作的新的顺从、幸福的屈服，相继进入梦乡。

然而第七个自身仍睁着眼睛，注视着万物后面的子虚乌有。

公　正

一天晚上，王宫举行盛宴，宾客盈门，热闹非凡。一个男子随宾客进入宴会厅，向王子请安。他举止恭敬、庄严。众宾客无不以惊异的神色望着这位客人，因为他失去了一只眼，鲜血正从眼窝里向外溢淌。

王子问：“阁下，你怎么啦？”

“王子殿下。”那人答道，“我是个贼，趁今夜漆黑，我到一个钱庄偷钱，就要进钱庄时，突然迷了路，误入隔壁织布作坊，于是拔腿就跑。天太黑了，我什么也看不见，不巧碰到了织布机上，挂掉了这只眼。”

王子立刻差人抓来织布匠，并且下令剜掉织布匠的一只眼。

织布匠对王子说：“王子殿下，您的判断完全公正，理当剜掉我一只眼。但我不瞒您说，我的职业需要两只眼，以便查看织物的两个边。不过，我有个街坊，他是修鞋匠，和我一样，也有两只眼，而他的职业只需要一只眼。您不妨把他喊来，剜掉他一只眼，以此维护法律。”

王子立即派人叫来来鞋匠，并且剜掉了他的一只眼。

就这样，正义伸张了。

狐　狸

日出东方,狐狸走出寓穴,惊愕地望着自己的影子,说:"今天午餐时,我要吃一峰骆驼。"之后走去,整个一个上午,四下寻觅骆驼。日挂中天,它又看看自己的影子,吃惊地说:"不,只有老鼠也就够啦!"

聪明的国王

在一个遥远的城里,有一位暴虐、聪明的国王,人们慑服其威力,佩服其智慧。

那座城中有口井,其水清澈见底,甘甜可口,全城居民,包括国王及其侍从,都喝这口井的水。因城里再无别的水井。

一天夜里,人们正在熟睡,一女巫悄悄走到城中,向井中投了七滴异液,并且说:"从今往后,谁喝这口井的水,谁就会变成疯子。"

翌日清晨,城里的居民喝了井水,果然如女巫所言,都变成了疯子。但是,国王和宰相没喝那井里的水。

消息传到城里,居民们从一个区走到另一个区,从一个胡同走到另一个胡同,纷纷交头接耳,窃窃私语,说:"我们的国王及其宰相疯了。我们的国王及其宰相失去了理智。我们拒绝一个疯国王统治我们。我们这就去把他们赶下王位!"

那天晚上,国王听到发生的一切,随即命令把从先人那里继承来的一只金盒子里装满井水。众侍从立即动手,然后把水送到国王面前。国王端起金盒子,把水送入口中。国王喝足水,又把盒子递给宰相,宰相仿而效之。

居民们得此消息,禁不住皆大欢喜,因为他们的国王和宰相恢复了理智。

宏愿

三个人来到一家酒店坐下，其中一是织工，一是木匠，一是掘墓人。

织工对二位同伴说："今天，我卖了一件上等亚麻寿衣，得到两个第纳尔。让我们畅饮一顿酒吧！"

木匠回答道："我嘛，售出了一口顶好棺木，那我们就用最好的肉下酒吧！"

掘墓人对他俩说："我今天只挖了一个坟坑，雇主却付给我双份工钱。我们再来点蜜吧！"

那天夜里，酒店里为他们忙个不停。因为他们一次又一次要酒、加肉、添蜜。他们高兴得手舞足蹈。

店主不时微笑着望望妻子，简直不敢相信自己所看到这一切。因为他的这三位顾客花钱根本不算计。

他们在酒店吃喝到是夜大晚，饭饱酒足之后，方才唱着叫着离去。

店主及其妻子站在店门目送客人远去。

妻子对丈夫说："如果每天都有这样慷慨大方的顾客临门，那么，我们该多走运啊！到那时，我们就可以让我们的独生子免于在这个脏酒店里干活了，可以培养他，将来当名牧师。"

新乐趣

昨夜，我创造了一种新乐趣。

当我第一次享受这种新乐趣，眼见一位天使和一个魔鬼已经站在我的门上，就我的新乐趣谈论、争执起来。

天使高声喊道："那是大罪。"

魔鬼声音更高："不，凭我的宗教起誓，那是美德。"

另一种语言

我出生后的第三天，躺在我那丝绒摇篮里，用异常亲切的目光，打量着我周围的新世界。

我的母亲问奶妈："今天，我的孩子好吗?"奶妈回答道："太太，孩子挺好的。我已喂过他三次奶，我还没有见过像他这样的乖孩子。"

听到这些话，我生气了，高声喊道："别相信，母亲，别相信那些话。我的床粗糙不堪，我吃的奶有苦味，乳房也臭气熏鼻。我多么不幸啊!"

母亲听不懂我的话，奶妈不知我说了些什么。因为我跟她俩说话用的是我来的那个世界的语言。

我出生的第二十一天，那是我接受洗礼的日子。牧师对我母亲说："太太，祝贺你。你的儿子生来就是个基督教徒。"

我惊异地对牧师说："如果事情像你说的那样，那么，你在天上的母亲会因你而感到悲伤，因为你生来并非基督教徒。"

牧师不明白我用自己的语言对他说的话。

七个月之后，来了个占卜师，仔细打量过我的脸，对我母亲说："你的这个儿子将成为卓越的领袖，人们将顺而从之。"

我用最大的声音喊叫道："那是虚假的预言。我了解自己，我深知我将学习音乐和声乐，我只当音乐家。"

使我至为惊异的是，虽然我已经到了那个年龄，谁也听不懂我的话。

又过了三十三年，我的母亲及奶妈、牧师都已作古(上帝庇护他们的灵魂)，而占卜师仍活在世上。昨天，我与占卜师相遇在庙门前，同他进行了交谈，告诉他我已走上音乐之路。他对我说："我已相信你将成为大音乐家，你还是孩子时，我就向你母亲预言到了你的这种未来。"

我相信了他的话。因为我已忘记了我来的那个世界的语言。

石　榴

一次,我生活在石榴心里。一天,我坐在自己的阁子里,听到一颗石榴籽说:“将来我将变成一棵参天大树,风用其枝条唱歌,太阳在其叶上跳舞。我将四季强壮健美。”

第二颗石榴籽回答道:“喂,同伴,你多愚蠢啊！我像你这么年轻时,也做过你这样的梦。可是,当我能够用标准确定一切事物时,才知道我的希望皆系虚妄。”

第三颗石榴籽说:“我则看不到我们中间有什么预示着像这样伟大未来的东西。”

第四颗石榴籽说:“如果我们的生活没有更加光辉的未来,那么,它就是虚假的。”

这时,第五颗石榴籽站起来,说:“我们连我们今天的现状都不了解,为我们的将来而争执,又有何益呢?”

第六颗石榴籽说:“我们将永远停留在现状上。”

第七颗石榴籽说:“我头脑里有将来的一幅清晰图象,但我无法用语言描绘。”

接着,第八、第九、第十以及许多颗石榴籽说了话,直到所有的石榴籽都发了言;只因声音杂乱,我什么也没听清。

就在那天,我离开了石榴,搬到了榅桲腹里,生活在静谧、沉静之中。

两只笼子

父亲的花园里有两只笼子。

一只笼子里关着一只雄狮,是父亲的仆人从尼尼微大沙漠带回来的;另一只笼子是一只不厌其烦地唱歌的欧椋鸟。

欧椋鸟每日拂晓都要向雄狮问安,说:“喂,囚徒兄弟,早晨好!”

三只蚂蚁

一男子仰睡在阳光下，三只蚂蚁在他的鼻子上相会了，各自用本部落的礼节互相问好，然后站着交谈起来。

第一只蚂蚁说："我们今天所在的丘陵和平原，是我在大地上的生活中踏过的最贫瘠的地方。我转了一天，想找一粒粮食，不论什么品种，却一无所获。"

第二只蚂蚁说："我常听本族人谈到一个地方，他们称之为光秃地；说这块地会转能动，他们的话可真多！看来，我们今天是走在光秃地上了，因为我们走遍了它的角角落落，亲身领略了它的真实情况。"

第三只蚂蚁抬起头来，说："二位朋友，我们现在站在一只巨蚁鼻子上；其威力无尽无边；其体之大令我们的眼睛难以看见；其影宽为我们的尺度不能丈量；其声高使我们的耳朵难以分辨。这就是那只永恒的巨蚁。"

第三只蚂蚁把话说完，其它二位伙伴相互交换了眼色，笑了起来。

这时，男子动了动睡姿，抬手挠了挠鼻子，三只蚂蚁在他的手指下顿时化为粉尘。

掘墓人

一天，我正在埋葬我的一个死了的自身，忽见掘墓人站在我的面前，对我说：

"在所有到此墓地来的人，你是我中意的唯一一人，"

我对他说："朋友，你的话使我感到高兴。可是，你为什么唯独喜欢我，而不喜欢他人呢？"

他回答道："别人都是来去路上泣哭不止，只有你往返途中笑意盈容。"

神庙台阶上

昨日黄昏,我见一女子坐在神庙台阶上。

有两位男子与她站在一起,一左一右,都在望着她。

使我感到奇怪的是,女子的右面颊苍白,憔悴,左面颊却呈红润。

圣　城

我年轻时,曾听人们谈到某城市,那里的人都遵照圣书教导生活。我心想:“我要寻找那座城市去,以期得到幸福吉祥。”

那座城很远,我备好了旅途中所需要的一切,跋涉四十四天,接近了那座城。第二天,我进了城,只见那里的居民都是独眼单手。我大惑不解,自问道:“莫非生活在这座圣城里的人,必成独眼单手?!”

我发现人们用比我更加惊异的目光望着我,因为他们对我的双目双手感到奇怪。

正在他们交谈时,我问他们:“这就是每个人都照圣书教导生活的那座圣城吗?”

他们说:“是的,正是那座圣城。”

我又问:“你们怎么啦?你们的右眼右手到哪儿去了呢?”

人们为我而叹息,可怜我无知。他们说:

“你来看看吧!”

一个人把我领向坐落在城中心的圣殿。

我进了殿门,只见殿堂中放着一堆眼球和断手,均已枯萎干缩。我惊愕不已地问他们:“凭你们的主起誓,请告诉我,哪个刽子手如此残忍,竟然砍下你们的手,挖掉你们的眼?”

所有的人都惊叹我的愚昧无知。一位老人走近我,对我说:“孩子,这都是自己干的呀!因为上帝征服了降在我们身上的恶魔,我们便连根拔掉了它的幼芽。”老人把我领向一个高高祭坛,人们紧紧

相随。老人指着刻在祭坛上的一节经文,要我读一下,我便读道:

"若是你的右眼叫你跌倒,就剜出来丢掉;宁可失去百体中的一体,不叫全身丢在地狱里。若是右手叫你跌倒,就砍下来丢掉;宁可失去百体中的一体,不叫全身下入地狱,"①

我明白了,原来秘密在此。我注视着他们,高声问道:"难道你们当中没有一位有双眼双手的男子或女人?"

他们异口同声地回答:"没有,一个也没有,除了尚未成丁的孩童,因为他们还没读过圣书,不会照圣教行事。"

我步出圣殿,赶紧离开了那座圣城。因为我们已成丁,且能读圣书了。

善神与恶神

一次,善神与恶神在山顶上相遇。

善神对恶神说:"早安,兄弟!"

恶神一语未发。

善神又说:"喂,同伴,看来你今日心境不佳。"

恶神回答道:"是啊,我很倒霉!因为最近一个时期,人们分辨不清我和你,我常听他们用你的名字呼唤我,我并不比你和你的名字讨人厌烦。"

善神说:"亲爱的,我每天也会遇到这种情况,许多人用你的名字呼唤我,把我当成你。"

恶神走去,心中炽燃着痛恨之火,咒骂人类的呆傻与愚昧。

败中有胜

我的失败,我的挫折!我的孤独,我的寂寞!
对我说来,你比千百个胜利更珍贵;
在我心中,你比万国的嘉誉更甘美!

---

① 《圣经·新约全书》"马太福音"第五章29、30节。

我的失败，我的挫折！我的自知，我的自卑！
我从你那里得知，我还是个卤莽的青年，
凋零破旧的桂冠不能吸引我；
我因你而感到孤独寂寞，
饱尝了逃亡、卑贱生活的折磨。我的失败，我的挫折！
我的锋利宝剑，我的闪光盾牌！我从你的眼神中读到：
人一旦登上皇帝宝座，也就变成了奴才；
人一旦自知灵魂深处，生命之书便合盖；
人达完美境地之日，便是葬死入土之时；
人像果实，一旦成熟，便要落蒂脱枝。
我的失败，我的挫折！我勇敢的友伴！
只有你，才听得到我的歌声、静默、呐喊！
只有你，才对我谈起翅膀扇动、大海咆哮和漆黑夜下爆发的火山！
只有你，才能登上我心中的巍峨山巅！
我的失败，我的挫折！我不灭的勇气！
你与我一道在暴风中大笑，
你与我一道挖掘坟坑墓道，
你与我一起挺立在太阳面前，
你与我一并为惊世的强暴。

夜神与疯子

疯子：“喂，夜神，我和你一样，黑乎乎，赤裸裸。我行走在火路上，下面铺垫的是我白日的梦幻；我的脚一触地面，那里便迸发出一棵巨大橡树。”

夜神：“不，疯子啊，你和我不一样。因为你不时地回过头去，看看你在沙地上留下的足迹。”

疯子：“夜神啊，我和你一样，静默而深沉。在我孤寂的心中，躺着一位正在分娩的女神；天堂与地狱借新生儿的天性实现彼此毗连。”

夜神:“不,疯子,你和我不一样。因为你仍在痛苦面前战栗;听到深渊的歌声,你害怕的魂不附体。”

疯子:“夜神啊,我和你一样,专制而暴虐。我的双耳里,充斥着被奴役民族的号丧和被遗弃土地的哀鸣。”

夜神:“不,疯子,你和我不一样。因为你仍然把你的‘小自身’当作忠实的伙伴,而不能将你的‘大自身’视为朋友。”

疯子:“夜神啊,我和你一样,苛刻而残暴。只有看到大海上起火的船只,我的心才感到快乐;只有吸到阵亡英雄的鲜血时,我的唇才感到有滋味。”

夜神:“不,疯子,我和你不一样。因为你思念着你灵魂的姊妹,听凭你的欲念左右,尚不能随心所欲。”

疯子:“夜神啊,我和你一样,兴奋而快活,跟从我的男子长醉于初酿之酒,与我结交的女人正畅快犯罪。”

夜神:“不,疯子啊,你和我不一样。因为你的灵魂裹着七层纱布,至今尚未将心托在手掌上。”

疯子:“夜神啊,我和你一样,坚韧而抑郁。我心中有数以千计的坟墓,里面葬着殉情的伴侣,泪水为他们做防腐剂,凋零的亲吻当他们的敛衣。”

夜神:“你和我一样吗?疯子,你真的和我一样?你能驾驭风暴当骏马?你能拿来闪电做利剑?”

疯子:“夜神啊,我和你一样。我像你一样全能而强大;我在众神尸堆上建起我的御座;我让白昼打我面前低头而过,亲吻我的衣边,却不敢抬头望着我的容颜。”

夜神:“我的黑暗心之子,你和我一样吗?你真的像我?你曾想到我那不受管束的思想,还是讲过我那博深雄辩的语言?”

疯子:“不,夜神啊,我们是孪生兄弟。你能揭示无边空间的结构,我能展示我心灵的秘密。”

面　孔

我见过一张面孔,呈现出千种表情;也见过一张面孔,永远是一种表情,仿佛是用模子铸成。我见过一张面孔,我能透过它那光彩夺目的表皮,看到里面隐藏着的丑陋污秽;也见过一张面孔,只有摘去它的面纱,才能看到它那被遮盖着的端庄俊美。我见过一张皱纹密布的老年面孔。然而上面空空荡荡;也见过一张光亮舒展的青春面孔,上面却满满当当。我善看种种面孔,因为我能够透过我的眼睛编织的视网,洞察脸皮后面的真相。

被钉在十字架上

我高声向人们呼喊:"我希望你们把我钉在十字架上!"他们说:"为什么你的血要在我们的头上?"我告诉他们:"若你们不把疯子钉在十字架上,你们怎么炫耀自己呢?"

他们接受了我的话语,把我钉在十字架上。这一钉平息了我灵魂中的风暴。我被高悬于天地之间,人们翘首仰望着我,一个个趾高气扬,因为他们的头从未抬过他的脚。

正当他们聚集在十字架周围,一个人高声问我:"喂,你这个人在赎什么罪?"

另一个人说:"凭你的主起誓,告诉我们,何因使你自我捐躯呢?"

第三个人问我:"喂,傻瓜,或许你认为用这等廉价能买到世间荣耀?"

第四个人说:"你们瞧呀,他还在悄悄笑呢,仿佛一点事都没有!人遭这样的痛苦,还能够笑吗?"

这时,我注视着他们,对他们说:"记住我的微笑吧,不要再记别的啦!我不赎任何罪,不想捐躯,不贪图荣耀,也没什么求宽恕的。但是,我口渴了,求你们让我饮自己的血;除了自己的血,还有什么能解疯子的干渴呢?正是!我原是哑巴,求你们让我用伤口说话。我本是你们日夜黑牢中的囚徒,我已找到了一条路,可以把我带往比你们的白昼更光明、比你们的黑夜更幸福的日子中去。

"看哪,我现在就要走了,走向许多在我之前被钉在十字架上的人们去的那个地方。但是你们不要认为我们这些被钉在十字架上的人会把你们的十字架放在我们心上,因为我们命中注定要被比你们更强大、更凶暴的巨人钉在最低人地与最高苍天之间的十字架上。"

天文学家

我和我的一位朋友看见一个瞽者独坐在圣殿的阴影中。朋友对我说:"他就是本民族中最有学问的人。"

我离开朋友,走近瞽者,问过安好,在他身旁坐下,与他攀谈起来。片刻之后,我问他:"先生,你是何时失明的?"

他回答道:"打一出生,我的孩子。"

我又问:"先生遵从何种哲学学派?"

他答:"我是天文学家。"

他手按胸前,补充说:"我观测这些太阳、这些月亮和这些星星。"

最大的渴望

看哪,我坐在山兄与海妹之间,我们三个一样孤寂,一种深挚、强大、罕见的友情将我们彼此相连。

那友情比海妹的深度更深,比山兄的力量更强,比我的癫狂更罕见。

自打第一线黎明曙光驱散我们眼前的黑暗,使我们彼此得以看见,不知过去了多少年。

我们眼见若干世界诞生、完美、消亡,而我们仍在华年,热切的希望充满心间。

是啊,我们年轻,热切,然而我们孤独,无人瞧我们一眼。

我们相互永远紧紧地拥抱,然而却无惬意之感。被压抑的思念和不得宣泄的欲望,有何惬意可谈?

火神今在何方,能否暖暖海妹的冷寝?

雨仙落在哪里,能否扑灭山兄的欲焰?

我比二兄妹更可怜。揪住我的心的女子,今又在何边?
静夜之中,海妹在梦中不住呼唤着火神的名字,求它前来温居;
山兄呼唤着远方的雨仙,求其熄灭欲火;
我呢? 我在梦乡又该把谁呼唤?
凭主起誓,我一无所知!
凭主起誓,我不知怎办!
我们三个一样孤寂可怜,
只有深挚、强大、罕见的友情将我们彼此相连。

小草与秋叶

小草对一片秋叶说:“你落下时发出的嘈杂声,搅了我的冬梦!”

秋叶怒而回答:“你这个根节低贱、奔嘴拙舌的家伙,满身泥土,远离苍穹音乐,分不清歌声与叫声,哪儿来的梦?”

秋叶说罢,便落在地上睡觉了。

春天来了,秋叶从梦中醒来,发觉自己变成了一棵小草。

秋季来临,小草该冬眠了。凋零的树叶随着金风飘落在小草周围,簌簌响声不断,小草不胜厌烦,说道:“讨厌的秋叶,发出这么大的嘈杂响声,搅了我的冬梦。”

眼　睛

一天,眼睛对感官朋友们说:“我看见这谷地后面有一座乌云遮障的山;多么美的山哪!”

耳朵听过眼睛的谈话,说:“你看见的那座山在哪儿? 我听不见它的声音呀!”

手说:“我既感觉不出它,也摸不到它,那里根本没有山。”

鼻子对眼睛说:“我闻不到它,真不明白怎么会有山;那里是不会有什么山的。”

眼睛把视线转向另一个方向,自笑起来。其他感官开了个会,研究引起眼睛幻视的原因,经过详细探讨,异口同声道:“眼睛无疑出了毛病。”

两个学者

古老的“思想城”里有两位学者，相互蔑视、厌恶对方的学识，因为其一不信神，另一位则是信者。

一次，二人在城市广场相遇，开始在各自的门徒面前争论神存在与否的问题。经过长达数小时的激烈争辩，各奔东西。

就在那天晚上，不信神者走到神庙，跪在祭坛前，祈求神灵宽恕他昔日的狂妄，变成了一位信神者。

就在同一时刻，信神者带上自己的圣书，来到城市广场，将圣书付之一矩，变成了一位不信神者。

当我的忧愁诞生时

我的忧愁诞生了，我用关怀的乳汁哺育它，用爱怜的眼睛守护它。

我的忧愁像一切生命那样，长得健壮、漂亮，精神饱满，欢天喜地。

我爱我的忧愁，我的忧愁爱我。我们都爱周围的世界。我的忧愁心地慈悲而善良，故也将我的心变得善良而慈悲。

我和我的忧愁一起聊天，我们将梦幻作白昼的翅膀，把幻梦当做黑夜的腰带。因为我的忧愁口齿伶俐，能言善辩，故也将我变得能言善辩，口齿伶俐。

我和我的忧愁一起唱歌，我们的邻居都临窗而坐，争相聆听我们的歌声。因为我们的歌声像大海一样深，像记忆一样奇妙难言。

我和我的忧愁一起行走，人们用饱含慕爱与敬佩的目光眷恋凝视着我们，用最温馨、最甘美的语词谈论我们。然而也有那么一部分人，用嫉妒的目光望着我们。因为我的忧愁纯洁、高尚，使我深深为之自豪。

我的忧愁像一切生命死去那样死去，只留下我独身一人，形影相吊,苦思冥想。

如今,我每当说话,我的耳朵便觉得我的的声音无比沉重;我每当唱歌,再无邻里临窗聆听;我每当漫步街头,无人留神我的面容。然而我却有无限慰藉之感,因为我在梦中听到一种声音悲痛忧伤地说:

“你们看,你们看哪!这个躺着的人,他的忧愁已经死去。”

当我的欢乐诞生时

我的欢乐诞生了。我抱着我的欢乐,登上房顶,高声呼喊道:“邻居们,相识们,都来看,都来瞧,我的欢乐今天诞生了!都来看,都来瞧,我的欢乐在太阳下欢笑。”

我是多么惊讶!因为没有邻居来看我的欢乐。

一连七个月,我每天早晚都站在房顶上呼喊,向人们发布我的欢乐出世的消息,然而没有人听到我的喊声。我和我的欢乐形影相吊,无人留意,无人理睬。

过了一年,我的欢乐厌烦了自己的生活,面色憔悴,病入膏肓。因为除了我这颗心,再没有心为它跳动;除了我的双唇,再没有唇给它一吻。

我的欢乐终于在孤寂中死去。我只有想到我的忧愁时,才会想起我的欢乐;然而记忆也是一片秋叶,刚在金风中颤抖片刻,便裹上泥土敛衣长眠了。

完美世界

掌管失落魂魄的神灵啊,众神灵中的失魂之神啊,你听我说,守护着我们癫狂、迷惘灵魂的慈悲司命之神啊,你听我说:

我是个残缺之人,但却生活在完美人群之中。我,思想紊乱之人,秩序混沌星云,游移在完美世界之中;那里的人民有着完善的法律、严格的制度、有条不紊的思想和条理分明的梦境,就连他们的幻想也都登记造册。

神灵啊！这些人要用尺度量他们的美德，用秤称量他们的罪过。他们备有薄册，就连既非功、亦非过的无数鸡毛蒜皮琐事，也要入薄上册。

他们将日夜分成若干部分，不论做什么事，都必须在他们所严格规定的时辰。

吃饭、喝水、睡眠、穿衣、厌倦、烦闷……各有时间。

工作、嬉戏、唱歌、跳舞、休息……时到各得其宜。

以此思考，以彼感受；当幸福希望之星升起在遥远天际之时，放弃思考与感受。

唇含着微笑抢劫邻居，以企望得到赞谢的手送礼；用聪明智慧颂扬，谨小慎微地责备；以只言毁灭一颗灵魂，用一吻焚烧一个躯体；黄昏时分洗净双手，仿佛什么事情也没发生。

按照既有的传统爱慕；根据固有的模式消遣；恰如其分地崇拜神灵；用巧计迷惑魔鬼；设法欺骗不信神者；然后忘记所发生的一切，仿佛记忆只是冒失鬼的一场梦。

为某种目的想像，用心思考观察，谨慎小心地享乐，有思想准备地受苦，然后倒净希望杯中之酒，以期岁月再次将杯斟满。

神灵啊，神灵！所有这一切，都是预先思考而孕育，先下决心而后产生，精心安排，有制度约束，受理智指引，然后自消自灭，葬入心灵的僻静角落，而其坟墓上也标有符号和数码，作为我们及所有长眠者的殷鉴。

是的，这是一个绝顶完美世界，一个充满奇迹的世界，而且是上帝天国中的透熟之果，上帝世界中的至美天地。可是，神灵啊，我为什么在这里？我是一颗未熟的绿果，尚未长足，为什么在这里呢？我是充耳不闻的旋风，即不向东吹，亦不向西刮，为什么在这里？我是从燃烧的形体中飞溅出来的一块失迷方向的陨石，为什么呆在这完美世界之中？

我为什么呆在这里呢？掌管失落魂魄的神灵啊，众神灵当中的失魂之神啊，我为什么呆在这完美世界之中啊？

流浪者

流浪者

我在路口上遇见他。他除了身上穿的和手杖,一无所有,面带沉痛神情。相互问好之后,我说:“请到我家做客吧!”

他接受了邀请……

我的妻儿在门口迎接我们,他对我们微笑,他们欢迎他的到来。

宾主一道围桌坐下,全家人为见到这么一位蒙着神秘色彩、心意寂静无声的稀客感高兴。

晚饭后,我们围火而坐,我开始问他的游历。

那夜及次日,他给我们讲了许多故事。但我现在向你讲的,只不过是他痛苦经历中的要点,虽然他讲的时候他是那样心平气和。这些故事是他路途风尘的痕迹,也是他承受艰难困苦的部分收获。

三天之后,客人离去之时,我们不觉客人已经离去,只是觉得他是我们当的一员,仍在家外的花园里,还没有走进家门。

衣　服

一天,美神与丑神相遇在海岸。各自问对方:“你游泳吗?”

二神脱下衣服,下海搏风斗浪。仅过片刻,丑神回到岸边,穿起美神的衣服走了。

美神离水回到岸上时,发现自己的衣服不翼而飞,只好穿起丑神的衣服离去。

自那天起,男男女女在辨别美神与丑神时,每每认错。

然而有那么一些人,他们曾仔细端详过美神的容貌;尽管美神身着丑神的衣裳,依然能认出美神。还有一些人,能够认出丑神;虽然丑神穿着美神的衣裳,却瞒不过他们的眼睛。

兀鹰与云雀

兀鹰与云雀相遇在高山的一块岩石上。云雀说:“早晨好,先生!”兀鹰居高临下,望了望云雀,低声说:“你早!”

云雀说:“但愿你万事如意,先生!”

兀鹰答:“是啊,我们都万事如意。可是,难道你不晓得我是百鸟之王?我不跟你说话,你是不能对我说话的。”

云雀说:“我看我们是一家人。”

兀鹰蔑视地望着云雀,说:“谁告诉你,我和你是一家人?”

云雀:“关于这件事,我想提醒你一下:我能像你一样高飞,我还会唱歌,给大地上人们的心中送去欢乐;而你则不能为他们带来任何欢乐和享受。”

兀鹰生气了:“欢乐和享受!你这个装腔作势的小东西!我能一啄将你撕个稀巴烂。你不过才有我的爪子那么大。”

云雀一跃跳到兀鹰背上,开始啄它的羽毛。兀鹰烦恼难忍,展翅高飞摩天,想把云雀甩离脊背。然而未能如愿。最后,它还是落到了起飞的那块岩石上,云雀依旧踩在它的背上。兀鹰气急败坏,怨天尤人。

这时,一只小乌龟走近兀鹰,见其怪状,大笑不止,笑得仰面朝天。

兀鹰仰视小龟,说:“你这个行动迟缓、弯腰驼背、永远附着地面的小东西!你笑什么?”

小龟回答:“因为我看你变成了一匹马,一只小鸟骑着你,小鸟都比你强。”

兀鹰说:“去你的!这是家庭问题,是我与云雀姐妹之间的事,外人休插嘴!”

情　歌

有一次，一诗人写了一首情歌，高妙自不待言。他抄写了几份，分寄给好友与相识，其中男女均有。他也给一位姑娘寄去了一份；他与她只见过一面，她住在山后。

过了一、二天，姑娘差人送来一封信。信中云：“请允许我向你吐露真情，我深深被你写的情歌所打动。请你现在就来，来见我的父母，面商订婚事宜。”

诗人即刻复信。信云：“朋友，那不过是发自诗人心中的情歌，每个男子都可以唱给每位姑娘听。”

姑娘又写来一封信。信中说：“花言巧语骗人的坏蛋！从今到死，我将因你而憎恨所有的诗人！”

泪与笑

黄昏时分，鬣狗与鳄鱼相遇在尼罗河畔，双方停下脚步，互相道好问安。

鬣狗说：“先生，你的日子是怎样过的呀？”

鳄鱼回答道：“过的很糟糕啊！我有时因痛苦烦恼而伤心落泪，可周围的人们总是说：‘这不过是鳄鱼的眼泪。’这使我悲伤到不能描述的地步。”

鬣狗说：“别只谈自己的痛苦烦恼事，可你也得想想我的处境呀，哪怕是暂短一刻呢！我看到世界上的壮观美景，心里就充满欢乐，就像白昼那样眉开眼笑。然而林中人却说：‘这不过是鬣狗的欢笑。’”

集市上

一次，一位农村姑娘来到集市上。姑娘貌美超凡，面似玫玫瑰、百合，发若金色晚霞，唇含黎明微笑。

这位罕有的人间仙女,便被小伙子们盯上了,纷纷围拢上去,千方百计接近她。这个想跟她跳舞,那个想请她品尝糕点,多想上去吻一吻她的面颊,而且他们另有打算。

但是,姑娘自感受损,又惊又恼,认为那些青年行为不端,怒而斥责他们,气极之下,还抽了一两个人的耳光,然后目不斜视地离去。

天色已晚,姑娘在回家的路上,暗暗自言:"真讨厌!那些男子多没礼貌,道德多么败坏,简直叫人无法忍受。"

一年过去了,这位漂亮姑娘一直想念着集市和那些小伙子们。之后,她又一次来到集市上,依然面似玫瑰、百合,发若金色晚霞,唇含黎明微笑。

然而小伙子们一看见她,便纷纷躲开。姑娘孤孤零零度过了一天,没有一个人接近她。傍晚时分,姑娘回到家里,暗暗自语:"那些小伙子真没礼貌,讨厌至极,真令人无法忍受!"

两位储妃①

舍瓦基斯城内住着一位储君,城里的男男女女、老老少少都爱戴他,就连地里的牲口也熟悉他,走来向他问安,见他来高高兴兴。

然而人们却说其正妻储妃并不爱他,甚至有人认为储妃恨其丈夫。

一天,邻邦的储妃前来拜访舍瓦基斯储妃,两位储妃坐下谈话,各自说起自己的丈夫。

舍瓦基斯储妃激动地说:"我真羡慕你和你的丈夫生活得那样幸福,虽然你们结婚已那么多年。我呢,讨厌我的丈夫,因为他不属于我一个人。说真的,我是最不幸的女人。"

来访的储妃眷恋凝视着主人,说:"朋友,其实你是爱你的丈夫的。是的,你仍对他怀有未释放出来的激情,这就像花园里的泉水,正是女人的生命所在。可是,我和我的丈夫呢,我们之间没有任何

① 储妃:太子为储君,故称其正妻为储妃。

感情,只是互相默不作声地忍受着对方,而你和人们却认为那是幸福。"

电　闪

一个风雨交加的日子,一基督教主教正在大教堂时,一位非基督教妇女走来,站在主教面前,问:"我不是基督教徒,我能免遭地狱火烧吗?"

主教审视着妇女,回答道:"不能!只有那些受过洗礼,灵魂得到净洁的人才能免受地狱火烧。"

主教正说话时,一道电闪自天劈下,继之雷声轰鸣,教堂起火,烧着了教堂的各个角落。

城里的人迅速赶来,救出了那位妇女,而主教却被火神吞食了。

修士和禽兽

葱绿的丘山上,住着一位修道士。他灵魂纯洁,心地善良。各种飞禽走兽常成双结对地来看望他;他与它们谈天论地,它们高高兴兴,侧耳聆听;它们一心接近他,和他一直呆到日落,只有他为它们祈祷吉祥之后,方才打发它们走,目送它们飞上天空,步入丛林。

一天黄昏,修士正谈论爱情之时,一只豹子抬起头来,对修士说:"先生既然给我们谈论爱情,那么,就请谈谈你的情侣,她现在哪里?"

修士说:"我没有生活伴侣。"

这时众禽兽一声惊呼,彼此交头接耳:"他根本不懂什么情和爱,怎么能向我们谈论爱情呢?"众禽兽怀着蔑视的心情,相继悄然离去,只剩下修道士孤身一人。

那天晚上,修士躺在席子上,两眼望着地,双手捶胸,痛哭不止。

先知和少年

一天,先知沙利亚在花园遇到一少年。少年看见他,急忙跑过来,说:"早安,先生!"先知还礼道:"先生,你早!"接着又说:"只有你一个人?"

少年高兴地笑着说:"我甩掉我的保姆好长时间了,她以为我在这篱笆外面。可是,你没看见我在这儿吗?"之后,他注视着先知的面孔,说:"你也是一个人。你是怎么应付你的保姆的呢?"

先知答道:"我们之间的情况不同。其实,我大半时间是甩不掉她的;可是现在,我来到了这座花园,而她还在篱笆墙外找我呢!"

少年拍手叫道:"那么,你和我一样,也是个走失的人啦!走失的人不挺好吗?"然后问:"你是何人?"

"人们都称呼我先知沙利亚。你呢?"先知说,"告诉我,你是何许人?"

少年说:"我就是我自己。我的保姆在找我,而她不晓得我在哪里。"

先知凝视着天空,说:"我也只能暂时逃离保姆一下。可她会在外面找到我的。"

少年说:"我知道我的保姆也将在外面找到我。"

这时,传来一个女人呼叫少年名的喊声,少年说:"你看,我对你说她会找到我的。"

这时,外面也传来一种声音:"沙利亚,你在哪里?"

先知说:"孩子,你瞧,他们也发现我了。"

沙利亚仰面朝天,回答道:"我在这里。"

珍　珠

河蚌对邻居的一只河蚌说:"我的肚子痛的厉害,里面有个又重又圆的东西。我带着它遭多大磨难呀!"

邻居开心自得地回答道:"赞美苍天和大海。我没有任何疼痛感,里里外外,健壮安康。”

这时一只水蟹经过,听到两只河蚌交谈,对那只健壮安康的河蚌说:“是啊,你的确健壮安康。可是,使你邻居感到肚子疼的那种东西,是一颗美妙无比的珍珠。”

肉体与灵魂

一男一女相互依偎在春光明媚的窗前。女子说:“我看你,仪表堂堂家财万贯,你永远有那么大的吸引力。”

男子说:“我爱你。你是一种美妙思想,高远莫测;你是我梦中之歌!”

然而女子扭过脸去,愤怒地躲开他,说:“先生,我希望你从现在起离开我。我不是什么思想,也不是你梦中的什么东西。我是个女人,我希望你想着我。我是妻子,我是尚未出生孩子的母亲。”

二人分手了……

男子自言自语:“又一个梦想破灭了,化成了云雾。”

女子独自苦思冥想:“男人为什么要把我化为云雾、梦想呢?”

国　王

萨迪格王国的人民包围了王宫,群众愤而高呼反对国王的口号。国王从王宫台阶上走下来,一手托着王冠,一手提着权杖,众人看见国王,霎时一片肃静。国王站在众人面前,说:“朋友们!从现在起,你们不再是我的臣民。看哪,我这就把王冠和权杖交给你们。我想成为你们当中的一员。我不过是个普通人,但我想作为一个人,与你们一道劳动,共同努力,使我们的命运更加美好。不需要国王了!让我们到田野和葡萄园去,手挽手地劳动吧!我期望你们给我指出应该去的田地或葡萄园。现在,你们每一个人都是国王!”

人们大惊,鸦雀无声。被他们看作灾难根源的国王,如今交出王冠和权杖,成了他们的当中的一个百姓。

之后各自散去,国王跟着一个人走向田间。

然而萨迪格王国的情况并未改善，愤怒云雾依旧笼罩着王国的天空和大地，人们又聚集在广场高呼口号，要求有个人统治他们，掌管他们的事务，老少异口同声喊道："我们要国王！"

他们找到国王，发现他正在田间劳动，把王冠和权杖交给他，说："现在，你果断、公正地统治我们吧！"

国王说："我将真的果断地统治你们，我也将请天地之神佐助我公正地统治你们。"

之后，男男女女前来控告一贵族虐待他们，把他们当成奴隶。国王下令把那贵族传唤来，对他说："人的生命在上帝的天秤上都是等重的。你既然不知道如何称量在你的田园中劳作的这些人的生命，那么，我就把你赶出去，你应该永远离开这个王国。"

第二天，一些人来告居住在山丘后的一个心地残忍、弄得当地贫穷不堪的女爵。国王下令立即把她带来，判之以流放，并且说："这些人耕种我们的土地，看管我们的葡萄园，我们吃着他们烤的面包，喝着他们酿造的酒，他们比我们高贵。既然你连这一点也不晓得，那么，你应该离开这块土地，远离这个王国。"

又有男女来控告主教，说主教强迫他们搬运、雕刻石头，建造教堂，分文不付；他们明知主教金银满库，而他们却很忍饥挨饿，食不裹腹。

国王下令把主教带来，对他说："你胸前挂的这十字架，意味着用生命换生命，而你却一味索取，从不付出。因此，你当离开王国，永远不得回返。"

就这样，整整过了一个月，每天都有男男女女前来诉说他们肩上沉重的负担；与此同时，每天都有一个或更多压迫者被驱逐出境。

萨迪格国民惊喜，心中充满欢乐。

一天，老老少少将王宫包围起来，呼唤国王，国王一手托着王冠，一手提着权杖来到他们中间。

国王说："现在你们还有什么要求？我把你们所希望我拿来的东西再还给你们吧！"

人们高声呼喊："不，不！你是我们公正的好国王，是你清除了我们国土上的毒蛇、豺狼。我们来为你歌功颂德。王冠的威严属于你，权杖的光荣属于你。”

国王答道：“不，不是我！不是我！你们自己才是国王。当你们认为我懦弱无能、不善治理之时，你们也是不善治理的弱者。如今，国家走上了正道，因为那是你们的意愿。我呢，不过是你们大家头脑中的一种理想，我存在于你们的工作之中，并不是一个叫统治者的人。被统治者会发现自己在统治自己。”

国王带着自己的王冠和权杖回到宫中，老老少少们各自高高兴兴回家而去。

每个人都认为自己是一手托着王冠，一手提权杖的国王。

沙滩上

一个人对另一个人说：“海水涨潮时，我用鞋尖在沙滩上写了一行字；人们至今仍驻足读之，唯恐日后被什么抹去。”

另一个人说：“我也在沙滩上写了一行字，但那是在退潮之时，海浪一来便将之抹去了，请告诉我，你写的是什么？”

前者回答道：“我写的是：‘我是存在者’。你写的呢？”

“我写的是：‘我是沧海一滴水’。”

三件礼物

布什拉城有位仁慈王子，颇得臣民爱戴。

该城还住着一个光棍儿，一贫如洗，习惯骂人，经常摇唇鼓舌，诽谤中伤那位王子。

王子知道此事，但始终忍在心中，未动声色。

终于，王子想出一个制服那个光棍儿的办法：一个冬夜，王子派仆役给光棍儿送去一袋面粉、一盒肥皂和一块糖砖。

仆役敲过门，说：“王子给你送来了礼物，作为纪念，以示关心。”

光棍儿引以自豪，欣赏不已，满以为这是王子对他的敬重，高傲自得地走到主教那里，把王子送礼之事细细告之，并且说：“难道你看不到王子在如何讨我的喜欢吗？”

然而主教却说："哦，好一个聪慧的王子，而你又是多么缺少智慧呀！王子在用暗示说话：面粉填充你那辘辘饥肠，肥皂洗涤你那心灵污垢，糖砖甜润你的苦涩口舌。"

自那日起，光棍儿深感自惭形秽，更加憎恶王子。这憎恶也波及点破王子意图的主教。

然而自此沉默下来，没再中伤王子一句……

和平与战争

一天，三只狗在太阳下晒暖谈天。

第一只狗做梦似地说："真奇怪，我们今天像狗一样生活，想想我们当年在海底、地上、甚至天空中旅行的方便，再想想为狗提供享乐的那些发明创造，我们的耳、鼻和眼多有福气！"

第二只狗说："我最关心艺术。我们月下的吠叫声比我们的前辈更富有节奏感；看我们自己落在水中的影子，会发现我们的容貌比昨天更洁净，更清晰。"

第三只狗走上来，说："然而使我最留恋、最勾我心魂的，还是狗王国中的相互谅解！"

这时，三只狗环视四周，发现一打狗者向它们走来，多么可怕！

三只狗一跃而起，胡乱向大街上窜去。逃跑时，第三只狗喊道："求上帝保佑，你们逃命吧！文明正在后面追捕我们。"

舞　女

一次，一位舞女及其乐队来到拜尔卡沙国王子的宫廷，侍卫们热情迎接。舞女和着四弦琴、芦笛、洋琴的乐声，在王子面前翩跹起舞。

舞女先后跳了火焰舞、剑矛舞，星星舞，太空舞，最后又跳了风中之花舞。

其后，在王子面前停下舞步，向王子躬身施礼。王子令其走近自己，对她说："美丽的女子，幸福与欢乐的女儿，你的舞艺是从哪儿学来的？你怎么能够把大自然的各种因素融汇在你的舞蹈及其节奏韵律当中去呢？”

女子再次向王子行躬身礼，然后答道：“我不知道如何回答殿下的问话。我只知道一点，那就是：哲学家的灵魂居其头脑，诗人的灵魂居其心中，歌手的灵魂居其喉咙，而舞女的灵魂则宿其周身。”

两个守护神

一天夜里，两个天神相遇在城门，相互问候之后，开始交谈。

一个天神说：“这些日子里，你在干什么？分派给你的任务是什么？

另一个天神答：“分派给我看守一个罪人，他生活在山谷里，犯了大罪，滑到了危险的边缘。请允许我向你肯定，这是一项重大任务，我将付出极大辛苦。”

第一位天神说：“那很简单，我很了解罪人，不止一次看守过他们。我最近被分派看守一名心地善良的圣徒，他生活在树枝搭成的凉棚下，远避人们，离群索居。我要肯定地对你说，这才是一项及其困难而细致的差事呢！”

第二个天神说：“这纯粹是欺诈！守护圣徒怎么会比看守罪人更难？”

第一个天神回答：“说我欺诈，岂有此理！我说的全是真话。我看你才是个诈骗犯！”

两位天神争吵起来，起初动口，最后终于拳脚相见。

双方正打得不可开交，天神王来了，停下脚步，问道：“为何争斗？什么事情使你俩打了起来？难道你们不知道守护神之间打架是不成体统的，尤其是在城门口？告诉我，你们俩之间的分歧何在？”

两位天神同时开口，都称自己的工作比同伴的困难，理应得到对自己功德更大认可。

天神王摇了摇头，认真思索起来……

最后说：“二位兄弟，我现在不能说你们俩之间谁应得到更大荣誉和更大报偿。我既然有权指挥你们,而且你们俩都坚持对方的工作比自己的轻松,那么,我给你们俩调换一下工作。为了太平无事,确保看守任务完成,并使各自满意,现在你们俩就各自承担原来委派给对方的任务去吧!"

两位天神即去执行天神王的命令。然而二天神边走边不时回头怒目望望天神王,暗自说:"这帮天神王!他们把我们这些守护神的生活弄得一天不如一天。"

天神王站在那里,自言自语道:"其实,我们应该小心谨慎,留神看守这些守护神。"

雕　像

山上住着一个人,他有一尊雕像,系古代某位大师所作。他把雕像丢在门前的地上,压根儿不去看它一眼。

一天,一城里人路经山上人家门。那城里人见多识广,一看见雕像,便对主人表示想买下来。

主人笑道:"这是一块没人要的脏石头,你还想给它找个买主?"

城里人说:"我给你一块银币买下它。"

山上人又惊又喜。

雕像被一头大象驮运到城里。几个月之后,山上人进城,正游逛大街时,见一店铺门口人山人海,其中一个人大声喊叫道:"都来瞧,读来看,这里有一尊世间完美的雕像,仅仅两个银币,便可一睹雕塑大师的传世杰作。"

这时,山上人付了两个银币,走进店铺观看……原来那就是他以一块银币卖出的那尊雕像!

交　换

一次,穷诗人与愚富翁相遇在交叉路口。二人之间有一长段谈话,所说的话无不流露着愤怒、厌恶情绪。

这时路神经过,手往二人肩上一搭,奇迹发生了:各自的财产转入了对方的手中。

二人各自离去。更奇异的是:诗人睁眼一看,发现自己手里抓的是流动的干沙子;而富翁一合眼,便觉得自己的心里尽是流动的乌云!

爱与增

一女人对一男子说:“我爱你。”男子说:“我值得你爱的在我心中。”

女人问:“难道你不爱我?”男子久久注视着女人,没有作声。

这时女人高声喊叫:“我憎恶你。”男子说:“我值得你憎恶的也在我心中。”

梦

一个人睡觉时做了个梦,醒后去找占卜师,求其为之圆梦。

占卜师对那个人说:“你把醒时做的梦给我带来,我将给你圆之;至于你睡时所做的梦,则是我的学问和想像力不可及的。”

疯　子

那是在疯人医院的花园里发生的事:我碰见一位面色憔悴、容貌俊美、令人觉怪的青年。

我在他身边的凳子上坐下来。问他:“你为什么在这里呢?”

他吃惊地望着我,说:“这么问不合适,但我还是回答你:我父亲要我变成他的复制品;我的叔父也想要我变成他那样的人;我母亲希望我成为她那位名扬四海的父亲那样;我姐姐则打算让我成为她的海员丈夫那样应该效仿的完美典型;而我的哥哥却说我应该成为他那样的出色的运动健将。

“还有,我的老师们,从哲学博士到音乐教师、逻辑大师,每个人都决心使我成为他们在镜中的影像那样。

“因此,我来到了这个地方。我发现这个地方能还健康给我,至少我能够成为我自己。”

之后,他突然把脸转向我,说:“请告诉我,你也是被别人的劝告和教诲把你送到这里来的吗?”

我回答:“不!我是来参观的。”

他说:“那么,你是住在墙那边的疯人医院里的一个人了。”

青　蛙

夏令的一天,一只青蛙对其伙伴说:“我真担心我们夜晚唱歌会搅得岸上那家人不得安宁。”

伙伴回答:“是啊!可是,难道你不觉得他们白天唠唠叨叨也扰乱了我们的宁静吗?”

青蛙说:“人所共知,我们在夜里唱得太多,而且过分多了!”

伙伴说:“他们白天里高声喧闹,而且过分嘈杂,这也是我们所共知的。”

青蛙说:“牛蛙的咆哮声弄得四邻不得安宁,我们有什么可说的呢?”

伙伴说:“是啊!那些来这岸边的政治家、牧师和学者喧闹不休,声音震天动地,既无音韵,亦无节奏,那你该说什么呢?”

青蛙说:“真的!我们总要比这些人好些吧!让我们夜间安静一些,把歌保留在我们的心中,虽然月亮企盼着我们的歌喉,星宿期待着我们的和声。我们至少该沉默一夜或两夜,甚至连续三夜吧!”

伙伴说:“很好!我同意。我们将看到我们的好心会带来什么结果。”

一夜过去,青蛙未鸣。第二夜、第三夜,也未听见青蛙的叫声。

更奇怪的事情发生了:第三天,住在湖岸边那家的多嘴多舌的女人下来吃早饭,高声对丈夫说:“一连两夜,我都没有尝到睡觉的滋味。我只有听着蛙鸣,才能进入梦乡。我三夜没有听见蛙鸣,准是发生了什么意外事。我因失眠,都快要发疯了啦!”

青蛙听到这话,把脸转向伙伴,使了眼色,说:“我们沉默得几乎要疯了，不是吗？”

伙伴回答道：“是啊！夜下沉默，对我们来说真是个沉重的负担。我现在已经明白，为了给那些用喧闹声填充空虚的人创造欢乐，我们没有必要中断我们的歌声。”

那天夜里，月亮终于盼到了青蛙的歌喉，星宿等来了青蛙的和声。

法律与立法

古时候，有位伟大国王。这位国王英明，想为臣民制定法律。

国王召来选自一千个部落的千位贤人，要他们制定在幅员辽阔的王国通行之法。

书写在羊皮纸上的千条法律被呈于国王面前，国王过目后痛苦流涕，因其不曾知道，王国之内，罪恶形式竟达千种。

之后，国王召来书记官，亲自口授法律，双唇含着微笑，最后法律成文仅仅七条。

千位贤人怒而离去，带着他们制定的千条法律回到部落中。每一个部落开始采用千位贤人制定的法律。

因此，直到今天，他们有千条法律。

那是个大国家，境内有千座监狱，这些监狱中充满触犯法律的男男女女。

那的确是个大国。然而国民都是千位立法者和一位英明的国王的后裔。

哲学家与鞋匠

一次，一位哲学家穿着破鞋来到修鞋铺，对修鞋匠说：“我想修修这双鞋子。”

鞋匠说：“我现在正修别人的鞋，而且还有些鞋子也非修不可，然后才能轮到修你的鞋。不过，你可以把鞋放在这里，今天先穿这双鞋走，等明天我给你修好后再来取你的鞋子。”

哲学家生气了，说："我从不穿别人的鞋子。"

鞋匠说："那好！你真是一位哲学家，不能把你的脚放在别人的鞋子里吗？这条街头上还有一个鞋匠，比我更了解哲学家，你到他那里去修鞋吧！"

建桥者

在安塔基亚的阿绥河入口处，有一座桥，将城市的两个部分连接起来。建桥用的条石，都是安塔基亚的骡子从山里驮来的。

桥建成后，一个桥墩上用希腊文和阿拉伯文刻着："该桥为安条克二世[①]国王所建。"

人们过河都打这座连接城市两部分的桥上经过。

一天傍晚，来了一个青年人，有的人认为他疯到了一定程度。这个小疯子来到刻着字的桥墩旁，用碳黑将原来的字抹掉，另写上："该桥所用之石，皆由骡背自山间驮来；往来过桥者，均骑在该建桥者——安塔基亚骡背上。"

人们看过青年写的字，有的笑，有的惊，也有人说："嗬，是的！我们知道那是何人写的，不就是那个'小疯子'吗？"

然而一头骡子笑着对另一头骡子说："那是我们驮的石头，难道你不记得？虽然如此，但至今仍有人说该桥为安条克二世国王所建。"

扎德土地

旅行者在扎德的一条路上遇到一村夫，便指着大片土地问道："这片土地不就是当年艾赫拉姆国王大胜敌人的战场吗？"

村夫道："这里从未当过战场。这里原是宏伟的扎德城，因失火化为灰烬，但现在变成了肥沃良田。不是吗？"

---

① 安条克二世（公元前 287 – 前 246）叙利亚塞琉王国国王。公元前 261 年即位。

二人分手,各奔东西。

走了不到半里路,旅行者遇到另一个人,指着田地又问:“这里当年有座宏伟的扎德城?”

那人说:“这里根本没建过城,倒是曾有一座修道院,已毁于南夷人之手。”

过了一会儿,旅行者在同一条路上遇到三个人,指着宽广的土地问:“这里原先真有一座修道院吗?”

那个人回答:“这附近从来没有什么修道院。不过,我们的父辈、祖辈曾经告诉我们,这片土地曾落过一颗大流星。”

旅行者继续往前走,心中暗暗叫怪。之后遇见一位老者,问过安好,说:“老先生,我在这条路上遇到三个当地人,向每个人打听过这片土地的历史,但说法各不相同,都向我讲了一个别人没讲过的故事。”

老人家抬起头来,回答道:“朋友,这几个人说的都是事实。但是,我们当中很少有人能把一个个不同的事实穿连起来,讲出整个历史事实。”

金腰带

一天,两个到有高柱的萨拉米斯城去的人相遇,于是结伴同行。中午时分,二人行至一条大河边,河上无桥,要么游过河,要么改走生路绕行。

一个对另一个说:“我们游过去吧!这河并不宽,不必去吃绕行生路之苦。”

说完,二人跳下水去。

时隔不久,其中一个人便失去了平衡,被水流冲向远方。不能把握自己的方向,而他是识水性、熟知水道的。与此同时,另一个人不曾下过水,却沿着直线游过了河,很快站在对岸上。他见同伴正与水流搏斗,便再次跳下水中,把同伴安全拖上岸来。

险些被水流送命的人问:“你说你是不会游泳的,怎么这样信心十足地游过了河呢?”

对方说："朋友，难道你没看见我这条金腰带吗？这里面装满金币，是我一整年辛辛苦苦劳动所得，全是为妻儿挣的。正是这条金腰带的价值将我浮过河来，以便回到妻儿身边；我游泳时，妻儿都在我的肩头。"

二人一起继续向萨拉米斯城走去。

红　土

大树对男子说："我的根深扎红土之中，我将把果实献给你。"

男子对大树说："你我何其相似！我的根也深扎在红土里。红土给予你力量，以便让你把果实献给你；红土也教我接受你的奉献，同时表示谢恩。"

圆　月

一轮圆月升起，光华普照城郭，城里的狗都对着月亮吠叫不止。

然而有一条狗没叫。它厉声对同伴说："你们的吠叫声既不能起死回生，也不能让月亮落地。"

霎时间，所有的狗中止吠叫，全城陷入吓人的寂静之中。但对大家说话的那条狗，为了寂静，一直持续吠叫了一整夜。

出家的先知

过去有两位出家的先知，每月三次离开禅房进城，在集市上号召人们助人为乐，分担他人重担。先知口齿伶俐，能言善辩，颇能说服人，因此名声远扬，国人皆知。

一天，三个男子来到先知的禅房，先知热情接待他们。他们对先知说："你一直劝告人们施舍行善，互助协作，意在教育那些富有的人周济穷人。我们怀疑你的名声给你带来大批财富。如今，我们饥馑难忍，就请你给我们一些钱财吧！"

先知答道："朋友们，我仅有这张床、这床被子和这把壶；如果你们需要，就拿去吧！我既无银，又无金。”

三个人蔑视地望了望先知，走在后面的一个人，在门口站了片刻，说：“噢，你在撒谎，你在行骗！你张口劝教别人，却从不以身作则！”

陈年佳酿

从前有个富翁，常炫耀自己的地窖中所藏的醇酒。窖中藏有一坛陈年佳酿，除了富翁，谁也不晓得他要保存到何时，更不知道他要派什么用场。

一位行政官来访，富翁对其来访表示感谢，心想：“不能为一个造访的行政官开这坛陈年佳酿。”

本地主教来访，富翁心想：“不能打开这坛陈年佳酿；因为主教不知其价值，更闻不出佳酿醇香。”

王子来访，富翁与之共进晚餐。富翁心想：“这是帝王之酒，王子安配饮之！”

直到侄子完婚时，富翁还在想：“不能！这些客人都不配喝这样的陈年佳酿。”

年复一年，许多年过去了，富翁暴卒，像一粒普通的种子或橡子被埋在土里。

下葬那天，窖藏之酒全被取出，其中包括那坛陈年佳酿，邻近农民开怀畅饮，谁也不曾留意那坛陈年老酒的年龄。

在饮者眼里，那坛陈年佳酿与其他酒一样，不过都是酒罢了。

两首长诗

许多世纪之前，两位诗人在雅典大街上相遇，彼此都为这邂逅而高兴。

第一位诗人问第二位诗人：“你近来写了些什么？这些日子里，你的灵感如何？”

第二位诗人回答道：“我刚完成一首长诗大作，堪称希腊有史以来最伟大的诗歌。它是至高宙斯神的独白!”

说着,从大袍里掏出一卷羊皮纸,“你瞧,就在这里,我随身带着呢! 我很乐意给你朗诵一下。来,我们到那棵白杨树荫下坐坐吧!”

他开始朗诵自己的诗,那诗很长很长。

第一位诗人温和、礼貌地说:“这是一首长诗,必将流传百世,令后代称颂。”

第二位诗人从容不迫地问:“你最近有何新作?”

第一位诗人答道:“我写得很少,只有八行小诗,是为纪念原在花园里嬉戏的少年而作的。”接着,他朗诵了一遍。

第二位诗人说:“不太好,也不太坏。”

二人各自走去。

两千年后的今天,第一位诗人的那八行诗,已浮于民口,众人们无不赞而咏诵。

而那首长诗,虽然传了下来,却始终藏在图书馆、学者书斋里;人们提到它,却没人喜欢,无人咏诵。

罗丝太太

一次,三人遥见远处的绿色山丘上有一座孤零零的白房子,其一个说:“那是罗丝太太的家。她是一位老巫婆。”

第二个人说:“你错了! 罗丝太太是位漂亮的女子,整日沉醉于自己的梦乡。”

第三个人说:“你俩皆错! 罗丝太太是这一大片土地的主人,靠吮吸在这里干活的奴隶们的血生活。”

他们边走边争论。

来到岔路口,遇见一位老者,其中一个人问道:“你能将住在丘上那座白房子里罗丝太太的情况告诉我们吗?”

老者抬起头,微微一笑,说:“我现年九旬,我还是小时候听说过罗丝太太。罗丝太太去世已八十年了,那座房子是空的,只有猫头鹰在里面鸣叫;人们有时也说,那里面还住着别的什么东西。”

鼠与猫

一天傍晚，诗人遇见一位农夫。诗人冷漠，农夫腼腆；尽管如此，二人还是谈了起来。

农夫说："我最近听到了一个小故事，让我讲给你听。一只老鼠落入捕鼠器中，正当它津津有味地吃着里面放的奶酪时，一只猫站在了它的身边。老鼠起初周身战栗，但立刻知道自己在捕鼠器里是平安无事的。

"猫说：'朋友，你已吃过最后一餐。'

"老鼠回答道：'我只有一次生命，那么，也将只有一次死亡。可是，你呢？听说你有九次生命，岂非意味着你有九次死亡吗？'"

农夫说到这里，望着诗人，问："这不是个离奇的故事吗？"

诗人没有答话，而是走远之后，心想："一点不错，我们肯定有九次生命，活命九生；我们应该有九次死亡，死亡九次。也许呆在捕鼠器里，像农夫一样生活，仅用一块奶酪当最后一餐，还是只有一生更好些。那样，我们不就与沙漠和丛林里的猛兽是亲属了吗？"

诅　咒

一次，一位老水手对我说："三十年前，那个水手抢走了我的女儿，带着我的女儿逃跑了。我开始在心里诅咒他俩，因为在这个世界上，除了我的女儿，我不喜欢任何人。

"时隔不久，那个水手连同船一起沉入大海，我可爱的女儿也与他一起葬身海底。

"现在，你瞧瞧我这个害死了小伙子和姑娘的人！是我的诅咒毁灭了他俩。如今我将要入土，求上帝宽恕我的罪过。"

老者这样说，然而他的语调里却充满自负与豪迈，好像仍在炫耀他那咒语的力量。

石榴

先前,一个人的果园里有许多石榴树。几乎每年秋天,他总把石榴放在银盘里,置于门外,盘上插着标牌,亲手写上:"欢迎自取,分文不收。"

然而打银盘旁经过的人,谁都不拿石榴。

他经过一番思考,当下一个秋天来临,没把满盛石榴的银盘置于户外,只是插了一个标牌,上写:"我有上等石榴,以高出其它石榴的价格出售。"

临近的男男女女,都来争相抢购。

一神与多神

基拉菲斯城的一位诡辩家,坐在神庙的台阶上,向人们宣讲神有多位。人们心想:"我们知道,这些神不是和我们生活在一起,与我们形影相伴吗?"

没过多久,另一个人站在城市广场上,对人们说:"根本不存在什么神。"听了这个好消息,许多人感到高兴,因为他们惧怕神灵。

一天,来了一个肌肉发达、口齿伶俐的人,说:"只有一位神灵。"人们心中恐惶,害怕一神判决胜过多神判决。

同一季节,又来了一个人,对人们说:"神有三位,居高风上,如同一体,他们有一位慈祥的母亲,心胸宽广,同时是他们的同伴,又是他们的姐妹。"

众人愁容消退,一个个心中暗想:"虽然三位一体,但判断我们的缺点时,肯定意见不一。此外,他们的母亲心地善良,定会站在我们一边,为我们的弱点辩护。"

直到今天,基拉菲斯城的居民们仍在围绕是多神、无神、三位一体、神之慈母等问题无休无止地争论。

如此聋妻

富翁有一位年青的妻子,但却石聋。

一日清晨,夫妻正吃早饭,妻子说:“我昨天逛了市场,那里货色齐全,琳琅满目;大马士革绸袍、印度头巾、波斯项链、也门手镯……应有尽有,看来都是商队刚刚运到城里来的。现在,你看看我,破衣烂缕,成何样子,我还是知名富翁的妻子呢!我要你给我买些漂亮的东西。”

正在呷吮咖啡的丈夫,立即回答:“我亲爱的!没什么不可以的,你去市场,买下自己想买的称心如意的东西就是了。”

聋妻说:“不,不,你就会说不!难道命中注定我身着破衣出现在男朋女友面前,让家人替我害羞,让人们讥笑你这个阔老儿?”

丈夫说:“我没说‘不’。你可以去市场买下全城最漂亮、最讲究的首饰和其他装饰品。”

妻子又误解了丈夫的话,回答道:“你是富人当中最吝啬的守财奴,你就是不想让我打扮得漂漂亮亮,而人家的贵妇人三三五五逛花园时,个个珠光宝气,人人艳装浓抹。”

说着,她大哭起来,泪珠簌簌滚落在前胸,再次高声喊道:

“每当我要衣服、首饰时,你总是说:‘不,不!’”

丈夫惊慌失措,站起来,从钱柜里拿出一把金币,放在妻子面前,柔声和气地说:“亲爱的,上街去吧,想买什么就买什么吧!”

打那天起,聋妻每当想要什么东西时,总是眼噙泪水站在丈夫面前;丈夫则不声不响地从钱柜里拿出金币,放在妻子眼前。

后来,这位年青女人恋上了一个习惯于长途旅行的小伙子;每当小伙子远行,聋女人总是在枕边哭泣,每逢富翁看见妻子落泪,便暗自想:“定是新商队来了,有珍奇首饰珠宝上市!”

这时,富翁便拿出一把金币,丢给妻子……

探 寻

大约一千年以前,两位哲学家在黎巴嫩的一个山坡上相遇,其中一位哲学家问另一位:“你到哪儿去?”

另一位哲学家回答:“我来寻找青春泉,该泉像花一样在太阳下闪闪发光。你在找什么?”

第一位答:“我在探寻死亡的秘密。”

这时,两位哲学家都知道对方缺少许多学问,尽管知识丰富。他俩开始争论起来,都责斥对方神经紊乱。

两位哲学家正像狂风一样咆哮时,一个陌生人经过二者的身边,村上人认为此人天真、可怜,一无所知。听到那两个人大声争吵,陌生人站了一会儿,仔细聆听他们的论据。

之后,陌生人走近二位哲学家,说:“看来你们俩属于同一哲学派,谈的是一件事情,只不过用的是不同语词。一位寻找青春泉,一个探寻死亡的秘密,其实二者是统一的,同时存在于你俩体内。”

陌生人告辞,同时说:“二位贤哲,再见吧!”转过身去,只听他又发出平静的笑声。

二位哲学家相互默默地望了望,然后一起笑了。一位对另一位说:“好吧!我们现在一起探寻不好吗?”

权 杖

国王对王后说:“夫人,你算不上真正王后!你十分平庸无礼,不配当我的终生伴侣!”

王后说:“你自认为是国王,其实不过是前人可怜的回声!”

这话激怒了国王,只见他抄起权杖,金把手直打在王后的前额上。

这时太监走了进来,说:“怎么啦?这权杖出自王国伟大的艺术家之手,真可惜呀!有那么一天,陛下和王后被人忘却,而这权杖作为珍贵艺术品,将一代一代传下去。现在,它沾上了王后陛下头上的血，它将变得更有价值，更有纪念意义。”

路

一个女人和她的儿子住在山上。孩子是母亲的大儿子，也是她的独生子；母亲将心中和生命中的一切情感和怜悯都倾注在儿子身上。

孩子死于突然高烧，当时医生就在孩子身边。

悲痛撕裂了母亲的心！她哭叫不止，对医生说：“告诉我！告诉我！是什么中止了他的活动，是什么中止了他的歌声？”

“是高烧。”医生说。

“什么是高烧？”母亲问。

医生回答：“我无法解释。那是一种极小的东西进入了人体，我们用肉眼看不到它。”

医生离去，那位母亲还在重复着医生的话：“一种极小的东西，我们用肉眼看不见它。”

当晚牧师前来安慰她，她在牧师面前哭着说：“我为什么失去了我的儿子，我的独生子，我的大儿子？”

牧师回答：“孩子，这是上帝的旨意。”

妇人说：“上帝是何人？上帝在哪里？我想见见他，当着他的面撕开我的胸膛，把我的血洒在他的双脚上。告诉我，我能找到他吗？”

牧师说：“上帝至大，无边无际，用人类的肉眼无法看见他。”

妇人高声喊道：“极小者秉至大者旨意，害死了我的儿子！我们呢？那么我们是什么？我们又是什么呀？”

这时妇人的母亲来了，拿着孩子的殓衣进了房间。牧师的话及女儿的呼喊，她都听见了。老妇人把殓衣扔在地上，拉住女儿的手，说：“孩子，我们既是极小者，又是至大者。我们是二者之间的路。”

鲸鱼与蝴蝶

一日傍晚,曾有一面之交的一男一女同登上一辆旅行车。

男子是诗人,坐在女子身旁。为散心解闷,诗人开始给女子讲故事。那些故事有自编的,也有听来的。

诗人讲着讲着,女子睡着了。车子突然一颠,女子惊醒过来。她说:“我喜欢你对约拿①与鲸鱼的故事所作的新解。”

诗人说:“不过,夫人,我讲的是自编的,说的是蝴蝶与白玫瑰如何相互转变的故事。”

和平感染

满缀鲜花的枝条对邻近一枝条说:“这是最无聊、最空虚的一天。”另一枝条回答:“真是空虚无聊极了。”

这时,一只麻雀飞来,落在一枝条上,随后又飞来一只麻雀,落在第一只麻雀旁边。

一只麻雀吟唱道:“我的老伴弃我而去……”

另一只麻雀高声说:“我的老伴也走了,而且不再回来,那有什么关系?”

两只麻雀开始对话,各自斥责对方,继之争吵起来,空中一片嘈杂。

突然另外两只麻雀自天上俯冲下来,从容地落在争吵的两只麻雀旁边。不久,天空中出现一片安静、和平气氛。

之后,四只麻雀成双成对飞去了。

满缀鲜花的枝条对另一枝条说:“麻雀的到来,掀起一片嘈杂。”

---

① 约拿:《圣经·旧约》中人物,希伯来先知。据“约拿书”记载,耶和华命约拿去尼尼微城警告居民,约拿违抗命令,上船出海,耶和华使海中起大风,船上人将约拿抛入大海,又是耶和华的安排,约拿被一条大鱼吞掉。约拿祷告求救,被吐在旱地上,才被迫去尼尼微城传达耶和华的警告。

另一枝条说："随你叫它什么，现在却是安静、和平的。假若天空的高层处于和平之中，那么，依我看，住在下层的人们也会生活在和平之中。你不想在风中摇晃的幅度更大一些，免得总离我那么远吗?"

"好啊！为了和平，我照你的意志办。春天很快就要过去了。"

满缀鲜花的枝条在风中用力摇摆，以便拥抱另一枝条……

树　影

六月的一天，小草对一棵大树影子说："你总是左右摇动，搅得我的心不得安宁。"

树影回答道："移动的不是我！你瞧瞧天空，那里有棵树在风中东摇西摆，在天与地之间来回晃动。"

小草抬头仰望，第一次看到了那棵大树，暗自说："嗬，还有比我大得多的草呢!"

随后默不作声了。

古稀之年

年轻诗人对公主说："我爱你。"公主回答："我也爱你，孩子。"

诗人说："可是，我不是你的孩子，我是个男子汉，我真爱你。"

公主说："我是母亲，儿女成群。我的儿女都当了父亲和母亲，他们也已儿女成群。我的孙子都比你的年龄大。"

年轻诗人说："然而我爱你。"

时隔不久，公主死去。但是，当大地接受她的最后一息之时，她暗自说："我亲爱的！我亲爱的孩子！我的年轻诗人！也许有朝一日，我们再次相见，但那时我不会是古稀之年。"

寻找上帝

一次，两个人漫步在山谷之中。其中一个人指着山上说："你看见那座禅房了吗？那里住着一个人，弃绝世间红尘已久。地上的东西，他一概不要，一心想找到上帝。”

另一个人说：“他是找不到上帝的，除非他离开禅房，放弃孤独隐居，回到世间，与我们同乐共悲，在婚筵上与狂欢者一道起舞，在死者的灵柩旁随悲痛者一起挥泪。”

前者从内心里相信此话有理，但他回答说：“我同意你的说法。但我相信那位修道士是个好人。一个好人离群索居的善举，不是比这些表面善良者的作为更有益得多吗？”

大　河

卡迪沙河谷的两条小溪相汇在大河奔流的地方，二者开始对话。

第一条小溪说：“朋友，你是怎么来的？路上顺利吗？”

第二条小溪答道：“我的路崎岖难行，障碍无数。水磨的轮子坏了，借运河引我的水灌溉庄稼的农夫死了。我不得不艰苦挣扎，携带着那些整日无所事事，在太阳下用他们的懒肉烤面包的人扔下的垃圾什物，缓慢地渗流。朋友，告诉我，你一路上情况如何？”

第一条小溪说：“我的路途则不同：我从香花翠柳环抱的山丘顶上飞泻而下；男男女女用银杯畅饮，把我视做甘泉；孩童们见我而纷纷赤足涉入水中；在我的周围，尽是人们的欢声笑语，甜美的歌声直飞九霄，欢乐充满云天。你的路途不像我这样幸福，真是悲剧！”

这时大河高声说：“来吧！来吧！我们将奔向大海。来吧！来吧！不要再说什么！现在和我一道走，我们奔向大海。来呀，来呀！跟着我走，你会忘掉迷途上的欢乐与忧愁。来吧，请进来，到了我们的大海母亲的怀抱，我和你都会把我们所走过的路统统忘掉。”

两个猎人

五月的一天，欢神与悲神相遇在一个湖畔。相互问好后，在平静的湖水边上坐下来，开始了交谈。

欢神谈及覆盖大地并使森林、高原充满生机的惊人之美,还谈到黎明和暮霭时分所听到的销魂之歌。

悲神说话了,表示完全同意欢神的看法。因为悲神深知时光的魅力及其内在美。当谈到五月里田间和高原的美景时,悲神口齿伶俐,言词娓娓动听。

两位神灵谈了许久,关于彼此见闻的看法完全一致。

这时,湖的对面出现两个猎人,隔水望着两位神灵。其中一个人说:“奇怪呀,这俩人是谁呢?”另一个猎人说:“说什么,俩人?我只看见一个。”

第一个猎人说:“那里是有两个人。”第二个猎人说:“我只能看清一个;湖水里还有一个倒影。”

第一个猎人说:“不,那里有两个人;湖水里的倒影也是两个。”

第二个猎人又说:“我只看见一个。”

“但我清清楚楚地看见是两个。”第一个猎人再次强调。

直到今天,仍然一个说另一个看花了眼,而另一个却说:“我的朋友的眼有些瞎。”

另一个流浪汉

一天,我遇到另外一个在路上游荡的人。他也有些疯癫。他对我说:

“我是个流浪者。大部分时间里,我总是随着流浪汉们四处游荡。我的头要比他们的头高出七十腕尺;我的头脑能创造更高比他们的思想更开放的思想。”

“可是,实际上,我并不与人们一起行走,而是在他们的上方。人们所能看到的,不过是留在他们旷野上的脚印。

“我经常听他们争论我的脚印的形状和大小。有的说:‘这是远古的龙周游大地留下的足迹。’也有人说:‘不!这是高空流星陨落的地方。’

“可是,朋友,你最清楚,这不过是一个流浪者的脚印……”

人之子耶稣

——认识他的人谈他的言行

西庇太之子雅各[①]

那是在耶路撒冷城，一年春季里的一天，耶稣站在市场的广场上，向人们讲述天国。

他责怨那些在向往天国的人们所走的路上设置陷阱和罗网的文士和法利赛人[②]。

在人群中，有一些人为法利赛人和文士们辩护，他们企图加害于耶稣，也加害于我们。

但耶稣躲开了他们，离开那里，向城北门走去。他边向北门走，边对我们说：

“我的时辰尚未到来。

“我还有好多话要对你们说。

“在我献身于这个世界之前，我还有多少要尽的职责啊！”

之后，他用含着喜悦的声音继续说：

“让我们到北方去迎接春天吧！冬天已经过去，跟着我一起到丘山中去吧！看哪，黎巴嫩山上的积雪正向着山谷倾泻，与溪流同唱欢歌。

---

① 雅各(JAMES)，西庇太的儿子，渔夫，耶稣在加利利海边最早招收的四个使徒之一。他弃业离家，历尽艰险，跟随耶稣积极传道。耶稣受难复活之后，他和其他使徒一起送耶稣升天，并四处宣传耶稣复活事迹，劝大家信仰救主基督。耶稣升天不久，雅各死于西律王的屠刀之下，成为第一个殉难者。

② 法利赛人是古代犹太教的一个派别，由文士、律法师等知识阶层人士组成。他们维护犹太教的旧传统，与耶稣观点矛盾。

“田野和葡萄园的困意已经消失，苏醒过来，用青青的无花果和鲜嫩的葡萄向太阳致敬。”

那天和第二天，他走在前面，我们跟着他走去。

第三天下午，我们到达了黑门山顶，耶稣站在那里俯视平原及坐落在平原上的城市。

耶稣回头望着我们，但见他容光焕发，如同涂上一层融化了的黄金，伸开双臂对我们说：

“看哪，大地已披上了绿装，那涓涓溪流为绿装镶上了银边。

“大地是多么美丽！大地上的一切又是多么美丽啊！

“但是，在你们看得见的一切地方之外，还有一个治理权将属于我们的王国；如果你们非它不选择，而且确实愿意，那就来和我一起治理它。

“我和你们观看人们，都不用戴假面具；我们的手既不用执利剑，也不用持权仗；人们将爱戴我们，充满安全感，不会觉得我们可怕。”

耶稣如是说；而我的眼上就像蒙着眼罩，既看不见地上的任何王国，也看不到那里的城郭和高塔；但我的心怦怦直跳，决意跟着引路人到他的王国去。

就在此时，加略人犹大①走上前前来。他走到耶稣跟前，说道：“你放眼望望世上的辽阔王国吧！你会看到大卫和所罗门的城市将战胜罗马人。犹太人若甘于做你的臣民，愿意你当他们的国王，我们将手持宝剑和盾牌站在你的周围，我们将战胜与你为敌的人。”

听犹大这么一说，耶稣转脸望着犹大，面浮愤怒神情。他用天空惊雷般的声音说：“魔鬼，你滚开吧！难道你以为我到下界来这么多年，就是为了对蚁冢统治一天吗？

“我的宝座是你的目光所看不到的。能用双翅环抱地球者，会在一个被遗忘的巢穴里找栖身之处吗？

“莫非活人还要获得身裹殓衣者的赞颂和高抬吗？

“我的王国并不是这个世界上的王国之一，我的宝座也不建在

---

① 加略人犹大。是耶稣的十二使徒之一，即出卖耶稣的犹大。

你们先人的头颅之上。

“倘若你向往的不是精神王国，那么，你最好还是离开我这里，下到你的死人们的洞穴中，那坟墓里埋葬着古时候曾戴着王冠的脑袋。他们仍然在上朝听政，也许正在给你的先人遗骨授勋嘉奖。

“我的前额所寻求的，不是昂宿便是你的荆冠。此时此刻，你怎敢用废渣做的王冠来引诱我！

“如若不是为了萦绕着被遗忘的几代人头脑的梦，我就不会允许你的太阳在我的耐心上升起，也不能容忍你的月亮把我的影子投在你的道路上。

“如果那不是一位母亲的愿望，我早就脱掉我的襁褓，逃回天上去了。

“如若不是哀伤笼罩着你们所有人，我是不会等在这里哭天抹泪的。

“加略人犹大，你是什么人？你会成为什么人？你为何与我为敌？

“你确实秤量过我，发现我率领着侏儒大军、驾驶着无形者们的战车冲向仅在你们的仇恨中集结安营、只在你们的恐惧中前进的敌人吗？

“在我脚上爬行的虫蚁太多了……我是不会跟它们厮杀的。

“我对玩笑和戏谑感到厌烦。我可怜那些爬出使我遭难的人，而它们却把我看成胆小鬼，只因为我没登上它们的城墙，没有在它们的防卫塔楼之间行动。

“遗憾的是我注定要同情它们，直到巡视终点。我是多么愿意走入同情它们大人物生活的更大世界啊！可是，路又在何方？

“你的祭司和国王要我流血。在我离开这个世界之前，他们会如愿以偿的。我无意挑战法律，也不想统治轻浮、愚昧。

“就让无知自我繁衍，直至对自己的子孙感到厌烦。

“让盲人带着盲人跌入深渊。

“让死者埋葬死者，直到大地自食其果而窒息。

“我的王国并不是大地上的王国。

“我的王国是你们三三两两相爱而欢聚的地方；在那里，你们将惊叹生活美好多彩，惊叹生活欢乐甘甜……之后也会想念起我。"

然后，耶稣突然转向犹大，说："你这个家伙，快离开我吧！我的王国里决不会有你的什么王国。"

*　　*　　*

那时，黄昏来临，耶稣转过身来，对我们说：

"夜幕就要垂降，我们现在下去吧！是啊，光明正伴我们行进时，我们就在光明中行走吧！"

耶稣走下山去，我们跟着他走去。犹大跟在我们的后面，但离我们很远。

*　　*　　*

当我们行至平地时，夜幕已经降临。

多马①说：

"主啊，现在夜幕已经垂降，我们没有法子看清路了。如果你乐意，就带我们到亮着灯光的那个村子里去吧；也许在那里，我们既能找到肉吃，也能找到住的地方。"

耶稣回答多马说："你们饥饿时，我把你们带上了高山；而你们更加饥饿时，我把你们带到了平原。但是，今夜我不能和你们呆在一起，我想独自呆些时辰。"

这时，原名西门②又名彼得的走上前来，说："主啊，请不要让我们摸着黑回去。请允许我们在这条小路上和你在一起。只要有你和我们在一起，夜色和黑暗是不会滞留许久的；只要你乐意呆在我们中间，晨光很快照在我们身上的。"

---

① 多马(THOMAS)，耶稣的十二使徒之一。因他怀疑耶稣死后复活的预言，后来耶稣复活时，有意在他面前显现，并让他摸自己的手，多马这才深信地说："我的主，我的上帝！"

② 西门(SIMON)，又名彼得，耶稣的十二使徒之一。

耶稣回答道:“今夜,狐狸将到自己的洞穴里藏身,鸟雀将入自己的巢穴栖息,而亚当之子却在大地上找不到自己的头可以倚枕之处。现在让我单独呆一会儿吧,这就是我的愿望。如果你们想找我,你们将再次在我找到你们的湖边找到我。”

我们带着沉重的心情离开了他,因为我们不愿意离开他。

我们不时地停下脚步,转过脸去,望着他,只见他面孔表情严肃,独自向西走去。在我们中间,只有加略人犹大没有转脸去望望孤独蹒跚而行的耶稣。

自那天起,犹大变得忧郁愠怒不合群儿。我察觉到他的眼里隐藏着阴险神色。

马利亚[①]之母亚拿[②]

我女儿的儿子耶稣,一月出生在拿撒勒城。耶稣出生的那天夜里,几位东方客人来我家造访。他们都是波斯人,同米甸人的商队一起到埃及去,中途路经艾斯德拉伊伦。

当他们找不到下榻之处时,便来到我家,以期借宿。

我对他们表示欢迎之后,说:“我的女儿今夜生下一个儿子。如果我对你们的接待没有尽到主妇的责任,想必你们会原谅我的失礼的。”

他们感谢我对他们的招待。他们吃罢晚饭,对我说:“我们能看看男婴吗?”马利亚的儿子容貌俊美,马利亚也是一位美女。

波斯人看过马利亚和她的儿子,随后从包袋里取出一些金银、没药和乳香,全都放在婴儿的脚头。

之后,他们开始跪拜,用我们听不明白的语言祈祷。

---

① 耶稣的母亲,亦称圣母。她是犹太伯利恒人,后住在加利利的拿萨勒。她远许配给木匠约瑟,婚前从圣灵怀孕,生下一个儿子,起名叫耶稣。除了耶稣外,马利亚还给木匠约瑟生了雅各、约西、西门、犹大四个儿子和几个女儿。

② 亚拿,以色列女先知,亚设支派法内的女儿,婚后七年丈夫死去,寡居八十四年,从不离开圣殿。马利亚抱着婴儿耶稣献给上帝时,亚拿确认耶稣为救世主。

当我们把他们带往为他们准备好的卧室时，他们一边走，一边仿佛对他们所看到的一切表现出谦恭、敬慕的样子。

天刚亮，他们便离开我们，踏上了去往埃及的征程。

但临别时，他们对我说："孩子出生尚不满一天，但我们已从他的二目之中看到了我们的上帝之光，在他的双唇上看到了上帝的微笑。我们恳求你好生关照他，以便他关怀你们所有的人。"

他们话音刚落，便骑上骆驼，转眼再也看不到他们的踪影了。

马利亚对自己的新生儿充满惊异感，远远超过了欣喜心情。

她久久注释着婴儿，然后把脸转向窗子，眺望着遥远的天际，仿佛在看幻象。

她的心与我们的心之间隔着山谷。

孩子的身与心渐渐长大，与我们所知道的孩子们的情况大不相同：他喜独处，难以施教，谁的话也不听，我都不能用手抚摸他。虽然如此，拿撒勒城的人们却都喜欢他。这其中的秘密，我是一清二楚的。

他常把我们的食物拿去送给过路人。他常把我给他的糖果分给孩童们，而他还未尝过糖果的滋味。

他常爬上我的园中的树上摘果子，但他自己不吃。

他与童伴们赛跑，他跑得比他们快，但他却有意放慢脚步，以期童伴们先于他到达标桩。

当我带他上床睡觉时，他有时会对我说：

"我不是对我的母亲及别人说过吗，睡觉的只是我的躯体，而我的神魂将永远和他们一起，直到他们的神魂寻觅到我所期盼的早晨。"

他小时候还说过许多惊人妙语，只因我年迈，已记不得了。

如今，人们对我说："我再也看不到他了。"可是，我怎能相信人们说的话呢？

他的笑声仍响在我的耳边，而且我仍能听到他在我家周围跑来跑去的声音。每当我亲吻女儿的面颊，他的香气便弥漫我的心间，他的容貌便浮现在我的面前，仿佛他就在我的怀里……

然而我的女儿却不对我说起她的头胎儿，岂非咄咄怪事？

有时,我对他的想念超过对女儿的想念。她站在阳光下,有些像一座紫铜塑像;与此同时,我的心却因悲伤而溶化,泪水化作小溪流淌。

也许她知我所不知。

她能把自己所知道的告诉我,那该多好!

以“苏尔[①]演说家”而知名的亚萨

耶稣的演说

关于他的演说,我该说什么呢?

也许他的相貌赋予他的言辞以力量,吸引了听众们的注意力。

他容颜俊美,容光焕发,堪与日光相比。

不论男子汉还是女子们,期盼看他一眼,胜过想听他演说。有时,他向自己的言辞里注入一种力量,那力量就像某种精神,对他的听众具有权威说服力。

我年轻时听过罗马、雅典和亚历山大的演说家演说。但这位拿撒勒青年与他们不同。

他们为他们的言辞披上美丽的外衣,借以诱惑听众的耳朵。当你听他的演说时,你的心便飞腾起来,继之漫游到先前不曾看到的天际中去。

他讲一个故事或说一则寓言,那都是人们在叙利亚不曾听过的,仿佛那故事或寓言是从他四季里纺织出来的,就像时光把岁岁年年和世世代代纺织出来一样。

他讲故事总是这样开头:“耕夫走向自己的田地,以便播下种子。”

或者说:“相传有个富翁,他有许多葡萄园。”

或者说:“黄昏时分,牧羊人数自己的羊,发现少了一只。”

这些话会把他的听众们带到他们那单纯的“自我”境界中去,把他们带回往昔的岁月里去。

---

① 苏尔,又译作“推罗”,黎巴嫩一古城,位于贝鲁特以南八十公里的地中海岸。

在我们的心底里，我们都是耕夫，我们都爱葡萄园。在我们记忆的牧场里，我们会发现一个牧羊人、一群羊和失去的那只羊；

那里还有犁头、榨汁机和打谷场。

他了解我们"古老自我"的源泉，他了解把我们织出来的经线纬线。

古希腊和古罗马的演说家，是按照他们自己头脑里所理解的人生，向他们的听众们宣讲的。

那位拿撒勒青年谈的却是居于内心的憧憬与向往。

他们观察人生，用的是比你我仅稍微清晰一点点的目光。而他观察人生，借的是上帝的光明。

我总认为，他向众人谈话，就像高山对平原谈话。

他的演说里有一种力量，那是雅典和罗马演说家们所没有的。

抹大拉的马利亚[①]

谈第一次见耶稣

我第一次见到耶稣是在六月。当时，他独自在麦田边上漫步，而我却带着我的几个侍女。

他的脚步节奏不同于别的男子。他的动态也与我见过的人异样。

我没有看见过男子们像他那样在地上行走。

直到今天，我也弄不清他究竟走得快还是慢。

我的侍女们指着他，腼腆地相互窃窃私语。

我则停下脚步，含羞地向他挥手。然而他既没有把脸转向我，更没有看我一眼。我已讨厌他，恨起他来了。

我缩成一团，自感寒冷无比，仿佛身处暴风雪之中，周身战栗不止。

---

① 马利亚，耶稣的女信徒，住在抹大拉。她曾被恶鬼所附，经耶稣拯救，从她身上赶出七个鬼来。她很崇拜耶稣，并用自己的财物支持耶稣的传道活动。耶稣受难第三天，她来到耶稣墓边，见耶稣显现，随后就将耶稣复活的消息告诉大家。

那天夜里，我梦见了耶稣，事后，侍女说我睡觉时大喊大叫，在床上翻来滚去，平静不下来。

我透过窗子看见耶稣是在八月。当时，他坐在我的花园对面的柏树荫下。他一动不动，如同石雕，活似安塔基亚或其他北部城市中的塑像。

我的埃及女奴走来对我说："这个人是第二次出现在这里了。他就坐在你的花园的对面。"我望着他，只觉心荡神驰，神魂颠倒……他是位美男子。

他的躯体独特；在我看来，他身体的各个部位相亲相爱，相互依恋。

我穿起一件大马士革稠衫，离开房间，朝他走去。

吸引我朝他走去的，究竟是我的孤独感，还是他的芳馨呢？

究竟是我眼中有一种对美的渴望，还是他的美夺去了我的目光呢？

时至今日，我对此一无所知。

我穿着带有香味的衣衫和罗马元首赠送给我的金鞋向他走去……当我走到他的身边时，说："早上好。"

他说："早安，米利暗①。"

他用足以穿透幔帐的目光望着我，这是他人所没有的目光。

突然间，我只觉得自己仿佛赤身裸体站在他的面前，羞涩地地下头去。

虽然他只是说："早安，米利暗。"

我对他说："你愿意到我宅院去吗？"

他说："我不是已在你的宅院了吗？"

当时，我不明白他的意思，但现在已经明白了。

我说："你乐意与我一道用点面包和葡萄酒吗？"

---

① 米利暗(MIRIAM)，以色列利末族人，女先知，暗兰的女儿，亚伦和摩西的姐姐。摩西带领以色列人出埃及，胜利越过红海时，米利暗领着众妇女击鼓跳舞，颂扬上帝，鼓舞队伍前进。后来，摩西在旷野娶古实女子为妻，米利暗大为反对。因此，受到上帝惩罚，得了麻风病。不久，米利暗死在寻的旷野的加低斯。

他说:“好的,米利暗,但不是现在。”

不是现在。不是现在。他这样说。

这两个词里,回响着大海的浪涛声……同时响着风打树枝的沙沙声。他对我说出这两个词时,生在与死谈话。

我的朋友啊,想必你知道我是个死人。因为我是个丢掉灵魂的女人。

我远离你现在所看到的“自我”而生活着。我是每一个男人的抵押物,但又不属于任何一个男人。人们把我称为妓女,把我叫做被七个魔鬼附身的女人,我是被咒骂的女人。我是被嫉妒的女人。

但是,他那黎明的双眼刚刚与我的目光相遇,我的夜空星斗便隐翳了。我变成了米利暗……仅仅是米利暗,一个已经脱离他所生活的大地的女人,以便在新的天际寻觅自我的女人。

我再一次对他说:“请到我的宅院中,与我一起用点儿面包和葡萄酒吧!”

他问:“你为什么要我做客呢?

我说:“我想请你光临家宅。”

仿佛呼请他的,是我心灵中的每一块草地和每一片苍天。

他望着我,他那落在我身上的目光,就像中天丽日的光芒。他说:

“你的情人何其多啊!但真正爱你的只有我一个。

“别的男人与你的接触中只爱自己;而我爱的才是你本人。

“别的男人在你身上看到的那种美,将比他们的年龄早衰;而我在你身上看到的那种美,永不凋零,永不消隐。

“当你到了人生秋季之时,这种美将自照镜子,毫无惶恐,毫无悲伤。

“唯独我爱你内在之美,那是别人看不见的美。”

之后,他又低声说:

“你现在就走开吧!假若这棵柏树是你的,你又不乐意让我坐在树荫下的话,那么,我现在就走。”

我高声呼喊他,说:“先生啊,到我宅院里来吧!我这里有香,将为你焚燃,让宅中角角落落香气扑鼻。我这里有银盆供你洗脚。你是异乡客;但在我们这里,你不是陌生人。我恳请你光临寒舍。”

他站起身来,压低目光,望着田地,微笑着,又说:

“男人们与你接触爱的是他们自己,而我爱的才是你本人。”

他抬脚走了,渐而远去。

我从未见过像他那样走路。

莫非那是起自我的花园,吹向东方的一阵微风?

还是撼动万物之根的狂飙?

我不知道。

我只知道一件事,那就是:

那天,隐藏在我内心深处的怨恨之火,伴随着他二目中的夕阳光而熄灭了。我变成了一个女人,我变成了米利暗,麦吉代里耶的米利暗。

希腊药剂师腓利门[①]

大医师耶稣

拿撒勒的耶稣是他的民族的大医师。

对于人体及其要素,性能的认识,他比任何人都了解得深广。

多少患说不清道不明的疾病的希腊人和埃及人,都经过他的医治而痊愈了。人们说:“他能起死回生。”不论这种说法正确与否,但却道出了他的巨大成功的秘密,因为只有卓有成就的人,才配得到这般美名。

据说,耶稣访问过印度和两河流域的国家,那里的祭司们曾把他们所知道的关于人体的奥秘传授给他。也许耶稣所获得的知识源于神而非源自祭司们。为数代人所一直不了解的知识,耶稣在片刻之间便领悟了。也许阿波罗[②]把手按在蒙昧者的心上,赋予耶稣

---

① 腓利门(PHILEMON),歌罗西富翁,基督教信徒,家里设有教会。使徒保罗给他写信,赞扬他的爱心,肯定他为教会作出的贡献;同时,也劝他要宽恕曾有过失的奴隶阿尼西母,要重新接纳他,不再把他当奴隶,而要把他当教友。

② 阿波罗,希腊神话中的太阳神。

以智慧。

天门总是向忒伊拜人和苏尔人洞开着。对于这个拿撒勒人，原来紧闭着的门也总只洞开着。当他进入灵魂的庙宇——躯体-——时，便知晓恶魔们在聚而损坏我们的肌体，阻碍其成长，同时知晓善灵们在织补我们的肌体。

我以为他是推动力和反抗力使病人痊愈的，但他并未将他的经验告诉我们的哲学家。他用冰露搬的抚摩突袭热病，高烧便退了。

他用他那特有的镇静突袭僵硬的四肢，僵硬屈从了他，人走向健康。

他感触到枯矮树皮里的生命之液面临衰竭；但他是怎样用手指触到的，我对此一无所知。

他知道铁锈下藏着好钢；但如何去掉宝剑上的锈，使其重新放光，谁也说不出来。

* * *

有时，我依稀猜想耶稣听到太阳照耀下的万物诉说体内病痛。于是他走去将之扶起来，还之以新生，不仅仅凭自己的医道，而且引导其知自身的力量所在，以便使其从跌到站起，渐而康复。

耶稣是位医师，但不大关心医事。使他全神贯注的是他那块土地上的宗教和政治事务。

这使我感到很惋惜。我们首先应该关系的是体魄健全。

但是我们看到，这些叙利亚人生病时，他们关心争辩胜于他们求医问药。

可惜得很，我们发现他们的大医师宁肯做市场上的一位演说家，而不关心医治心灵之病。

被称为彼得的西门[①]当他兄弟俩[②]

被召唤跟从耶稣时

我第一次见到耶稣基督是在加利利湖边。

我和我的兄弟安得烈一起，正在向水里撒网。

当时浪涛很大，我们的网只打到一点点鱼。我们俩忧心忡忡。

突然间，耶稣出现在我们面前，仿佛他是原地现身，因为我们不曾看到他向我们走来。

他呼唤了我俩的名字，说："跟我来吧！我把你俩带到一个鱼儿成群的水湾去。"

我刚一看到他的面容，渔网便脱手落在了水里。我认识了他，心中燃烧起热爱的火焰。

我的兄弟安得烈望着他，说："我们对这湖边的每一水湾都很熟悉。此外，我们还知道，像这样的大风天里，鱼儿都会躲藏到我们的网所伸不到的深水中。"

耶稣回答他："就请随我到更大的海边去吧！我将让你俩网罗上人来；你俩的网是不会空撒的。"

我们丢下船和网，跟着他走去。

我发现我被他的身影上一种无形的力量吸引而去。

我屏着呼吸走在他的身旁，心中充满惊异。我的兄弟安得烈跟在我们身后，亦惊愕不已。

我们正在沙滩上走着，忍不住地对他说："我的先生，我和我的兄弟将紧跟你的脚步，你走到哪里，我们就跟你到哪里。你若能在今夜光临寒舍，那将是我们的幸福和吉祥。我们的茅舍既不宽大，

---

① 西门(SIMON)，《圣经》中有十一个西门。耶稣的十二中徒中，有两个西门。耶稣给叫这个西门的另起了一个名字，唤彼得。《新约全书·路加福音》载："那时，耶稣出去上山祷告。整夜祷告神。到了天亮，叫他的门徒来，就从他们中间挑选十二个人，称他们为使徒。这十二个人，有西门，耶稣又给他起名叫彼得，……"

② 指彼得、安得烈兄弟俩。安得烈是加利利的渔民，原为施洗的约翰的门徒，后按约翰的指示，跟从耶稣，就成为耶稣的十二使徒之一。

也不高，而且有家常便饭相待，但只要你光临，在我们看来，茅舍也便成了宫殿；倘若你能与我们共餐面饼，就连世上的君王也会嫉妒我们与你在一起。”

耶稣说：“好的，我今夜就去你们家做客。”

我满心欣喜，跟着他默不作声地向我家走去。

当我们站在门槛时，耶稣说：“愿这房舍平安，愿居者平安。”

之后，他走进房间，我们随之而进。

我的妻子、岳母和女儿迎接他，赞美他，向他叩拜，亲吻他的袖边。

她们眼见被主所选，为主所爱的耶稣光临，惊喜不已，张口结舌。她们曾在约旦河边见过耶稣，那是在施洗的约翰[①]当着人们宣告耶稣的身份的时候。

我的妻子和岳母立即动手准备晚饭。

我的兄弟安得烈是个腼腆的人，然而他对耶稣的信仰比我更深。

我那仅仅十二岁的女儿，站在他的面前，紧紧抓着他的衣角，仿佛生怕他离开我们，回到夜幕中去。她就像迷途的羊羔，刚刚回到牧人身旁，紧紧依偎，须臾不离。

我们围桌坐下。他伸手把面饼掰开，倒上葡萄酒，望着我们说：“朋友，就像上帝赐予我们这份食物一样，请惠我以共享此餐。”

他按照将贵客当作主人的古训，伸手掰面饼之前说了这番话。

我们与他一起围桌而坐，自感就像身临伟大君王的盛宴。

我那尚且秩嫩的的女儿比特妮拉凝视着他的面孔，留意着他双手的动作。我发现一片泪云遮住了她的双眼。

他离开餐桌，我们随之走去，在葡萄架下围着他而坐。

---

① 施洗的约翰，犹太祭司撒迦利亚的儿子，出生八天行割礼，成人后，四处传道，并在约旦河一带给人施洗，耶稣就专门来到这里接受过他的施洗。他因指责希律王淫乱，被关进监狱。希律王见他在群众中威望很高，不敢杀他。后来希律王做生日设宴，希罗底的女儿跳舞祝贺，希律王高兴，答应满足她的任何要求。她就按母亲所嘱，要约翰的人头，结果约翰被斩。

他对我们谈话,我们侧耳聆听。我们的心似鸟儿在胸间拍翅鼓翼。他谈到复活,谈到天门开启,谈到天使下凡为全人类送来和平和欢乐,又带着人类对天主的思念与敬慕回返天宫御坐前。

他注视着我的双眼。他的目光足以穿透我的心底。他说:

“我选定了你,也选定了你的兄弟。你俩要跟我同行。你俩劳作不止,十分辛苦,现在我要让你们休息。你俩架起我的轭,要学我的样子,因为我心存平静。你俩的灵魂将得到宽舒和安详,如同返回故乡。”

他说这些话时,我和我的兄弟在他面前站立起来。我对他说:“先生,我们将跟随你奔走天涯海角。我将甘心情愿与你一道负重,哪怕重荷如山。倘若我们倒在路旁,我们将知道我们是倒在通天的路上……我们将心满意足。”

我的兄弟安得烈说:“主啊,我们愿成为你织机上的线。你若有意,就请你把我们织成衣;我们甘愿做至圣者衣上的一块布。”

我妻子仰望着他,但见她的面颊上淌着泪水。她高兴地说:“以圣主之名来访的贵客,为你祝福。我为孕育你的肚腹祝福,为哺育你的乳房祝福。”

我那仅满十二岁的女儿坐在他的脚旁,紧紧依偎着他。我的岳母坐在门旁,一言不发,一直在默默地哭,泪水浸湿了披头。

这时,耶稣走近她,捧起她的脸,让她面朝自己,说:

“你是这所有人的母亲。你流的是喜泪;你的泪水将永远留在我的记忆中。”

古时的明月已升在天边。耶稣望望明月,又把目光转向我们,说:

“时辰不早了。你们上床睡觉吧,愿上帝让你们做个好梦。我将在这葡萄架下呆到黎明。我今天撒网,网罗到两个。我对此心满意足。现在,我该向你们道晚安了。”

我岳母说:“可是,我们已在家中为你安排好床铺,我求你进屋歇息吧!”

耶稣回答道:

“凭主起誓,我确实要休息,但不在这堂荫之下。就让我在这葡萄和星斗编制成的棚舍下度过今夜吧!”

我岳母快步走去向取褥子、枕头和被单,耶稣微笑着,说:

“你瞧呀! 我就躺在这铺上了双层的卧单上。”

这时,我们才离开他,进了房间。我的女儿最后进屋,而她的目光一直盯在他的身上,直到我把房门关起。

我是这样第一次认识圣主的。

虽此事已过多年,但旧景时时复现眼前,就像发生在昨天。

大祭司该亚法[①]

关于耶稣正法

当我们谈论耶稣其人及其死因时,我们不应该忽视两个事实:必须保证讨拉[②]不受侵犯,这个王国必受罗马保护。

由此看来,此人是敌视我们和罗马的。

他搅乱了普通百姓的头脑,用魔术师的伎俩诱使他们抗拒我们和恺撒,

我的男仆女婢听了他在市场上对他们发表的演说,便变得桀骜不驯,仇视反抗。

自打此人出现之后,我的部分家奴已出走,逃到荒漠、旷野去了;他们原先就是从那里出来的。

我们不能忘记,讨拉是我们的根基,也是我们要珍视和加强的堡垒。只要我们用这种力量控制人们的手和脚,就没有人能够战胜我们;只要耶路撒冷的古老城墙牢牢耸立在大卫留下的坚石上,也便没有人能够征服我们。

---

① 该亚法(CAIAPHAS),犹太人,犹太大祭司亚那的女婿。后来,该亚法也当上了大祭司,成为杀害耶稣的元凶。公审耶稣时,就是这个该亚法作为犹太公会的当权者,煽动群众迫使巡抚彼拉多下令,将无罪的耶稣钉死在十字架上。

② 讨拉,系 TORAH 之音译,指《旧约》书卷首的五书,即摩西五经,亦称摩西律法。

如果亚伯拉罕[①]的种子注定要真的成活、结果,那么,这块土地将永远洁净无污。

耶稣此人系玷污者和腐败者。我们处死他完全对得起我们无可置疑的良心。那些敢于蔑视、诋毁摩西律法,并试图亵渎我们的神圣遗产的人,我们定将他们统统处死。

我们和彼拉多[②]都深知此人是潜在危险,送他一死乃是英明举措。

我们将使他的追随者与之同归,让他的声音永远消隐。

要想使犹迪亚[③]存在下去,就必须使反对者化为尘埃。

犹迪亚灭亡之前,我要像先知撒母耳[④]那样,把灰撒在我那苍白的头上,脱去身上那件亚伦[⑤]传下来的外套,穿上麻衣[⑥],直至死神降临。

希律[⑦]王管家之妻约亚拿

关于孩子

耶稣未曾结婚,但他是妇女之友,他了解妇女,就像女性之间相

---

① 亚伯拉罕(ABRAHAM),希伯来人,挪亚长子闪的后代,他拉的儿子,哈兰的哥哥。他原名亚伯兰,在他九十九岁,上帝向他显现并对他说:“我必使你的后裔极其繁多,国度从你而立,君王从你而出。”上帝命他将亚伯兰之名改为亚伯拉罕,意为“多国之父”。他的子孙众多。上帝为了考验他,要他杀爱子以撒献祭。他捆起爱子,正要举刀砍时,上帝派天使拦住了他,让他以一只公羊来代替儿子作祭品。

② 彼拉多(PILATE),罗马人,公元一世纪被罗马帝国委任为犹太等地巡抚。他审问耶稣时,原想释放无罪的耶稣,后却同意犹太公会的要求,把耶稣钉死在十字架上。

③ 犹迪亚,古巴勒斯坦的南部地区。

④ 撒母耳(SAMUL),以色列以法莲族人(一说米利人)。他是以色列著名的先知和世师。

⑤ 亚伦(ARON),以色列米利人,犹太教第一任大祭司,暗兰的长子,摩西的哥哥。

⑥ 按古代以色列民族习惯,亲朋好友过世,都要举行哀悼活动,包括哀哭、守丧、禁食。有的人还撕裂衣服,穿麻衣,往头上撒灰尘。

⑦ 希律(HEROD),又称大希律,是罗马帝国统治时期第一任犹太国王。他为了除灭降生于伯利恒的耶稣,下令屠杀伯利恒城内两岁以下的男孩。

互了解那样。

他出自信任和理解喜欢孩子，而孩子也应该得到这样的喜爱。

他的目光里，既有作为父亲的目光，也有作为兄弟和儿子的目光。

他也许会把一个孩子抱在膝上，说："你的力量和你的自由像这样来；你的精神王国也像这样来。"

人们说耶稣不把摩西律法放在心上，他对耶路撒冷城里及周围城区里的娼妇过分宽容。

当时，我也被认为是一淫妇，因为我所爱的男人不是我的丈夫；我的丈夫是一个（既不信从安息日又不信从末日的）撒都该[①]。

有一天，我正与我的情夫幽会，一伙撒都该突然闯入我的家，将我牢牢抓住，而我的情夫却将我撇下，自己溜之大吉了。

他们将我带到耶稣宣教的市场。

他们之所以把我带到他面前，目的在于试探并陷害他。

但是，耶稣并未判我罪，反而羞辱了那些试图羞辱我的人，而且还狠狠责斥了他们一顿。

之后，耶稣让我走了。

自那之后，人间一切乏味水果在我的嘴里都变得甜滋滋的，而那些无香之花也变得芳馨四溢扑鼻而来。我变成了一个自由自在的女人，完全挣脱了可耻记忆，再不因羞怯而垂头丧气。

迦拿[②]新娘

拉芙卡

我正在母亲的花园里修剪玫瑰时，他在我家门前站住。

他说："我口渴了。你能给我一口井水喝吗？"

---

① 撒都该是古代犹太教的一个派别，由有钱有势的祭司组成。他们只承认犹太教的旧传统，不信死人复活。有一次，在复活问题上，撒都该和耶稣辩论起来。

② 迦拿，巴勒斯坦北部的一座古城。《新约》中记载，耶稣在该城的一个喜筵上，显示了把水变成酒的神迹。

我跑去拿了银杯，倒满水，再滴入些许茉莉花露。

他一饮而尽，很是高兴。

他注视着我的眼睛，说道："我要为你祈福。"

他的话一出口，我便感到似乎有一阵风吹入我的体内。登时，我既不害怕，也不害羞了。

我对他说："先生，我已同加利利的一个迦拿青年订了婚。下周的第四天就要结婚。请你莅临婚礼赏光，好吗？"

他回答说："我的孩子，我一定来。"

请留意，他称呼我"我的孩子"，然而他不过是个小青年，我则快满二十岁了。

之后，他便起身上路了。我在花园门口站着，直到母亲叫我回房间。

下周的第四天，他们把我接到新郎家，举行婚礼。

耶稣来了，陪伴着他来的还有他的母亲和弟弟雅各①。

他们与我们的宾客们一起围婚礼喜筵而坐，我的女伴们唱起所罗门王的婚礼曲。耶稣边吃着我们的菜，喝着我们的葡萄酒，边向着我及他人微笑。

耶稣留心倾听每一首歌：情郎哥把情妹领过自己的帐篷；年青的葡萄园丁爱上主人的千金小姐，并将她带回他的母亲家中；王子遇讨饭姑娘，将之带回父王宫中，给她戴上王冠。

仿佛他还听到其它歌曲，而我是听不到的。

夕阳西下之时，新郎的父亲走到耶稣的母亲面前，低声对她说："我们的酒已告罄，而白天尚未过去……"

耶稣听到那低语，说道："上酒人知道还有酒呢！"

他说得果然不错，宾客只管留在那里，好酒足以供饮者尽兴

---

① 雅各（JACOB），以色列国王大卫的后代，约瑟和马利亚所生长子，约西、西门和犹大的嫡系哥哥，耶稣名义上的弟弟。起初，雅各对耶稣传道活动很不理解，耶稣死而复活后，雅各却积极参加传道活动，并成为基督教会主要负责人，还写了《圣经》中的《雅各书》。在耶路撒冷的基督徒中很受人尊重。他因拒绝谴责耶稣而遭到攻击，受大祭司煽动鼓惑的犹太人终于用棍棒和石头，将他打死。

畅饮。

片刻后,耶稣开始向我们侃侃而谈。他讲到大地和高山上的种种奇观,讲到夜幕降临之时天上盛开的百花,又讲到繁星隐翳在白昼的灿烂之中时闪闪放光的大地之花。

他给我们讲故事和寓言,他的声音神奇,令我们陶醉,仿佛身落幻梦之中,使我们完全忘记了喜筵上的美酒佳肴。

我听他讲话,似乎自感进入了一个遥远而陌生的天地。过了一会儿,有位客人对新郎的父亲说:“你把最好的酒留到喜筵即将结束之时。别家主人是不会作如此安排的。”

大家都相信耶稣显了奇迹,而且相信他们将在喜筵结束之时,能够喝到更多的比婚礼开始时更加好的葡萄酒。

我也认为正是耶稣使葡萄酒源源而来,但我并不觉得惊异,因为我从他的话语里已经听到他们说:“拿撒勒人耶稣的精神是至美至醇的葡萄酒。”

大马士革的波斯哲人

谈古今神灵

我不能预言此人的命运,也无从谈他的门生们的未来。

苹果核里的一粒种子,都是一座看不见的果园。这粒种子若落到一块顽石上,那就长不出任何东西。

然而我要说,以色列的古神是冷酷无情的。

以色列人理应需要另外一个神:一个慈悲、宽容的神,一个满怀怜悯之情俯瞰他们的温柔之神,一个随着阳光下凡,沿着通往他们目的地的神,而不是永远高踞审判台称量他们的错误与过失的神。

以色列人应该崇拜这样的神:他既不记仇又无嫉妒之心;他只记起他们的稍许缺点;他不会使自己的仇恨殃及他们的第三、四代人。

叙利亚人和世界各地的人何其相似:他总会对着自己的思想与理智的镜子照,那里正是他的崇拜神灵所在;他总是按照自己喜好描绘神,顶礼膜拜那反映自身形象的神灵。

其实,人总是在祈祷自己那深藏心底的希冀,期待它升腾,满足他的全部愿望。

在人的心灵之外,再没有深渊。心灵就是呼唤自我的深渊;除此,别无声音在说话,也没有别的耳朵在倾听。

我们在波斯,常在太阳的圆盘里看我们自己的脸面,我们的体躯则在我们点燃的圣殿火舌上舞蹈翩跹①。

这样看来,被耶稣视作“父”的神灵,在他的门徒眼里并不陌生,定能实现他们的愿望。

埃及诸神灵抛开压在他们肩上的石头重担,逃往努比亚②沙漠,自由自在地生活在那些尚未开化的人们当中。

希腊、罗马的众神灵,正随夕阳西下而沉没。他们太像人了,故而不能使人的灵魂醉酣。

至于在他们的魔法中诞生的丛林,则早就被雅典和亚历山大哲学家的斧头砍倒了。

而在这个国度里,高高的神坛也都被贝鲁特的律师和安提阿的年轻修道士夷为平地了。

除了老妇人和体弱的男子,谁也不去寻找先人的神殿;只有那精疲力竭的人,才会在路的尽头回望路的起点。

但是耶稣,这个拿撒勒人,他所谈论的神,因其博大而与所有人之灵魂相仿,因其全知而屑于惩罚人,因其泛爱而不记人之罪过。

这个拿撒勒人的神将跨越门槛去会见天下所有的孩子们,坐在他们的炉火旁,在四壁之内为他们祝福,为他们照亮前进的道路。

但是,我所信奉的神是琐罗亚斯德③所信奉的神。我崇拜天上的太阳和地上的火焰以及人们胸中的光。我已感到心满意足,无需别的神灵。

---

① 此处指信奉拜火教的古代波斯人所举行的礼拜仪式。

② 努比亚,指今埃及南部与苏丹北部一带。

③ 琐罗亚斯德,古代波斯祆教(即拜火教)的创始人。

耶稣的门徒大卫

谈务实的耶稣

直至他离开我们,未见到他再出现在我们中间,我才理会了他的讲演和寓言的内涵。

是的,直到他的言词化为活生生的形象展现在我的眼前,并且化为体躯行走在日间的生活行列之中时,我才明白了那些涵义。

听我给你谈谈此事:一天夜里,我正坐在家中仔细沉思、回忆他的言和行,以期集为一书,不料突然有三个盗贼闯进我家。

我因为正在深思之中,既没有想提起宝剑与他们对仗,也没有喝问他们一声:"你们来这里要干什么?"虽然我知道他们是来劫取我的东西的。

我照旧书写我那关于主的回忆录。

三个盗贼走去,我才想起耶稣那句话:"贼来偷你的这件衣服,你把你的另一件衣服也让他拿去。

我已经明白了。

当我坐着记录耶稣的言论时,没有人能够使我搁下笔来,哪怕盗贼来把我的所有财物卷走。

虽则我既要保护我自己,又要保卫我的财物,但我更晓得我那更大的珍宝所在。

路　加[①]

耶稣论伪君子

耶稣鄙视、轻蔑伪君子。他愤怒起来,就像暴风一样鞭笞他们。他的声音如同惊雷,令伪君子闻之丧胆。

他们因恐惧而密谋杀害耶稣。

---

① 路加(LUKE),原为医生,后来受到使徒保罗的影响,信奉基督教,随保罗外出传道,《圣经》中的《路加福音》、《使徒行传》二书为他所作。

他们就像居于黑暗洞穴的鼹鼠，竭力在耶稣的脚下挖陷坑，但他们未能使耶稣中他们的诡计。

耶稣嘲笑他们，因为他完全明白：圣灵将保护他免受他们的坑害，使他决不会落入他们编制的圈套。

他从手中的镜子里，看到有行动懒散的人，有脚步沉重的瘸子，还有的步履蹒跚，因疲惫倒在崎岖山路上，而他们都尚未到达顶峰。

他同情这些人，他多么想托他们一把，让他们与自己等高，多么想替他们负重，甚至让他们那柔弱身躯汲取他的力量。

他对撒谎者、偷盗者或谋杀者并不严加责斥，而是把盛怒完全撒在那种戴着假面具和手套的伪君子身上。

我时常沉思，他那颗心，为什么对来自荒原旷野，到他的圣殿寻求平安的人们，他一律包容，而对那些伪君子却总是心扉紧闭呢？

有一天，我们与他一起在石榴园里休息。我对他说："主啊，你宽容、安慰罪人和那些体弱、志衰之辈，却惟独不宽恕伪君子们！"

他对我说："你把罪人称为体弱、志衰之辈，说得恰如其分，一语中的。我的确宽恕他们体躯薄弱、意志衰萎。他们因从先人那里继承下来的罪恶，或受邻居的贪婪之心浸染而跌入错过之中。

"但是，我不能宽容伪君子。因为他总是把轭套存诚直、温顺者的脖子上。

"被你称为体弱的罪人，就像从巢里跌落下来、羽毛未生的雏鸟，而伪君子则是伏候在岩石上等待捕食猎物的兀鹰。"

那些弱者是荒漠中的迷路人；而伪君子则没有迷路，他们知道往哪里走，但他们却在风沙中嬉戏、狞笑。

"因此，我不能接纳他们。"

我的主这样说，当时我不理解。现在，我完全理解了。

之后，这里的伪君子们联手捉拿他，审判他。他们这样做，自以为完全正确。因为他们在古犹太最高会议上征引摩西律法，并制造了人证和物证来控告他。

他们这些人每日伴着太阳东升玩弄法律，又随着日落西山再次玩弄法律，正是他们把耶稣带走杀害了。

马　太[1]

耶稣山顶论道

在一个收获的日子，耶稣邀我们和他的朋友们到山上去。大地馨香浓郁，活像婚礼上的公主，佩戴着所有的珠宝；青天亦着意一番打扮，就像公主的新郎。

当我们到达山顶时，耶稣静静地站在桂花树丛中，说道：

“我们就在这里休息一下吧！不要烦你们的心，让它平静下来，调好心弦，留意聆听。因为我有好些话要对你们讲。”

于是，我们坐在草地上，四周布满盛开的各种夏日繁花。耶稣坐在我们当中，开始说道：

“为那些宁静淡薄的人们祝福。

“为那些正为钱财所累的人们祝福。因为只有他们才能享受充分自由。

“为那些牢记痛苦，并在痛苦中等待欢乐降临的人们祝福。

“为那些如饥似渴追求真与美的人们祝福。因为他们吃的面包源于他们的饥饿，他们喝的甜水源于他们的干渴。

“为那些慷慨、厚道的人们祝福。因为慷慨和厚道给他们带来最好的慰藉和最高的快乐。

“为那些心地纯洁的人们祝福。因为他们绝不会远离上帝。

“为那些慈善的人们祝福。因为慈善也将成为他们所得的一部分。

“为那些缔造和平的人们祝福，因为他们的精神将超越争端，将把战场变成锦绣花园。

“为那些被追求的人们祝福。因为他们将变得脚步轻快，展翅高飞。

---

[1] 马太，又名利米，犹太人，亚勒腓的儿子，原为罗马政府向犹太收税的官员。被耶稣选召后，成为耶稣的十二使徒之一。相传，《圣经》中的《马太福音》一书为他所作。

“难道你们不感到欢欣喜悦？你们发现天国已近在咫尺。

“在你们之前，歌唱天国的人们曾受到折磨和压迫，而你们也将遭受同样折磨和压迫，但你们可从中得到恩惠和报酬。

“你们是大地上的盐；倘若盐失去了自己的咸味，人们赖以生存的食物也便失去了香甜。

“你们是照亮万物的光；莫把这光放在升或斗里，而要把它放在山顶之上，为那些寻求上帝圣殿的人们照亮道路。

“你们不要猜疑我是废除文士及法利赛人的法律的。因为我与你们在一起的日子是有限的，我的话也不多了。我要在几个时辰里完成另一法律，揭示一种新约。

“有人对你们说：你们不要杀人！但我要对你们说：你们不要无端发怒！

“你们的先曾嘱咐你们，要把牛、羊和家禽带到圣殿，放在祭台上宰杀，以便让神闻到脂肪的香味，使其喜欢你们，宽谅你们的过错。

“但是，我要对你们说：难道你们想把本来属于上帝的东西献给上帝？难道你们想安抚宝座前身临无限旷野、双臂环抱苍穹的上帝？

“你们在寻觅圣殿之前，要到你们的兄弟那里去，与他们和睦相处，并向邻居慷慨施予。因为在那些人的灵魂中，上帝建造了毁灭不掉的圣殿；在那些人的心目中，上帝已筑就了永不坍塌的祭台。

“有人曾对你们说：要以眼还眼，以牙还牙。但是，我要对你们说：你们不要抗恶，因为抗是恶的营养物，久抗会使恶强而壮之，亦使之兴奋、聪慧。

“只有弱者才思报仇雪恨。心灵上的强者总是以宽待宽，而受损者宽恕他人恰是莫大荣光。

“只有硕果累累的树，我们才摇而晃之，或者以石投击，期待果子落下而食之。

“你们不要忧虑明天，而要关注今日。因为今天展现在你们面前的奇迹也很可观了。

“当你施舍时，你不要为自己想得太多，而要思考施舍的急切和必要。因为施舍者将从圣父那里得到报偿,而且所得要比施舍多出数倍。

“你就按照每个人的需要施予吧！圣父不向干渴者送盐,不把石头给饿汉,也不会给断奶者送奶。

“不要把神圣之物丢给狗,也不要把你的珍珠放在猪行的路上。因为你用这样的礼品嘲弄它,它也会嘲弄你的礼品,而且它会因为仇恨而生毁灭你的意念。

“你们不要为自己积存易腐易损的珍宝,因为那有可能成为盗贼的偷劫之物;而要贮藏既不腐损,又不被盗的珍宝,因为那种珍宝会因观赏目光的差异而更加壮美可爱。

“那种珍宝在哪里,你的心也便在哪里。

“有人对你们说:对杀人犯,必以刀剑处之;对盗贼,必以绞刑处之;对娼妇,必以乱石击死。但是,我要对你们说:杀人犯、盗贼和娼妇的罪行与你们不是没有关系的;当你们处置了他们的肉体时,你们的灵魂也将暗淡无光。

“其实,世间的任何一项罪恶,都不是单由男子或单由女子造成的。世上的一切罪行,都是人们共同犯下的。也许受到惩处者会砸碎套着你们手腕的锁链的一环。

“也许他会以自己所遭受的巨大痛苦换来你们所感触到的瞬间的欢乐。”

耶稣这样宣讲时,我真想跪在他面前,向他顶礼膜拜,然而因为害羞没有行动,也未吐出一句话。

耶稣讲完,我才开口说话。我说:“我很想即时祈祷,但我的舌头沉重。那就请你教我怎样祈祷吧!”

耶稣说:“当你想祈祷时,就让你的渴望向你口授言词。现在,我的渴望向我口授道:

世界之主,天地之主,
你的名字多神圣!
你的意愿在人间化为现实,
就像在天国一样。

请赐予我们足够白日享用的面包。
用你的慈悲胸怀宽恕我们，
给我们以力量，
让我们彼此容谅。
把我们引向你的正道，
黑暗中向我们伸出手来。
天国属于你，
只有依靠你的力量，
我们才能如愿以偿。

夜幕降临，耶稣走下山去，我们紧跟走去。

我边跟在他的身后，边重复着他的祈祷词。他所说的，我完全记得。因为我知道，那天他的祈祷词就像冰雹一样落在我们的头上，一定会变得坚如水晶石；在我们头上拍击的翅膀，定会像铁蹄一样捣击大地。

西庇太之子约翰[①]

耶稣的各种名字

你们一定发现我们当中有的人称耶稣为基督，另一些人称之为道[②]，还有人称之为拿撒勒人，也有人称之为人之子。

我将借赐予我的光，对这些名字作诠释。

基督乃是古代救世主的名字；基督是上帝寓人魂中的一束光，又是降予我们的生命的气息，继而又为它营造肉体，如同我们的肉体，以便让生命气息居住其中。

---

① 约翰，耶稣的十二使徒之一。他是渔夫西庇太的儿子，家住加利利海边。一天，他和哥哥雅各在船上补渔网，被耶稣召唤，跟从了耶稣，后来成为耶稣喜欢的门徒。耶稣死后，他不畏艰险，宣传福音，创办基督教会。相传，《圣经》中的《约翰福音》、《约翰一书》、《约翰二书》、《约翰三书》和《启示录》，都为他所作。

② 因《新约·约翰福音》中有“太初有道，道与上帝同在，道就是上帝”，故采用“道”这个译法。

基督是上帝的意志和愿望。

基督是太初之道,想行动在我们的声音里,生活在我们的耳际中,但期我们留意之,理会之。

上帝之道为自己营造了骨肉之躯,成了如同你和我这样的人。

我们听不到无形之风的歌声,看不到雾霭中的"大我"。

基督到这个世界上来过多次,周游过许多地方。他每次来,都被世人视为异乡客,认为他是患疯病者。

但是,基督的声音从未消失,人们在不留意之中将他的话语保留在了记忆里。

这就是深邃而高远的基督,与人们一道走向永恒。

在印度的路口,在祆教盛行的国度,在埃及的沙漠上,你没有听人们谈起他吗?

在这里,在你们的北国里,古诗人们歌唱盗神火的普罗米修斯[1]:他是人们实现了的愿望,又是睁脱牢笼的希冀;古诗人们还歌唱奥菲斯[2]:他带来歌声和七弦琴,足以慰藉兽与人的心灵。

难道你没有听说过密特拉[3]王和波斯先知泽拉德什特[4]?他们从古人的梦中醒来,站在我们的梦床边。

我们每一千年在幽冥的殿堂相会一次,我们也将变成抹香膏的人[5]。

到那时,将有一个骨肉之躯的人向我们走来……我们的沉默将化为歌声。

尽管如此,我们却充耳不闻,视而不见。

拿撒勒人耶稣像我们一样出生、成长。他的父母也与我们的父母一样,耶稣是人。

至于基督,太初之道,想让我们过完美生活的生灵,则已来到耶

---

① 普罗米修斯,希腊宗教中的提坦之一,是善用诈术的神和火神,他的名字意为"先知"。

② 奥菲斯:希腊神话里的琴师,其琴声可感动禽兽木石。

③ 密特拉:古波斯崇拜的光明之神。

④ 泽拉德什特:祆教(拜火教)的创始人。

⑤ 头抹香膏是古犹太人的一种风俗。

稣身边,与他合为一体。

生灵乃上帝只巧手,耶稣是七弦琴。

生灵是诗歌,耶稣则是抑扬顿挫的音韵。

拿撒勒人耶稣是基督的主人和喉舌。

他与我们一道行进在阳光下,称我们为他的朋友。

那些日子里,加利利山上和谷中,只能听见耶稣的声音。那时,我是一个青年,一直在他的后面,紧跟着他的脚步走。

我紧跟着他,从加利利人耶稣双唇间聆听基督的声音。也许你们现在已经知道,我们当中的一些人为什么称他为人之子。

他也喜欢人们称呼他这个名字,因他深知人的饥渴,亲眼看见人在寻求自己的"大自我"。

人之子就是大慈大悲的基督,希望他自己属于我们大家的。

拿撒勒人耶稣把兄弟们带往基督那里,带往太初之道。加利利人耶稣居于我的心中。他是最完美的人,他是使我们大家都变成诗人的诗圣。他是圣灵,叩击我们的门,但期唤醒我们,让我们起来,赤身裸体、不受任何羁绊、没有任何负担地迎接真理。

迦百农的年轻祭司

谈魔术师耶稣

他是个道地的魔术师。

他用妖术和魔法欺骗头脑简单的人。他拿先知之道和先人圣德耍把戏。

是的。他甚至要死者为他作让,让无声的坟墓作他的预言和支持者。

他常到耶路撒冷及附近村庄里的妇女们中间去,用蜘蛛捉拿苍蝇的伎俩,使他们落入自己的网中。

女人柔弱且智慧短缺,她们常跟从以温言柔语安慰她们的男人。若没有那些意志薄弱,又被他那丑恶灵魂左右的女人,那么,他的名字也早就从男子们的记忆中消失了。

追随他的男子又是些什么人呢?

他们都是被蔑视的戴着奴隶枷锁的牧民。他们愚昧而胆怯，不敢反抗他们的合法主人。

但是，耶稣把他向他们描述的海市蜃楼式得到王国的高位许给他们，于是他们便像陶泥屈从于陶工之手那样依从了他。

难道你不晓得，奴隶在梦中也想变成主人，懦夫也想成为雄狮吗？

这个拿撒勒人是个魔法师和骗子。他能宽恕一切罪犯的罪行，为的是从他们的龉龃口中听到赞美声。他安慰处于绝望中的苦涩之心，以便让他们侧耳聆听他的宣教声，服从他的命令。

他破坏安息日①的规程，以便赢得没有宗教信仰者的支持。他诋毁大祭司们的见解，以便取得犹太人公会的信任，并借此提高自己的知名度。

我常说：我憎恨这个人。

是的，我憎恨他甚至超过憎恨统治我们国家的罗马人。他来自拿撒勒，那是我们的先知诅咒的地方。一个偶像崇拜的地方，决不会出现什么好人。

拿撒勒邻居，一利末富翁

谈出色木匠耶稣

耶稣是位出色的木匠。他做的门，盗贼永远打不开。他做的窗子，随时可以迎接东、西方向来的风。

他用香柏木做的大箱子，不仅光亮，而且结实耐用。他制作的犁杖和长把叉，不但坚固，而且用起来得心应手。

他用金色的桑木，为我们的犹太教教堂雕刻就读经书的圣台。

---

① 安息日是古代以色列民族的圣日。每周工作六天，第七天为安息日，停止一切工作，进行宗教活动。人们要用一岁的公羊和调油面向上帝献燔祭。当初，守安息日的规定很严格：“凡这日之内作的，必把他治死。”后来，耶稣在安息日给人治病，犹太教徒要控告他。耶稣说：“你们中间谁有一只羊？人比羊何等贵重呢！所以，在安息日作善事是可以的。”

在放置经书的两根支柱的边上，他雕刻了展开的翅膀；而在支柱的下面，他雕刻了公牛、鸽子和明眼羚羊的头像。

所有这一切，他都是照迦勒底和希腊风格制作的。

但是，在雕刻的细部，既非迦勒底式，也不是希腊式，可言独具风貌。

就拿我的房舍来说吧！那是三十年前，经许多匠人之手建造的。当时，我从加利利所有城镇中物色瓦匠和木匠，那些匠人各身怀建筑艺技；他们的工艺水平，令我感到心满意足。

现在，就请你来看一看拿撒勒人耶稣所制作的两门一窗吧！这门窗坚实稳固，足以笑傲房舍中的其余一切。

难道你看不出这两个门与其它门完全不同吗？

这朝东向的窗子，难道你看不出它与其余窗子大相径庭吗？

除了他作的这二门一窗，其余门窗都因年久而破损摇动；唯有他的手艺经得起岁月考验，依旧坚固挺立。

你看看这横梁，他安插得多么得当，你瞧瞧那些钉子，又怎样从扳子的两边进入，将另一边牢牢钉在一起。

奇中之奇的是：这个足以顶两个人工作的雇工，却只收一个人的工钱；又正是他，如今已被以色列人尊称为先知。

假若我当时就知道那个背锯荷刨的青年人是位先知，我定会求他宣教，而不会让他做木工，并且还会付重金以赏他布道有功。

时至今日，仍有许多人在我的家中和田里做工。可是，我如何区分手拿工具做工者与假上帝之手做工的人呢？

是啊，我怎样辨认上帝之手呢？

南黎巴嫩一牧羊人

一则寓言

夏令即将过去，耶稣和另外三个人第一次在那条路上相遇。

黄昏时分，耶稣停下脚步，站在牧场的边上。

我吹着笛子，羊群在我的四周吃草。耶稣停下脚步时，我站起身来，走到他的面前。

他问我："以利亚[1]的坟墓在哪里？就在附近吗？"

我回答："就在附近，先生，在那大堆石头下面。时至今日，每个过路人都要搬一块石头，放在石头堆上面。"

他谢过我，随后离去。他的朋友也跟着他走去。

三天过后，另一个牧羊人伽马伊尔对我说：

"那天路过这里的那个人，他是朱迪亚的一位先知。"

但是，我不相信他的话，却一连好几个月我都在想念他。

春天到了，耶稣再次路过这个牧场，但这一次只有他一个人。

那天，我没有吹笛子，因为我丢了一只羊，心中闷闷不乐，于是向他走去，默不作声地站在他的面前。

他望着我，说："你今天不吹笛子，眼中含着忧伤神情，原因何在？"

我回答说："我的羊群里少了一只羊；我找遍各处，怎么也找不到，一时不知如何是好。"

他沉默片刻，然后微笑着对我说："在这里稍等，我给你去找。"

他转身走去，片刻身影消失在丛林之中。一个时辰过后，他带着我那只羊回来了。当他站在我面前时，那羊像我一样仰望着他的面孔。

我高兴地拥抱那只羊。

他拍着我的肩膀说："从今天起，你爱这只羊将胜过你爱你的羊群中的任何一只羊，只因为它是失而复得的。"

我再次高兴地拥抱那只羊。那只羊靠近我，我默默无言。

可是，当我抬起头来要向耶稣道谢时，只见他已走远。我没有勇气去追赶他。

---

① 以利亚，以色列著名的先知，提斯比人，寄居在基列。他针对以色列国王亚哈崇拜偶像之罪，预言基列有旱灾。后来，果然三年无雨。他曾显示许多奇迹：使一穷寡妇家里的面粉和食油永远吃不完；又使一寡妇死去的儿子复活；还招来圣火烧尽燔祭，烧干沟里的水。他因反对王后耶洗别崇拜异神偶像，招来杀身之祸，只好上何烈山避难。后来，比利亚收以利沙为门徒，让他继承先知之职。最后，以利亚乘旋风而升天。

洗礼的约翰[①]

牢中与一门徒谈话

当耶稣的声音回旋在战场上时,我在这龌龊的小牢里决不保持沉默。而耶稣自由之时,我也不甘心口舌被封锁。

他们对我说,毒蛇缠住了耶稣的腰。

但是,我要回答他们,毒蛇将使耶稣的力量倍增,他将用脚踩死毒蛇。

我只不过是伴随耶稣闪电的隆隆雷声。如果我首先开口说话,那么,我讲的一定是他的道,

我讲的宗旨一定是他的宗旨。

未曾警告,他们便把我逮捕了。也许他们也会抓耶稣。

但是,在他讲完道之前,他们是不会动手的。

他将征服他们……

他的战车将从他们的身上轧过。他的战马铁蹄将把他们践踏。

他将取得胜利。

他们将手持长矛和宝剑而来,而他将用精神的力量迎击他们。他的血将流淌在大地上,但他们自己也将感受那种创造和痛苦,他们将沉浸在自己的泪水里,直至他们的罪恶得以洗净。

他们的军团装备着铁的战车,向着他的城市开去。但是,在他们开往他的城市的途中,将会被淹死在约旦河里。

他的城墙和城楼将会更高,他的士兵们的盾牌将在太阳下闪出比原来更明亮的光。

他们说我与他结成集团,并且说我们的目标是鼓动人们起来造

---

① 洗礼的约翰,是犹太祭司撒迦利亚的儿子,出生八天行割礼,成人后四处传道,并在约旦河一带给人施洗,耶稣就专门来这里接受过他的施洗。他因指责希律王淫乱,被关进监牢。希律王见他在群众中威望很高,不敢杀他。后来,希律王做生日婶宴,希罗底的女儿跳舞祝贺,希律王高兴,答应满足他的任何要求,她就按母亲所嘱,要约翰的人头,结果约翰被斩。

反，反抗朱迪亚国王。

我回答道：但期我用火焰代替语言，如果他们认为这充满黑暗和邪恶的地狱是一个王国，那就让他们的王国灭亡，顷刻化为废墟。就让它步苏杜姆城和阿姆拉城[①]的后尘，让这个种族在上帝记忆中消失，让这片土地化为灰烬吧！

是的。在这座监牢高墙的后面，我确实是拿撒勒人耶稣的盟友。他将率领我的军队，包括骑兵和步兵。我虽然是部队一将领，却不配为他解开他的草鞋的鞋带。

你到他那里去，把我的这些话重复一遍，并以我的名义求上帝赐予我们以安慰和祝福。

我不会在这里逗留许久。深夜里，在我两次醒来之间，我感触到缓慢的脚步正从我的躯体上踏过。当我高声呐喊时，我感到雨水已降临到我的坟墓上。

你到耶稣那里去吧！你要对他说：海杜鲁尼的约翰，原本灵魂充满幻象，之后又是一片空白。当他为自己祈祷的时候，掘墓人就站在他的身旁，刀斧手正伸手向他索取酬金。

亚利马太人约瑟[②]

谈耶稣的首要目的

也许你想了解一下耶稣的首要目的，我又是多么乐意把他的经验告诉你呀！然而谁也不能用手指触摸神圣葡萄树的灵魂，谁也看不到流动在树枝里的营养液。

我虽然吃过葡萄，也喝过刚榨出来的葡萄酒，但却无能力将一切告诉你。

我只能向你谈谈我所了解的耶稣。

---

① 苏杜姆城及阿姆拉城是《旧约·创世纪》中记载的两座被上帝毁灭的古城，原因在于城中居民罪孽深重。

② 亚利马太人约瑟是犹太财主，议士，耶稣的秘密门徒。他心地善良，为人公正。耶稣被杀害后，他挺身而出，找巡抚彼拉多，要来耶稣的尸体，用干净细麻布裹好，安葬在原为自己准备好的盘石墓里。

为我们敬重、爱戴的耶稣仅仅生存的先知的三季:圣歌高唱的春天,狂热布道的夏季,殉道受难的秋令;每个季均达一千年。

*　　　*　　　*

他那圣歌高唱的春天是在加利利度过的。在那里,把自己的拥护者团结在自己的周围,在那蓝色湖畔开始讲到天父、解放和自由。

就在加利利湖边,我们迷了路。可是,多么奇怪啊!我们的损失是多么少,而收获何其大呀!

在那里,天使的赞颂之声传入我们的耳际,诱使我们离开荒芜不毛之地,奔向我们心所向往的乐园。

他谈到绿色田野、青翠牧场和黎巴嫩山坡,那里盛开着雪白的百合花,而从不去注意山谷

中扬尘穿行的商队。

他谈到野玫瑰在阳光中绽现微微笑容,将自己的芳香赠送给吹拂而过的惠风。

他曾经说:"百合花和野玫瑰只开一天,但那是永恒的一天,她在自由中欢快度过。"一日黄昏时分,我们正坐在小溪边时,忽听他说:

"你们看看这溪流,听听水声,那流水总是在寻找大海,虽然它在不停地寻找,但却从午间到午间都在揭示着秘密。但期你们像溪流寻找大海那样寻找你们的天主。"

*　　　*　　　*

之后,他狂热布道的夏季来临了。那时,他对六月的热爱也波及到了我们的身上。他只谈到别的人:一位邻居和一位路人,以及我们的童年伴侣。

他谈到从东方到埃及去的旅行者,谈到黄昏时分牵着牛回家的农夫,谈到天黑时来我们家门求宿的不速之客。

那时他说:"你的邻居便是出现在你眼前,但你却不认识的'自我'。他的面容就映在你那静止的水中;假若你注目凝视他,能从他

的面孔上看到你自己的容貌。

假若你在静夜里留心聆听，将能听到说话，并将从他的言词里听到你的心脏跳动的声音。

“你想让他如何对待你，你就如何对待他吧！

“这就是我的规矩。我要讲给你们听，讲给你们的子女听，要他们再讲给他们的子女听，子子孙孙传下去，直至时间告尽，人类消没。”

有一天，他对我们说：

“你不要独自寻觅自我，而要在他人的行动中去寻找。这些人，即使你并不知道，他们伴随着你的终生。

“任何一桩罪恶，都是你与他们一起造成的。

“只有你们跌倒时，他们才跌倒，同样你们站起时，他们才站起。

“他们去圣地的路，也是你们要去的路。他们寻觅荒地时，你们也要跟着他们一道寻觅。

“你们和你们的邻居只不过是插在田里的两颗种子，一道发芽成长，一起随风摇曳。你们谁也不会将田地独占。因为一颗种子生长时，什么都不求，只是在自我陶醉状态中。

“今天我和你们在一起，明天我就要去西方了。但是，在我上路之前，我要对你们说：你的邻居便是呈现在你面前的你那看不见的‘自我’。你要怀着爱心去寻找他，但期你能发现自我；只有找到了自我，才能成为我的兄弟。”

*　　*　　*

他的秋令到了，那是他的殉道受难之秋。他向我们谈论自由，就像在加利利那圣歌高唱的春季一样；不过，他今日所希望的是我们对他的言词更深刻的理解。

他向我们谈到树叶；只有在风中，才能听到树叶的歌声。

他谈到人，人就像一只杯子，值班的天使将之斟满，以便让另一个天使解渴。不管杯子满还是空，放在上帝的餐桌上，它总是晶莹透明的。

他说：“你们是杯子，你们是饮料。你们喝自己，直至饮尽。或者向着我来,也可解你们的干渴。”

我们同去南方的路上,他对我们说:“高高耸立在丘山上的耶路撒冷城,将坠入深深的吉罕努姆山谷;到那时,你将看见我独自站在那圣城废墟之上。

“圣殿必将坍塌,在廊柱周围,你们将听到鳏夫的呐喊声和孤儿的号啕声。人们急忙逃离;因为惊惶过甚而兄弟互不相识。

“但是,假若你们当中两个人在那里相遇,低声呼唤我的名字,然后把脸转向西方,就将看见我,我的话也将再次进入他俩的耳际。”

我们刚行至比特阿尼山,他便说:

“我们到耶路撒冷去吧!它正在等待着我们的到来。我将骑着一匹小驴驹进城,向聚集在那里的人们宣教。

“那里有多少人想用枷锁将我束缚!又有多少人想熄灭我的光明!然而,你们将在我的死亡中找到生命,你们将成为自由人。

“他们将寻觅游动在心与脑之间的气息;那气息就像飞返在田野与巢儿之间的鸟雀。但是,我的气息已经掠过他们,他们对我无可奈何。

“天父在我周围筑的垣墙是不会坍塌的。上帝圣化的大地也是不可侵犯的。

“东方破晓,太阳将为我戴上王冠,我将与你们一道迎接我们的白昼。这一天将是漫长的,世界将看不到日落。

“文士们及法利赛人说,大地干渴欲饮我的血。我将用我的血灌溉大地。我的血滴将长出橡树和枫树,东风将把它的种子送往其他地域。”

然后,他又说:

“朱迪亚民族期望有一个向罗马军队发动进攻的国王,但我不当它的国王。郇山①的王冠是为比我的前额窄的前额准备的,所罗门②的宝戒也太窄小,容不下我的手指。

---

① 郇山,耶路撒冷的圣山。

② 所罗门,古代以色列国王,犹大伯利恒人,法勒斯的后代。他生下之后,受到上帝的喜爱,于是先知拿单给他赐一个名字“耶底底亚”,意为“上帝所爱之人”。他既是政治家,又是作家和学者。他重知识,求智慧,人们把他看成智慧的化身。

“你们何不看看我的手呢？我的手比握权仗的手高贵，我的手比握利剑的手强壮。

“我不会率叙利亚人对罗马人作战！但是，你们将用我的言谈唤醒那座城市，我的灵魂将与它的第二个黎明对话。

“我的言词将成为一支既不见战马、辎重，又不见长矛、利剑的大军，我将用它像战胜罗马皇帝那样，征服耶路撒冷的祭司们。

“奴隶统治奴隶的宝座，我是不会坐上去的。同样，我也不会对意大利儿女宣战。

“不过，我要成为他们天空里的风暴，成为他们灵魂中的歌声。

“他们将记起我。

“他们将称我为耶稣基督。”

* * *

耶稣进城之前，在耶路撒冷城外讲了这样一番话，仿佛他的话语是用凿子凿出来的。

拿坦业[1]

耶稣并不温和

人们说，拿撒勒人耶稣谦恭而温和。

人们说，尽管他为人正直、公平，但却是个弱者，常在暴虐者面前被弄得手足无措。他站在官宦面前，如同温顺的羊羔落入狮群。

然而我却要说，在众人中间，耶稣自有自己的权威。他深知自己的力量，他曾在加利利丘山之间，在朱迪亚大地和腓尼基的城市里宣布过这种力量。

你听屈辱、卑贱的人说过：“我是生活，我是通往真理的道

① 拿坦业，耶稣的门徒之一。《新约全书·约翰福音》中载：“腓力找着拿坦业，对他说：‘摩西在法律上所写的，和众先知所记的那一位，我们遇见了，就是约瑟的儿子拿撒勒人耶稣。’”

路”吗?

你听谦恭、潦倒的人说过:“我是主之魂,主魂深入我心”吗?

你听对自己的力量一无所知的人说过:“不相信我的人,既是不信此生,又不信永生”吗?

你听怀疑自己明天的人说过:“我的言词尚未吐完,你们的世界将走向死亡,化为灰烬,随风而逝”吗?

你听怀疑自己,却拿娼妇问难的人说过:“你们当中谁没有过失,就让他用石头将她砸死吗?

你看见过因怕官宦而将钱庄驱出神殿,虽然祭司们允许其存在的人吗?

你看见过被剪去双翅却高喊“你们大地上的王国,都比不上我的王国”的人吗?

你看见过在言词庇护下寻觅安全,却反复说“把这座殿堂捣毁吧！三天之内我再给你们建造一座神殿“的人吗?

你看见过本是胆小鬼,却指着当权者的脸面骂道“骗子,劣种,混蛋,败类”的人吗?

面对着统治朱迪亚大地的人,敢说出耶稣所说的话勇敢的人,能被称为温和和谦恭之人吗?

不能！不能！鹰不会在垂柳树上筑巢。狮子不会在羊齿植物中择穴。

当我听到懦弱者把耶稣说成温和、谦让者,凭以为自己的懦弱辩护;遭欺压者为了找到同情者,把耶稣说成在他们身旁闪光的萤火虫时,我心烦意乱,只觉得五脏六腑翻腾,气不打一处生。

是的,我打心里厌恶这些人。

我要宣扬的是耶稣,一位出色的猎手,一种不可征服的卓越精神。

安提阿人伯赛

泰图的扫罗①

今天,我听泰图的扫罗在本城的犹太人中间宣传耶稣。

他现在自称为保罗,基督教的使徒。

我青年时代就认识他。在那些日子里,他总是与拿撒勒人耶稣为敌。他的伙伴们用乱石将被称为司提反②的优秀青年打死。他对他的伙伴们的行动是那样称道,其神色表情在我的记忆中至今清晰犹新。

保罗确乎是个怪人。他的灵魂不是一个自由人的灵魂。有时,他就像林中的一头狮子,因遭猎人击伤,很想找一个洞穴藏身,不愿让世人知道自己的痛苦。

他既不谈耶稣,也不重复耶稣的言词。但是,他宣扬古先知们预言中的基督。

虽然他是一位学识渊博的犹太人,但他用希腊语与他的同伴们谈话;而他的希腊语并不流畅,支离破碎,遣词亦不高明。

尽管如此,他却是个内含实力的人,周围的人也公认他具有权威。有时,他也要求他们相信他并不完全相信的东西。

*　　　*　　　*

我们这些认识耶稣,并听过他布道的人都说,耶稣教人们如何打碎枷锁,以期从昨日的桎梏中解脱出来。

然而保罗却为明天的人们打制镣铐;他以自己所不认识的先知

---

① 扫罗,使徒保罗的原名。当耶稣信徒司提反被犹太教使徒用乱石砸死时,一个名叫扫罗的少年在场,他在帮投石者看管衣服,并对司提反被害表示高兴。此人就是后来的保罗。

② 司提反,耶稣的信徒,早期耶路撒冷基督教会负责供给的执事。他遭诬告,而被捉拿到犹太公会。他在申诉时,揭露犹太公会当权者杀害耶稣的罪行,宣扬耶稣已经升天,站在上帝左边,于是公会众人大喊大叫地用石头将他打死。

之名,用铁锤在铁砧上煅打不止。

拿撒勒人耶稣想让我们在热情和微醉中度过时辰。

与此同时,泰图人保罗则要我们留心古籍里的法律。

耶稣向死者输入的是活活生气。

当我独处寂静黑夜里时,我相信了他,理解了他。

他坐在餐桌上,他讲的故事给应邀者送去的是欢娱。他用自己的喜悦和诙谐,给食肉和饮酒者增添的是可口和芳香。

但是,保罗开给我们的面包和酒水却像苦药。

现在,请让我转过脸去,望望大路的另一边吧!

萨露美对女友说

一个未实现的愿望

他像阳光下闪光的白杨。
又像孤寂山中的一汪湖水,
湖面在阳光下闪闪放光。
亦像山顶白雪熠熠闪光。
是啊,他与这一切何其相似!

我已经深深爱上了他。
然而我却怕他出现,
只因爱他而难以站立起来。
为伏在他的两脚前,
我伸开双臂将他的双脚抱住。

我多么想对他说:

“我在任性时害死了你的好友①，
你能否宽容我的过错？

能否怜惜我的青春，
将我从迷途中解救，
步上你指出的光明之路？”
我知道他会宽恕我，
为取他朋友的圣洁首级而舞蹈。
我相信他能在我的行动中，
看到他致力于布道的题目。
世上没有他过不去的深谷，
也没有他穿越不过去的干渴沙漠。

是啊，他像白杨树，
他像山岭中的湖泊，
又像黎巴嫩山顶上的冰雪。
我多想在他衣褶里令我热唇降温！

可是，他离我多么遥远，
我又是那样腼腆怕羞；
我有心跟踪去找他，
却又被我的母亲拉住。

每当他从我面前走过，
我的心总被他的美貌吸引。

---

① 《新约全书·马太福音》载：先知约翰因指责希律王不该娶兄弟之妻希罗底为妻，因此被监禁；但因见他在群众中威望高，不敢杀他。后来，希律王做生日设宴，希罗底的女儿萨露美跳舞祝贺，希律王甚为高兴，当场答应满足她的任何要求。萨露美就按母亲的唆使说：“请把施洗约翰的头，放在盘子里，拿来给我。”果然差人在牢中斩了约翰，把头放在盘子里，拿来给了萨露美拿去给了她的母亲希罗底。此处所讲正是《圣经》中的这一故事。

但我母亲因蔑视他而蹙眉，
总阻止我凭窗眺望。
我每回卧室她便大声喊：
“他还不是大漠上食蝗蛮汉？

“他不是个嘲弄人的叛逆者，
煽动暴乱，企图夺取我们的权仗、王冠？
他诱使他那块可恶土地上的狐狸、胡狼，
嚎叫着冲过来，妄图登上我们的宝座？
从今以后遮起你的脸面，
等待他的头被取下，只是放在他人之盘。”

母亲说了这些话，
但我却完全听并不进心里。
我偷偷地依然爱着他，
睡梦中只觉周围满是火焰。

如今他已离我而去，
我的心气也随着他走了。
或许我的青春一去不复返，
因为青春之神已被戳斩。

女门徒拉希勒

耶稣是幻象与人

我的心里充满疑惑，耶稣究竟是血肉之躯的真人，还是人头脑里没有形象的幻影，或者是人的一种想像……

我总觉得他是个梦，在一个比所有黎明更宁静的黎明里，在一个比所有睡眠更深沉的睡眠里，在同一个时间里，无数男女同做的一个梦。

好像每个人都向同伴讲述自己的梦境时，我们便认为这个梦已成真,是一个毫无疑问的现实,再按我们的想像赋予以形体和声音……

然而他确实不是梦。我们认识他已是三年之前的事,而且是在中天丽日之下亲眼看见过他的。

我们触摸过他的手,曾跟着他从一个地方走到另一个地方,听到过他的训诫,目睹过他的行动……

莫非你认为我们是寻求更多思想的一种思想,或是梦幻王国里的一个梦幻?

伟大事件与我们熟悉的日常生活多么不同啊!但它的本质与我们的本质却同属一根。尽管如此,我仍觉得伟大事件突如其来,又突如其去,而其时间跨度实际上以数年和或代来计……

拿撒勒人耶稣本身就是伟大事件……我们认识他的父母和兄弟,而他本身便是发生在朱迪亚城的奇迹。

是的。倘若他的奇迹彼此相罗,其高度也超不过他的脚踝骨。

昼夜、岁月的流逝抹不掉我们对他的记忆……

夜里,他像一座燃烧的大山,然而他却又像丘山后的一束微光……

他像回荡在天空的惊雷,然而他却又像晨曦中的喃喃细语……

他像由高山直泻而下深谷的洪流,荡涤 切,同样又像儿童笑容的柔和与甜润。

我多么向往每年的春天,期待一览他降临的深谷!我盼望着百合花和迎客花盛开。可是,我年年感到痛苦忧伤,因为我盼随春姑娘到来的一切,均未化成现实。

然而耶稣刚刚与我的时光发生联系,便成了我所寻觅的春天。我多么希望随日月与他相伴!我心中充满欢乐。他就像生长着的紫罗兰,而我却像生长在他的光芒里的含羞草。

如今,季节的更替无法将他的美从我们这个世界上抹去。那世界上的季节更替尚且不属于我们。

不,耶稣既非诗人的一种意念,也不是诗人的一种幻想,而是一个像你与我一样的人,有视觉、触觉和听觉,但其余与我们并不相同。

他是一个心灵快乐的人,但在快乐的路上却遇到了人的痛苦。

他在自己的痛苦天空俯视人们的欢乐。

他看到了我们所看不到的幻象,听见我们所听不见的声音。他在向他看不到的广大众生宣教;间或通过我们向尚未诞生的诸民族布道。

耶稣常是孤独的。他生活在我们中间,却不是我们当中的一员。他行走在大地上,却属于天上世界。只有在我们孤独之时,才可访问他那孤独的境地。

他深深爱着我们,爱中充满怜悯之情。他的心像榨汁机一样溢出爱怜之情,你与我均可伸手接上一杯畅饮。

但是,关于耶稣,我有一点尚不明白。他总是与听众开玩笑,给人们的心灵送去欢乐,话语妙趣横生,听者欢笑相继;即使你发现他二目充满忧虑神情,感到他的言词中不乏悲伤语调时,他仍是笑语连珠,听众乐趣不减。然而现在我已全然明白。

我总想像着大地酷似一位身怀头胎儿的大腹妇人。耶稣降生时,正是这个头胎儿。耶稣死去时,便是第一个人死亡。

难道你没有发现,在那悲凉的星期五,大地无声无息了吗?难道你没有发现天对天怒吼、对仗吗?

难道你没有发现,当他的面容在我们的眼前消隐时,仿佛我们已不存在,只不过是遥远天际中的一种记忆了吗?

贝恩隆的革流巴[①]

谈法律与先知

耶稣传道时,整个世界鸦雀无声,都在静听他的声音。他所讲的道,不仅仅是专供我们的耳朵听的,而是讲给上帝在这个世界上创造的万物听的。

---

① 《路加福音》中记载,耶稣被钉死在十字架上之后,革流巴与另一门徒遇见耶稣,他们留耶稣在马忏斯村住下,并共进晚餐。耶稣给他们饼时,他们才认出对方是耶稣,但耶稣随即无影无踪。

他与大海说话——那是当初孕育我们的伟大母亲;他与高山说话——那是我们的长兄,山顶乃是我们的希冀。

他与大海、高山之后的天使们说话——太阳将我们体内的泥土烤干之前,我们的梦想曾寄存在他们那里。

他的话依然安睡在我们的胸中,酷似界于记忆与遗忘之间的爱情之歌。他的话也许会燃烧,化为轻烟,直升腾入我们的记忆之中。

他的话轻快顺畅。他的声音就像淌入旱土里的清澈流水。

有一次,他把双手举向天空,但见他的手指像无花果树枝。之后,他用洪亮的声音说:

“古代先知们曾向你们传道,你们的耳里充满着他的声音。但我要对你们说……你们把所有听到的,都从你们的耳朵里倾到出去吧!”

耶稣的那句话——“但我要对你们说”——既不是出自我们这个民族的一人之口,也不是出自我们这个世界上的一人之口,而是由一群飞过迦南大地上空的六翼天使讲出来的。

他一再征引法律和先知们的话,但紧接着又说:“但我要对你们说……”

啊!那是烈火般的语言,那是汹涌的波涛,幽冥大海将之抛向记忆的岸边,这就是那句话:“但我要对你们说……”!

那是穿透灵魂黑暗天空的星斗!那是期盼黎明的失眠灵魂!

没有耶稣的讲话能力,没有他们的门徒的复述才思,是无法像耶稣一样讲道的!

我既无那种讲话能力,也没有那等复述才思。

请你们原谅我仅仅讲了一个头,却没有能力把故事讲完。故事的尾声尚未传到我的唇边,依然是飞在风飚中的一支情歌。

加大拉的乃缦

谈司提反之死

耶稣的门徒们四分五散了。但是,死神夺取他的生命之前,他把痛苦作为遗产留给了他们。他们像草原上的羚羊和狐狸一样被追捕，而猎手们的箭囊里依然装满了利箭。

但是，当他们被抓起来并被送上断头台的时候，他们笑迎死神，一个个脸上闪闪放光，神采奕奕，就像婚礼上的新娘。因为耶稣把痛苦作为遗产留给了他们，同时也把欢乐留给了他们。

北方有我的一位朋友，名叫司提反。因为他被带到市场时，高声宣布耶稣是上帝之子，当场被人们用乱石砸死。

当司提反倒在地上时，他伸开双臂，仿佛想像他的主人一样死去。他双臂伸展，酷似两个翅膀，他想借助于腾空飞翔。当他二目中的最后一线光明消失时，我亲眼看到他的双唇间绽出一丝微笑；那微笑就像冬天将逝时刮起的一阵轻风，恰是春姑娘即将到来喜讯的保证。

我该怎样描述那种景象呢！

为保卫存在于他身上的真理和我现在亲身感触到的真理，我一定当众高声宣布他是上帝之子。”

在那里，我发现一个人站在我的身旁，幸灾乐祸地观望着被乱石击打的司提反。

那个人名叫扫罗，泰图人。正是他把耶稣交给了祭司、罗马人和众人，让他们用乱石将耶稣砸死。

扫罗是个秃头，小矮个儿，斜肩膀，而且面容丑陋。我不喜欢他。

我如今听说他站在房顶上阻止耶稣的脚步，他依旧可以走到敌人营中去，用行善训教和俘虏那些曾经与他为敌的人。

虽然我外还是讨厌这个泰图斯人，而且听说他在司提反死之后去大马士革的路上被驯服了，但他的脑袋与他的心相比要大多了。因此，他不可能成为真正的信徒。

但愿我错了。我的判断时常出错。

多　马

谈先人的疑问

我的祖父是位律师。一天，他对我说：“我们遵从真理，但在真理清晰地显现在我们面前之前时。”

耶稣一召唤我，我便倾心于他。因为他的命令中有一种东西，比我的意志坚强。但是，我的意见藏而不露。

耶稣讲道时，围在他四周的人高兴地左右摇动身子，就像风中的树枝。我却留心细听，纹丝不动，但我由衷热爱他。

耶稣三年前离开我们，伙伴们也都四分五散，大都歌唱着他的名字，并在各民族间作他的证人。

在那里，我被称为多疑的多马。祖父的影像总闪现在我的眼前。我总希望着显示在面前。

我甚至不时地伸手去摸伤口上的血，这才相信自己确实受了伤。

但有那么一个人，心怀敬慕之情，头脑里却存疑团，只想做船上劳作的奴隶，不料依着船桨睡着了，做着获得自由的梦，直到主人用鞭子抽打他时，他才惊醒过来。

我本人就是那个奴隶，我也梦想着自由。但是，我依然沉睡在祖父的梦境里，我的肉体需要时光的皮鞭抽打。

即使在那位拿撒勒人的面前，我也是合着双眼，看不见自己的双手被锁链在船桨上。

怀疑是受孤独压制的一种痛苦，甚至不知道信仰就是自己的孪生兄弟。

怀疑像一个不幸的流浪弃儿，虽然生母想拥抱他，但他还是小心翼翼、惶恐不安地退缩。

伤口愈合之前，怀疑是不会相信真理的。

我一直对耶稣复活怀疑，直到他在我们面前显身，我的手摸到他的伤口。

那时，我深信不疑了。此后，我才真正与自己的昨天告别，与先人们的昨天决裂。

至于我内心已经死亡了的东西，则也把对先人的记忆抹去了。我内心里活着的东西，必将只为基督耶稣而活着；耶稣曾经作为人和人之子活在我们当中。

就在昨天，人们叮嘱我，说我必须到波斯人和印度人中去传播耶稣的名字。

我要走了。从今天起,一直到我生命的最后一天,伴着黎明和黄昏,我都将看到我的主庄重地复活,我将聆听他讲道。

逻辑学家埃尔马丹

谈叛逆者耶稣

你要求我向你谈谈拿撒勒人耶稣,我的确有许多话要说。但是,时辰尚且未到。不过,现在我要向你谈的都是真理……因为任何谈话,如果不能揭示真理,那将是毫无价值的。

你瞧瞧那个叛逆者,会发现他反对一切法纪。你瞅瞅那个讨乞者,会发现他敌视一切私有财产。你看看那个醉汉,会发现他在那些流浪者中间兴高采烈。

他在他的国家里,既没有得到国民的体面,他在他的帝国里,也没有臣民权利。因此,他蔑视那个国家,鄙夷那个帝国。

他想像鸟儿飞翔在天空那样,无拘无束,自由自在,毫无责任地生活着。正因为这样,猎人们的箭想把他射中而使之掉在地上。

毁坏昔日城堡的人,能够逃脱落石的砸头之灾吗?

开启前人建造的水库闸门的人,能够挣脱被水淹的命运吗?

这就是规律。以为那个拿撒勒人破坏了这个规律,所以他和他的愚蠢的追随者便遭到毁灭。

有许多像耶稣一样的人,试图改变前定的轨道。但是,结果是他们被改变了,他们成了失败者。

你会发现城墙一侧生长着一株不结葡萄的葡萄藤,正在攀着石头而向上长。

假若葡萄藤自言自语说:“我将依靠自己的力道和份量捣毁这堵城墙!”别的植物听到后会说什么呢?毫无疑问,它们会讥笑它愚不可及。

先生,现在除了讥笑这个人及其迷路的门徒们,还有什么好说的呢?

一位马利亚[①]

谈耶稣的悲伤与微笑

他的头总是高高昂起,他的两眼里闪烁着上帝的光。

他总是悲伤,但他的悲伤中却包含着对痛苦者的一片怜悯,给每个孤独者送去快慰。

他微笑时,他的微笑就像向往幽冥世界者脸上的渴望之情,又像是繁星掸落在儿童眼皮上的细尘,还像是喉咙里的面包屑。

他是悲伤的,然而那悲伤会升至唇上,变成微笑。

他的微笑像是秋天降临到世界之时,撒在森林上的金色夜幔。有时候,那微笑就像笼罩湖滩的月光。

他微笑时,仿佛他的双唇要在婚礼宴上唱一首歌。

然而他是悲伤的;他的悲伤酷似着有力双翅的鸟,能够高飞,但却不想飞得比同伴高。

希腊诗人罗曼努斯

谈诗人耶稣

耶稣是位诗人。他的眼睛替我们观看,他的耳朵代我们聆听。他的双唇间洋溢着我们的无声言词。他的手指能触摸到我们不能感触到的东西。

无数只鸟儿从他的心中飞出,唱着歌儿飞向北方和南方。在那崎岖的山路上,初开的花儿簇拥着他那登天的脚步。

我看见他不时地弯下腰去,用手触摸那些草叶。我的心听他说道:“翠绿的小草儿,我的王国里是不能缺少你的,就像不能缺少尼

---

① 《圣经》中有七位马利亚:其一,耶稣的母亲,即圣母马利亚;其二,耶稣的一位女信徒,住在抹大拉;其三,雅各和约西的母亲,也是耶稣的信徒;其四,马大的妹妹,住在耶路撒冷以东的伯大尼村,耶稣的女信徒;其五,革罗罢的妻子,耶稣的女信徒;其六,马可的母亲,耶稣的女信徒;其七,罗马基督教会的女信徒。作者未指明此处是哪位马利亚。

桑的橡树和黎巴嫩杉一样。”

他爱一切美的东西：儿童那稚嫩、腼腆的面孔；从南方运来的没药和乳香。

他爱来自亲情赠送的石榴和杯中的葡萄酒；不论赠者是陌生人，还是一位富商巨贾。

他喜欢杏花。我曾看见他手捧着采来的杏花，间或把杏花瓣盖在脸上，仿佛他欲用神情拥抱世上的一切树木。

他熟悉大海，也熟悉天空。他谈到珍珠具有异乎寻常的色泽，还谈到存在于我们常见夜空之外的星辰。

他就像鹰隼那样熟悉高山，又像大河和小溪那样熟知峡谷。他的静默里有孤寂大漠，他的言谈中有茂密的花园。

是的，他是一位诗人。他的心择丘山后的丛林而居。他的歌唱给我们听，唱给别的耳朵听，也唱给这个世界之外另一个世界的人听；那里生命永远年轻，那里的时光全是黎明。

我曾自以为是诗人。但是，当我在伯大尼村[①]站在他的面前时，方才明白手持一把单弦琴站在精通全套乐器的人面前，究竟有怎样一种感觉了。因为在耶稣的声音里，不仅有雷鸣般的笑声，也有淅沥雨水的泣哭，还有树叶在风中起舞的沙沙响声。

我自打知道自己的琴只有一根弦，知道自己的声音既不能编织昨天的回忆，又不能编织明日的希冀，便将之丢弃在一旁了，自此，我不再动口说话。但是，伴着黄昏，我依然要留心细听，细听诗人之王的吟诵。

门徒利末[②]

谈那些试图刁难耶稣的人

一天晚上，耶稣路过我家门，我的精神因此而振奋。他对我说：“利末，到我这里来，跟着我走吧！”

---

① 伯大尼村，在耶路撒冷城以东，马大的妹妹马利亚所住的村庄

② 利末，亚勒腓的儿子，原为税吏，后成耶稣的门徒。他曾在家设宴招待耶稣，有很多税吏和罪人作陪。他和耶稣十二门徒之一的马太可能就是一个人。

那天,我便跟着他走去。

次日傍晚,我请他到我家做客,他和他的朋友们刚一踏进我的家门,便为我及我的妻儿祝福。

当时,我家中有许多客人,有的是税吏,有的是文化人。但他们都是打心底里厌恶耶稣的。

席间,有一税吏高声问耶稣:“你和你的门徒破坏法规,在安息日用火,这可是真的吗?”

耶稣回答道:“我们确是在安息日用过火。我们想烧掉安息日,我们要用我们的火炬把所有日子里的干枝全部烧掉。”

另一税吏高声问道:“听说你和不三不四的人一起在酒馆里喝酒。”

耶稣回答道:“是的。我们要安慰这些人。我们来你们这里,就是为了和你们当中不戴冠冕的人同餐面饼、共饮美酒。”

“是啊!没有一根羽毛的,又敢于迎风搏击的太少太少了;生着翅膀且羽毛丰满的,却躲藏在巢穴里的太多太多了。而我们还要用我们的喙来为喂他们,不管懒惰的,还是勤快的。”

又一税吏问耶稣:“我听说你保护耶路撒冷的娼妓,是吗?”

这时,我看到耶稣的脸像黎巴嫩的山冈一样高低不平。他说道:

“这是事实。清算之日,这些女人将站在上帝宝座前,用自己的眼泪洗刷自己的罪过。但你们,也将被戴上镣铐,以此作为你们责备别人罪恶的惩罚。”

“巴比伦的隐没不是因为那里的娼妓的作为。但是,巴比伦变成了一片灰土,即使伪君子们也看不到白昼的光明。”

* * *

不止一个税吏责问耶稣,但我示意他们住口,因为我知道耶稣会反问他们的,而他们也是我的客人,我不忍心使他们受羞辱。

午夜时分,税吏们方才离开我家;他们一个个无精打采,心神疲惫不堪。

我一合上眼,便有幻象出现,看见七个身穿白袍的妇女站在耶稣周围,个个双臂交叉胸前,人人低垂着头。我凝神仔细观看,只见其中一个露着脸,正是那张闪光的脸照亮了我眼前的黑暗。

那是一张妓女的面孔,我认识她,她是耶路撒冷城的一个娼妓。

我睁开眼,望望耶稣,但见耶稣在冲着我和尚未退席的人们微笑。

我再次合上眼,只见面前一片光明。在亮光中,我看见七位身着白袍的男子围着耶稣站着,其中一个露着脸。

那是一张盗贼的脸,就是后来在耶稣左侧被钉在十字架上的那个盗贼。

在晚些时候,耶稣及其伙伴们离开我家,上路而去。

加利利的一位寡妇

谈耶稣的冷酷

我的儿子是我的头生儿,也是我的独生子。他在我们的田里耕作,直至听到那个名叫耶稣的人向众人讲道那一天,他心安乐业。

就在那一天,我的儿子突然变了,仿佛一种奇异有害之魂扰乱了他的神志。于是,他丢弃了田地和果园,也丢下了我,变成了没有用的流浪汉。

拿撒勒人耶稣简直就是一种灾难。一个好人怎会把儿子和母亲分离开呢?

我的儿子跟我说的最后几句话是:“我要和他的一个门徒到北方去了。我的生命要依附那个拿撒勒人了。你生下了我,我感激你的恩情。可是,我必须走了。我不是把肥沃的田地和我们的全部金银都留给你了吗?除了这件外套和这根手仗,我什么也不带走。”

儿子走之前,对我这样说。

如今罗马人和祭司们将耶稣捉住,并将他钉死在十字架上。他们干得好。

一个把母亲与儿子分开的人,决不可能成为圣人。

一个把我们的儿女推入非犹太人城中去的人,也决不能成为我们的朋友。

我相信我的儿子不会回到我的身边了。我从他的眼神中看出了这一点。我讨厌拿撒勒人耶稣,正是他使我独自生活在一个树木干枯的果园中。

我讨厌所有赞扬他的人。

几天前,人们对我说:“一次耶稣说,谁听我传道,跟随我走,便在我这里位同父母和兄弟。”可是,他为什么要号召儿子离开他们的母亲而跟从他呢?

怎能为了还未尝到的泉水,竟把乳汁忘掉呢?

怎好抛弃我的双臂的温暖怀抱,而去寒冷寂寞的北方呢?

是的,我到死憎恶那个拿撒勒人他夺去了我的头生儿……我的独生子。

耶稣之弟犹大[①]

谈洗礼的约翰之死

八月的一天夜里,我们和耶稣基督一起在离湖不远的一个草原上;我们的先辈将这个地方称为骷髅草原。

耶稣躺在草地上仰望着星斗。

突然间有两个人朝我们跑来,气喘吁吁、上气不接下气。二人仿佛遇到了什么灾难,跪倒在耶稣的两脚前。

耶稣站起身来,问道:“你俩打哪儿来?”

其中一个回答道:“打马卡留斯来。”

耶稣神色不安地望着那个人,说:“你俩知道约翰的情况吗?”

那个人说:“他们今天把他杀了……他们在牢中割了他的首级。”

---

① 犹大,《圣经》里有十一个犹大。此处的犹大当为约瑟与其妻马利亚所生的儿子,耶稣名义上的弟弟。除耶稣外,犹大有两个哥哥:雅各和约西,一个弟弟西门。耶稣生前四处传道时。犹大对耶稣不理解。耶稣复活升天后,犹大才相信耶稣是救世主,积极宣传耶稣之道,并写《犹大书》,号召人们信仰救世主基督。

耶稣昂首望天，然后走了几步，又转回来，站在我们当中。他说："国王本来就能在今天之前杀掉先知。国王有意试探民意。在过去，国王们把先知的头颅交给专门猎取人头的人，那时他们并不像现在这样缓慢拖延。

"我并不为约翰感到悲伤，相反倒为希律王感到忧虑，因为是他命令刀斧手将约翰的首级取下来的。好一个可怜的国王，多像一头牲口，被人用鼻弦、绳索牵着走！

"可怜的小君王啊，自己在黑暗中迷了路，脚被绊住，仰背朝天。在死水海里，除了成死鱼，还会成什么呢？

"我并不憎恶国王，就让他们统治百姓吧，只要他们的智商高于民众。"

耶稣望望那两张愁苦面孔，又望着我们，然后接着说：

"约翰天生有伤，他的伤口的血与他讲的道一起喷涌而出。

"他所期盼的自由是本身未得到解放的自由。

"他是个有耐心的人，但只对正直人。

"他是聋子世界里的高声呐喊。我已经深深热爱他，无论他在灾难中，还是在孤独境地。

"我爱他凛然难犯，宁可脖颈对刀，决不让头颅挨尘土。

"我要给你们说：约翰，撒迦利亚之子，他是此类型的最后一人，正像他的先人一样，是在神殿的门槛和祭坛之间被杀害的。"

耶稣再次远离我们几步。

片刻后，他走回来，又说：

"事实永远如此：统治一时者，往往杀害统治多年的人物。有古以来，他们进行过多少审判，他们对一个尚未出生的人问罪，又对未犯罪者处以死刑。

"这撒迦利亚的儿子，必将与我们一起生活在我的王国里，寿命久长。"

之后，他对约翰的门徒们说：

"每一行动必有其明天。也许我将成为这一行动的明天。

"你俩到我的朋友们那里去，告诉他们，我将永远和他们在一起。"

那两人离开我们走去，忧虑减轻了许多。

耶稣又躺在草上，伸展双臂，再次望着夜空的星斗。

夜深了。我躺在离耶稣不远的地方。

我很想休息，但一只手叩击了我的睡眠之门。我醒了，耶稣和黎明一起欢呼我登程上路。

从沙漠来的一个人

谈银钱兑换商

在耶路撒冷，我是个异乡人。我是来圣城参拜神殿的，以便向祭坛献供品，因为我的妻子为我的家族生了双胞胎儿子。

献摆供品之后，我站在神殿柱廊下，俯瞰银钱兑换商和向献供者出售鸽子的商贩，倾听大院里的喧哗声。

正在这时，忽见兑换商和鸽子贩子当中出现了一个人。

那是一个面容威严、突然出现的人。

他手里拿着一根山羊皮绳子，掀翻兑换商的台子，用皮绳抽打鸽贩子。我听到他高声说："把这些以天空为巢的的鸟儿放回天空！"

男男女女纷纷逃离。他就像吹过沙丘的暴风一样从他们当中走过。

所有这些发生在眨眼之间。大院中的兑换商踪影不见，只有那个人独自站在那里，伙伴们则在离他不远的地方。

我偶然一回头，见神殿柱廊下还有另外一个人，便朝他走去。我对他说："先生，独自站在那里的那个人是谁？他好像是另一座神殿。"

他回答道："这是拿撒勒人耶稣……加利利刚出现的一位先知，耶路撒冷的人都讨厌他。"

我说："我的心有力量，足以支持他的声音。我甘心情愿拜倒在他的脚下。"

耶稣转身朝伙伴们走去，伙伴们正等着他。他还没有走到伙伴们那里，只见神殿的三只鸽子飞了回来，其中一只落在他的左肩上，另外两只则落在他的双脚上。他怜悯地抚摩过每只鸽子，然后走去。他的每一步都很大。

现在能否告诉我：这个人哪来的力量，足以攻击数百男男女女，而他们却无力反抗呢？

他们告诉我，他们都厌恶耶稣。尽管如此，那天却没有一个人敢于顶撞他。难道说他在去神殿大院的路上，便把憎恶的利爪全拔掉了吗？

彼　得[①]

谈耶稣追随者的明天

一天，太阳落山之时，耶稣带着我们走进伯萨大村。我们的同伴一个个走得精疲力竭，周身尘土，当我们走到坐落在花园中间的一座大房子时，但见房子的主人站在门旁。

耶稣对他说："这些人已走得脚痛腿酸，疲惫不堪，可否允许他们在贵宅借宿一夜？再说夜间天很冷，他们需要温暖、休息。"

那个富翁说："不能在我宅借宿。"

耶稣说："能否准许他们在花园里睡一觉？"

富翁说："不行！不能睡在我的花园里。"

耶稣回过头来，望着我们，说："这就是你们将面临的明天。你们的现在多么像你们的未来！你们面前的门将都是紧紧关闭着的，就连静卧在夜空繁星的花园，也不准你们在那里睡上一觉。你们若能忍着脚痛继续赶路，紧跟我而来，也许你们不但能找到食物和床铺，也还能找到面饼和美酒。

"若命中有幸找到这一切，千万不要忘记你们曾与我一起熬过的困境。

"起来，和我一起上路吧！"

---

① 彼得，原名西门，加利利一渔民。耶稣十二使徒的核心人物。罗马基督教会的创始人。耶稣复活后，彼得率先召集门徒们积极传道，曾被捕入狱。公元64年，在罗马被尼禄处死，据说被倒钉在十字架上。

此时，那富翁心神不安，脸色突变，似乎自言自语了些什么，我没有听清楚，之后离开我们，向自己花园走去。

我们跟着耶稣上路了。

巴比伦天文学家迈拉赫

谈耶稣的奇迹

你想问我关于耶稣所创造的奇迹。

我知道，每隔一百万年，太阳、月亮和地球及其姊妹行星，要在一条直线上相会，一起商议片刻，然后分散开，等待另一个一百万年过去。

除了季节不同，没有什么奇迹。假若季节变成一个人出现在我们面前，那会怎样呢？

我们的肉体和思想元素按既有规律聚合在耶稣身上。耶稣到来之前的一切无时间性的东西，在耶稣的身上都变成了有时令性的了。

人们说，耶稣能使盲人重见光明，能使瘫痪人走路，能从疯人身上驱走魔鬼。

也许盲日只是 种乌云，闪光的云便可将之驱散。也许肢体的无力源于懒惰，一种力量可使之活跃起来。也许我们生命中的不安定因素便是魔鬼，安静的天使便能将之逐走。

人们说他能起死回生。如果你能对我说出什么是死，我就能告诉你什么为生。

我在田野上留心观察着橡树子，发现它一动不动，看上去一点儿用都没有。春天一来，我便发现那橡树子生根、发芽，继而长出枝叶，长成一棵大橡树，摩天而迎太阳。

你一定把此当作奇迹，然而这样的奇迹成百上千次地发生在秋末和春初。

为什么这种景象不能显现在人的心里呢？

难道季节不能在圣洁的人的手里或他们的唇间相聚会合呢？

当一颗种子好像已经死去时，上帝能启示大地拥抱它，使之长成大树，难道上帝就不能启示人心，给一颗看上去已死的心吹入生命之气，让之复活吗？

* * *

我现在给你谈的奇迹，与那个伟大的奇迹相比，就算不上什么了。那个伟大奇迹便是耶稣本人。正是耶稣这位过路人，将我的废渣变为黄金；正是他，教我如何热爱讨厌我的人；正是他的作为给我带来了宽舒；正是他，给我的睡眠送来了甜蜜的梦。

这就是我的生活奇迹。

我的灵魂盲目而跛足。不安的鬼魂遏制住了我。我是一个死人。

我现在看得见，双脚走路。我平平安安，活了起来，伴着白日时辰，均可看到并宣布自己的存在。

我不是耶稣的伙伴。我只是一个年迈无力的天文学家，总是带着幻想，每个季节里观测天体一次，一心想探索宇宙的规律和奇迹。

我已步入生命的黄昏时分。但是，当我想观看黎明时，我总是追求耶稣的青春。

壮年总是追求青春。

如今，我发现自己正在追求梦幻。

一位哲学家

谈惊异与美

耶稣和我们在一起，观察我们，审视我们的世界时，二目中总是充满惊异神情。因为他的眼并未被岁月的纱幕遮掩，所看到的一切，都被他的青春之光照得清楚、明亮。

虽然他深深懂得美，但总是惊叹美的庄重与静宜。他站在大地面前，就像世上第一个人站在古来第一天面前。

我们的五官是迟钝的，大白天里不住地观望，但什么也看不见。我们侧耳聆听，但什么也听不到。我们伸手出去，但什么也摸不着。尽管阿拉伯世界的香遍焚着，但我们还是走自己的路，什么香味也闻不着。

耕夫披着晚霞由田间归来,我们却看不见他。牧童赶着羊群进圈栏,我们却听不到笛声。我们既不伸手触摸夕阳的余辉,我们的鼻子也不渴望去闻沙仑的玫瑰。

是啊!我们的灵魂还未高尚到赞扬没有王国的国王的地步。我们不会去听琴声,除非我们琴弦被我们的手扯断。我们不会转目去看在橄榄树林里戏耍的儿童,因为儿童就像小橄榄树苗。我们一定要听发自肉唇间的话语;不然,我们彼此会认定对方是聋子哑巴。

实际上,我们视而不见,听而不闻,吃喝而不觉滋味。

这就是拿撒勒人耶稣与我们之间的区别。

他的五官随日月更新。因此,在他的眼里,世界总是身着新衣。

在他看来,婴儿的咿呀学语,但其清晰程度决不亚于全人类的齐声呐喊;而在我们看来,那不过是咿咿呀呀罢了。

在他看来,金凤花的根是对神的一种向往;而在我们看来,那不过是根而已。

拿撒勒老翁奥鲁亚

“耶稣是个陌生人”

耶稣在我们这里是个陌生人。他的生命蒙着一层厚厚的纱幕。

他不走神的路,而走着一条罪恶、龌龊者所走的路。

他童年时代固执而任性,拒绝吃天然的可口奶汁。

他的青年时代如同黑夜熊熊燃烧的干草堆。

他长大成人后,便与我们所有的人作对。

像这样的人物,他们的母亲是在人类仁慈退潮之时怀上他们的,他们是在毁灭性的暴风中出生的。他们仅在风暴中生活一天,然后便永远消亡了。

你可记得他是个傲慢、偏激的孩子?你可记得他常跟我们的老学问家争辩,并且拿他们的尊严取笑?

你可记得他青年时代靠锯和凿子度日?他在节日里宁可独自散步,也不陪伴我们的子女。

别人向他们问好，他从不还礼，仿佛他比他们高贵。

有一次，我在田间遇到他，我主动向他道安，而他仅仅朝我微微一笑，笑中显然含有傲气和蔑视意味。

那之后不久，我的女儿和她的女伴们去葡萄园摘葡萄。我的女儿主动跟他说话，他也没有回答。

他跟摘葡萄的人们说了话，仿佛我的女儿不是他们当中的一员。

他离开众人，独自流浪，便变成了一个多嘴多舌的人。他的话就像利爪一样刺入我们的肉体。他的话的回声留在我们记忆里的只有痛苦和忧伤。

他总是提起我们和我们父辈、祖辈的恶迹。他的话就像毒箭一样射穿我们的胸膛。

耶稣就是这样一个人。

如果命中注定他是我们的儿子，我会把他托付给征战阿拉伯大地的罗马兵团，恳求他们的长官把他派到最前线，让敌人的弓箭手瞄准他，使我永远挣脱他的羞辱。

但我没有儿子。也许我应该感到幸运。

假如我的儿子与自己同胞为敌，岂不使我的苍苍白发蒙上尘土，令我的雪白胡须染上污秽？

公会[①]中最年轻的长老、诗人尼哥底母[②]

谈傻子和伪造者

那些人多傻。他们竟然说耶稣自己挡自己的路，自己反对自

① 公会是古代犹太教的司法机关，由大祭司、长老和文士组成。耶路撒冷公会，是犹太教最高审判机关。耶稣在耶路撒冷被捕后，“祭司长和全公会寻找假见证控告耶稣，要治死他。”教会执事司提反因宣讲福音，被带到公会受审。使徒保罗在公会受审时，大祭司命人打他的嘴。保罗反抗道：“你坐堂为的是按法律审问我，你竟违背法律，吩咐人打我吗？”

② 尼哥底母，在众祭司们议论如何对付耶稣及其扰乱人心的说教时，曾与他们争辩，反对未经审问即定罪。耶稣被处磔刑后，他带了百斤没药和沉香，与约翰等一起安葬了耶稣。

己。他们还说耶稣不知道自己想什么,因此自己糊里糊涂,不知如何行事。

他们这些人多像猫头鹰,除了自己的叫声,什么也不知道。

你我都知道,说假话的人只敬重比他们更能造假的人。这些人把他们的头脑装到篮子里,然后拿到市场上,卖给第一个讨价还价的人。

我们对这些诋毁巨人的侏儒了如指掌。我们完全清楚芳草会对橡树和雪松发什么议论。

我可怜那干枯的荆棘竟然嫉妒敢于与季节搏斗而生存的榆树。

即使天使们满怀惋惜、怜悯之意为这种可怜心理说情,但也无法给他们带去光明。

我熟悉这种"稻草人",身着破烂衣衫,站在麦田,随风摇晃。虽然如此,但对于麦子和呼啸的风而言,它却是死物。

我熟悉这蜘蛛,它虽然没有翅膀,却织了一张能追拿生着双翅的飞虫的网。

我熟悉这些狡猾鬼、吹笛子的和鼓手们,他们在自己制造的喧闹声中,既不能欣赏夜莺的歌喉,也无法听到林中的婆娑风鸣。

我熟悉这种在溪流中逆水划船的人,他永远不能到达水的源头。这种人虽然随大河流动,但却从不敢闯入大海。

我熟悉这种人,他的两手没有丝毫技艺,却敢于向神殿建筑师走去。当建筑师拒绝他的手时,他内心深处暗想:"我将毁掉他建造的一切!"

我熟悉这所有的人,他们反对耶稣传道。一天,耶稣说:"我给你们带来了和平。"另一天,他说:"我给你们带来了宝剑。"

他们无法理解耶稣那两句话的真实内涵。其实,耶稣在说:"我给心怀善意的人们带来了和平。我在期望和平与意欲战争的人们当中放上一把宝剑。"

他们感到奇怪的是:耶稣时而说:"我的王国不在这个世界上。"时而又说:"把属于恺撒的全部给恺撒吧!"他们不明白,如果他们真想进入自己的激情王国,他们就不应该无视守门人的心中欲望,而应该慷慨向他们施舍些什么,以便进入那座城市。

这些人说:“他主张宽容、仁慈和博爱,而当他的母亲和兄弟在耶路撒冷大街上寻找他时他却不去理会他们。

他们根本不知道他的母亲和兄弟找他,不是为了别的,而是要用亲情将他拉回木匠铺去,而他想的却是要打开我们的眼界,让我们迎接新的一天的黎明。

他的母亲和兄弟要他生活在死亡阴影下,而自己却正在那山上与死亡搏斗,以求活在我们的无眠记忆中。

我深知鼹鼠所挖的路是通不到什么地方的。耶稣曾对众人说:“我就是通向灵魂得救的道路,我就是通往灵魂得救的大门。”他还把自己称为“生命与复活”。那些称耶稣这样的话为自吹自擂的人,多么像鼹鼠啊!

然而耶稣所表白的并未超过五月里的宣言。

真理是光彩夺目的。难道他不应该把真理的光彩讲出来吗?

耶稣委实说过,他就是心的道路,生活的道路,又是心的复活。我本人就是他道出的真理的见证。

我就是尼哥底母,一个除了法律、规则,什么也不相信的人,一个生活永远离不开法规的人。你们还记得我吧?

今天,你们看看我吧!我成了一个伴生命诞生而昂首阔步的人,一个随日出东方而喜笑颜开,打晨光初照山岭时刻,一直笑到夕阳戴着面纱隐藏到重峦背后。

“灵魂得救”一字眼儿怎么能停下你们的脚步呢?我正是凭借耶稣得救的。

我不担心明天有什么事会降临到我的头上。我发现耶稣已向我的睡眠注入了生命,使我那遥远的梦伴我上路同行。

难道你们认为,因我信从了一个比我更伟大的人,我的男子气概就会降低几分吗?

当加利利的诗人与我谈话时,遮掩我的眼目的骨肉幕帘不见了,我被一位神灵抓住,将我高高举上空中。当我到达宇宙的核心时,我的双翅拥抱到思念之歌。

当我从空中降下来时,我双翅上的羽毛在公会里被剪去,我那没有羽毛的肢体和翅膀一直保护着那些歌。这干旱的不毛之地未能夺去我的宝库。

我现在说够了,就让聋子把生命的回声隐藏在他那寂静的耳朵里吧!!

耶稣的双手被钉得淌着鲜血,但依然在弹着琴;我听到那琴声,自感心满意足。

亚利马太的约瑟[①]

(耶稣殉难十年之后)

谈流淌在耶稣心中的两条河

拿撒勒人耶稣的心中流淌着两条河:一条河属于上帝,被他称为父亲河;另一条是宗教狂热河,被他称为天国之河。

我常独自暗暗思考耶稣,伴着耶稣心中的那两条河徜徉。在第一条河畔上,我发现了自己的灵魂;这灵魂有时是四处讨饭的乞丐,低贱可怜;有时又是一位公主,居于自己的花园中。

之后,我又随着他心中的另一条河走去。在路上,我看到一个人,不但挨了打,而且金子被抢走了;尽管如此,他却仍在微笑。当我再走远一点时,看到了那个偷金子的人,

他的两腮上却挂着泪珠。

那时,我也听到了这两条河在我胸中流淌的汩汩响声,心里不胜欢欣。

就在彼拉多和长老们逮捕耶稣的前一天,我访问了耶稣,我们谈了很久,向他讨教了许多问题。耶稣和蔼、亲切地回答我提出的问题。我刚一离开他,便悟到他就是我们这个世界的主和基督。

那香杉树倒下为时已久,然而它的芳香仍在。而且将发散到大地的四面八方。

---

① 这位约瑟是犹大财主,议士,耶稣的秘密门徒。他心地善良,为人公义。耶稣被害后,他挺身而出,找巡抚彼拉多,要来耶稣的尸体,用于净细麻布裹好,安葬在原为自己准备好的盘石墓里。

贝鲁特的乔治

谈陌生人

他和他的伙伴们在我家篱笆外的松林里,正在跟他们交谈。

我站在篱笆附近侧耳聆听,听得出他是何人。因为在他访问这海岸之前,他的名声已传到了这方。

当他停止说话时,我走近他,说:"先生,请你和你的朋友们一起光临寒舍吧!"

他朝我微微一笑说:"朋友,改天再去,改天吧!"

他的话语中充满幸福和吉祥,就像严冬里的外衣将我包裹起来。

之后,他回头望了望同伴,对他们说:"你们看哪,这个人并不把我们看作陌生人;虽然在今天之前没有见过我们,但他却邀我们到他家里去。

"在我的王国里,确实没有陌生人。我们的生命,就是他人的生命;我们有了这生命,便可去结识人们,在结识的基础上去爱他们。

"不论是隐蔽的,还是公开的,人们的行为不就是我们的行动吗? 我呼吁你们,不要成为一个自我,而要成为许多自我:既要成为家宅的主人,又要成为无家可归的流浪汉;既要成为有其田的耕夫,又要成为啄食尚未被埋入土中粟子的麻雀;既要成为慷慨的赠予者,又要成为有自尊心的礼物接受者。

"当今之美不仅仅在你的视野之中,也在他人的视野之内。

"因此,我从选择了我的许多人当中选择了你们。"

随后,他回头望着我,微笑着说:"我的这些话,也是对着你说的,你也要把它牢记心中。"

这时,我恳求他说:"先生,你愿意来我家做客吗?"

他回答道:"我知道你的心意……我已经访问了你的更大家宅。"

当他带着他的门生离去很远时,说:"晚安! 但愿你的家宅能容下天底下的一切流浪汉。"

抹大拉的马利亚

他的嘴像一颗石榴的心。他二目中的阴影透露出无限深沉。

他温文而雅,而他的温雅中包含着男子对自己力量的珍视。

我梦见地上的帝王们在他的面前毕恭毕敬。

我想谈谈他的颜容,可我怎能讲得上来呢?

他颇似黑暗遮盖不住的夜晚,又像白日喧哗无法搅乱的白天。

忧愁笼罩着他的脸,却遮不住他的笑颜。

我记得清清楚楚,一次他怎样把手举向天空,当他的手指分开时,就像是榆树的枝条。

我记得他在黄昏里踱步。他行走与常人不同,他就是大路上方的一条大路,就像大地上空的一片浮云,想降下雨水,以使大地振奋精神。

但是,当我站在他的面前,和他说话时,他是一位男子汉,他的脸比我所看到的要坚强。他问我:“米利暗,你想要什么?

我答不出来。我的翅膀紧紧抱着我的秘密,心里觉得很温暖。

当我经不起他的光芒照耀时,便转身走去,倒没有自惭形秽之感,但却有几分羞涩。我真想手指扶着心的琴弦,独自呆些时辰。

拿撒勒人约坦[①]对一罗马人

谈生活与生存

朋友啊,你像其他罗马人一样,宁愿想像生活,而不想投身生活;宁可受地上君王的统治,而不愿意接受天上圣灵对你灵魂的主宰。

你宁肯征服异族又遭咒骂,也不肯幸福、安乐地生活在罗马。

---

① 《圣经》上有三个约坦:其一,是亚比以谢族人,以色列士师基甸的小儿子;其二,是犹大国王,乌西雅的儿子,在耶路撒冷为王十六年;其三,是一以色列犹大族人,西斯仑的后代。此处的拿撒勒人约坦不像其中的任何一位。

你只想到大军进发,你只想到战船渡海。

既然如此,你怎能理会拿撒勒人耶稣呢?耶稣是个孤独的弱者。他来时既没带着军队,更没有战船,而是为了在人们的心中建立一个王国,要在人的灵魂空间树立自己的统治地位。他不是战士,而是受着浩瀚苍穹的坚强力量支持而来。你怎能理解这样的人呢?

他不是神,而是像我们一样的人。在他的身上集中了大地升腾而起的没药香气与天空的芬芳。在他的言词里,包涵了幽冥的低声细语;从他的声音里,我们听到了遥不可测的组歌。

是的,耶稣是人,不是神。我们的惊讶也正在这里。

可是,你们罗马人,只敬畏神,而没有任何一个人能引起你们的惊讶。因此,你们不能理会这位拿撒勒人。

他属于头脑成熟的青春期,而你们却已进入头脑衰弱的老年期。

你们注定统治着今天,且看你们的来日吧!

也许这位没有一兵一舰的人将成为明日的主人,我们怎知道呢!我们将付出血和汗,奋力追随着他前进。到那时,罗马只会成为烈日下的白骨堆。

我们将吃许多苦,受许多罪。但是,我们将忍受这一切,也将生存下去,然而罗马必定崩溃。

罗马注定要在屈辱求生之时呼唤耶稣的名字,耶稣也会注意罗马人的呼唤。耶稣将把新的生命注入罗马废墟,让罗马重新站立起来,成为世界城市中的一座。

耶稣将完成这一切,既不用一兵一卒,也不用奴隶摇橹划桨……而是独自成就。

杰里科的伊福拉姆

另一婚礼

当他再回到杰里科时,我便去找他,对他说:“先生,明天我的儿子要结婚,求你参加婚礼,就像你曾在加利利的迦拿出席婚礼一样,为我们增光添彩。”

他回答说:“是的,我确实曾到一次婚筵上做客。不过,我不能再次做客,因为现在我是位新郎。”

我对他说:“先生,我求你光临我儿子的婚礼吧!”

他微笑着,仿佛想责斥我。他说:“你为什么要求我呢?难道你没有备足葡萄酒?”

我说:“先生,我的酒锅已满满的。尽管如此,我还是求你光临犬子的婚礼。”

这时,他说:“谁知道呢?也许我出席吧。假若你的心居于你的躯体神圣的圣坛,那么,也许我要真地出席了。”

第二天,我的儿子结婚了,耶稣没有出席婚礼。尽管客人如云,但我觉得好像一个人也没有似的。说真的,虽然我在亲自迎接客人,却好像身魂不在那里。

也许我邀请他时,我的心还不是圣坛,或者我在追求另一奇迹。

苏尔商人巴卡

谈买卖

我相信,不论罗马人,还是犹太人,都是不能理解拿撒勒人耶稣的。即使耶稣的门徒们,虽然至今喧诵着他的名字,也是不能理解他的。

罗马人杀害了他,那是一项罪恶。

加利利人把他当作神,那也是误入歧途。

耶稣乃人之心也。

我曾航过七海,与帝王做过易货贸易。我曾在遥远国度的市场上与商界骗子、狡诈鬼打过交道。但是,我从未见识过像耶稣独具商贾眼力的人。一次,我听他举过这样一个例子。

“有一个商人,离开故土,远走异乡。他有两个仆人,给每个仆人一百金币,并且说:

“‘像我外出一样,你俩也外出经商谋利去吧!要公平交易,要在一买一卖中注意获益。’

“一年过去，商人回来了。他问二仆人怎样支配了给他俩的金币。

“第一个仆人回答道：‘主人，你看呀，我又买又卖，赚了钱。’

“商人说：‘赚得的钱归你。你干得很好，你对我和你自己，都忠实履行了约言。’

“另一个人站起来，说：‘主公，我生怕把你的钱失去，因此既没买，也没卖。看哪，你的金币全在这钱袋子里。’

商人接过钱袋，说：‘你太不守约言了！做生意即使亏了本，也比不做生意好。就像风吹撒种子一样，等待的是结出果实。商人也应这样。从今之后，你还是伺候别人去吧！’”

耶稣这样谈，倒是揭示了经商秘密，虽然他不是商人。

他举的这个例子常用一种比我的旅行更远的思想武装我的头脑，但它却比我的家宅和货物离我更近。

赛达①女大祭司福米雅

召唤

扶着你们的竖琴，
让我放声高唱；
弹起金弦、银弦，
我将歌唱那勇敢的男子汉：
他斩杀了山谷中的巨龙，
然后弯腰凝视，
那被杀死的庞然大物，
心中有道不出的伤悲。

扶着你们的竖琴，
请同我一道放声高唱；
高山上的参天橡树，

① 赛达，黎巴嫩一古城，位于贝鲁特以南四十公里的地中海岸。又译作“西顿”。

也在歌唱着那位男子汉：
他心如浩瀚苍穹，
手似海洋无岸无边。
他吻过死神的苍白之唇，
如今却抖动在生的嘴边。

扶着你们的竖琴，
请和我一道放声高唱；
歌颂那丘山上的勇敢猎手，
他瞄准猎物，射出神箭；
继而收起兽角、犬齿，
豪气满怀轻步下山。

扶着你们的竖琴，
请与我一起放声高唱；
歌唱那征服了山城的勇敢青年，
也征服了平原上的城市，
虽然那城市像蟒蛇盘在沙原。
他不同侏儒搏斗，
仅抗击饮食我们血肉的神仙。
他就像第一只金隼，
只把雄鹰作为对手；
因为它生有巨大翅膀，
从不与小鸟们计较长短。

扶着你们的竖琴，
请与我一道放声高唱，
放声高唱海与岸之欢歌。
神仙已经死亡，
然却依旧躺在
被遗忘的海中荒岛上；

而斩杀神仙的勇士，
仍盘坐在自己的宝座上。

那勇士仅是个青年人，
春天还没有给他长全胡子；
他的人生的夏季原野，
依然碧青翠绿。

扶着你们的竖琴，
请和我一道放声高唱。
放声高唱横扫森林的暴风，
风暴摧毁枯枝和光秃细枝，
却把活根埋入深土里，
让它舒适地睡在大地母亲怀抱。

扶着你们的竖琴，
请与我一道放声高唱。
高唱我们心爱人物的永生之歌。
姑娘们呀,你们先歇歇手，
把你们的竖琴放在一边。
现在我们怎能把他歌唱！
我们的低吟达不到他的暴风里，
也不能渗进他的无声庄严中。

把你们的竖琴放在一边，
快在我的周围围成一圈。
我向你们重复他的话语，
并向你们讲述他的事迹。
因为他的话语的回声，
比我们如今感触到的都更深沉。

文士本亚明

“让死人埋葬死人吧”

有人说:“耶稣是罗马人和犹太民族的敌人。”

然而我却说:“耶稣既不是某个人的敌人,也不是某个种族的敌人。”

我听耶稣说过:“飞在空中和落在山顶的鸟,不会留心藏在黑暗洞穴中的蛇。让死人埋葬死人吧!你在活人的行列里,高高地飞翔吧!”

我并不是他的门徒。有许多人追赶着他,一心想看看他的容貌,我不过是其中的一个。

他瞧瞧罗马人,也瞧瞧我们这些本是罗马人的奴隶,就像父亲瞧瞧正在玩耍玩具的孩子们那样;看着相互争抢布娃娃的孩子们,他站在高处笑个不止。

他不屑与某国或某军为敌,同样不屑于进行革命。

他独自一个人,他唤起人们觉醒。

他淌出了我们未曾淌出的眼泪,而面对着我们的背叛,仅仅付诸微微一笑。

他本能够与尚未出生的人一道出生,并且叮嘱他们不要用他们自己的眼睛观看,而应该借用他的慧眼细察。

耶稣是世间不朽新王国的创始人。

耶稣是所有精神王国开国国王的子与孙。

只有精神国王们才统治过我们的世界。

撒　该[1]

谈耶稣的命运

你们相信你们听来的一切……你们何不相信那些还未说出的话呢？因为人们的沉默比他们已经说出的更加接近真理。

你们一定会问：难道耶稣不能从那屈辱的死亡中挣脱出来？难道耶稣不能将他的门徒从受压迫中拯救出来？

我来回答：耶稣确乎能够自救，免于一死。但是，他既没有寻求个人的安全，也没有用心保护他的羊群免遭夜间狼豺的袭击。

他深知自己的命运，也知道明天等待呀的忠实门徒们的是什么。

他预言了我们每个人的未来。他并不寻求自己的死亡，但他之接受死亡，就像农夫用灰土把种子盖起来，迎接冬天，等待春天及收获季节的到来，也像建房人将巨石放在房基上。

我们是加利利人，来自黎巴嫩山坡地。我们的主耶稣完全能够把我们带回我们的国家，让我们在他的青春里一起生活在我们的花园里，直到暮年降临，低声召唤我们回到耄耋之期。

难道有什么东西能阻碍到我们村上的神殿中来？那里有许多人在读着先知的书，然后坦然吐露自己的心底秘密。

难道他不能说："我现在乘着西风飞向东方"？说话间唇上挂着微笑将我们支走。

是的。他可以说："回你们的部族中去吧！这个世界尚未为我作好准备。一千年之后，我再来这里，请你们的子孙等着我吧！"

他如果想这样说，完全可以直言。

---

① 撒该是耶利哥城的税吏，财主。一天，耶稣进了此城，众多城民围观，撒该因身材矮小，就爬上桑树观看。耶稣叫他下来，说要住在他家。他就热情接待耶稣，众人议论纷纷：耶稣为什么住在罪人家里？而撒该悔改了，他表示要将自己的一半财产分给穷人，对他讹诈过的人，要赔偿四倍，耶稣立即宣布，撒该得到了拯救。（见《路加福音》第19章）

但是,他知道,要建造肉眼看不到的神殿,他应该使自己作为基石被埋在土里,而把我们作为石子,放在他的四周。

他知道,他那参天大树的汁液应该从根部上升。他把自己的血灌入树根,在他看来,这不是牺牲,而是一种收获。

死亡是生的昭示者。耶稣的死昭示了他的生。

假若他避开你们及他的敌人,你们便可能称霸这个世界。因此,他没有逃避。

只有希望得到一切的,才肯舍掉一切。

是的,耶稣本可以逃脱敌人的迫害,活到耄耋之期。但是,他深知时光的更迭,他想唱自己的歌。

而对全副武装世界而奋力抵抗,不遭片刻失败,仍志在征服永远,这是何等的人物!

你们现在会问:究竟是谁杀害了耶稣呢?究竟是罗马人,还是耶路撒冷的祭司?杀害耶稣的既不是罗马人,也不是祭司,整个世界站在那丘山上,赞美颂扬耶稣。

约拿单①

在睡莲间

一天,我同我心爱的人在一湖上划船,那湖中的水是甜的。黎巴嫩的群山簇围着我们。

我们在垂柳的宽阔浓荫下划来荡去。

我正执桨划船时,我的心爱之人抱起四弦琴,边弹边唱道:

除了睡莲花,谁知水与太阳?
除了睡莲花,谁解天和大地?
亲爱的人儿,瞧那傲然挺立水天之间的金花,
就像你我洒然被爱神怀抱着,

① 《圣经》上有十七个约拿单,此处的约拿单不像其中的任何一个。

由来已久,永远继续。

亲爱的人儿,划起桨来,
让我拨动我的琴弦。
让我们与垂柳同步,
但是弥补要离开睡莲。

拿撒勒人有位心似睡莲的诗人,
一次他访问了一女子的灵魂。
他深知水留给女子的干渴,
更知她对太阳的饥饿,
虽然鲜美食物沾满她的双唇。

人们说他正在加利利步行,
我却说他正和我们一起荡舟。
亲爱的人儿,难道你没看见他的面容?
你没看到柳枝抚摩着他在水中的倒影?
你没看到他和我们一起晃动?

亲爱的人儿,
熟知生命的青春多美!
晓得生命的欢乐多甜!
那船桨不是总属于你!
我的玉指不是常弹琴弦?
莲花在阳光里微笑,
细长柳枝向水面,
拿撒勒诗人的声音响在我的琴弦。

亲爱的人儿,
荡起你手中的双桨,

让我弹起我的琴弦。
拿撒勒有位诗人，
知道我们在一起，
对我们怀着无穷爱怜。
亲爱的人儿，
荡起你手中的双桨，
让我弹起我的琴弦。

伯赛大姑娘哈娜

谈她的姑姑

我的姑姑年轻时便离开我们，住在爷爷的旧葡萄园附近的一座茅屋里。

她独自生活在那里。但附近村庄的村民们有病时常找她，她用青草及在太阳下晒干的植物根和花为他们治病。

村民们把她看作女先知，但也有人认为她是个巫女。

有一天，父亲对我说："把这些面饼和这罐葡萄酒装到葡萄篮子里，把它带给你姑姑。"

我把那些东西放在一头小驴驹背上，便赶着向葡萄园走去。走到姑姑住的茅屋，姑姑为我的到来感到高兴。

天气凉爽时，我们一起坐着，忽见一过路人朝我们走来，向姑姑问好说："晚上好！但期夜晚降吉祥给您！"

姑姑站起身来，恭恭敬敬地立在那个人的面前，说道："晚安，所有善良灵魂的主宰，征服一切恶魔的勇士！"

那个人用充满怜情的目光看了她一眼，然后赶路去了。

然而我，暗自笑了。我以为姑姑有些疯癫。不过，我现在已知道她并不疯，倒是因为我不大懂事。

尽管我在暗自笑，但姑姑却知道我在笑。

姑姑并不生气地说："侄女儿，听我给你说；我的话，你要牢记心中。刚才走过去的那个人，像掠过太阳和大地之间一只飞鸟的影子,他必将战胜罗马的恺撒及其帝国。他还将与迦勒底那头戴王冠的公牛和埃及人面狮子搏斗。他必将击败他们,进而统治全世界。

“他现在踏过的大地将化为乌有;那高高矗立于山上的耶路撒冷城,也将化为烟雾,随狂风而消散。”

当姑姑对我说这些话时,我的暗笑平静下来了。我问:“这个人是谁?从哪儿来?属于哪个部落?他怎能征服伟大君王及他们的帝国呢?”

姑姑回答道:“他就出生在这块土地上。但是,在我们的想像中,他于太初岁月就已存在于我们的渴望里了。他属于所有的部落,却又不被任何一个部落所占有。

“他将凭着他口中吐出的言词和他精神发出的火焰征服世界。”

说到这里,姑姑突然站起来,就像一座石峰。她接着说:

“但期天使宽恕我将此事吐露出来:他将被杀害,他的青春将被用敛衣裹起,他将静静地躺在大地无声之心的旁边,朱迪亚城的少女们将为他泣哭落泪。”

姑姑把手举向空中,又说:

“但是,他们只能杀掉他的肉体。

“他的灵魂却将站起来,率领千军万马,勇敢前进,从太阳诞生的这块大地,走向黄昏时分太阳被杀害的那块土地。

“他的名字也将成为人们当中传诵的第一个名字。”

姑姑说这些话时,已是个年迈的先知,而我还是个小姑娘,一块未耕的田地,一块未砌上墙的石头。

不过,所有这一切,我在她想像的镜子中都看到了,在我的有生之年也都发生了。

拿撒勒人耶稣从死人中站立起来,率领着男男女女向夕阳下山处的人们那里走去。

至于将他推上审判台的那个城市,则已归于毁灭;审问和判决他的厅堂,如今猫头鹰哀惋啼鸣;黑夜泣哭,将泪珠洒在坍塌下来的大理石上。

如今,我已是个饱经风霜的老婆婆,岁月压弯了我的腰,亲眷都已不在人世,我的部落也消亡了。

从那之后，我只见过他一次。

另一次，我只听到了他的声音，当时他站在坡顶，正跟他的朋友和追随者们谈话。

现在，我是个孤独的老妪，然而他仍然时常入我的梦境来访问我。

他来探访我时，就像生着双翅的白衣天使，用他的目光为我驱散黑夜的寂寞，将我带入更高远的梦乡。

我仍然是一块未耕耘的土地，又是一颗不肯落下来的成熟果实。我所拥有的最宝贵的东西，一是太阳的温暖，二是这个人留给我的记忆。

我知道，就像姑姑预言的那样，在我的民众中，既不会再有人站起来成为国王，也不会有人成为先知或祭司。

我们将随江河流淌去，我们将成为被遗忘的人。但是，那些在流淌途中遇见他的人们，将因此被人们永远记起。

耶路撒冷律师穆奈西

谈耶稣及其手势

是的，我时常听他演讲。他的口中总是振振有词。

我敬佩他是一个男子汉，超过了敬佩他是一个领导者。

他所讲的超出了我的爱好范围，超出了我的智力所能理会界限。

我不喜欢别人启示我。

我惊佩他的声音和手势，并不被他的讲演题目所吸引。他使我着迷，但并不能使我信服，因为他讲的过度深奥，使我难以理会；加之他讲的又过度高远、含糊，始终进入不了我的头脑。

我还认识像他一样的一些人，他们既不坚定，又不稳重。他们虽然能言善辩，口齿伶俐，但他们的见解不能吸引你的听觉，也抓不住你的思想内核，因此人们永远无法抵达你的内心。

遗憾的是，他的敌人们反对他，顽固地为他制造难题。他们那样做徒劳无益，因为我亲眼看到，他们对他的敌视增强了他的地位，而且使他由软弱变得更为坚强。

当你反对一个人时,却使他获得了勇气,你不觉得奇怪吗?

当你阻挡一个人用双脚走路时,却使他生出了两只翅膀,你不觉得奇怪吗?

我不知道谁是他的敌人,但是我相信,因他们在害怕一个对他们无害之人的过程中,却把力量借给了他,使他成为了一个危险的人物。

该撒利亚的耶福塔

厌恶耶稣的人

这位充斥你们白日、扰乱你们夜晚的人物,我对之是深感厌恶的。可是,你们总想用他的话打扰我的听觉,用他的作为影响我的思想。

我对他的讲演及其行动,无不感到厌恶。他的名字及他的家乡名字都令我生气。我不想听到关于他的任何事情。

他不过仅仅是个影子而已,你们为什么要把他当成先知?

他充其量是积在牲口踢印里的几滴水,你们为什么把他说成湖泊?

我既不蔑视谷里山洞中传出来的回声,也不小看夕阳下长长的影子;但是,我既不愿听回荡在你脑海的嗡鸣欺人之谈,也不想打量落在你二目中的幻象虚影。

耶稣讲出的哪一句话,哈利勒没有讲过?

耶稣除了重复迦玛列[1]的话,他还有什么新的创造?

与斐洛[2]的雄辩口才相比,耶稣又算得了什么?

他拍过的铙钹,有哪一件不是他出生前许久就拍过的?

---

① 迦玛列,以色列玛拿西族人,比大褡的儿子,玛拿西支派族长兼军事统领。以色列人出埃及第二年,他作为玛拿西部族首领,协助摩西整编以色列男丁。摩西为上帝建立会幕后,他代表本部族前来献礼,在旷野征战时,他带领的军队有三万两千人。

② 斐洛,基督教神学的先驱,主张宗教信仰与哲学理性想结合。

我听到从寂静深谷山洞中传出的回声,我望见夕阳下那长长的阴影;但是,我却不愿意听这个人的心中有另外一颗心的回声,也不想看自称预言家的人却是某位先知的阴影。

以赛亚[①]已有预言在先,谁还有什么好讲?

大卫[②]已唱完歌,谁还能够再唱?

所罗门[③]及其先人已逝,哪还会有壑智者诞生?

我们那口是出鞘的利剑,唇是炽燃火焰的先知们如何了呢?

难道是他们丢给了这个加利利的拾穗人一根谷草?

或者是他们丢给了北方来的乞丐一个从树上掉下来的苹果?

他除了吃我们祖先早就烤好的面饼,饮他们用神圣的脚早就酿成的葡萄酒,也就无事可做了。

我敬重的是陶工的巧手,而不是买陶器的人。

我敬重的是坐在织机上的织工,而不是穿衣的粗鲁人。

拿撒勒人耶稣是什么人?他留下了什么?

他是一个不敢大胆实现心中意图的人。因此,他被人们遗忘了,那便是他的结局。

我求你们不要用他的言行干扰我。我的心中充满先知们的训言;仅仅这一点就使我心满意足了。

---

① 以赛亚,犹大,亚摩斯的儿子,著名先知。他受上帝默示,历经犹大国王乌西雅、约坦、亚哈斯、希西家四个王朝,孜孜不倦地进行传道活动。他反对偶像崇拜,坚持一神论原则。他告诫人们:除了上帝耶和华,再无别的真神。人们背离上帝,所以灾难重重。只有信奉上帝,才能得到拯救。他坚持上帝能拯救犹大人民,亚述国王西拿基立用大军围困耶路撒冷时,他出面向上帝求救,上帝当夜派天使击杀亚述侵略军,使耶路撒冷转危为安。他一生说了很多预言,诸如:亚述必灭,以色列人被掳,巴比仑败落,基督降生,等等,后来都成为史实。荣获文学巨著美称的《比赛亚书》,相传为他所写。

② 大卫,以色列犹大族人,公元前一世纪,生于伯利恒的以法他。他是法勒斯的后代,俄备得的孙子,耶西的第八个儿子,以色列国王扫罗的女婿。他生相英俊,能写诗,会弹琴,又智勇善战。大卫妻妾众多,女儿成群。

③ 所罗门,大卫耶路撒冷作王初期,强占下属官员的美女拔示巴,她生下所罗门。大卫年迈,立所罗门王为以色列国王。所罗门重知识,求智慧,人们把他看作智慧的化身。

已入暮年的得意门徒约翰[①]

谈初之道——耶稣

你们想让我谈谈耶稣,可是,我怎能把这个世界的哀歌引入中空的芦笛呢?

白天里的每时每刻,耶稣都能觉察到天主的存在。他看到天主在云层里,他看到天主在掠地而过的云影里,同样也看到天主的面容倒影在平静的水面上。他看到天主的落在沙土地面上的光着脚的脚印。他曾多少次合上眼睛眷恋凝视着天主。

黑夜用天主的声音和耶稣谈话。

耶稣独处之时,听到天主的天使呼唤他。

当他入睡时,又在梦中听到天国传来得低声细语。

他以与我们在一起为快乐,把我们称为兄弟。

你瞧呀,那本是太初之道者称我们兄弟,而我们不过是昨天刚才发音的字罢了。

你会问我:为何称他为太初之道?

听我立即回答你。

太初之时,天神显现在空中。由于天神的无边界显示,地球创生了,随之出现了一年四季。

天神再次显示,生命溢出。生命的渴望延伸,开始求高追深,试图求得生命的涨潮。

天神开始讲道,讲的道便是人,人便是天神灵魂的一种。

天神讲道,基督便是神的太初之道,真正的天神之道。拿撒勒人耶稣降生在世,便把太初之道讲给我们听;那声音变成了血肉之躯。

圣洁的耶稣就是天神讲给人的太初之道,就像果园中比其它树

---

① 约翰是耶稣的十二使徒之一。他是渔夫西庇太的儿子,家住加利利海边。一天,他和哥哥雅各在船上补渔网,被耶稣召唤,跟从了耶稣,后来成为耶稣喜欢的门徒。耶稣死后,他不畏艰险,宣传福音,创办基督教会。

木早一天发芽、开花的苹果树一样;天园里的一天等于人间十亿年。

我们大家都是天神的子女,而那个圣洁的人则是天神的头胎儿,以拿撒勒人耶稣的形象走来,活动在我们之间,而我们却看不见他。

我所说的这一切,你们不仅要记在脑海里,还要领会在灵魂里。

脑海能够称量,但直达生命核心,拥抱生命秘密的,非灵魂莫属;灵魂的种子是不会死的。大风起兮,复又息平;大海坡涌,转眼浪静;但生命之心是稳定而不移动的。

庞贝人曼努斯与一希腊人

谈闪族人的神

犹太人跟他们的邻居腓尼基人和阿拉伯人一样,不肯让他们所崇拜的神体休闲片刻。

他们总是思考他们所崇拜之神的神性,无休止地相互察看对方礼拜、祈祷和给神上供的祭物。

当我们罗马人为我们的神建造大理石殿堂时,这些人却在讨论他们的神的木质和天性。当我们围着朱庇特、朱诺[①]、马耳斯[②]和维纳斯的祭坛欢歌起舞时,他们却身穿着粗麻布衣,头上撒着灰,甚至为他们诞生的那一天而号丧。

耶稣,这位把上帝识为欢乐之源的人,却被他们残酷折磨,最后将他钉死在十字架上。

这些人不愿意与欢乐之神一道欢乐,却只知道为他们带来痛苦之神。

就连耶稣的朋友和门徒们也是这样。虽然这些人深知耶稣的欢乐,并且听见过耶稣的笑声,但他们还是为耶稣塑造了一个痛苦的形象,而且对之顶礼膜拜。

在这顶礼膜拜之中,他们不是把自己提升到他们的神的高度,

---

① 朱诺,朱庇特之妻,司婚育之女神。

② 马耳斯,战神。

而是把他们的神降低到与自己一样。

但我坚信,耶稣这位哲学家与苏格拉底并无多大差别。他必将为本民族所信服,说不定也能征服其他民族的理智。

我们都是悲哀之子,也是可疑的小人物。

当有人对我们说:“让欢乐成为通往上帝之路吧!”我们禁不住要留心聆听他的话音。

奇怪的是,在此之后,这个人的痛苦竟然成了一种宗教仪式。

这些人想找到另一位在森林中丧命的美神艾杜尼斯[①],他们想庆祝他因被伤害而丧命。

遗憾的是,他们却从不回望这位神的笑颜。

但是,让我们像罗马人向希腊人那样承认吧:你看到我们在雅典的大街上听到苏格拉底的笑声了吗?

或者,你看见我们甚至在狄奥尼索斯[②]剧院里,也忘掉了苏格拉底饮下的那杯毒药了吗?

我们的父辈是否在大街的转弯处停下脚步,以便谈谈他们的困难,追忆一下所有伟大人物的悲惨命运,凭之求得片刻的欢乐呢?

本丢·彼拉多[③]

谈东方的宗教仪式与教派

祭司长们把耶稣交到我手里之前,我的夫人常常谈起他。

我的夫人是位梦想家,她和许多与她地位相当的罗马妇女一样,深深沉醉于东方的宗教仪式与东方教派之中。这些教派,在我看来已威胁着帝国;当它们找到通往我们的妇女之心时,便在帝国内播下了毁灭的种子。

---

① 艾杜尼斯,古希腊神话中的美少年,维纳斯爱上了他。在森林中打猎时被野猪咬死。

② 狄奥尼索斯,古希腊神话中的酒神。

③ 本丢·彼拉多,罗马人,公元一世纪被罗马帝国委任为驻犹太等地巡抚。他审问耶稣时,本想释放无罪的耶稣,后却同意犹太公会的要求,把耶稣钉死在十字架上。

阿拉伯的希克索斯[①]带着他们的一神信仰由沙漠进入埃及,埃及的王朝便覆灭了。

阿施塔特及她的七位姑娘从叙利亚海岸来到希腊,希腊被征服,且一败涂地。

关于耶稣,祭司们把他作为罪犯和他本民族及罗马人的敌人交到我手里之前,我根本没有见过他。

他是双臂和周身被绳捆索绑着带到审判厅中来的。

当时,我坐在主审席上,耶稣腰杆笔直,昂首阔步朝我走来。

我一时真不知心态起了什么变化,情不自禁地想走下主审席,一下拜倒在他的面前。

我觉得罗马皇帝进了大厅,那简直是一位比罗马帝国本身更加威严的人物。

这种感觉产生在一瞬间。片刻后,我便看见被控告为背叛自己民族的人,而我就是审判他的法官。

我审问他,然而他不想回答。他只是用充满忧伤神情的目光望了我一眼,仿佛他是审判我的法官。

之后,厅外传来人们的呼喊声。但是,耶稣依然沉默无言,还是用充满忧伤的目光望着我。

我拾级而下,走出大厅。当人们看见我时,停止了呼喊。我说:“你们想怎样处置这个人?

他们齐声高喊:“我们想把他钉在十字架上。他是我们的敌人,罗马的敌人。”

有的人喊道:“他不是说想毁掉神庙吗?”

另有人说:“他不是宣布要称王吗?”

还有人高喊:“除了罗马皇帝,谁也不是我们的国王。”

这时,我离开他们,回到审判厅。我看见耶稣仍独自站在那里,头依旧高高昂起。

我想起曾经读过的一位希腊哲学家的名言:“最强大的人是独

---

① 希克索斯,沙漠游牧民的酋长。公元前1730－前1570,埃及受游牧民族的入侵,建立“牧人王朝”史称“希克索斯王朝”,共有六个王朝统治埃及。

立的。”

在那一时刻，拿撒勒人耶稣比他的民族还伟大。

我并无怜悯他之感。因为他在我的怜悯之上。

我问他：“你是犹太人的国王？”

他只言未答。

我又问他：“你不是说，你是犹太人的国王吗？”

他望了望我，然后用平静的语气回答道：“是你把我称作国王的。也许我正为此目的而诞生；正因为如此，我来为真理作证。”

你瞧这个人，在这样的时刻，竟然谈论起真理来了！

我不耐烦地高声自问，并且也问他：“你看何为真理？当刽子手按住一个无辜者脖子的时候，对于无辜的人来说，何为真理呀？”

这时，耶稣坚定地说：“若非凭藉圣灵和真理，谁也不能统治这个世界。”

我问他：“你认为自己来自圣灵？”

他回答：“你也一样，只是你自己不知道罢了。”

当我们把一个无辜者送上断头台的时候，圣灵和真理又有何用呢？我这样做是为了国家，而他们把一个人置于死地完全出于嫉妒他们的古代宗教仪式。

一个人，一个民族，一个王国，在实现自我的路上，决不会在真理面前停止不前。

我又问他：“你是犹太人的国王？”

他答道：“那是你说的。此刻之前，我已征服了这个世界。”

在他的所有答话中，只有一句是不合时宜的，因为当时罗马人已征服了世界。

人们的呼喊声再起，喧嘈杂声一片。

我走下座位，对他说：“你随我来。”

我再次出现在大厅外的台阶上，耶稣站在我的身旁。

人们一看见他，呐喊声顿如雷鸣一般。从那喧哗声中，我只听到一句话：“把他钉死在十字架上，把他钉死在十字架上！”

当我把耶稣发还给押解他的那些大祭司们时，我对他们说：“你们随意处置这个忠义之人吧！你们应该派罗马兵看守他。”

他们把耶稣带走，我决定在耶稣头上方的十字架上写上："拿撒勒人耶稣，犹太人国王。"我最好说："拿撒勒人耶稣，一位国王。"

于是，他们剥掉他的衣服，一场毒打，最后把他钉死在十字架上。

我本来能够救他一命，但救了他会引起一场革命。

罗马的一个省督，能容忍罗马人无视一个被征服的民族的宗教，那是很明智的。

直到现在，我仍然相信这个人不是主张动乱的。我之所以下令处死他，并非出于我的本意，而是为了罗马。

没过多久，我便离开了叙利亚。从那时起，我的妻子成了一个多愁善感的女人，有时候，就在这座花园里，能看到愁云满面。

我听说她常与罗马妇女们谈起耶稣。

多么奇怪呀，我下令处死的那个人，他从鬼魂世界回来，竟闯进我家里来了。

我一次又一次地自问：何为真理？何为非真理？

拿撒勒人乘夜阑更深时分征服了我们，你看到了吗？

不，这是不可能的。

罗马必须战胜我们夫人们的梦魇。

巴多罗买[①]在以弗苏斯

谈奴隶和弃儿

耶稣的敌人们说，耶稣布道是讲给奴隶们和弃儿们听的，试图鼓动他们反对自己的主人。

他们还说：耶稣出身低贱，他借助的全是他那一类的人，而且竭力想隐瞒他的出身。

不过，请你们来，让我们一起看看耶稣的信徒们及把他尊为领袖的人们吧！

起初，他只选定了少数从北方来的人作为他的伙伴。他们都是

---

① 巴多罗买，耶稣的十二使徒之一。传说他在亚美尼亚被活活剥皮。

自由人,个个身体健壮,人人精神抖擞。早已过去的四十年中,他们甘心情愿,不畏艰险,面对死亡而毫无惧色。

你可曾想到,这些人本是奴隶和弃儿吗?

你可曾认为,黎巴嫩和亚美尼亚的骄横王子们,在承认耶稣是神差的先知时,莫非他们忘记了自己的社会地位?

你可曾想到,安塔基亚、拜占廷、雅典和罗马的出身名门的男男女女,竟然轻易地被一个奴隶们的领袖的声音所吸引?

不!这个拿撒勒人既不与仆人一起反抗主人,也不与主人一道反对仆人。他不曾与任何人一起反对任何人。

他是一个人上之人,他的血管里奔腾的热血和着痛苦和力量一起搏动。

如果高尚能成为辩护律师,那么,他就是最高的人。

如果自由能够伴随思想、言论和行动,那么,他就是最自由的人。

如果高贵出身只屈从于爱,而且永远与温和慈祥的超脱情志为伴,那么,他就是最高贵的人。

不要忘记,只有强健者才能赢得赛跑的桂冠。热爱耶稣的人为耶稣戴上冠冕,就连他的敌人也在为他加冕,虽然他们意识不到。

时至今日,阿尔特弥斯[①]的女祭司们每天都在神庙的秘密角落里为耶稣戴冠加冕。

马　太[②]

谈站在监牢墙下的耶稣

一天晚上,耶稣从大卫城堡里的一座监牢旁经过。当时,我们跟在他的身后。我们看到他突然停下脚步,面颊贴在监牢的墙上,说:

---

① 阿尔特弥斯,希腊古老神话中的月神和狩猎女神。

② 马太,《新约》中有两个马太。都是耶稣的门徒。此处马太为哪一个,无从考查。

“昔日的兄弟们,我的心与墙内的你们的心一起跳动。我多么希望你们能够在我的自由下成为自由人,与我和我的朋伴们一道同行。

“你们被囚禁在牢中,但你们并不孤独。有多少囚犯行走在大地上,虽然他们的翅膀并未被剪,但他们像孔雀、只能拍翅,却不能飞翔。

“第二天的兄弟们,我不久就要到监牢中去探望你们,用我的肩膀来承担你们的重负。无辜与罪犯之间并无区别,就像臂上的两根骨头,永不分离。

“我今天的兄弟们,今天是我的日子。你们逆众潮而动,他们要抓你们了。他们说我也是个逆他们潮流而动的人。也许我很快就要步你们的后尘了。犯法人要与犯法人在一起。

“尚未诞生的那一天的兄弟们,这些墙将要坍塌。新的调像将从这些石头里站立起来,雕塑师手中的槌子是光,凿子是风。你们将成为自由人站立起来,充分享受我的新日子的自由。”耶稣说罢,然后走去,手抚摸着监牢的墙,一直到走过大卫城堡。

安得烈[①]

谈淫妇

死亡的苦涩,要比没有耶稣而生活的苦涩好忍受得多。

耶稣遭磔刑而永远沉默时,我们的日子无声无息,只留下回声将他送入我的记忆中,但重述的只有他宣讲的道,而并非他的声音。

一次,我听他说:“放开憧憬的缰绳,它就会把你们带到原野上去。

“坐在晚香玉荫下,你们会听它在阳光下鸣唱;它既不为自己织布缝衣,也不用木或石建房;虽然如此,它仍在欢乐歌唱。

“神在夜下劳作,以满足它们的需要,又将甘露洒在它们的花

① 安得烈,加利利的渔民,彼得的兄弟,原为洗礼约翰的门徒,后按约翰的指示,就成为耶稣的十二使之一。

瓣上。

“你们不是也在永不疲倦、从不休息的神灵关怀之下吗?”

又有一次,我听他说:

“天父就像数过你们的头发那样,清点过天上的飞鸟。鸟儿掉在射手的脚下,你们头上的每根头发变白或随年龄落下,皆出于天神的意志。”

另有一次,他说:

“我听你们的心喃喃地说:‘我们是亚伯拉罕的子孙,神待我们比待那些起初并不认识神的人们更慈善些。’

“但我要对你们说:葡萄园主早上叫一雇工摘葡萄,傍晚再喊一雇工,最后付给二人相同工钱,确乎公平对待,不偏不向。他不是自愿掏腰包付工钱的吗?

“所以,非犹太人敲门时,天父将打开家门,就像你们敲门时一样。因为天父的耳朵就像留意常重复的歌曲一样倾向新乐曲,而且他的心更专注于新曲,原因在于那是他心弦的最新之曲。”

还有一次,我听他说:“你们要记住这一点:小偷是山穷水尽之人,骗子是惊惧之人;贼落入你的守夜人网中,也必落入自己的迷惘网里。

“在这两种情况下,你希望你怜悯他们。

“犯错之人也许会去你们家中。你们要为他们打开门,让他们坐到你们的餐桌上。你们若不接待他们,他们犯了过错,你们也难说自己清白无辜。”

一天,我和另外一些人跟着耶稣来到耶路撒冷市场,耶稣给我们讲了一个浪子回头的故事,还讲了一个为买珍珠而卖掉全部家产的故事。

耶稣正在说道时,一伙法利赛人把一个被他们称为“淫妇”的女人带到众人中。他们走到耶稣跟前,说:“这女人背弃了与她丈夫的约言,被当场捉奸。”①

耶稣望了望那女人,手抚摸着她的前额,然后凝视着她的双眼。

片刻后,耶稣转向那伙带女人的法利赛人,久久注视着他们。接着,耶稣弯腰俯身,开始用指头在地上画字。

耶稣写了一个又一个男人的名字,并且在每个人名旁写上每个人所犯的过错。

耶稣写着写着,只见那些法利赛人羞涩地夺路溜走了。耶稣还没有写完,他地面前只留下我们和那个女人了。

耶稣再次审视那女人的双眼,说:“你体验的爱太多,而带你来这里的那些人却只尝到了些许爱。他们之所以把你带到我这里来,是为了使你成为害我的陷阱。现在你可以平平安安地走了。没有一个国王能在这里审判你,如果你能像你那样抱有深爱之情一样聪明伶俐,那就来找我吧!那时任何人之子都不能判你罪。”

我一时心中不胜蹊跷:我不知道他这样对那个女人说,是否他认为自己也是不无罪过的呢?

但是,自打那天起,我沉思许久。现在,我方才明白:只有心地纯洁之人,才会容忍那引人走向死水的干渴;只有自己的脚跟站稳的人,才能伸手去拉摔倒在地的人。

我再二再三地说:死亡的苦涩,要比没有耶稣而生活的苦涩好忍受得多。

---

① 《约翰福音》中载,一天,文士和法利赛人带着一个与人通奸时被捉拿的女人来见耶稣,问道:“‘夫子’,这女人是正行淫时被捉拿的。按摩西律法应将她用石头打死。你说该怎么办?”耶稣不说话,弯着腰用指头在地上画字。众人一再追问,耶稣才直起腰来,对他们说:“你们中间谁是没有罪的,谁就可以先拿石头打她。”说完,又弯着腰继续在地上画字。众人听了这话,无人敢承认自己无罪,于是从老到少一个个都溜走了,只剩下耶稣和那女人。耶稣起身时对女人说:“没有人定你的罪吧,我也不定你的罪。你走吧,今后不要再犯罪了。”

一个财主

谈财产

他常说财主的坏话。一天,我问他:“先生,我怎样才能使自己心安理得呢?”于是,他便叮嘱我把自己所有的财产分给穷人,使自己成为他的伙伴。

他一无所有,因而既不晓得财产之中所包含的安全和自由,也不知道其中所存在的自尊与威严。

我家拥有一百四十个奴隶和仆人:有的在我的果林和葡萄园里劳作,有的驾着我的船只远航海岛。

设想我按他的叮嘱行事,把财产全都分给穷人,我的奴隶、家仆和妻儿将会落到何种境地呢?

他们也会沦为在城门口上或庙堂廊柱下乞讨的叫花子。

不。那个好人不知道财产的内涵。他和他的朋伴们都是靠他人的施舍过日子的。他认为所有的人都能像他那样生活。

请看这一难解的矛盾:财主一定要把财富分给穷人吗?穷人应在财主请他们吃饭之前,喝财主的酒,吃财主的面包吗?

难道宫殿的主人在自己成为那块土地的主人之前,必须首先接待来客住宿?

储粮以备过冬的蚂蚁,要比一日唱歌一日挨饿的蝗聪明。

上一个安息日,耶稣的一个伙伴在市场里说:“耶稣能把自己的草鞋放在天堂门槛,而其他任何人都没有资格在那里叩头。”

但是,我要问:这个忠实的流浪汉配把他的草鞋丢在哪家门槛呢?他本人既无家,也没有门槛,甚至走路时常常连鞋子都没的穿!

拔摩岛上的约翰①

谈仁慈的耶稣

我将再次给你们谈谈耶稣。

上帝赐予我喉舌和火热双唇，但未让我宣教传道，而且我也不能完满讲道，只是让我的心驱动我的双唇。

耶稣喜欢我，我不知原因为何。

我热爱耶稣，因为他把我的灵魂提升到一个我力所不能及的高峰，又将之下降到我的智力所达不到的深渊。

爱是一种神圣秘密。

爱，对于那些爱者来说，永远是不言而喻。

爱，对于那些不爱者来说，也许只是冷酷的戏言。

当我与哥哥在田间劳作时，耶稣将我们唤去。

那时，我尚年幼，只有黎明的低声细语响在我的耳边。

耶稣的声音及其回声，则是我劳累生活的结尾，又是我的宗教热情生活的发端。

这时，我才把一切抛在了脑后，只在阳光下行走，顶礼膜拜时光之美。

你能想像那种仁慈至极，但却不显露的的庄严吗？你能想像那种辉煌之至，但却不显示的美丽吗？

你能在梦中听到一种使你狂喜，但却使你感到羞涩的声音吗？

耶稣召唤我，我便随他而去了。

那天晚上，我回到父亲家里，取我的另一件披风。

我对母亲说："拿撒勒人耶稣要我跟着他走。"

母亲说："孩子，跟他走吧，要像你的哥哥一样。"

---

① 《圣经》上有六位约翰。此处既是"拔摩岛"上的约翰，那便是渔夫西庇太之子约翰。他跟从耶稣，成了耶稣喜爱的门徒。耶稣死后，他不畏艰险，宣传福音，创办基督教会。相传，《约翰福音》、《约翰一书》、《约翰二书》、《约翰三书》，均为他所写。他曾被流放拔摩岛，在那里写下《启示录》。

于是,我跟着耶稣走去,成了他的伙伴。

耶稣的芬芳吸引着我,为我指路,但只是为了解救我。

爱是耶稣的客人的慷慨主人;但是,对于不速之客,他的家则是海市蜃楼和子虚乌有。

* * *

现在,你们想让我给你们讲解耶稣的奇迹。

我们都是生存在"瞬间"的奇迹显示,而耶稣则是这"瞬间"的中心。

他不愿意向人展示他的奇迹。

我听他对一个瘸子说:"站起来回家去吧！你不要对祭司说是我使你康复的。"

耶稣不仅关心残疾人,他更关心强壮人和体质健全的人。

他的心智寻觅并掌握他人的心智。他的完美灵魂居于其他灵魂之中并予以关怀。当他这样做时,他的灵魂正在重塑这些理智和那些灵魂。

看上去这都是奇迹;但对我们的主和导师来说,轻而易举,就像每天呼吸新鲜空气一样。

* * *

现在,就让我讲一讲另外一些事吧!

有一天,我和他二人正走在田间时,我们感到有些饿,便走到一棵野苹果树下。

那棵树上,只有两个苹果垂挂枝头。

耶稣抓住树枝一晃,两个苹果落到地上。他拾起苹果,递给我一个,把另一个握在手中。当时我很饿,没有几口,便吃下了那个苹果。

我望了望他,见那个苹果仍握在他的手里……

这时,他把那个苹果递给我,并且说:"你也把它吃下去吧!"

我接过苹果;伴随着这不知羞的饥饿,我把它吃下肚去。

当我们朝回走时,我望了望他的面孔。

可是,我怎样把我所看到的告诉你呢?

那是一个夜晚,
烛光挂满了天。
那是一个梦,
圣魂不能到达它的边沿。
牧人赶着羊群,
幸福安祥地度过午时;
在寂静地黄昏里,
转回家园,
然便是入睡,
又是一个梦中甜眠。

这些全是我从他的脸上看到的。

耶稣给了我两个苹果。我知道他也像我一样饿。

然而现在我已明白:他甘心情愿把两个苹果给我,他从另一棵树上吃到了别的水果。

我很想多向你讲些他的故事,可我又怎能讲得了呢?

当爱变得广大无边时,言语自然也就少了。

当记忆超载之时,自然变得深沉无语。

彼　得[1]

谈邻居

有一次耶稣在迦百农城说:

---

[1] 彼得,加利利渔民,安得烈的兄弟。原名西门,跟随耶稣后,耶稣为他改名彼得。耶稣复活后,他与约翰首先召集茫然不安的门徒,鼓动士气,并吸收外邦人参加基督教。

“你的邻居，是住在隔壁的、你的另一个自己。当灵魂相识之时，一切隔墙都将坍塌。

“你要像爱你一样地爱那个自己。

“邻居也是你所不了解的万能之神的一种形象。

“你的邻居是一片田地，你的希望之春身披绿衣在那里徜徉漫步，你的需求之春安卧那里梦想着雪积如山。

“你的邻居是一面明镜，可以照见你的容颜；你会发现，一种你所不知的欢乐和不曾有过的忧伤，为你的容颜增光添彩。

“我希望你像我爱你一样爱你的邻居。”

我问他：“不爱我的邻居，又贪图我的钱财，想占有我的财产，我怎么能爱他呢？”

他回答道：“你在前面耕地，你的雇工跟在你的后面撒种，这时有只鸟儿在啄食你丢下了的几粒种子，你会停下来朝后看，或者丢下犁杖赶飞鸟儿吗？

“你如果那样行事，你就不配获得日后的丰收果实。”

耶稣这样说，使我感到害羞，我只有默默无语。但是，我并不惊怕，因为耶稣在朝着我微笑。

耶路撒冷一鞋匠

谈一位中立者的看法

我不喜欢耶稣，但我决不讨厌他。

我听他讲话，不是听他讲的道，而是听赏他那银铃般的声音；他的声音令我感到快慰。

他所讲的一切，使我难以理解；但是，他那抑扬顿挫的声调，却久久萦绕在我的耳际里。

其实，若没有跟我谈起他的教诲，我简直弄不清他究竟支持犹太人，还是反对犹太人。

马利亚的邻居拿撒勒的苏珊娜

谈耶稣的童年和青年时代

我认识耶稣的母亲马利亚，还是她成为木匠约翰的妻子之前；当时，我也还没有结婚。

在那些日子里，马利亚常看到种种幻象，听到各种声音，常谈到天使在梦中访问她。

拿撒勒的居民都很留意她，观察她的来去行踪，用温和的目光注视她。因为她的前额上傲骨高高，阔步中包含着某种威严。

有些人说："她有些疯疯癫癫。因为她只为自己的使命才出门。"

她还很年轻时，我就认为她已是老妪。因为她花季里便有收获，春天里就有成熟的果子。

她出生、成长在我们中间，然而她却像从北国迁移而来的异乡人。她的二目常常含着一种惊异神色，就像还不熟悉我们面孔的人一样。

她高傲似古代女先知米利暗；米利暗是亚伦的姐姐，曾带着她的兄弟们从尼罗河谷一直走到荒原。

后来，马利亚与木匠约瑟订婚了。马利亚怀耶稣时，常到丘山中散步，伴着黄昏回家，二目中总是噙着快活而忧伤的神情。

耶稣出生时，我听说马利亚对她的母亲说："我不过是株尚未修剪的树，就请你照料这颗果实吧。"

接生婆玛丽听到了这句话。

三天后，我去看望马利亚。我发现她的二目中含着惊异神色。我还看到她的乳房丰隆高耸，双臂抱着自己的头生儿，如同贝壳紧抱珍珠。

我们大家都喜欢并关怀马利亚的婴儿。那婴儿给我们送来一股温暖。婴儿的心脏搏动伴随着生命的脚步。

春去秋来，四季更替，孩子长成了一个少年，笑容长在，却很少出门游逛。

我们都不知道那少年在想什么;在我们看来,他好像不是我们的同时代人。

他勇敢过人,敢与冒险,但从没有人责斥过他的行为。

他总是主动找别的孩子玩,而不是别的孩子来找他。

当他十二岁时,有一天,他手拉着一个盲人过溪流,安全地将盲人领到了大路上。

盲人深怀感激之情问他:"小孩子,你是谁?"

他回答:"我不是小孩子,我是耶稣。"

盲人又问:"你的父亲是谁?"

他答道:"我的父亲是上帝。"

盲人笑了,说道:"你说得多好,我的孩子。不过,谁是你的母亲呢?"

耶稣回答说:"我不是你的小孩子。我的母亲是大地。"

盲人说:"那么,我是由上帝与大地的儿子带着过河的啦。"

耶稣回答道:"你去哪里,我就领你去哪里。我的眼睛总是跟随着你的双脚。"

* * *

耶稣像我们花园里高贵的椰枣树一样渐渐长大成人了。

当他十九岁时,他就像赤鹿那样漂亮。他的二目透出蜂蜜一样的清澈,充满着对日月的惊异神情。

他的口里噙有沙漠上的羊群对湖水的渴望。

他常在田野上独自行走。我们和拿撒勒的少女们的眼常跟随着他。

爱在美的面前总怀着羞色,然而美却永远伴随着爱。

岁月准许耶稣在庙堂和加利利的花园里宣教讲道。

有几次,马利亚跟着耶稣,去听他讲道,聆听那发自她的内心深处的声音。

但是,当耶稣及其爱戴的人们到了耶路撒冷时,马利亚便不想去了。

因为我们这些来自北方的人,经常在耶路撒冷大街上遭到嘲笑,即使我们带着供品去圣殿时也难逃避。

马利亚自尊心强,不愿屈服于南方人。

* * *

耶稣访问过东方和西方的其它地区。他访问过什么地方,我们不得而,但我们总跟着他。

但是,马利亚总是在家门口等着。

每天晚上,她总是注视着大路,等着耶稣回来。

当耶稣回来时,他便对我们说:"他的能力远远超过了作为我的儿子的本领。我的心默默无言,而他却能言善辩,口齿伶俐。我对他还能有什么要求呢?"

在我们看来,马利亚简直不敢相信平原会分娩出高山,在她那洁净的心中,她看到山脊便是通往山顶的道路。

那时,她已经晓得儿子的神圣性,但她没有进一步作深刻了解。

一天,耶稣到湖边去找渔民时,马利亚对我说:

"难道人是从大地钻出来的一种处于经常不安状态的存在?除了对星斗的一种渴望,人又是什么呢?

"我的儿子是一种渴望。他是我们每一个人新对星斗的渴望。

"我说过'我的儿子'吗?愿上帝宽恕我,但我内心里是很愿做他母亲的。"

* * *

难以继续再谈马利亚及其儿子了。虽然我已感到喉咙沙哑,但我的话仍然像瘸子拄着拐杖那样,向你们的耳边走去。我必须把耳闻和目睹到的讲给你们听。

那是一年的年初。红红的秋牡丹开遍满山。耶稣召集他的门徒，对他们说："跟我一起到耶路撒冷去观看逾越节[①]屠宰羊羔吧。"

就在同一天，马利亚来到我的家门口，说："耶稣出门到圣城去了，我们和妇女们一起跟着他去好吗？"

我们跟着马利亚和她的儿子，沿着那条路一直走到耶路撒冷。城门外站着一群男男女女在欢迎我们，原来耶路撒冷的伙伴们已经得知他到来的消息。

耶稣及其伙伴当天夜里离开耶路撒冷城，听人们说他到伯大尼去了。

马利亚和我们一直住在小旅店里，等待耶稣回来。

第二个礼拜四的晚上，耶稣在城外被抓了起来，然后被关入监牢。

我们听到耶稣已成囚徒的消息，马利亚一句话也没有说。但是，我们从她的眼神里却看到了她那同甘共苦的诺言已经得到实践；这种神色，正是她在拿撒勒做新娘时所表露出来的。

她没有哭。她只是在我们中间显得局促不安，就像一位不愿意为儿子幻影落泪的母亲的幻影那样。

我们席地而坐，而她仍然腰杆挺得笔直，在房间里来回踱步。

她时而站在窗前眺望东方，时而用手指将头发向后梳理。

东方已透出黎明的曙光，而她仍然在我们中间站立着，活像竖在空无一名战士的战场上的一面旗子。

我们不住地哭泣落泪，因为我们知道她的儿子明天会面临着什么；她不哭，因为她也晓得儿子将有何遭遇。

她的骨头是青铜铸造的。她的肌肉是老榆木的。而她的眼睛像天空，开阔而饱含勇气。

你可曾听说过，一只会唱歌的鸟，当它的巢在风口中燃烧时，它

---

① 逾越节，古代以色列人将每年正月十四晚上定为逾越节。这是古代以色列民族为了纪念以色列人出走埃及的重要节日。当初，正月十四晚上，摩西率以色列人离开前夕，以色列人奉上帝之命，家家户户屠宰羊羔，将羊血涂在门框和门楣上。当上帝走遍埃及，击杀头胎出生的人和牲畜时，见到门上有羊血的人家便逾越过去。摩西按照上帝的指示，就将每年这天晚上定为逾越节。按大俗，以色列人过这个节日，要吃七天无酵饼；受了割礼的男人，才能吃羊羔，而且只能在屋里吃。

还在歌唱?

你可曾看见过,一位妇女因过度悲伤而欲哭无泪吗?或者可曾见过一颗受伤的心想超越自己的痛苦而挺立起来?

你没有见过这样的妇女,只因你不曾站在圣母马利亚的面前,也不曾得到肉眼看不见的圣母的拥抱。

在那寂静的时刻,当无声的蹄子踏着失眠者的胸膛之时,西庇太的小儿子约翰出现在我们面前。他说:"母亲马利亚,耶稣走了,我们跟着他去吧!"

马利亚手扶着约翰的肩膀,一起走了出去,我们跟着走去。

当我们走到大卫城堡时,看见耶稣背负十字架,周围站着一大群人。

那里还有两个人,也都背着十字架。

马利亚和我们一起朝她儿子的身后走去,只见她高高昂着头,迈着坚定的步伐。

郇山和罗马跟在她的身后。是啊,整个世界都在对一个自由人进行报复。

当我们行至山上时,他们把耶稣高高地挂在十字架上。

我望着马利亚,只见她的脸不是一个丧子的女人的脸,而是带着肥沃大地的面容,永远生儿育女,又总是将女儿埋葬。

之后,她的二目中再现耶稣童年的回忆,遂大声说道:"我那本不是我的儿子,曾一度访问我的子宫的人哪,我为你的威严感到豪迈。我坚信,从你手上淌下的每滴血,都将变成一个民族的渊源,就像我的心伴随日落一次死亡一样;你将随这场风暴而死亡。我不会悲伤。"

此时此刻,我真想用风衣遮面,逃向北方。

但是,突然之间,我听马利亚说:"我那本不属于我的儿子啊,你究竟对右边背十字架的那个人说了些什么,致使他在痛苦中觉得幸福,脸上的死神阴影变成了一道光明,并且眷恋凝视着你,目不转睛。

"你对我微笑着,我知道你征服了世界。"

此时,耶稣望着母亲,说道:"马利亚,从现在起,你做约翰的母亲吧!”

耶稣又对约翰说:“做这位母亲的好儿子吧! 到她家去,让你的影子越过我曾站过的门槛。就用这个行动来纪念我吧!”

马利亚向他举起右手,好像一棵只有一个枝条的树。之后,她再次高声喊道:“我那本不属于我的儿子啊,如果这是上帝的旨意,那就让上帝给我们以耐心和见识吧! 如果这是人的作为,那就求上帝永远宽恕这个人吧!

“假若这是上帝的意志,那么,黎巴嫩的高山积雪将成为你的殓衣;假如只是这些祭司和那些大兵的作为,那么,我这件斗篷将为你遮体。

“我那本不属于我的儿子啊,凡是上帝建在人间的殿堂,永远不会坍塌;凡是他人要捣毁的建筑物,即使人眼看不到,也都将建造起来。”

就在那刹那间,苍天把他交给了大地,伴随着一声呐喊,几次喘息。

与此同时,马利亚把他交给了人类,伴随着一度创伤,一贴止痛膏。

然后,马利亚说:“看哪,现在他已走了,战斗结束了。星斗真地闪闪放光了。船已到达港口。曾经在我怀中的他,如今已搏动在天上。”

我们走近马利亚,她对我们说:“他面对死神,还在微笑。他胜利了。我确实愿意做胜利者的母亲。”

马利亚在年轻门徒约翰搀扶下回耶路撒冷去了。

她是一位完成了任务的妇人。

当我们到达城门下时,我一看马利亚的面孔,不禁大吃一惊。因为那天耶稣的头抬得最高,而马利亚的头也不低于耶稣。

所有这一切都发生在今年春天。

秋季已经来临,耶稣的母亲马利亚回到自己的住所,她孤身一人,形影相吊。

在已过去的两个安息日以来,我的心简直就像揣在胸中的一块石头。因为我的儿子已离开我,到苏尔上船去了,将成为一名水手。

他对我说,他不再回来了。

一天晚上,我去找马利亚。

我走进她的家时,她正坐在织布机上,但她不在织布,而是望着拿撒勒外的天空。

我对她说:"你好,马利亚。"

她伸出手臂,对我说:"来啊,坐在我的旁边,让我们一道看看太阳,那太阳正向山冈上洒血呢。"

于是,我在她身旁的长凳上坐下,一同透过窗子向西边天上瞭望。

片刻后,马利亚说:"究竟是谁在今晚把太阳钉在十字架上的呢?"

我说:"我到你这里是寻求安慰的。我的儿子离开我,漂洋过海去了。我独自守在路旁的家中。"

马利亚说:"我很想安慰你;可是,我又怎能做得到呢?"

我说:"只要你谈谈你的儿子,就算是安慰我了。"

马利亚朝我微笑着,伸手抚摩着我的肩膀,说:"我这就跟你谈谈他。我的话能安慰你,也便能给我带来安慰了。"

她开始谈耶稣,从头详细讲起。

在我看来,好像从她的谈话中,分不出她在谈她的儿子或讲我的儿子。

她对我说:"我的儿子也是水手。我不知道你为什么像我一样不相信你的儿子能够搏风斗浪呢?女人永远是子宫和摇篮,永远不是坟墓。我们会死去,却能把生命传给生命,就像我们的手总是纺纱织布,但我们总不去穿它;又像我们撒网捕鱼,但我们总不吃它。

"我们为此而感到悲伤,但其中也有我们的欢乐。"

马利亚如此对我侃侃而谈。

我离开她,回到自己家中。虽然白天已经消隐,但我却坐在织布机上织出更多布来。

诨号尤斯图的约瑟

谈跋涉者耶稣

他们说:他是个凡夫俗子,门第并不高贵,是个没有教养的粗鲁人。

他们说:为他梳理头发的只有风,能把他的躯体和衣衫集在一起的只有雨。

他们把他当作疯子,把他讲的道归于魔鬼作祟。

但是,就是这个被蔑视的人在高声挑战,而且他的挑战将永远继续下去。

他唱了一支歌,谁也抓不住歌的音律,而这支歌却将一代一代传下去,升上一重又一重天,永远记起那些传唱它的嘴唇和那些聆听它的耳朵;那唇是它生长的地方,那耳朵是它的摇篮。

他是个陌生人。是的,他是个陌生人。他是一位来访者,正在敲击我们的家门;他是一位客人,来自遥远的国度。

只因他没有寻到慷慨的主人,只得原路而归,回到自己住的地方。

腓　力[①]

"耶稣死时,人都死了。"

我们爱戴的人死时,人都死了。

一时间,世间万物一片沉寂,无一不蒙上尘埃。

继而东方发黑,风暴骤起,力拔大地上的一切。

---

① 腓力,《圣经》上有四个腓力,此处的腓力是伯赛大城人,耶稣的十二使徒之一。他在加利利被耶稣收为门徒后,就向朋友拿但业宣传耶稣之道,使拿但业也成为耶稣的门徒。腓力和众使徒随耶稣上山讲道,听道的群众有五千人,耶稣实验腓力,如何为这些听众准备食物。腓力认为,拿二十两银子买饼,也不够这么多人吃。于是耶稣显神迹,用五个饼、两条鱼,使五千人吃饱后还有剩的。耶稣死后,腓力按照耶稣的指示,和众使徒一起,同心同德,四处讲道。

天眼时睁时合，滂沱大雨倾盆而下，将他双手和双脚淌出的血冲走。

我也死了。

但是，我在记忆的尽头，听见他谈话。他说："主啊，宽恕他们吧！因为他们不知道自己的所作所为。"

耶稣的声音在寻觅我那溺水而死的灵魂，我被救上了岸。

我睁开眼，只见他那洁白的躯体悬在云中。我听他讲的道开始在我灵魂里渐而成形，继之变成了一个新人。我再不感到忧伤。

谁会为揭开自己面纱的大海而忧伤呢？谁会在阳光下笑容可掬的大山而忧伤呢？

一个人的心被刺穿时，他还会说出这样的话，有这样的事吗？

有哪一个被审判者曾这样为审判他的人开脱？

人间可有以更加自信的力量，向憎恶挑战的爱吗？

天地之间可听见过这样的号角吗？

被杀者同情杀人者的事，可曾听说过吗？

或者流星竟为了保护鼹鼠而停下脚步？

"主啊，宽恕他们吧！因为他们不知道自己的所作所为。"耶稣的这些话告结之前，季度将感到疲惫，岁月将为之衰竭。

我和你——即使一再降生——也要遵循这教导。

现在，我想进家了，站在耶稣的门上，作一个高尚的乞丐。

叶穆尼的白巴拉

谈耐心竭尽时的耶稣

耶稣对蠢汉愚夫是很有耐性的，就像冬天等春天的到来。

他像风口上的大山那样能够忍耐。

他总是和颜悦色地回答敌对方提出的粗鲁问题。

面对争辩，他总是选择沉默，因为他坚强有力，只有坚强者才是最有耐性的。

但是，耶稣又是没有耐性的。

他不能容忍伪君子。

他既不屈服于诡计多端的人,也不顺从于花言巧语者。

他不想受治于人。

他厌恶那种明明生活在黑暗中,却不相信光明的人。

他厌恶那种对天上奇迹向往超过对他们自己心中奇迹向往的人。

对于那些反复比较日夜,最后才把自己的梦托付给黎明或黄昏的人是没有耐性的。

耶稣是很有耐性的人。

然而他又是最无耐性的人。

他希望你织布,即使你在器织机和亚麻之间磨蹭数年。

但他决不忍许你从织品上扯下一寸布来。

彼拉多之妻与罗马妇人谈话

丫头们陪着我在耶路撒冷城外的林间小路上散步时,我看见几位男女围着耶稣坐着。

耶稣正给他们讲道,用的是我一知半解的语言。

但是,人在辨别光柱或水晶山时,是不需要语言的,心能领会耳朵所听不到、口舌所讲不出的无声言语。

他正在向碰伴们谈论爱和力量。

我已经意会到他在谈爱,因为他的声音里有乐曲。

我意会到他在论力量,因为有的手势里有千军万马。他温文而雅,即使我的丈夫讲起话来也不具有他的威力。

当他看见我走过他面前时,他一时中断了讲道,温情地望着我。我不由自主地低下头,相信自己在经过一位伟大灵魂的身边。

自那天起,每当我远避男男女女独处幽居时,耶稣的形象便出现在我的面前,他的眼睛寻觅我的灵魂,直到我双眼合上,他的声音便开始监护我夜下的寂静。

我永远地被他吸引住了;我在自己的痛苦中找到了宽舒,在哭泣里觅到了自由。

亲爱的朋友,你压根儿没看见过那位男子,你将永远看不到他了。

他走到我们意识不到的地方去了,但他现在又是所有男子中离我最近的一位。

耶路撒冷城外一男子

谈犹大[①]

那是在礼拜五,逾越节的前夕,犹大来到我家,用劲儿敲击我的门。

他进了门,我一瞧他,发现他面呈灰土色,两手颤抖如同风中的枯枝,斗篷湿漉漉的,仿佛刚从河中上来。

那是个狂风暴雨的黄昏。

他望着我;他的两只眼好像两个黑窟窿,眼里布满血丝。

他说:“我已把拿撒勒的耶稣交给了他的敌人和我的敌人。”

他蜷曲着双手,说:“耶稣声称他要征服他的所有敌人,还要征服他的民族的敌人。我相信了他,跟从了他。

“当初,他号召我们跟随他,答应我们建立一个幅员辽阔的强大王国,我们深信不疑,一心讨好他,以求在他的宫廷里谋个尊位。

“我们亲眼看到许多位小国君王,他们同我们打交道,就像我们同这些罗马人打交道一样。

耶稣关于他的王国谈了很多。我猜想耶稣会选我做他的战车队队长和他的战士们的将领。我自愿跟从了他。

“但是,我发觉耶稣所寻求的,既非一个王国,又不想把我们从罗马人统治下解放出来。

“他的王国只不过是心的王国。我听他谈到爱、行善和宽恕,妇

---

① 《圣经》中有十一个犹大,此犹大是犹太加略人,原为耶稣十二使徒之一,后为出卖耶稣的叛徒。起先,犹大跟随耶稣传播福音,后因贪财忘义,偷偷地去见祭司长,讲定以三十块银币出卖耶稣。在逾越节的筵席上,耶稣就对众使徒宣布:“你们中间有一个人要卖我了!”不久,犹大就领着一群带着刀的人来了,他用与耶稣亲吻作暗号,众人就下手拿住耶稣。后来,犹大听说耶稣被判死刑,就后悔,当着祭司长的,面把三十块银币丢在圣殿上,立即出去上吊自杀了。

女们站在路旁兴高采烈地聆听他讲道。然而我的心却变得辛酸，不为之所动。

“突然之间，在我看来，好像那未来的犹太国王变成了一个吹笛子的人，只是为了安慰流浪汉和漂泊者而已。

“我曾经像我的民族的其他人一样爱戴他。我曾从他的身上看到了摆脱外国人加在我们身上的枷锁的希望。但是，当他不肯说一句话或动一动手将我们从那种桎梏下解救出来，进而要我们把恺撒的东西全归还恺撒时，我心中充满绝望，希望完全破灭了。于是我说：‘这个抹杀了我的希望的人，理当被杀死。因为我的期待和希望比任何人的生命都可贵。’”

这时，犹大把牙咬得咯咯响，然后低下头去。当他重新开口时，说道：“我已把他交出去了，他今天被钉在了十字架上。但是，当他死在十字架时，却死得像国王，他像舍己救人那样死在了暴风中；他就像永生的伟大人物，虽然身裹敛衣，被墓石遮盖着。

“耶稣死时，依旧慈眉善目，和蔼可亲。他的心中充满忧伤，就连我这个出卖他的人，心中也有感难过。”

我说：“犹大，你犯下了一个大错！”

犹大回答道：“但他死得像国王，却为什么不活得像国王呢？”

我又说：“你犯下了一个大过！”

他在一条凳子上坐下来，纹丝不动，好像一块石头。

我在房间里踱来踱去，一次又一次地说：“你犯下了一个大罪！”

犹大只言未吐，默不作声，如同大地。

过了一会儿，犹大站起来，把脸转向我，仿佛他比原来更高大。当他开口说哈时，声音就像破水罐子。

他说：“我心里想的不是犯罪。今夜我要去寻觅他的的王国。我将站在耶稣面前，求他宽恕。他死得像国王，我死得想罪犯。但是，我内心明白，他会宽恕我。”

说罢这些话，他把湿漉漉的斗篷披在身上。他又说：“即使我的到来给你添了麻烦，但今夜来你这里，我是做对了。你也能够宽恕我吗？请对你的子孙说，加略人犹大把拿撒勒的耶稣交给了他的敌人，因为他认为耶稣是自己的民族的敌人。你还要对他们说，犹大在他大错铸成的同一天,他跟随那位国王直到御座的台阶上,将自己的灵魂交出去,以便接受惩罚。

“我要对那位国王说,我的血殷切地期望洒在草地上,我那瘫痪的精神祈祷得到解救。

犹大头靠着墙,大声喊道:“主啊,任何人在死神的手指触摸他的双唇之前,都不会小声呼喊你的威名,你为何用无光之火灼烧我呢?

“你为什么给加利利人对未知土地的渴望,却让我背上离不开家眷和家庭的思念负担呢?这个手浸血中的犹大,究竟是个什么人?

“助我一臂之力,让我把他抛得远远的,就像丢掉破衣裳和烂马具那样吧!

“帮我一把,让我今夜就行动吧!

“让我再次站在那堵墙外。

“这种没有翅膀的自由使我感到厌恶。我宁愿坐在更大的监牢里。

“我多么希望我的眼泪流入苦海。

“主啊,我宁愿做一个受你怜悯的人,也不愿做一个叩自己心扉的人。”

犹大说着,转身拉开大门,投身到了暴风雨之中。

* * *

三天后,我去访问耶路撒冷,听到了发生的种种事情。我还听说犹大已从高山顶上跳悬崖自杀身亡。

从那天起,我沉思良久,终于理解了犹大。他那像漂浮在被罗马人奴役的国度上薄雾一样的小生命已告完结,而那位伟大先知正在升高。

这是一个渴望自当国王的王国的人。

那是一个渴望每个人都当国王的王国的人。

被称作“疯子”的希腊牧羊老人萨基斯

谈耶稣与潘①

一次梦中，我梦见耶稣和牧羊神潘一起坐在林中，相互笑谈着。小溪在他俩附近流淌。耶稣笑得更开心，之后谈了许久。

牧羊神谈到大地及其秘密，谈到他的长着蹄子的兄弟及长着长角的姊妹，还谈到梦。之后，他谈到树根及周围的根须，还谈及苏酥、上升、和着夏令歌唱的树的汁液。

耶稣则谈到林中的嫩芽、花儿和果实，还谈到尚待来临季节里发育的种子。

他谈到空中的的飞鸟，在高天歌唱。

他还讲到神在沙漠中牧放的白牧鹿。

牧羊神为新神的谈话而兴高采烈，因之鼻孔不住地扇动张合。

就在同一梦中，我梦见牧羊神潘和耶稣坐在浓荫下默不作声，纹丝不动。

牧羊神拿起排箫，开始吹奏给耶稣听，但见万木随声晃动，羊齿植物摇摆，使我感到一阵恐惧。

耶稣说：“好兄弟，你的箫声中既有林中溪水流淌，又有崇山峻岭悬崖。”

牧羊神把排箫递给耶稣，说：“现在轮到你吹奏一曲了。”

耶稣说：“吹奏排箫是我的嘴力不能及的。看哪，我的笛子在这里。”

耶稣拿起笛子，开始吹奏。

我从他的笛声中听到雨打树叶，山间溪水潺潺，高山顶雪片纷纷飞落。

我的心跳曾因气急而一度失常，又因气平而恢复了常态。我那昨日的浪花全都集聚在我的岸边，我再一次变成了牧羊人萨基斯，

① 潘，希腊神话中的牧羊神，人身兽足，头上生角，喜爱音乐，首创用芦苇制作的排箫。

而耶稣的笛子周围变成了无数牧羊人召唤数不清的羊群牧归的笛声了。

这时,牧羊神对耶稣说:“你青春少年,较之我久经风霜距笛子更近。

“在此许久之前,我在自己的静默中,曾听到你的歌声和细语者呼唤你的名字的低声。

“你的名字里有一种甜美的声响,必将与树汁一道上升到枝条,与蹄声一起奔跑在山间。

“你的名字在我并不感到陌生,尽管家父并没有用此名呼唤我。正是你的笛声把这个名字重新送入我的记忆之中。

“现在,就让我们一起吹奏我们的排箫吧!”

二人一起合奏起来。

闻听二人合奏乐声,天摇地动,世界生物为之震惊。

我亲耳听到,百兽闻之而咆哮,林间发出饥饿的叫声。我听到人们孤独时的呐喊;我听到那些渴望知所不知人们的殷切呼唤。

我听到女人们思念情人的急促呼吸。我听到猎人奋力追赶猎物的气喘吁吁。

后来,乐声渐次平缓,只听高天与大地一道合唱。

这都是我在梦境里看到和听到的。

祭司长亚那[1]

谈暴徒耶稣

他是一个暴徒。拦路抢劫者,惯于自吹自擂,以花言巧语惑众。只有那些心地肮脏和剥夺他人继承权的人才相信他,因此,他就不得不走上腐败堕落者和污染亵渎者的道路。

他拿我们和我们的法律开玩笑,嘲弄我们的地位和尊严。他甚而说他要毁坏神殿、亵渎圣地。他没有羞耻,因此他只能遭到可耻的死。

---

① 亚那,耶路撒冷的祭司长。在镇压耶稣这一事件中,他起着幕后操纵的作用。

他是加利利人,那是非犹太人的土地。他是来自北方的一个异乡人;在那里,希腊的安东尼斯和腓尼基的阿什塔特,依然居于以色列人及以色列神之上。

他谈及我们先知们的训言时,便结结巴巴,而使用卑贱者和下流之辈的语言时,他声音很高,震耳欲聋。

我除了判他死刑,还有什么可选择的呢?

莫非我不是圣殿的卫士?难道我不是法律的维护者?我能够背对着他,心平气和地说:

“他是个疯子,神智不清,就让他把呓语吐完吧!凡疯癫狂妄、鬼魂俯身者,都将在以色列的道路上销声匿迹,被人遗忘”吗?

当他把我们称为骗子、伪君子、狼豺、毒蛇和蛇子蛇孙时,我能够捂上耳朵、装聋作哑吗?

我不能充耳不闻。因为他并不是疯子,而是一个沉着镇静的人,他神清智明。故意抬高声音,指责我们所有的人,向我们大家挑战。

因此,我决定把他钉死在十字架上;这也是对他这一类人的警告。

我自知因此会受人责备,甚而遭到犹太公会长老们的指责。我过去和现在仍然坚持这一点;与其让一个人把众平民引入歧途,不如让这个人为众平民而死去。

上帝许给的地方曾遭到外敌入侵,我不希望再看到它遭圣约的敌人征服。

我们不允许来自可诅咒的北方人进入我们的至圣之所,也不允许他的影子投在圣约匮上。

马利亚的女邻居

一曲哀歌

耶稣殉难后的第四十天,马利亚的女邻居们来到马利亚家里表示慰藉,献唱哀歌。

其中一女邻居唱道:

你去了哪里,我的春天,你去了哪里?
你的芳香升入了哪芳天际?
你将在哪块田中漫步?
你将向哪重天抬头诉说你的心理?

这里的山谷行将荒芜,
我们的土地只有干旱光秃,
一切翠绿都将被太阳晒得焦枯。
果园里产生的将是酸苹果,
这里葡萄的味道也将变苦。
我们渴望喝到你的甘醇,
我的鼻子期待闻到你的芬芳。
我们的报春花,你去了何方?
莫非你不再回返?
难道你的茉莉花不会从新来访?
你的樱花草不再簇拥在我们的路旁,
以便告诉我们:
我们也有根深入大地之中,
我们那不住气息永远升向天空?

你去了哪里,耶稣,你去了哪里?
我的邻居马利亚的儿子,
我的儿子的忠实伙伴,
你究竟去了哪里?
我们的早春,你去了哪里?
你到了哪块田地?
你可会再回到我们身旁?
你可会驾驭爱的高潮,
到我们荒芜梦岸探访?

旅馆胖老板阿哈兹

谈逾越节前夕的晚餐

我清清楚楚地记得最后一次见到拿撒勒人耶稣的情景。礼拜四的中午，犹大来到我这里，要我为耶稣及其同伴们准备晚餐。

犹大给了我两块银圆，并且说："去买这餐饭需要的全部东西吧！"

犹大转身走后，我的妻子对我说："这确实是件体面的事。"因为耶稣已成了先知，而且显现出许多奇迹。

黄昏时分，耶稣及其朋伴们来了，在楼上的厅里围着餐桌坐了下来，厅中鸦雀无声，一片寂静。

去年和前年，他们也都来过，但当时他们人人欢天喜地，一起进餐饮酒，唱着我们的古老歌谣，耶稣与他们一直谈到半夜。之后，他们让耶稣独自留在楼上厅里，他们到另外一些房间睡觉去了；因为耶稣喜欢在后半夜独自呆着。

耶稣一直醒着，我躺在床上，不时地听到他的踱步声。

然而这最后一次，耶稣及其伙伴们都不尽兴。

我的妻子备下加利利湖的鱼、豪兰①的野鸭、鸡肉米饭和石榴子，我还给他们送去一桶柏木酒。

我觉得他们喜欢独处，于是离开了他们。他们在那里一直呆到夜幕降临，方才从楼上下来，但是耶稣在楼梯脚边停留了一会儿。他瞧着我和我的妻子，用手抚摩着我的女儿的头，说："祝你们晚安。我们还要回楼上去；不过，现在时间尚早，我们还不想离开这里。我们在这里一直要等到红日东升。

"过一会儿，我们就要回来，吃点儿面饼，喝点儿酒。你和你的妻子热情、慷慨款待我们，我们回到家中，坐在餐桌上时会想起你来的。"

我说："先生，能为你们效劳，这是我们的光荣。你们光临我的

① 豪兰，叙利亚西南部地区。在赫尔蒙山东南和约旦边界之间。为富庶农区，出产小麦、大麦、豆类和甜菜。2–3世纪间传入基督教，在世纪初以前广为流传。

旅馆,使得其它旅馆的老板都在嫉妒我。我在市场上自豪地向他们微笑,有时还向他们做个鬼脸哩。”

他说:“所有旅馆的老板都应该以为顾客效力感到自豪。因为面饼和葡萄酒的提供者,是收割麦子并把麦子送到打麦场上去的人的兄弟,也是榨葡萄汁的兄弟。你们都是重情义的人。就连那些囊中空空、又饥又渴的人,你们也会慷慨款待的。”

他转过脸去,面对着掌管众同伴钱袋的加略人犹大,说:“给我两个舍克尔①。”

犹大递给他两个舍克尔,并且说:“这是钱袋里的最后两个舍克尔。”

耶稣望着犹大,说:“很快,很快,你的钱袋里就要装满银币了。”

耶稣把两个银币递到我的手里,说:“你去用这两块钱给你女儿买条绸腰带,嘱咐她在逾越节那天束在腰里,以便纪念我。”

之后,他再次望望我女儿的面孔,弯下腰去,吻了吻她的前额,然后说:“祝你们晚安。”

说罢,转身走去。

听说他对我们说的话已由他的一位朋友记录在羊皮纸上了,然而我却是把自己亲耳听他亲口讲的重新说给你们听的。

我永远不会忘记他那句话:“祝你们晚安。”

如果你还想知道关于耶稣的更多情况,就请去问我的女儿。她如今已是妇人,但仍保存着童年的记忆。她会比我讲得更详细。

巴拉巴②

耶稣临终的话

他们释放了我,抓住了他;他站了起来,我却倒下了。

---

① 舍克尔,古希伯来银币。

② 巴拉巴是一名囚犯,犯有叛乱和谋杀罪。耶稣被捕后,交给巡抚彼拉多审讯。彼拉多审案有个惯例,即每逢节日,根据群众要求,释放一名囚犯。当他问人群:究竟释放耶稣,还是释放巴拉巴?群众在祭司长和长老们的煽动下,大叫释放巴拉巴,钉死耶稣。彼拉多只好释放巴拉巴,将耶稣鞭笞后交人钉死在十字架上。

他们钉死了他，将之作为牺牲品和祭品献给逾越节。

我身上的锁链解去了，跟着众人走在他的身后。但是，我却是一个正在走向坟墓的活人。

我理应逃到沙漠中去，在那里，让灼热的太阳烧掉人的耻辱。

忍而我却和众人一同走去，是他们让他承担了我的罪名。

当他们把他钉在十字架上时，我站在那里眼睁睁地望着。

我看到了，也听到了，好像看和听的不是我的躯体。

被钉在他右侧十字架上的盗贼对他说："拿撒勒人耶稣，你我的血将合滴一处？"

耶稣回答道："若不是这颗钉子钉住了我的手，我会伸出手去，紧握你的手。

"我们一起被钉在十字架上。但愿他们能把你的十字架支得离我的十字架近些。"

随后，耶稣压低目光，望着母亲和站在母亲身旁的一个男子。

耶稣说："母亲，看哪，你的儿子就站在你的身旁。

"妇人哪，你瞧瞧那位男子吧！正是他将把我的血滴带往北方。"

当他听到加利利妇女们的哭泣之声时，他说："看呀，她们还在落泪，而我却干渴得厉害。

"我被置于高处，摸不到她们的眼泪。

"我不能用酸汁和苦液解渴。"

他睁圆眼睛，望着天空，说："天父啊，你为什么将我们丢弃？"

他又温情地说："天主啊，宽恕他们吧！他们不知道自己做了些什么。"

他说这些话时，我自以为看到所有的人都拜倒在神的面前，祈求神宽恕他们把一个个钉死在十字架上。

旋即，他又用洪亮的声音说："主啊，我再次把我的灵魂交给你。"

最后，他抬起头来，说："现在，事情已经结束，但只是在这丘山上。"

随后，他闭上了眼睛。

闪电划破了长天，继之一阵雷声隆鸣。

我终于明白，这些让他替我伏法的人们，在使我遭受没有穷尽的痛苦和折磨。

他在十字架上不过被钉了一个时辰。

而我将一生被钉在十字架上。

罗马卫队长克鲁迪尤斯

谈坚忍的耶稣

他们逮捕耶稣之后，将他交到我的手中。本丢·彼拉多巡抚命令我把耶稣投入监牢，看管到第二天清晨。

我的士兵们将他作为囚犯带走，他完全听从他们的指令。

夜半时分，我离开妻儿，去查看武库。我习惯于夜间巡视，以便查看与我的驻耶路撒冷守军有关的一切，让他们时刻处于最佳状态。那天夜里，我巡视了关押囚犯的武库。

我看到我的士兵和几个犹太人小青年正在拿他取笑。他们扒掉他的衣服，给他的头上戴了一顶去年留下的芒刺王冠。

他们让他靠着一根柱子坐着，他们便开始在他的面前跳舞呼喊。

他们给他一根芦苇，让他拿在手里。

我到那里时，几个人高声喊道："卫队长，你看哪，这就是犹太人的国王。"

站在他的面前，望着他，我自感害羞，但却不知原因何在。

我曾在高卢和西班牙打过仗，也曾与士兵一道面对死亡。但是，我从未害怕过，也从未有过胆怯感。而站在那个人的面前，他望着我时，我却心慌意乱，仿佛我的双唇紧闭，一句话也说不出来。

我很快离开了武库。

此事发生在三十年前。当年还是孩童的儿子们，如今都已长成男子汉；他们现在正为恺撒和罗马效力。

我常对儿子们谈起耶稣，拿耶稣作为范例教导他们：一个堂堂男子汉，用双唇上的生命之液面对死神，两眼里闪烁着对杀人犯的同情光芒。

如今我已年迈,但我的一生很充实。我确信,无论恺撒,还是庞贝[1],其指挥才干都远远不及那个加利利人耶稣。

因为自打耶稣毫不抵抗地殉难以来,世界上已有一支大军为他而战……他虽已死去,而这支大军还在为他效劳,也远远超过了为庞贝或恺撒效劳,虽然后二者还活在世上。

雅　各[2]

谈最后的晚餐

我千百次地回忆起那一夜;我知道,这种回忆还要重复千百次。

我永远不会忘记那一夜,除非大地忘记犁杖开在自己胸膛上的犁沟,母亲忘掉自己分娩时的痛苦和欢乐。

那天下午,我们在耶路撒冷城墙外,耶稣对我们说:“我们现在进城去,到旅馆吃晚饭吧!”

当我们到达旅馆时,夜幕已经降临。当时,我们都很饿。旅馆老板一番问候之后,便领我们上了楼。

耶稣吩咐我们围着餐桌坐下。然而他却独自站在那里,目不转睛地望着我们。

他对旅馆老板说:“给我拿个盆,再拿一个水壶和一条手巾来。”

他又望着我们,温情地说:“把你们的鞋脱下来吧!”

我们不知为什么,但还是按照他的嘱咐脱下了鞋子。

老板送来了盆和水壶。耶稣说:“现在,我要给你们洗脚。因为我应该把你们的脚从老路上的尘土中解救出来,并让你们轻松踏上新路。”

---

① 庞贝,位于意大利那不勒斯市东南23公里的一座古城,公元79年因维苏威火山爆发而毁灭。古城遗迹自79年被埋没至18世纪。

② 雅各,《圣经》中有六个雅各,此雅各乃亚勒腓的儿子,耶稣的十二使徒之一。他在紧跟耶稣传道的同时,还为百姓逐邪赶鬼,医治百病。耶稣死后,雅各和其他使徒一起四处积极传讲福音。

我们都感到羞涩与不安。

西门(彼得)站起来,说:“我主耶稣基督为我洗脚,我怎敢承受?”

耶稣回答道:“我为你洗脚,但期你牢牢记住:为众人服务者,便是众人中之伟人。”

之后,他望着我们每一个人,说:“选中你们的人之中,希望你们成为他的兄弟。昨天,他的双脚抹上了阿拉伯没药,并用一女子的头发将双脚擦干;现在,他要给你们洗脚。”

他拿起盆和水壶,双膝跪下,先从加略人犹大开始,给我们一一洗脚。

然后,他和我们一起围餐桌坐下。这时,他的脸就像黎明的曙光一样,刚刚升起在经过一夜搏斗和流血的杀场上。

旅馆老板端上来饭食和葡萄酒。虽然耶稣跪下来为我们洗脚之时我就饿了,然而此时此刻我却没有食欲。

我的喉咙里有一团火焰,我想用葡萄酒浇灭它。

耶稣拿起一张面饼,递给我们,并且说:“也许我们不能再次一起分食面饼了,就让我们吃上一块,以纪念我们在加利利的日子吧!”

耶稣随后斟满一杯酒,喝了一口,然后递给我们,并且说:“喝下这杯酒,以纪念我们共同尝过的干渴吧!喝下这杯酒,也包含着对新酒的希望。

“当我被绑去,不复出现在你们中间时,当你们聚会此处或另一地方时,你要想现在这样分食面饼和痛饮葡萄酒,然后再朝四周望上一望,也许会看见我和你们一道围坐在餐桌旁。”

说罢,便把鱼和野鸡肉撕成一块块,分递给我们,就像鸟儿喂自己的雏鸟一样。

我们吃了一点点,却已饱了。我们只喝了一滴酒,因为我们觉得那酒杯就像这块陆地与另一块陆地之间的大海一样大。

耶稣说:“我们离开这餐桌之前,站起来,唱支加利利欢歌吧!”

我们一道站起来唱歌,他的声音高过了我们的声音,他唱出的每个字都是那样铿锵响亮。

之后，他逐个望望我们每个人的脸，说："现在，我要对你们说告别了。我们到墙外，去朱斯马尼花园吧！"

西庇太之子约翰说："主啊，你为何今夜对我们说告别呢？"

耶稣说："你们不必心烦意乱。我离开你们，只是为了在天父家中为你们准备一个地方。你们需要我时，我会回到你们身边的。你们在哪里唤我，我都听得见；你们的灵魂在哪里找我，我都会应答。

"不要忘记，干渴将会把我们引导到葡萄酒榨汁坊。饥饿会把我们引导到婚礼筵上。

"渴望将引导你们找到人之子。因为渴望是激情源泉，又是通往天父之路。"

约翰又说："如果你真要离开我们，我们又怎会高兴呢？再说，你为何说离别呢？"

耶稣说："被捕的羚羊，在它的胸膛中箭之前，已经知道猎人的箭要冲它射来；河水在流到海岸之前，便已察觉到了大海。人之子已经踏上众人之路。在另一株巴旦杏树将自己的话赠与太阳之前，我的根就将到达另一块田地之心了。"

这时，西门（彼得）说："主啊，你现在不要离开我们，也不要剥夺我们与你在一样的欢乐。你去哪里，我们也将去哪里。你住在何处，我也将住在何处。"

耶稣手搭西门的肩膀，对他微笑着说："说不定今夜还未过去，你就不认识我了；我还没有离开你，你就离开我了。"

他突然又说："现在我们就离开这个地方吧！"

旋即，耶稣离开旅馆，我们跟着他走去。但是，当我们走到城门时，我们回头一看，发现加略人犹大已不在我们中间了。我们越过吉罕努姆山谷，耶稣走在我们前头好远，我们互相扶着走去。

我们行至一橄榄树林时，耶稣停下脚步，回过头来对我们说："在这里休息一个时辰。"

那是个冷飕飕的黄昏，虽然春天已经到来，桑树吐出嫩芽，苹果树也已开花，果园里一片生机勃勃景象。

我们每个人都走到一棵树干旁躺下，把披风裹在身上。我睡在一棵松树下。

然而耶稣离开我们,独自走进橄榄树林。我一直望着他,其他人都进入了梦乡。

他突然停下脚步,逗留片刻,然后再朝前走,时上时下,如此反复多次。

之后,我看见他仰面朝天,把双臂伸展向东方和西方。

有一次,他说:"天和地,还有地狱,均属于人。"现在,我想起了他的话,知道正在橄榄林中漫步的他,就是人形的上天。我心想:大地之腹,既非起点,也不是终点,而是一辆车子,一次停顿,又是一个奇妙、惊异的瞬间。至于地狱,我则也已看到,就在那个被称为吉罕努姆的山谷中,即坐落在耶稣与圣城之间。

耶稣站在那里,我裹着披风躺在那里之时,听到他的话音,但他不是对我们说话。我听他三次重复说:"主啊!"这便是我听到的一切。

片刻后,他双臂垂下,一直站着,就像一棵翠柏,高高挺立在我的双眼与苍天之间。

最后,他回到我们中间,说:"醒一醒,起来吧!我的时辰已到,世人已把我们包围,准备对我们动武了。"

他又说:"片刻前,我已听到主的声音。如果我再也见不到你们,就请你们牢记:征服者在自己被征服之前,他是得不到平静安宁的。

当我们站起来,围在他身边时,只见他的面孔像挂满星斗的天空那样俯视着空旷沙漠。

他一一亲吻我们的面颊,只觉他的双唇滚烫滚烫的,酷似发高烧的孩子的小手。

突然间,我听到远处传来一阵高声喧哗,仿佛是许多人齐声呐喊。那声音刚一接近我,便见一帮手提灯笼拿着棍棒的大汉们急速朝我们冲来。

他们来到篱笆墙外,耶稣离开我们,走上前去见他们。为他们带路的就是加略人犹大。

那是一群罗马士兵,手握利剑和长矛;还有一些耶路撒冷人,他们拿着棍棒和镐头。

犹大走近耶稣,吻过他,然后对那些全副武装的男子汉们说:“就是这个人!”

耶稣对犹大说:“你对我倒是很能忍让的。你昨天就应该干今天要干的事!”

之后,耶稣望着那些武装人员说:“现在就抓我吧!但你们的监牢要宽大一些,能容下这些翅膀才好。”

他们把耶稣围住,抓住他,随后大喊大叫着将他带走了。但是,我们一个个心惊肉跳,远远躲开,寻找安全地方去了。我独自遁入橄榄林,无力观察周围情况,内心害怕得连一点儿声音都发不出来。

在那一夜剩下的两个或三个时辰里,我一直在逃跑、躲避;直到东方破晓之时,我才发现自己到了靠近杰里科的一个村子里。

我为什么离开了耶稣?我不知道。但是我——哎,多么可惜——我竟离开了他。我是个胆小鬼。我见了敌人,望风而逃了。

我深感内疚、痛苦、悲伤与羞愧,回到了耶路撒冷。但他已被投入监牢之中,任何一位朋友都不能和他说话。

他被钉在了十字架上。他的鲜血化成了大地的新泥土。

我仍在活着;我是靠着他的甜美生命遗留下来的蜜饼而活着的。

吉利奈人西门[①]

替耶稣背十字架的人

我正往田间走去的路上,看见耶稣背着十字架,后边跟着一大群人。

这时,我也向他的身边走去。

因为他精疲力竭,不堪负重,多次停下脚步。

一个罗马兵丁走近我,说:“嗨,你过来!你的体格强壮,结实有力,替这个人背十字架吧!”

---

① 西门。《圣经》中有十一个西门。此处的西门在耶稣受难时,被兵丁抓去背着用来钉死耶稣的十字架。

听兵丁这样一说，我的心中充满自豪，不禁得意洋洋。于是，走上前去，替他背起了十字架。

那十字架确乎沉重，不但因为那是用白杨木做的，而且已被冬日的雨水浸透。

耶稣望了我一眼，但见他额头上的汗正在往他的胡须上流淌。

他又望了望，说：“你也喝这杯苦酒？你真要和我一道奏着杯边小口小口喝到永远了。”

说罢，他伸手搭着我那空的着肩膀，我们一起向髑髅山走去。

当时，我并不感到十字架有什么沉重，而是感到他的手就像搭在我肩上的鸟翅。不久行至山顶，那便是他们将他钉上十字架的地方；那时，我才感觉到了十字架的沉重。

当他们将钉子砸进他的双脚和双手时，他既未说一句话，也没有吭一声。

在他们的锤子敲击时，他的四肢也不曾颤抖。

在我看来，好像他的双手和双脚已经死去；只有沐浴鲜血时，才会再活过来。在我的想像中，仿佛他像国王寻求权杖那样寻求钉子，一心向往登上山顶。

我的心并未因为怜悯他而悸动不安。因为当时我的惊异感超出了我的忍耐能力。

如今，这位我曾替他背十字架的人，变成了我的十字架。

如若有人再说“你替这个人背十字架吧”，我将一路替他背之，直至坟墓。

我也将要求他的手搭在我的肩上。

* * *

这事情发生在许多年之前，然而每当走在田间的犁沟中，或者入睡前的困倦时刻，我总是想起那个可爱的男子汉。

我仍感到他的手像鸟翅一样搭在我的左肩上。

犹大之母西博利亚

谈儿子犹大

我儿子是个善良的好人。他待我温和亲切，爱亲戚也爱同胞。他憎恶我们的敌人，即那些可恶的罗马人；他们不纺一线，也不织一寸布，却穿着紫锦袍；他们既不耕地，又不播种，却收获囤积粮食。

我儿子十七岁那年，他见一队罗马士兵穿行我们的葡萄园，便放箭射他们，结果被他们抓走。

就在他小小年纪时，他经常跟青年们谈到以色列的尊严，还向我讲了许多我本不知道的奇闻异事。

他是我的儿子，我的独生子。

他吮吸我的乳汁长大，如今这对乳房已经干瘪。他在花园里学走路时抓的这手指，现在已像战栗在风中的芦苇。

我就是用这一双手给他穿上第一双鞋，当年这双手就像黎巴嫩的葡萄那样鲜嫩；那双鞋，我已用我的母亲给我的一块麻纱手帕包起来，妥善保存起来，如今依旧放在窗旁的那口木箱里。

他是我的头生儿。他开始迈步时，我也开始迈步。因为妇女们只有在孩子的引领下方才外出。

他们刚刚告诉我，我儿子自杀了；他后悔自己背叛，出卖了他的朋友拿撒勒人耶稣，因而跳崖自尽了。

我知道我的儿子死了。但是，我不承认他背叛过任何人。因为他热爱自己的同胞，只憎恨罗马人。

我的儿子一心谋求以色列的地位和荣誉；他的一切言行无不是与此目的相连。

他在大路上遇到耶稣时，便离开我，追随耶稣去了。我暗自思忖，他追随任何人都是错误的。他与我告别时，我对他说，他不应该那样行事，但他没听我的话。

我们的孩子不理会我们的心意，就像今天的大潮不听昨天的大潮的劝告一样。

我求你不要多问我儿子的事了。

我爱我的儿子，而且永远爱他。

假如爱居于肉体，我定会用火红的烙铁熨烫之，以获得安宁；可惜爱居于灵魂，我们无计触及它。

现在，我不想多说了。你去问比犹大的母亲更体面的女人吧。

你去耶稣的母亲那里吧！她也感到心似刀扎，她将谈到我；到那时，你将彻悟。

比布洛斯一妇女

一曲挽歌

阿施塔特的女儿们，和我一道哭吧，
泰穆兹[①]的爱女们，都与我一起悲泣吧！
令你们的心溶化，溢出血的泪水，
因为金铸牙雕的他已去不再复返。
在黑暗林中，野兽袭击了他，
猛兽的獠牙刺穿了他的肉体。
看哪，他躺下了，遗体被往年的枯叶遮蔽。
他的脚步再也不能唤醒安睡在春天怀里的种子，
他的声音也不再跟着黎明曙光进入我的窗子，
我将永远永远地独处幽居。

* * *

阿施塔特的女儿们，和我一道哭吧！
泰穆兹的爱女们，都与我一起悲泣吧！
我亲爱的人已经离开我的身旁，
他的低声细语，如同河水淙淙流淌。

---

① 泰穆兹，司农牧、植物之神。系司爱情与生育女神阿施塔特的情人。阿施塔特神秘地毁了他，又历尽千辛万苦深入地下，将他救出地面。因此，他的生命历程象征植物冬天死去，春天复生。

他的声音和时光好似孪生兄弟，
他的嘴是血色痛苦，转瞬化为甘甜，
他双唇上的苦涩顿时会变成蜂蜜。

* * *

阿施塔特的女儿们，和我一道哭吧！
泰穆兹的爱女们，都与我一起悲泣吧！
和我一起围着他的尸体，像繁星一样哭吧！
看哪，月光就像花瓣一样落在他那受伤的尸体上。
请用你们的泪水打湿我的绸被，
我亲爱的人曾在梦中睡在我的身边，
我醒来一看，他已离开我而去。

* * *

阿施塔特女儿们，和我一道哭吧！
泰穆兹的爱女们，都与我一起悲泣吧！
袒露出你们的胸膛，用哭来安慰我，
因为拿撒勒人耶稣已经死去。

抹大拉的马利亚

三十年后谈灵魂复活

我再说一次，耶稣用死征服了死神，他从坟墓里站起来，成了一个圣灵和一种力量。他行走在我们中间，慰藉我们的孤独，造访我们的痛苦花园。

他并不睡在巨石后的有缝岩石里。

爱戴他的我们，用他使我们看得见的眼睛看见了他；用他教我们伸出的手抚摩了他。

我知道你们并不相信他。我过去是你们当中的一员，现在你们人数众多;但是,你们的人数会逐渐减少的。

莫非你们必须砸碎你们的四弦琴和竖琴,才能觅寻到琴中的乐声。

难道你们一定要伐倒树,才能相信它能结果?

你们之所以憎恶耶稣,原因在于有个从北方来的人说他是主的儿子。然而你们之间相互憎恶,原因在于你们每个人都以为自己伟大无比,别人不配做自己的兄弟。

你们憎恶耶稣,原因在于,有人说他系处女所生,并非男子汉的种子。

但是,你们既不了解处女时就被葬入坟墓的母亲们,又不了解因渴望而窒息被埋进土里的男子汉们。

你们不知道大家嫁给了太阳;而将我推上高山、送入荒原的却是大地。

在爱戴与憎恶、相信与不信他的人们之间确乎有一条鸿沟。

不过,当岁月在鸿沟上架起桥时,你们将知道,生活在我们中间的耶稣是不死的,他和我们一样,都是处女所生,就像我们是没有丈夫的大地所生一样。

奇妙的是,大地从来不给予不相信的人凭以吸收它的营养的根,也不给予他们凭以翱翔天空吮吸甘露的翅膀。

然而我知自己之所知,这也足矣。

黎巴嫩一男子

耶稣殉难十九个世纪后抒怀

主啊,歌唱者的主啊,
无声而言的主啊,
自打你匆匆来访,我们暂短欢迎以来,
我已生过七次,死过七次。
看哪,我又一次生了,
我带着在山间度过的一天一夜的记忆,
正是你的涨潮将我们高高涌起,

其后我越过许多陆地和大海，
不论在鞍上还是乘风帆，
你的大名总在我们的祈祷与朝拜之中。
人们会赞美你或咒骂你：
咒骂乃是对失败的愤怒；
赞美则是猎人口中的歌，
因为他从山冈上回返时，
有美食带给他的伴侣。

* * *

你的朋伴仍和我们在一起，
以求得快慰与安详。
你的敌人也和我在一起，
依旧拥有实力和安稳。
你的母亲和我们在一起，
她脸上的光映到所有母亲面颊上。
她的手情地晃动摇篮，
她的手从容地折叠殓衣。
抹大拉的马利亚依然在我们中间，
她喝过人生酸醋，而后饮人生美酒。
犹大是痛苦的人，微不足道的贪徒，
他也步行在大地上；
如今他饥无可食想吃自身，
正在寻觅“大我”中毁灭自己。

* * *

约翰——青春爱美的他啊——也在这里，
他放声高歌，却没有一个人听。
否认你的卤莽西门（彼得），

也许在你身后为你而活着；
看哪，他也坐在我们的火旁取暖。
在另一天的东方破晓之前，
也许他会再次否认你；
但他想为你而被钉在十字架上，
自以为有愧于这份荣光。
该亚法和亚拿[①]仍像原来那样生活，
继续审判那些罪犯与无辜者。
他俩睡在自己的羽绒床上，
而被判鞭笞的人正在挨鞭抽打。

* * *

那个行淫时被抓的女人，
照旧蹒跚在我们城区的大街上；
她独自居住在空房子里，
一心向往着尚未开烙的面饼。
丢本·彼拉多也在此间，
恭恭敬敬地站在你的面前；
仍然在不停地审问你；
但他既不敢以自己的地位冒险，
也不敢向任何一个外族挑战。
他还在洗他的双手，
耶路撒冷为他端着脸盆。
罗马为他提着水壶，
成千上万双手想洗得干净圣洁。

* * *

① 亚拿，以色列先知。婚后七年丈夫死去，寡居八十四年，从不离开圣殿。马利亚抱着婴儿耶稣献给上帝时，亚拿确认耶稣为救世主。

主啊，诗人之主，
宣道、歌唱的主，
他们建造神殿供你的大名栖息。
他们把你的十字架遍插每一高岗，
作为路标指引他们迷途的脚步，
并非为了取悦于你。
你的欢乐是他们目光极的一座丘山，
那里并没有属于他们神魂的快慰；
他们只想赞颂一位他们不认识的人。
一个像他们一样的人，
一个像他们一样和善的人
一位与他们彼此间同怀一种爱的神，
一位与他们彼此间同怀一种怜情的神，
对于他们说来有何可安慰的！
他们不赞颂那个活人，
那个原来目不转睛凝视太阳的人。
是的，他们不了解他，不想做他那样的人

*　　*　　*

他们宁可默默无名，走在无名行列里，
他们宁可忍受忧伤，忧心忡忡，
而不愿意在你的欢乐中寻求快乐，
他们痛苦的心不想在你的言词和歌曲里寻觅安慰。
他们的痛苦无声无形，
致使他们孤独生活，无人来访。
尽管他们在亲朋、同胞当中，
却生活在恐惧里，无人送来友情。
但是他们不想在孤独中活着，甘愿西风吹来，弯腰向东。

*　　　*　　　*

他们把你称为国王,
都想进入你的宫廷。
他们宣布你就是盼望中的救世主。
他们都期望自己被涂上神圣香膏。
是的,他们都想依靠你的生命而生活。

*　　　*　　　*

主啊,歌唱者的主,
你的眼泪就像五月的阵雨,
你的笑声就像白海的波涛。
当人们双唇点燃烈火之时,
你的言谈就像溢于他们唇上的低语。
你的笑声已渗入他们的骨髓,
而他们还未对笑声做好准备。
你为他们的眼睛而哭泣,
而他们的眼睛尚未流泪。
你的声音是他们思想和智力之父,
你的声音是他们言谈和呼吸之母。

*　　　*　　　*

我已生过七次,死过七次,
我现在又生了,
看见你是斗士中的一位斗士,
现在你是诗人上的诗人,
见你是王者之王,
却又是赤身半裸地站在流浪汉当中。
主教每日呼唤你的名字时,

总是低下自己的头。
乞丐每天总是说：
“看在耶稣的面上，
给我们一角买面饼的钱吧！”
我们之间相互拜访，
其实是在拜访你。
在我们需求和愿望的春天，你像涌动潮水；
当我们的秋天来临时，你又好似退潮。
你的名字总挂在我们唇边，声音或高或低，
啊，无限悲天怜人的主！

* * *

主啊，我们寂寞时刻的主！
这里那里，在摇篮和棺木之间，
我遇见你那默不作声的兄弟们，
他们是不受拘束的自由人，
那是你的母亲天地的儿子，
他们酷似天上的飞鸟，
又像是田野的百合花。
他们靠你的生命活着，
他们借你的思想思考，
他们反复重唱着你的歌。
但是他们两手空空如也，
并未被钉在更大的十字架上，
这其中有着他们的苦涩。
这世界每天都把他们钉在十字架上，
但是用的方法极为简单。
苍天并未为之震惊。
大地亦未因死者而遭阵痛。
他们被钉在十字架上，

无人为他们的愁苦做见证。
他们左顾右盼，
无人乐意在自己王国里为他们谋职，
但他们仍想一次又一次地被钉在十字架上，
以求你的神成为他们的神，
你的主成为他们的主。

* * *

主啊，至爱者的主，
等待你到来的有香闺里的公主，
孤灯下已婚而不见丈夫的女子，
大街上寻觅耻辱面包的娼妓，
修道院里没有丈夫的修女。
还有倚窗而站的不育妇女，
但见冰霜正在玻璃窗上涂画森林，
她在这图画中看到了你，
她想做你的母亲，从而得到安宁。

* * *

主啊，诗人的主，
我们的无声愿望之主，
世界的人随着你的心跳而搏动，
但它不伴着你的歌而燃烧。
世界在宁静的欢乐中聆听你的声音，
但它不从自己的座位上站起来，
更不会去攀登你的群山之脊。
人想做你做的梦，
但不愿伴着你的黎明苏醒，
因为黎明是他更伟大的梦。

他想用你的目光观看，
但不想拖着沉重脚步走向你的宝座；
虽然如此，却有许多人用你之名登上王位，
还借你的力量当上了主教，
并且把你那金子般的访问，
化成他们头上的王冠和手中的权杖。

* * *

主啊，光明之主，
你的眼睛居于盲人善摸的手指里，
而你依然被蔑视和嘲笑；
柔弱之人难以成神，
太像者不会被人们崇拜。
他们做弥撒、唱赞美诗，
他们献祭、祈祷，
全为了他们那被囚禁的自我。
你只是他们的遥远自我，
你只是他们的遥远呼声与苦涩折磨

* * *

然而你，主啊，
有着天之心的主，
我们美妙梦中的骑士，
你仍然行进在我们的时代中。
弓与矛无法延缓你的脚步，
你能在我们的箭间穿行，
仍在高处向我们绽现笑颜。
虽然你比我们都年轻，
却成了我们众人之父。

* * *

诗人啊,歌唱家啊,
有着伟大之心的主,
让上帝为你的大名祝福,
让上帝为孕育你的子宫祝福,
让上帝为哺育你的乳房祝福!
让上帝宽恕我们所有人。

集外集

原　序

钻入黄纸堆里,一旦从中寻到文学巨匠的那些轶事和被遗忘的能够为思想提供滋养的作品,就像探海采到了光彩耀眼夺目的珍珠。文学家及诗人的作品,无论怎样收集,总有一些像留在葡萄酒窖里的陈酿,因时间久长而味道更加醇香甘美。

某位文学艺术家的一篇鲜为人知的作品一旦被发现,通常引起世界范围内文化界的一时轰动。因为它的价值不仅仅在于完备其人的全集,而且还在于进一步完善其人的品格。有多少篇在报刊中被忽视的文学或保存在抽屉里的手稿的发现,为作家的脸上增添了新的姿容,或者改变了作家已知的几乎固定了的面貌!

我们习惯于在出版社出版的《全集》中看文学家们的成果,那些《全集》常常只包括已经出版过的书,而这些作家的另一部分作品,手稿或发表在报刊杂志上的作品,却被忽略、遗忘了。

但是,有些研究者,一旦担任出版《全集》的任务,便要付出实实在在的力量,将部分佚失和被忽视的作品加进去,以求使之近于完全。之所以说"近于完全",因为不大可能将作家的所有作品收齐,部分原因如下:

——作家本人对自己的某些作品不满意,尤其是早期作品,因而试图将之抹去。

——作家本人没有留心收集和保存在期刊上发表的作品,因此大部分丢失。

——没有专门的文化机构从事保存、维护文化产品的工作,从而为回顾、收集文学家的作品提供方便。

我们看纪伯伦的遗作，发现他的阿拉伯文作品集和译文作品集仅仅收集了他的已经发表过的作品，还有许多作品散落在过去和现在出版的书中和数种在海外和本地出版的期刊上，或者藏在那些沉睡在“古物”上的人们的抽屉里，使“古物”随他们而逝去。虽然纪伯伦的部分遗作已见光明，但被遗忘和丢失的仍然很多。

因此，我们值得为收集伟大纪伯伦的遗作竭力全力，使之见到光明，因其代表着人的价值和思想的深度，从而使他排在黎巴嫩和世界文学大师之列。在这方面，我们做了我们应该做的事情。我们从教科书、非教科书和杂志里收集了他的这些文章；这都是未曾收入他的阿文集和译文集中的文字。

我们为此文集命名为《集外集》，意在表示这不过是实现这种目标的一次简单尝试，希望得到大家的喜欢和鼓励，为那些重视此类工作，并且试图不断完善《全集》目标的人们开启一樘大门。

安东·盖瓦勒

1992年8月6日

一、卷着的报纸

我心所爱女子,昨天还坐在这个静悄悄、孤零零的房间里。她将她那美丽的头靠在这玫瑰色的柔软枕头上,把着这水晶杯,抿了一口掺着香精的醇酒。所有这些都是昨天的事,全是一去不复返的梦。至于今天,我心爱的女子已经走了,去了一片遥远、空旷、荒凉大地,那里被称为空虚、遗忘之国。

我心所爱女子的指印仍显示在玻璃镜上。她呼出的香气仍然洋溢在我的衣褶里。她那话音回声尚未从我家的角落里消逝。但是,我心所爱女子,却已迁往遥远的地方,那里被称为遗弃、淡忘之谷。至于她的指印、口香和魂影,则将一直留在这个房间里,直到明天早晨;到那时,我会打开门窗,让风神进来,用其狂浪巨流卷走那位美女留给我的一切。

我心所爱女子的画像,依旧挂在我的床头边。她寄给我的情书,仍然放在镶嵌着玛瑙、宝石的银盒子里;那诱起我想念她的银盒子,一直用衬着麝香的绸布包着。所有这些都将留在原来的地方,直到晨阳东升。晨光初照之时,我要打开窗子,让风神进来,将那些东西带往空无黑暗中去,带往无声寂静居住之地。青年们,我心所爱女子就像你们心所爱的姑娘一样。那是一位罕见的女性,是神用鸽子的温柔、蛇的反复无常、孔雀的妩媚、野狼的凶狠、白天鹅的纯美和黑夜的恐怖,再加上一把灰和一勺海沫造就而成的一位奇妙女子。

童年时代,我就认识了我心所爱的女子。我跟在她的身后,奔跑在田间;我抓着她的裙尾,走在街上。

少年时代,我就认识了我所心爱的女子。我曾在书籍里和经典著作中看到过她的面容和幻影,曾在水云中看到过她的身段线条,曾听到她的歌声与小溪淙淙流水声一起升腾。

成年时代,我就认识了我心所爱的女子。我曾与她对坐畅谈,向她请教教律方面的问题,向她倾诉我心中的痛苦,向她展示我心灵中的秘密。

所有这些事情，都发生在昨天；昨天是个梦，一去不复返。至于今天，那位女子则已经走了，去了一片遥远、空旷、荒凉大地，那里被称为空虚、遗忘之国。

我心所爱的女子名叫生活。生活是一位窈窕淑女，令我们身心向往，使我们神魂颠倒，给予我们许多许诺。她若慢慢腾腾，会夭折我们的耐心；她若忠于诺言，会唤醒我们的厌恶感。

生活是一位女子，用情人的泪水洗浴，身上滴着被杀者的鲜血。生活是一位女子，身穿以白天当面、用黑夜衬里的衣衫。生活是一位女子，乐意将人心作为好友，拒绝选其作为丈夫。生活是一位女骗子，但她很美；谁能看出她的谬误，便会厌恶她的姿色。

二、人分四类

人分四类：第一类人，你一见他便会害怕他；第二类人，你不会怕他，说不定初见之时，还以为他是个弱者，但暂短相处之后，你会认为他是个强者，说不定会被迫怕他；第三类人，你一见他便会怕他，但暂短或长期相处之后，怕意便会从你心灵中消失，说不定会使他感到害怕；第四类人，你一见他便认为他是个弱者，你会使他常常惧怕你。

你始终害怕的第一类人，那是灵与肉俱伟大之人，而且灵魂的伟大与天质聪慧、心力强大紧紧结合在一起，肉体的伟大与机敏的外貌紧紧结合在一起，也就是说其性格全部表露在他的两眼里和面容上。

这类庄重严肃之人以意志坚定、庄严可怕、机灵警觉、思想敏锐为特点，对事事关心，不乏正确见解。仿佛力量和智慧集之一身，如果你不是他的对手，他便立刻狠扑向你，把你当作弱者，使你不得不怕他。

这类人在四类人中首先进入社会机构领导层，掌握管理大权。他们多半成为掌握实际控制权的人，很少有人成为受控制的人，即使是被领导者。

他们不贪钱财，除非利用钱财加强自己的权势。也许他们较之他人更正直，因为他们依靠的是自己的力量。他们很少同情弱者；即使对弱者有怜悯表现，也多半从政治目的出发，但不是经常性的。毫无疑问，他们是人类社会中最重要成分；也许社会的进步全靠着他们；他们的人数多了，社会的进步则更快。关于这些人，我们要说他们福星高照，因为我发现他们事事随心如意。其实，我们并不觉得他们的权势能够使万事按照他们的意愿发展，因为他们依靠自己的威严控制着社会中的其他因素，使之变为他们手中的工具，那些因素便一起为他们的利益效力。表面上，那些因素的作用在做着不同的工作，而实际上那些因素在照掌握权势者的意志行事，而不是按照自己的理想工作。因此，我们看到事事在随权势者的意志发展。

第二类人，你初见他之时，你不会怕他，也许你还认为他是弱者，但暂短相处之后，你会认为他是强者，说不定会被迫怕他。这类人则是灵魂伟大，而非肉体伟大；灵魂伟大与天质聪慧、心力强大紧相结合，但并非显示在外貌上，而且你也很少能够觉察出他的锐利眼光。

这类人也像第一类人一样，意志坚定，庄严可怕，机灵警觉，思想敏锐，事事关心，见解正确，但是，却不易变成掌握实权的人。

这类人与第一类人的不同，往往在于机敏和善用计谋。因为这类人依靠自己的智力多于依靠自己的眼力，虽然其坚强意志与勇气并不比第一类人差。

大谋士、阴谋家多半属于这一类人。多数政治家、正确操纵者、商号及公司的经理等，他们也属这一类人之列。

这些人，我们对他们了解得越深，便越是害怕他们。因为我们能够感觉到他们的坚强意志、正确见解、原则坚定和达到他们目的的不懈努力。

第三类人，即见之即怕之的那类人，但经暂短或长时间相处之后，怕意便从你的心中消失，说不定还能使他怕你，因为他的力量只在脸面和外表，而头脑和心胸都很小。他的外表会把你欺骗，而他的言谈又会使他自我暴露。这类人中的许多人都是靠外貌骗人的人，而他们实则内心勇气极小；他们能够伪装自己，在周围那些天真幼稚的人们眼里,他们是受敬重的人,虽然他们的头脑空空如也,他们的心柔弱无比。

在这一类人当中,多的是自鸣得意者,而他们却是没有意识的洋洋自得,不知道自身的分量,而是一味骄傲自大,恐吓普通人。他们当中不乏进行空洞宣传者,在天真幼稚者看来,他们的外表也还能加强他们的宣传,因此总受他们的欺骗。

至于第四类人,你一见到他们便认为他们是弱者,你会使他们常常惧怕你。这类人多数被权势和绅士们拉去当作工具。他们的外表可明显表现出他们的心灵、头脑和意志均弱小无比。没有人指教他们,他们什么事也干不成。

这便是对人的阶层的综述。从威严层面上说,他们是一脉相承的。不过,在人们争夺权势时,他们当中的意志最坚强者将捷足先登,首先获得权势和威严。

也许有一个事实要弄明,那便是谁将成为胜者和赢家:假若上述同一阶层的两个人相遇,则是先获得权威的那个人,将依靠个人素质战胜另一个人,迫使另一个人畏惧他。

这便是某些人的政策,尤其是那些不具备战胜别人的真正智慧资本的人,他们从初次见面开始,就竭尽全力以高傲和勇敢给聚集在他周围的人们留下印象;此外,他们还竭力让人们想像他们还有什么伟大的地方,很少暴露他们的实质,以免导致他们的地位降低。

你只要了解这些,便容易明白如何与人们相处。在你弄明他们的实质之前,既不要屈从于他们,也不要去判断他们的地位和权势高下,更不要过分地在他们面前掩饰自己,以免他们知道你的底细之后看不起你。你要努力知己知彼,正确看待自己,也正确看待他人。

三、美①

我是心情的向导。我是灵魂的佳酿。我是心灵的美食。

我是一朵玫瑰花:白日里张开我的心扉,让姑娘把我采去,亲吻我,将我置于她的胸前。

我是幸福之家。我是欢乐泉源。我是轻松起点。

我是靓女的柔润微笑,小伙子看见我将疲惫忘怀,生命变成展示甜滋梦想的舞台。

我是诗人的启示者。我是画家的引路人。我是音乐家的导师。

我是婴儿眼中的一瞥,慈母见之必顶礼膜拜,连声赞美上帝。

我把夏娃的酮体展示给亚当,使得亚当成了奴隶。我把身段展示给苏莱曼,使苏莱曼变成了哲理诗人。

我冲希拉娜微笑,她则充满诱惑之力。我给克娄巴特拉戴上王冠,温情立即弥漫尼罗河谷。

我就像时光,今天建设,明日毁坏。我令人活,又令人死。

我比紫罗兰花的叹息温和。我比暴风强烈。

众人们,我就是真理——我是真理;这一点不为你们所知。

四、致叙利亚②

你们就让她死去吧！因为她已在永恒世界面前挣扎了许久。你们就让她死吧！因为她的二目中闪烁着殉难的光芒。既然她的双唇间总是含着忍耐的苦涩,那么,她死去则比活着好。你们就让她受苦受难吧！因为你们不能够使她幸福,你们远离她的病榻吧！

---

① 在《泪与笑》中,有一篇题为《美》的散文,纪伯伦主张把美作为宗教。在《先知》中,有一节系穆斯塔法《论美》

(原注)

② 《西方明镜》一书中载,也许作者此处指的是叙利亚。因此,我们将题目定为《致叙利亚》。(原注)

她的疾病会讥笑你们的药剂,她的失望会蔑视你们的眼泪,她胸腔的咯咯响声会嘲弄你们的叹息声。

你们赶快离开她,让你们的心神平静平静吧!大地已经敞开胸怀,准备掩埋她;地狱里的巨蛇已张开大口,就要吞噬她;深渊里的魔怪竞相冲她跑来,即将把她除掉。

沙尘暴已经将她的双眼迷瞎;盛夏的酷热已将她的脂肪熔化;林中野兽已将她的皮肤撕裂;天上猛禽已将她的头发拔光;她只剩下一具骨架,被抛在灰烬堆上。

敌人已经杀掉了她的女儿;战争摧毁了她的城堡和庙宇;盗贼毁坏了她的田地和葡萄园;留给她的只有一张土床和一个荆棘枕头。

征服者们洗劫了她的宝库;大兵们分掉了她的项链和手镯;流氓们偷走了她的衣服和腰带;她的身上只留下芒刺编的花环和用泪水铸成的项圈。

你就让她粉身碎骨吧!你们不能够把她从脚和铁蹄下救出来,因为恐惧心态已使你们的神魂死亡,犹豫不决令你们手腕失力,胆怯折断了你们的宝剑长矛。

你们无声无息地离她而去吧!嚎啕不能起死回生,呐喊无法使灵魂归来。你们远远站着吧。不要做声!因为山洞中的呻吟叹息无法制止大海的潮汐。

你们就让她走去吧!因为她在死神宝座面前比你们在奴役脚下更富有尊严。

你呀,光明的巨心,充满生活和自由之歌的巨大之心,你就独自向高山之巅走去吧!你所看到的居于路两旁的幻影,那只不过是僵硬的顽石和腐朽的骨头罢了。

五、雪杉青年

——献给完美灵魂哈纳·达希尔

雪杉青年已经死去,雪杉的儿女们,快来吧,让我们把他安放在用月桂树叶和玫瑰花做成灵床上,抬着他遍游山谷和坡地吧!

大山青年已经死去，让我们把他父亲的宝剑给他佩带上，用他祖父的旗帜做他的殓衣，把他安葬在巨人埋葬他们的英雄的地方。

骑士之子已经死去，快给他的马鞴上鞍，挂上银锁链，让它跟在灵床后；骑士之子听到马的嘶鸣声会感到亲切，马蹄的节奏会使他感到欣喜。

每个人都有那么一天，他的生活画面会反射在他的民族面目上。心灵高尚的人们，他们的一天从消逝开始，但并不以死亡结束，而是一直稳定在存在的舞台上，直到存在被永恒雾霭掩没。

每个青年都有自己的真实，清晨将之显示，夜色又将之掩没。至于那些心胸宽广人们的真实，当他们进行在死亡队列中时，则闪闪放光，永不消隐，除非人类灭绝。那么，雪杉的儿女们，你们就不要为失去雪杉青年而号丧！因为他在幻想的舞台上要比做肉体的俘虏光荣体面得多。

你们不要哀悼他！因为他正在雪白的宝驾上嘲笑坐在黑色宝驾阴影里的人。你们不要捶胸顿足为他感到痛苦！因为他在死神翅膀中间比被生活锁链禁锢要自由得多。

你们不要为他哭泣！因为灵魂高尚的人，死神能使他的日月更新，再次让他面对太阳站立。不过，你们当中谁泪流如注，就让他哭自己吧！因为雪杉青年的死，使他失去了一位朋友、学长、医生、诗人和文学家。

六、里达·陶菲格贝克[①]

假若天命要对抗一个民族，便会使其先哲们处于其愚昧的怜悯之下。

先人们说："天命是一种隐蔽的盲目强大思想，漫游在大地的东方和西方。如果这种说法正确无误，那么，我要说，那种思想在同所有的民族开玩笑，但它在讥笑奥斯曼人，有时要笑人民，却常常戏弄土耳其人。

① 贝克，土耳其奥斯曼帝国时期，对中小官吏的尊称。

几周前,奥斯曼哲学家里达·陶菲格贝克在伊斯坦布尔的公众集会上发表演说,结果刚刚离开讲台,就被判监禁二十五天。那是因为他想说话时和在说话想让人们去思考之前,没有得到政府的许可。

两周前,里达·陶菲格获释,去了库勒曼城。当他谈到目前的选举时,立即遭到十五个土耳其流氓攻击,他们把他打得头破血流。

奥斯曼政府囚禁了哲学家里达·陶菲格,奥斯曼流氓拷打他,侮辱他。一个政府,能把一位思想家投入黑暗监牢之中;一群流氓,能在大路当中把一位思想家毒打一顿。谁能找出那个政府和那群流氓之间的差别,那么,他定是一个多嘴多舌的瞎子;这种瞎眼人在东方是常见的,他们只从他们的父辈那里继承来了说漂亮话的学问。

假若上帝要昭示真理,就请把反对他的人派去作代表吧!

伊斯坦布尔政府宣判监禁里达·陶菲格,无意识中给这位贝克以巨大荣誉;而那些流氓则因为拷打、侮辱他,不知不觉之中赠予了他一枚高级荣誉勋章。暗在的公正只要夺取一位大人物的肉体欢乐,一定会给之以精神上的荣誉补偿;只要剥夺一位自由人的生命,只定会为之打造用荣誉、功名穿成的项链。

*　　*　　*

真正的自由是孕育着高尚精神的一种情感,但只有在专制的阴影下和坐落在人类尸骨,头颅上的宝座面前,才会将之生下来。

自由是神灵点燃在强者心灵中的一柄神圣火炬,无论风暴多么狂烈,它依旧炽燃闪光,戏弄着周围的烟雾,嘲笑着压迫者的灰烬。

自由者也许会身陷囹圄,而自由则永远飘逸在广阔天空,永远面对太阳;自由者也许会身遭毒打,而自由却被永远由粗手污指紧握;自由者也许会丧命,而自由则伴随着生命大军走向永恒。

*　　*　　*

我真不明白,世界上竟有这样一群人,他想试图压制思想、扼杀原则,不知道心灵的巨大反抗力量会使之发展壮大,对低微兴致施加压力反倒能激发其成长。奇怪的是掌握奥斯曼帝国事务的人对历史留给我们的谚语故作不知,不懂得:真理是压不倒的;那些与社会原则、学说相对抗的人,无异于借油灭火。

随反抗而消逝的原则,其实并不是什么原则,只不过是伴夜梦而来,又随清晨苏醒而去的幻想罢了。在反抗者脚下被踩碎的学说空无真理,因为真理是一种永恒的精神,一会儿或更长些时间,便隐没在人们的目光下,但却不会消失;它会原离人类家庭,一代,两代,三代,但不久又会随着圣先知、大诗人、改革家的出现而显现在人类家庭面前;先知、诗人、改革家的出现不过是存在竖琴上的银弦,随着整个绝对思想的颤动而颤动,发出无比甜润的乐声,与天地共存,其中既没有天使,也没有魔鬼。

那位高喊“安拉至大”的先知什么也没有说,但让人们听到一则格言,星星、太阳和月亮不断地重复之,其声音每时每刻、每日每夜都回荡在大海深处、山谷沟壑。他没有创造新思想,但把自古以来隐藏在人们心中的声音送到了人们耳里。

那位说“美就是真理”的诗人,没说明暗蔽的东西,而是睁开双眼,看到了与大自然同在的原始真理。

由此可见,真理是一种实在的鲜活力量,自身便可当众宣布人们的喜与怒。那些从事昭示真理的人们,他们是上帝的无形手指弹拨下的乐器:人们可以对之进行击打,但真理不被打;人们可以对之进行监禁,但真理不被监禁;人们可以对之进行屠杀,但真理是杀不死的,而是沿着自己的道路前进,并且无情地嘲笑紧抓着它的两只脚的无力弱手。

假若里达·陶菲格贝克已被真理视作门生和追随者,那么,就让他以监牢的黑暗而自豪吧!因为那黑暗使他在苏格拉底与米拉布之间停留了二十五天。就让他为流氓痞棍们的粗糙手掌感到高兴吧!因为那手掌使他与阿里·赛阿维、米德哈特帕夏同杯共饮美酒。就让他与我一起高呼:“真理是狂烈风暴,而反抗者只不过是枯枝、危房”!

七、生命多么慷慨

生命多么慷慨,生命的赠礼多么华美!

大地何其大方,大地的手掌何其宽广!

可是,我是多么无力取拿、接纳!

面对生命的涌泉,我的水罐显得多么微小!

面对大地的宝库,我的提包显得何其狭窄!

但期我有一千只手,伸将过去,抓取满把,然后腾空,再次抓满把,替代那只隐藏在衣褶里巍巍颤抖的手!

但期我有一千只手,在生命和大地面前伸展开来,替代这只抓着一把岸沙的害羞的手!

但期我有一千只杯子,日夜为我将之酌满甘露,将我痛饮,甘渴不解;我求日夜一再酌满,痛饮不止,依旧干渴不解!

但期我有一千只杯子,取代那只充满个人主义的饮料;正是那杯东西,我仅仅呷了一口,醉眠了整个一个月!

但期我的饥饿盖过一千名饥饿者,出席春夏秋冬四季设下的一千次宴会,贪婪地吞食种种美味,然而我仍然饥饿难忍!

但期我有一千副饥饿的五脏六腑,取代我这副刚刚出生就填饱了的脏腑!

但期我有一千只耳朵,倾听这醒着的夜莺和鸥鸟为我唱的歌;但期我用被监牢寂静奴役千年的喧哗回甜美乐声!

但期我有一千只耳朵,替代这只永远聆听海浪和风波轮流吟唱的挽歌的耳朵!

但期我有一千只眼睛,观看存在展示给我的奇妙景物;但期我总是向往眼见不到的存在的秘密!

但期我有一千只眼睛,取代仅能看见闪烁在远处地平线上被狂风压倒的微弱亮光的一只眼睛!

但期我有一千个体躯,穿上一千个清晨和一千个夜晚赠予我的一千袭锦袍;但期我在那之后羞于赤身裸体站在夜色和清早面前求乞!

但期我有一千个体躯，取代因恐惧而穿起用雾霭织成的外衣的那个躯体！

生命多么慷慨，大地何其大方！

可是，我是多么无力取拿、接纳！

面对着每日每时的馈赠，我是如此视而不见！

我是多么迷恋这个有限的小小自我！

它只是一个分子，却把自己看成无边无底的大世界！

这是颗果核，只顾自己的硬壳，忽视了目的完美！

这是颗柔嫩的幼苗，春天将之从沉睡中唤醒，夏天将之举起，放在自己的双肩上；但它却认为苏醒是自己的一种特质，高高在上是它的一种品性！

这是沐浴在光明中的一株甘蔗；但它认为自己落在地上的那个影子是它的一种标志！

难道我被有限的小事所吸引，因而忽略了大事？

难道我成了自私自利、自满自足两种黑暗的人质？

众人们，莫非你们当中没有那样的人：生命队列走过他的面前，他根本不抬眼看一看人们所取得的功业，而是仍然低着头用手指戏动石头子做的念珠？

莫非你们当中没有那样的人：他喝了一口水，既忘了制造杯子的人，也忘了泉源和河流？

莫非你们当中没有那样的人：他吃了一口饭，便看不起做饭的厨师，更不把生产粮食的田园放在眼里？

莫非你们当中没有那样的人：他穿了一件柔软光滑的外衣，便以为那是他的皮肤显现了奇迹，而全人类穿的不过是粗纤维？

莫非你们当中没有那样的人：他枕着一种柔软的床单，起初还感到舒适，顷刻间整个世界便开始在荆棘、芒刺上打起滚来了？

难道唯独我成了官司、自大两种监牢里的俘虏？

莫非你们当中没有那样的人：他点着一支蜡烛，便嘲笑起星星来？

莫非你们当中没有那样的人：他只说了一句戒斋的话，便免掉了永久的赞词？

莫非你们当中没有那样的人:他写了一段文字,便自以为那是一切规章制度的精华!

莫非你们当中没有那样的人:他仅仅叹了口气,就敢嘲讽风暴和火山?

莫非你们当中没有那样的人:他仅走了一步路,便以为到了木星?

莫非你们当中没有那样的人:他仅跳过了一条小溪,便以为自己正在银河上空盘旋?

难道唯独我生来就是否认、遗忘两种恍惚状态的奴隶?

众人们,莫非你们当中没有那样的人:当一个女子爱上他时,他却无视她的情感,而是对镜欣赏自己的美貌?

莫非你们当中没有那样的人:别人说了他一句好话,他便得意得像孔雀一样,惶恐、害羞的站姿完全消失?

莫非你们当中没有那样的人:人们把一种功绩归于他,他却以为自己是所有功绩的磁石?

不,并非我自己是自私自利、自满自足两种黑暗的人质;

不,并非我自己是官司、自大两种监牢的俘虏;

不,并非我自己是否认、遗忘两种恍惚状态的奴隶!

并非我自己,我们的本质是一样的:我和你们的骨头里有同一种钙质;我们和你们的血管里流着同一种血液。

我那躲藏到山洞里的思想与你们那避开上帝天空的灵魂何其相似!

但是,生命是慷慨的;若非其慷慨,她不会把我们当作她的儿女!

但是,大地是大方的;若非其大方,她也不会让我们走在太阳面前!

八、艾卜·阿拉·迈阿里[1](上)

艾卜·阿拉·迈阿里时代已过去一千年,然而艾卜·阿拉仍然伴着人类思想的生活而活着,依旧随着绝对精神的存在而存在着。

艾卜·阿拉·迈阿里被遮在一千层面纱之后,本无需手握尺度、量器者的赞扬与尊崇。我们无论怎样行事,在他摆脱了生活的虐待和肉体的昏暗十个世纪之后,我们也无法给他以荣誉。不过,我们却能够把他的大名作为净化我们灵魂的中介,把他的高尚品格当作提高我们道德的学府,用他那不朽灵魂建造我们的精神殿堂。当我们为他庆贺节日时,我们会像一群饥饿的孩子,围坐在美食佳酿的餐桌四周。当我们因想起他而受到鼓舞因吭高歌时,我们会像夜间受惊吓的人们一样,立即起身握住宝剑和长矛——东方能找到比艾卜·阿拉的名字更锋利的宝剑,或比他的存在更坚韧的长矛吗?在叙利亚出现过比艾卜·迈阿里的思想更聪慧的思想吗?迈阿里的灵魂叛逆之前,在伊斯兰教或基督教中出现过叛逆历代幻梦和传统的灵魂吗?

无论我们的声音多高,也无法传到迈阿里灵魂居住的世界,而迈阿里那可怕感人声音,却可以穿越十个世纪,像洪流的咆哮一样传入我的耳中。那是一种巨大而柔和、柔和而可怕的声音,带着种种希冀高飞到绝对幻想的剧场,又带着愿望种种降落到纯粹现实的舞台。那声音里包涵着大海波涛的喧啸、狂风的怒吼和夜莺的鸣唱,那是盲诗人的声音。那是痛苦的叛逆者的呻吟。那是坚忍不拔者的声音。那是思想王国国王的声音。那是一个自立的叙利亚人的声音;即使阿拉伯半岛被海水淹没,死神从大地上唤走最后一个阿拉伯人,那声音也会随世代而回荡不息。

---

① 艾卜·阿拉·迈阿里(973－1058),阿拉伯古代思想家、诗人。生于迈阿拉·努阿曼镇(位于今叙利亚的霍姆斯与阿勒颇之间),四岁失明。著有《燧火》、《鲁祖米亚特》、《宽恕书》、《天使》等,总数达七十部之多。他在历史上具有重大影响。

*　　　*　　　*

这就是艾卜·阿拉·迈阿里。

天命把迈阿里赐予我们,并使他的辉煌成了留给我们的遗产,正需要有一个能使我们引以自豪者的我们,应该开发用这种辉煌,并且教育后来人如何利用、开发它。我们应该对我们的子孙后代尽初步的义务,即在我们为他们建造的房舍里,为艾卜·阿拉·迈阿里竖立一座巨大塑像,供我们的子孙瞻仰、遮荫、朝拜,以便日后与那些以莎士比亚、但丁弥尔顿和琼斯而自豪者的子孙相遇时,他们也一样为自己的先人感到豪迈。

叙利亚人哪,因此,我要求你们和我一道分享执行这一计划的光荣。我要求你们每一个人,无论男女,我要求工人、文人、商人和记者,要求每一个自爱自重的人,帮助我偿还这笔生命给我们带来的不得不偿还的债务。

假若你们当中有人不能出钱帮助我,那就请用心和爱进行帮助。但是,倘使你们当中有这样的人:日月既没有赐予他餬口之资,生活也没有给他一颗心,安拉亦没有赐予他以激情,那么,我要对他说:“你不是叙利亚人!叙利亚不需要像你这样的人!”①

九、艾卜·阿拉·迈阿里(下)

他是明眼人当中的盲人,又是盲人中的明眼人。这种状况将他领入孤独寂寞、惶恐不安、悲伤痛苦、多疑叛逆的境地。

他用自己的智力之目观看生活:他看到迷信、神话,便将之想像为宗教;他看到死亡,便将之猜想为消失;他凝视天空,便将之想像为天主。于是,他站在自己思想的幻影之间,开始渎骂那一代人的

① 《西方明镜》中的《才智的一项奖》一文向我们谈过这样问题,阿拉于一千年之前在迈阿拉·努阿曼竖立起的那座灯塔照亮了东方,东方的儿女们不应忘记它,或佯装忘记它。纪伯伦今日的话语足以表明一位伟大爱国文学家的责任感。我们希望看到他的箴言所产生的影响,期待他关于竖立塑像的主张得到响应。

生活。因为他们像没有理性之物将自己交给惯性那样,向日夜的意愿投降了。

他是一位叛逆诗人,而不是哲学家。哲学家总是剥去存在的外部表征,看到的是绝对赤裸裸的本质;诗人看到的存在却是进行在铿锵韵律和意义夸张的田野上。迈阿里不曾创造绝对哲学,但却创造了绝对诗歌。

可是,哪个人又能创造绝对哲学呢?

哲学不正像衣服,总是随着时代更替,伴着好恶变化吗?

生活是一支永远前进的队伍,哲学家能够用创生的思想和新的学说使之停留一分钟,但却不能阻止它继续向着我们不知道的地方行进。

诗人则与生活一道前进,吟唱着诗句,仿佛已返老还童,昂首挺胸,无比豪迈。当他偏离生活道路时,生活便会笑话他;只要他沿着生活的脚印前进,生活便会把他带往它那更加神圣的殿堂,为他戴上桂冠。

生活已为艾卜·阿拉戴上桂冠,但生活却没有把他当作哲学家看待。

生活是叛逆的,甚至对叛逆者也是如此。

十、我爱我的国家

我爱我的国家,其爱有一千只眼睛在看,有一千只耳朵在听。

我爱我的国家,虽然她多病;我爱我的国民,虽然他们屡遭不幸。假若不是我的国家有病在身,我的国民神魂受损,我便不会信守誓言,也不会日夜将我的国家和国民挂在心间。

我爱我的国家,心明眼亮;爱若失明,会化为愚昧;爱中的愚昧既伤害爱者,也欺骗被爱者。

我爱我的国民,神清志醒;爱中的清醒,既不穿纱织之衣,亦不着用赞美所做之装。

我爱我的国家,多思多想;爱中的思与想,不会将被爱者思为瘦弱憔悴,也不会将被爱者的眼睑想成发黑。

我爱我的国家，我爱我的国民；但我的爱中没有什么迷恋之意，而是有一种朴素的甘甜的力量，且永不变化，不为自身乞求任何东西。

* * *

昨天，我参观了本城中的一座豪宅。当我进入厅里，挂在墙上的一帧女人肖像吸引住了我的目光；有人告诉我，那是女主人的肖像。我暗自心想：“那位画师多么善于欺骗，而买画的女主人又是何等愚蠢！”我之所以这样想，因为那女主人已是满脸皱褶，干枯而丑陋，而画中人的面孔却是丰满秀丽，线条匀称，没有一丝缺憾。我向女主人问起画师，女主人对之赞口不绝，竭力夸奖画师天赋才高。

走出那家门，我暗自说：“画师的手艺多像人们对自己祖国和国人的热爱之情啊！人们总是用尊贵线条和艳丽色彩勾画自己的国家，提到国人便是连声赞颂不止。”

我知道那位画师的艺术骗术竟得到了一万里亚尔的酬金。想一想，那些自欺且欺骗自己的国人和安拉的“爱国主义者们”又能得到什么呢！

* * *

热爱祖国是人的一种实在情感：如果政府拥抱这种情感，它会变成一种高尚美德；倘若政府仅仅用之作为佯装、炫耀，它便会变为一种丑恶行为，既伤人也伤害其国家。

让我们热爱我们的国家，知其屈辱与破碎！

让我们在光明中去爱国爱民，无论光明会揭示出多少缺点与不足！因为在黑暗中的人只能像鼹鼠一样，总是在永恒黑夜中挖洞。

十一、安德罗玛克[①]

昨天，几位朋友对我说："今晚和我们一道去看由一群女性和桃金娘式的美丽小姐表演的阿拉伯故事吧！"

"什么故事？"我问。

他们说：

"艾迪卜·伊斯哈格[②]的《安德罗玛克的故事》。"

我心想："多么离奇的时代呀！它能把许多人认为不能会聚在一起的彼此互不相关的事情集拢在同一时间、同一地点！"

这使我想到安德罗玛克，那是一个不幸的女子，她在特洛伊城的永恒悲剧中扮演了一个悲剧角色，从而给荷马以最佳思想启示和最美韵律，使他将这位女子作为忠贞爱情的象征载入史诗《伊利亚特》之中。

之后，我想起伟大拉辛[③]的《安德罗玛克》。我想起那位漂亮女人莱莎，她曾在弗朗西斯喜剧舞台上，为拉马丁[④]、维克多·雨果[⑤]、肖邦[⑥]和圣·巴福演出过此剧，致使那些艺术大家们忘记了自己的过去和现在，纷纷拜倒在莱莎的面前，简直就像印度教徒在首神面前顶礼膜拜。

随之，我又想起艾迪卜·伊斯哈格——那是一柄日夜炽燃的火

---

① 安德罗玛克，荷马史诗《伊利亚特》中的特洛伊城主将赫克托尔之妻。赫克托尔被阿凯亚人的将领阿基琉斯所杀。安德鲁玛拒绝与阿基琉斯之子皮罗斯成婚，因而成为夫妻之爱的最高典范。希腊悲剧作家欧里庇得斯、法国悲剧诗人拉辛均著有同名剧作。拉辛将之写成爱情与嫉妒烈火燃烧的悲剧。安德罗玛克被俘虏之后，为了求援她的儿子免于一死，不得不含羞忍辱，同意和敌人皮罗斯结婚，并准备婚礼完毕后立即自杀。

② 艾迪卜·伊斯哈格(1856－1885)，黎巴嫩文学家。生于大马士革，卒于贝鲁特。

③ 拉辛(1639－1699)法国悲剧诗人。

④ 拉马丁(1790－1869)法国诗人。

⑤ 维克多·雨果(1802－1885)法国作家。

⑥ 肖邦(1810－1849)波兰作曲家和钢琴家。

炬,尚未烧着周围的荆棘和枯树干便熄灭了。

我想到希腊的那块旧殖民地梅尔辛①。

之后,我想到叙利亚妇女——她们像民族一样诞生,像孩童一样生活,像叹息声一样消失。

我想到这些事情……当我收回思路时,暗自言道:"这个时代是多么离奇呀!一个梅尔辛女子在一个美国城市当着众人的面扮演了一个希腊女子的角色。那故事诞生在荷马的灵魂里,由拉辛将之表述,之后被艾迪卜·伊斯哈格所迷恋!"

我与朋友一起去看了那场演出,从头到尾,细心听过每句台词,注意到人物的一举一动。而且,我同时看到了两出戏,一出在舞台上,另一出在观众席中。那第一出是精神悲剧,晚九时开演,午夜落幕;那第二出则是实实在在悲剧,其实在巴比伦、尼尼微建城之前就开始上演了,一场场一幕幕随着战争和征服活动而进行,只会随着奥斯曼帝国的瓦解而结束。

那故事中没有半点荷马的威严和拉辛的雄辩。艾迪卜·伊斯哈格是一位社会政治作家,并不是小说家。他的这出悲剧的歌曲和音韵与十九世纪后半叶出现在埃及、叙利亚的话剧没有什么不同,当时的表现艺术只限于在校学生和部分音色好的人们之间。

戏剧场面中没有特洛伊人的痕迹,也没有希腊的回音。索福克罗斯②、欧里庇德斯③和埃斯库罗斯④用他们的诗作具体化了的永恒精神,就在那天夜里远离了那个游乐场,如同穆台奈比⑤、迈阿里的精神远离埃及现代诗人。

女演员们的表演十分忠实,然而忠实是一码事,而艺术则是另一码事。

怀有饥渴心灵的人们,请听我说:

---

① 梅尔辛,土耳其南部的一个海港城市。

② 索福克罗斯(约公元前 496 - 前 406)古希腊三大悲剧诗人之一。

③ 欧里庇得斯(约公元前 485 - 前 406)古希腊三大悲剧诗人之一。

④ 埃斯库罗斯(约公元前 525 - 前 456)古希腊三大悲剧诗人之一。恩格斯称之为"悲剧之父"。

⑤ 穆台奈比(915 - 965)阿拔斯王朝著名诗人。

女演员当中有位绝美人,名叫修杜拉·迪卡,扮演剧中女主角的就是她。

她的音色纯美,是我在阿拉伯舞台上所不曾听赏过的,即使在我的生平中,也不过仅仅听到过有数几次,虽然我在生平的大部分时间里留心聆听男女演员和歌手们的声音。

奇怪的是迪卡并非演员,也不是歌手。征服我的叙利亚情怀的强大因素,并不是那种通过学习和实践成长起来的人造因素,也不是艺术家用来连接他们和听众心灵的那种因素,而是一种更深刻、更奇异、更朴素的一种东西。

在修杜拉女士的喉中有心灵的伤口。当她说话或唱歌时,那伤口便会张开,从中流出她的民族和祖国的鲜血。那天夜里,仿佛神已经把她化为东方诸国的可以感触到的典型;其时的东方诸国已像特洛伊城一样被征服,像希克尤巴一样痛苦,像安德罗玛克一样烦恼。

修杜拉·迪卡用"伊斯法罕"①曲唱了三支歌。这个曲子像"纳哈万德"②曲一样,能使听者想起过去的一切,能向听者描绘出那些远离祖国的人们的形容和失去情侣的恋人们的影象。

在这三种情况下,修杜拉提高声调,那声音酷似夜深人静时山谷间溪流的哭号。旋即,她又压低声音,于是变成了温柔、细腻的呻吟。

那声音搀杂着泪水,那声音被叹息所拥抱,那声音不时为痛苦所打断——那是失子母亲的声音,她坐下来,情不自禁地哭泣不止。那是贫困、悲伤中的叙利亚的声音。那是一切被压迫的人面对太阳所发出的呼声。

夜下,我站在巴勒贝克废墟之间时,听到过这种声音;我坐在耶

---

① "伊斯法罕",纪伯伦在他的《音乐短章》中说:"'伊斯法罕'是一种曲调,其回声是搀杂着死亡与悲哀的苦涩,是泪水混含着忠诚的恬静","是希望断绝之人的呻吟"。

② "纳哈万德",纪伯伦在他的《音乐短章》中写道:"'纳哈万德'是发自忧伤灵魂深处的一种声音;是被抛弃的人,在他被疏远折磨得精疲力竭之前,乞求怜悯他的最后一息所形成的一种曲调。"

路撒冷断壁残垣前时，听到过这种声音；在贝鲁特港的法国轮船甲板上，黎巴嫩人含情脉脉地注视着他们的大山，泪眼模糊地同大山告别时，我听到过这种声音；我在孤独、寂寞时，听到过这种声音。

朋友们告诉我，迪卡女士是特里波黎人；众所周知，特里波黎的基督教徒俘虏原本都是希腊人。难道这位女子血管里仍然流着古希腊人的血？莫非一有机会，她便想起古希腊人，哭诉他们的功名？

阿拉伯人说："有其父必有其子。"人本是其所继承之子。我认为我们继承的大部禀性和爱好隐藏在我们本质的深处；只有适于表白之日来临时，我们才能晓知它的存在。难道血液里没有记忆力能把先辈的业绩保存下来，以便将之宣扬给下代人？

这位女艺术家还会回来，让我们再次听她那发自灵魂的歌声吗？莫非过去的星期六夜晚，是我们最后一次认识她？难道这是修杜拉·迪卡的才华就像许多叙利亚女子的才华一样最后一次落下帷幕？她们原本心怀炽燃的火炬来到这个世界上，之后由于粗心熄灭了火炬，继之与那沉睡的人躺在一起，既未在岸沙上留下她们的脚印，也没有在山谷里留下她们的回声？

国家借国民的外貌而显示生机；安拉将艺术外貌作为国家生命的一部分，如果实之于果树。可是，春天还没有过去，我们的社会传统将庄稼连根拔掉了，那么，它的花儿怎还会转为成熟的果实呢？

十二、掘墓人与烧香人

叙利亚人啊，来呀，让我们为我们的心神建造一尊象牙镶金像吧！因为我们的心神在太阳面前建立了许多功业。

来呀，让我们在我们的灵魂面前顶礼膜拜！因为我们的灵魂所到之处已经到了神王宝座。

起来，让我们赞扬我们亲手建立的功业吧！因为我们的功业已经照亮了存在的天良，从贫困走上富裕。

小伙子们，打起铃鼓！壮年人，吹起芦笛！老年人，抬起头来！时间正是欢呼、赞颂之时；地点正是敬重、款待之地。黎巴嫩儿女们，请你们聚集在我的周围，让我们引吭高唱胜利、凯旋之歌！因为上天已把自己的光明撒给自己的臣民。

你呢,耶路撒冷之女,就让你的歌像春天的苏醒,让你的婀娜身姿似风拂杨柳。

啊,当叙利亚人为自己的功业感到自豪时,他们是多么庄重,多么漂亮!

啊,当叙利亚人回忆他们的祖先腓尼基人、迦勒底人和阿拉伯人的历史时,他们是多么善感,多么温柔!

啊,当叙利亚人把木星当作他们的父亲,把阿施塔特①视为他们的母亲,把伯勒阿②看作他们的叔父,将泰姆兹③看作他们的舅舅。

啊,啊,啊!

假若我的气长,我定会让世界充满一千零一个啊!

朋友们,你们何不告诉我,在最近的一千年里,叙利亚人民做了些什么呢?你们千万不要提及那少数离开了叙利亚,并在异国他乡取得了某种成功的人,因为我背熟了他们的名字,并把他们的业绩记在了我自己的小本子上,不需要人再来向我重提他们。我只请你们告诉我,在近来的一千年里,作为一个国家的人民,叙利亚人做了些什么?

如果提及社会活动,请问,叙利亚人进行过什么社会活动吗?他们创造有益于他们的知识,或使他们得到启迪的艺术,或使他们富裕起来的工业吗?

他们反抗过至尽仍然吮吸他们的血,使他们泣哭落泪的统治者和压迫这吗?

他们当中出现过一位意志坚强、志向高远、能带领他们走向自由光荣或牺牲光荣之路的人吗?

叙利亚人用自己的钱建立过一个学校吗?

假若没有美国人、法国人、俄国人、意大利人和德国人建立的学

---

① 阿施塔特,古代近东地区所崇拜的女神,司爱情和战争。

② 伯勒阿,腓尼基人所崇拜的太阳神。

③ 泰姆兹,巴比伦人所崇拜的丰收神,即腓尼基人的美神艾杜尼斯。

院,我们的青年人今天的情况又会怎样呢?

难道你们忘记了英国人建造堆卜亚[①]水库之前,贝鲁特人所饮的井水?

难道你们忘记了法国人修铁路之前,连接贝鲁特和大马士革的那条路?

难道你们忘记了二十年前欧洲人像看商业那样看你们之时,你们国家海港是什么样子?

难道你们忘记了德国人到来之前,巴勒贝克城堡还是牲口食草的牧场?

难道你们忘记了鲁斯图姆帕夏[②]在雪松林的四周建造的围墙,其费用是由维多利亚女王支付的吗?

是啊,朋友们!假若没有英国女王的关心,被黎巴嫩人作为自己的国徽和永恒标志的雪松林,早就像黎巴嫩的其他森林一样,几乎近于消失绝迹了。

你们会说这是不值一提的小事——也许真理在他们一边——那么,就让我们提一提大事吧!

难道你们忘记了1860年[③]?假若没有布福尔将军的干预和美国牧师们的关心,我们的命运将会如何呢?那一年会带来什么结果呢?假如你们忘记了,就请问一问福阿德帕夏和鲍里斯大主教那盘旋在黎巴嫩和伊斯坦布尔上空的在天之灵吧!

叙利亚人,作为集体,我们应该以什么为自豪呢?生活在阿拉伯半岛上的阿拉伯人,他们以把也门变成了敌人的坟墓而感到自豪,你们以什么感到自豪呢?

希腊人、保加利亚人、塞尔维亚人和阿尔巴尼亚人一直在奋力反抗土耳其人,以期挣脱土耳其人的桎梏,而你们有什么可值得自

---

① 堆卜亚,黎巴嫩一农村,位于凯勒卜河附近,供贝鲁特城的水库就在此处。

② 鲁斯图姆帕夏,生于佛罗伦萨,1873－1883年任黎巴嫩行省省长。1887年在贝鲁特附近建造“帕夏桥”。

③ 1860年,叙利亚发生伊斯兰教与基督教徒之间剧烈冲突,各国授权法国派遣远征军前往干涉,并“恢复秩序”。

豪的呢?

你们只译过欧洲人的一些书,还有几部旧诗集,其诗意超不出颂扬、悼亡范围,除此之外,你们还会以觉醒感到自豪吗?

每当土耳其人给你们当中的某个人挂上勋章,便变成土耳其人时,你们还为你们的爱国主义感到自豪吗?

大马士革木匠被饿死,织匠离开祖国,而百万富翁穿起法国衣饰,用着英国的餐具,睡着意大利产的床单,坐在奥地利产的椅子上……这时候,你们还会以追求民族工业感到自豪吗?

你们还为黎巴嫩空气清新、水质甘甜而自豪吗?空气并不是你们的气息,神也没有把你们涎水的甘甜掺入水中。假若你们有能力,也早就把空给位污染了,把水给毒化了。你们祖辈的遗迹上已蒙满灰尘;其中出土的一部分,也都到了欧美的博物馆里;我们当中若有人想研究它,应该去访问巴黎、伦敦、柏林、彼得堡、维也纳、罗马和纽约。

你为西方大人物对你们的评论感到自豪吗?但愿我能知道你们还是忘记了里南、迪·鲁斯萨勒、亨特、毕舜和基布博士等生活在你们中间的美国教授们所发表的文章!你们因那些西方人的话而作出牺牲,不正好证明你们事事、时时依靠西方人吗?

我像你们一样,为那些人的天赋而感到自豪。但是,你们面对这些人物又做了些什么呢?

他们当中有谁能留在自己出生的土地上,生活在亲人和朋友中间呢?

他们为什么离开叙利亚,到埃及、法国、英国、巴西和美国去谋生呢?

为什么他们当中最优秀的人因失望所致,表现出灵魂中对非他们母语上午爱恋倾向?

自豪的人们哪,请你们告诉我吧!在叙利亚,人们只有头脑里充满醉意之时,才想到音乐;只有在举行婚礼时,才请歌手来;只有西方报刊提到美术雕塑时,才想到雕塑家和画家。在这种环境里,富人能够生活在叙利亚吗?

莫非你们羞于提及那些天才人物?你们当中最伟大的先知被

钉死在十字架上；你们中间出现的最后一位诗人孤独而死。难道提及君迪①、哈逊②、迈拉什③和哈达德④时，你们仍然保持沉默，不感到害羞吗？

这些人不是仍然活在你们的面前吗？你们用什么表示歉意呢？

难道你们会歉意地说："艺术是奢侈品，而我们所需要的是生活必需品"吗？

难道你们的富翁乘坐的香车、女人的法式首饰洋装、家中的欧式华丽地毯等，都是生活必需品？

难道法国葡萄酒比自产的葡萄酒更适合、更有利于你们的胃？难道钢琴——我们当中很少有人善弹它——的音色比阿勒颇竖琴、特黎波里芦笛、大马士革四弦琴的音色给你的心灵带来的震撼更强烈？究竟是哪位魔术师把糖粉丝变得比腊肠更加香甜可口？

对一个作家来说，把自己的笔蘸上油和蜜，用来写自己的民族和祖国，那是一件轻而易举的事情。一个人口袋里装满珠宝，站在那里奢谈人民的恩德、祖国的壮美，那也是求之不得的好事。我是一头黑羝羊，我站在众多民族前，不止用一种语言那样干过。

但是，对于一个作家来说，把自己的笔蘸上自己的心中之血，用来写自己的同胞兄妹，那才是最难最难的事情。

对于一个人来说，人民已把情感和倾向植于他的心中和灵魂里，当他谈及人民时，要他把他的情感和倾向放在一边，那也是最难最难的事情。

叙利亚人哪，你们当中有谁知道，仅仅"叙利亚"这个单词，就足以令泪水取代我的微笑，将我的欢乐之歌化为无穷思恋！

---

① 君迪，即艾敏·君迪（1756－1849），叙利亚诗人，生于霍姆斯。有《诗集》传世。

② 哈逊，即里兹格拉·哈逊（1825－1880），叙利亚阿勒颇文学家。1800 年在伊斯坦布尔创刊阿拉伯第一份报纸《形势明镜》。

③ 迈拉什，即弗朗西斯·迈拉什（1835－1874），阿勒颇文学家。复兴文学家之一。有《真理之林》等作品传世。

④ 哈达德，即胡里·优素福·哈达德（1865－1949），黎巴嫩文学家。曾事教学，他的学生有纪伯伦、马龙·阿布德。

你们当中有谁知道，我宁愿我的国土上长满荆棘，而不希望那里满植生长在巴黎、伦敦、纽约公园里的玫瑰花和晚香玉。我宁要黎巴嫩山谷里的山洞，而不要香榭丽舍大街和第五号街两旁的宫殿。我是一头黑色羝羊，每当看到愁云密布的叙利亚的美丽面容，或听到充满心灵诉苦和思恋的黎巴嫩歌声，我就像秋天的黄叶瑟瑟发抖。

你们当中有谁知道，我的无形存在中的最深刻的感触体现在这样一句话上："我的国家无罪，但有过失。"然而我发现，神经质产生的情感蒙住了我们中间的文学家和思想家的眼睛，挡住了我们上升和前进的去路。

也许在棺材前焚香者的工作比掘墓人的职业显得更文雅高尚，但你们千万不要忘记，肩上扛着铁锹的人比口袋里装满香的人更有益于人们。

十三、掘墓人与活着的人

我不要求我的老朋友帮助我掘墓，因为我不想让任何人做力不能及的事情。

我知道他们的心灵拒绝扛铁锹，他们那灵敏的鼻子讨厌腐尸散发出的臭味。

此外，掘墓的活儿并非轻而易举；许多人想干好，但却未能取得成功。

我不要求把死人制成香尸，随后又将之放在庭院里，让人们哀悼追念。我的老朋友们都清楚地知道，我只往土里埋葬腐尸。至于活着的人，无论是强者还是弱者，我都要让他们栖息在我的灵魂里，让他们食我的心，饮我的血。

现在，让我们话归正题。

我的朋友问："在叙利亚人当中，有适于生长、值得投资的种子吗？有何办法促其成长？"

我的回答是：肯定有！一千零一个肯定。在叙利亚人当中有数位适于生长、值得投资的活种子。

世界各国人民中都有活的种子。假若在弱小的民族里没有适宜的种子,那么,适者生存的规律必带着隐蔽的因素与之拼搏,直至其灭亡消失。

叙利亚人当中存在着活的种子,其最有力的证明是,经过五千年的被压迫和被奴役之后,至今仍然面对太阳站立着。

但是,存放在旧谷仓里的某些活的种子,并不证明没有许多生了虫的种子存在;被虫蛀过的种子,也就只配投入火中烧掉了。

因此,我要对叙利亚人说——只要我活在这地球上,我总对他们说——"喂,我的兄弟,打开你的心扉,从那许多被虫蛀的种子里,拯救那极少的好种子吧!假如你在这一代里不去行动,到下一代也得行动。因为能蛀许多种子的虫,也将把少量好种子蛀掉。"

那些活种子的天性至今只显示在因痛苦不堪而离开叙利亚人的少数人身上;或许显示在一伙人身上,其外表颇有些像扒窗童子的喘息。

至于如何使那些种子发育,那则是单个人不能解决的难题。因这个难题的解决与被你看作像眼睛和耳朵一样的改革组成的那伙人的决心与向往密切相关。你不要依靠那些改革家的意愿,因为在他们看来,人家都会跟随着他们,必定按照他们的意见行事。

忠诚的改革家只能按照他的人民的意志服务于他的人民,这正如医生,只能按照病人的意志为病人施治。

既然要我发表解决这个难题的意见,我就用两个人对话的方式来表达:其一名叫"栽义德",其二名叫"奥贝德"。

栽义德:喂,奥贝德先生,你相信叙利亚人当中有活的分子存在吗?

奥贝德:是的,我相信叙利亚人的精神存在中有可以升华的活分子存在,尽管到现在我在他们的集体中没有看到其现象,但却在个别人身上看到了。

栽义德:难道存在于个别人身上的活分子不是好兆头吗?

奥贝德:是的。但你不要忘记,出现在个别叙利亚人身上的好兆头,既于他们个别人无益,也无益于他们集体的状态。

栽义德:我们怎样才能把叙利亚人作为集体给他们带来状况的改善呢?

奥贝德:在我看来,政治上的统一会带来社会联系,而社会联系则是每一个民族美德之母。

栽义德:我们当中的改革家们能够实现叙利亚政治统一吗?

奥贝德:不可能。原因在于成分各异,信仰、原则和目的各不相同。

栽义德:那么,什么事情才能带来叙利亚人的政治统一呢?

奥贝德:有一个办法,那就是让叙利亚人变成一个强大的公正的国家,一心追求国家福利和国民进步,使叙利亚在自己的治理下,直到叙利亚人学到通过媒介能学到的东西。

栽义德:这话意思是,你想让叙利亚走埃及的路子?

奥贝德:正是。埃及现在得到的好处,只有少数埃及人知道它的价值。假若英国在占领埃及的同一天也占领了叙利亚,那么,我们今天也会过着令人嫉妒的安逸生活。

栽义德:英国在埃及创造了埃及人应该享受到的东西了吗?

奥贝德:三十年前看到过埃及、今天又看到埃及的人,定会知道埃及在文学、知识、商业和农业上前进了很大的一步。关于埃及进步和成功的最好证明,便是叙利亚和黎巴嫩的优秀人才纷纷迁居那里。

栽义德:好的。不过,难道你不认为外国占领不会给叙利亚人带来他们以心灵中的全部思念与痛苦所期盼的自由吗?

奥贝德:依我之见,占领是实现叙利亚人自由和独立的唯一途径。

栽义德:怎么会呢?

奥贝德:叙利亚人迫切需要一位杰出导师,以便跟其学习治国艺术,如议会制度、政治经济、民族团结和社会交往。鉴于叙利亚人善于模仿和借鉴,只需要在欧洲国家的学校里学上三年,他们便可获得毕业文凭,使他们有资格和能力实行自治。栽义德:你是说叙利亚人能够摆脱掉占领他们国家的那个国家,并且对其说:“我们已经向你学到了我们想学的东西。现在,就请你让我们看看你的两个肩膀有多宽吧!"是这样吗?

奥贝德:我是说,叙利亚若在政治、管理和社会学校里学上三年时间,就会拥有一个由各种种族、各宗教的优秀儿女组成的国民议会。也就是说,叙利亚将变成像新西兰、加拿大那样独立自治的国家。我认为叙利亚最后成为一个正义、强大国家的一部分,而不要成为像黑山或塞尔维亚那样的弱小王国。此外,叙利亚的地理中心位置使之易于发生变化和无休止的政变,除非成为某一大国体躯上的一个肢体。

栽义德:如果叙利亚在政治上并入某一个外国,难道你不认为叙利亚人会丢却自己的品性和良好传统习惯吗?

奥贝德:恰恰相反。在近三十年里,阿拉伯语在埃及取得了巨大进步,那应该归功于外国占领,而埃及人丢失的只是他们品性和习惯中的门户之见,即宗教、学术等方面的偏见。在印度,文学、知识、艺术得到了极大发展和提高,出现了许多文学家、诗人、画家、学者、教育家和改革家,而且印度的公共财产,现在较历史上任何一个时期都丰富。

栽义德:照这么说,现在叙利亚的全部期盼就是成某一外国的殖民地啦?

奥贝德:我的意思,你还没有完全弄明白。我是要求叙利亚有一位杰出导师,让其教导、训练叙利亚,使之成为一个政治、社会上能够自治自立的国家。也就是说,我要的是为其余适于生长和投资的种子提供一片良好土壤。

栽义德:假设英国已经占领了叙利亚,难道你不认为它会把叙利亚并入埃及吗?

奥贝德:那也无妨。假若一个强大国家,像英国,若能够把叙利亚和整个阿拉伯半岛并入埃及,以便组成一个阿拉伯大国,首都设在大马士革或开罗,那将是近东历史上最伟大的事件。

栽义德:现在,你已经表达了促使叙利亚人本质中良好种子发芽的意见。既然如此,你为何不向我讲一讲外国导师到叙利亚来之前,你对叙利亚人有什么要求呢?

奥贝德: 我这就谈对叙利亚人的要求……第一,叙利亚人应该力戒夸耀古代光荣、伟大先辈和孕育他们的那片神圣土地;第二,叙利亚人应该清楚地知道,他们的传统、传说和习惯等精神存在,除了应该入坟墓,别无任何作用;第三,叙利亚人以后知道剩下的良种在土耳其犁耙翻耕的土地里是不能生长的;第四,叙利亚人应该清楚地知道,有的种子能在异乡土地上生长,并不证明那土地有什么特质,只能证明有使之能够生长的土地是存在的;第五,叙利亚人应该清楚地知道,直到现在,他们并没有得到被社会学家称之为政治生活的东西,而且只有在欧洲国家的协作下,才能获得那种生活。

这就是我对吾国吾民的要求和希望。如果我错了,就请你们说这是盲目之爱;如果我对了,就请你们说忠诚之奇。

十四、艾卜·努瓦斯

沙菲仪伊玛目说:"若非艾卜·努瓦斯荒淫,我定拜他为师。"

艾卜·努瓦斯是叛变巨人之一,又是一位思想英雄,也是一位空前的自由英雄。那些自由英雄们生在一个得不到人们应有评价的环境中,忍受着虐待,仍努力奋斗,争取将思想的火炬从专制与不义的桎梏下解救出来,并因之丧命;但是,他们自由的天赋本能之果并未消亡。

这个时代的一般群众都对艾卜·努瓦斯抱着敌对情绪,说他是个诙谐的小丑,关于他的笑话很多,说他的行为是荒谬的,部分人甚至给他起了个绰号,说他是"哈里发的小丑"。其实,艾卜·努瓦斯并不是像众人所理解的那种"小丑",他的全部生活也不仅限于与哈里发们对坐饮酒,而是一位伟大的诗人和自由的思想家。他在诗中放言在他之前人们所不敢谈及的自由词语与正确信念,完成了人与神均使之不朽的真正诗人的任务。他是伊斯兰时期第一个像巨人一样站在迷信队伍、微薄利益和宗教信条、宗教法律面前的英雄。他无情地刺向迷信、信条、教律,致使宗教极端分子和保守、顽固分子们惶恐失措,胆战心惊,不遗余力地给艾卜·努瓦斯这位伟大诗人起绰号,唤之为“荡子”、“叛徒”、“流氓痞棍”等。

艾卜·努瓦斯是诗歌思想运动的领袖。伊斯兰教忙于征服开拓和内部分裂之后,出现了思想僵死局面,由此而造成了跨时代诗人①和伊斯兰时期诗人精神上的衰弱;诗歌思想运动正是在思想僵死局面出现之后到来的。艾卜·努瓦斯的作用在于促进了阿拉伯的繁荣,使阿拉伯诗歌稍许挣脱了羁绊;促进了被教法信条置于铁模子中的思想自由的繁荣。于是,有一伙诗人团结在艾卜·努瓦斯周围,仿效艾卜·努瓦斯的模式作诗,被称为“古典时代后的诗人”。他们开创了阿拉伯文学的新阶段,冲破了传统法则和铁的禁律。他们是第一批避开蒙昧时期语汇的窒息状态,语言上荒谬规则桎梏与诗歌中的有限韵律的诗人。

艾卜·努瓦斯以热爱生活、向往一切美而著称。他是一位歌手,给人带来欢乐和光明。他的学派形成早于欧玛尔·海亚姆②数百年;实际上,海亚姆只不过是吸收了艾卜·努瓦斯的思想并效仿之而已;后者的诗歌仅仅限于一种。

艾卜·努瓦斯的诗像列位从天上降临人间的伟大诗人们的诗一样,均来自于天启。他们的灵感皆由成熟的智慧、庄重的学说、高明的描述、逗人的笑料、细腻的情感和精密的构思而来。假若艾卜·努瓦斯的全部诗歌保留到今天,我们定会发现其中有滔滔不绝的自由思想的呐喊声,奇特罕有,妙趣横生,无限珍贵。但是,宗教偏见的一场大火把亚历山大图书馆化为灰烬,不允许把这位诗人的

① 跨时代诗人,指生活在蒙昧时代和伊斯兰初期的诗人。伊斯兰教出现之前的时代称为蒙昧时代。

② 欧玛尔·海亚姆(1048-1122)阿拉伯诗人、数学家、天文学家。这位才气横溢的学者精通哲学、法学、历史学、数学、药学和天文学等,但留存至今的作品只有几本形而上学的小册子和一篇关于欧几里得的论文。

言论保留下来,尤其不准许显示他的宗教观点的诗歌传世。毫无疑问,那些说书人和传抄者们按照伊玛目们的指示毁灭了艾卜·努瓦斯的作品,就像后来处理哈拉吉①、迈阿里②和伊本·路西德③等伟大思想家们的著作一样。

艾卜·努瓦斯的传世作品只有一个诗集,而这个诗集仅收入了天才诗人的一半作品。评论家只要留心细看,便会发现其中的许多幽默、诙谐诗都是冒艾卜·努瓦斯之名的伪作赝品。我们不否认,艾卜·努瓦斯对于自由的畅谈,使他走入了幽默、诙谐境地。但是,之后的说书人和传述者把所有诙谐诗都收入了艾卜·努瓦斯的名下,无论诗的内容多么荒唐、低俗。

艾卜·努瓦斯死于一伙宗教偏见分子的手下。这是某些历史学家的说法。他之所以被杀,因为他在诗中公开大谈自由;他是为自由而牺牲的烈士,他是在大战役中倒下的阿拉伯思想斗士的先锋之一;那大战役的烈火自古以来在黑暗大军与光明骑士之间炽燃着。

十五、存在的良心

当一种灾难降临到某一民族头上时,人们心灵中的坚强懦弱、积极与消极、慷慨与吝啬就清清楚楚显示出来。

一场史无前例的巨大灾难,已经降临到叙利亚人头上。如今,他们站立在灾难面前,每个人脸上的表情足以显示其内心里的目

---

① 哈拉吉,(858 - 922)苏菲派大哲学家。生于波斯贝达区图尔镇,从小受到良好的宗教教育。因宣传神秘主义,树敌颇多。主张除真主本体外,世界上别无实存,世界只不过是幻象;认为真主借万象而与人对话,使人类的本体与真主的本体化为一体。

② 迈阿里(973 - 1058)阿拔斯王朝时期的著名盲诗人。著有七十部诗歌与散文。

③ 伊本·路西德(1126 - 1198)阿拉伯逍遥派哲学的集大成者。受家庭熏陶,自幼富于钻研精神,二十多岁便在法理学、医学、天文学和哲学方面崭露头角。他留传下来的作品,仅哲学和神学方面的就有一百一十八种之多。许多著作被译成希伯来文或拉丁文。

的、倾向与愿望。

假若我们当中没有人能够看出写在那些面孔上的东西，那么，他应该知道这些可见物的后面有一只眼睛，任何一个字母也闪不过它，它也不会忽视任何一个字母。

我相信上帝。凭上帝起誓，我的信仰有良心。每一种绝对东西把来自大自然、各民族和众人的一种泡沫保存在上帝那里。

假若我们当中有人因巨大灾难而使他变得更伟大，那么，他就该知道绝对存在的良心已把用无形桂树叶做的王冠戴在了他的头上。

假若我们当中有人因巨大灾难使他忘掉了自己，并以无限的他人主义代替了他的个人主义，那么，他就该知道存在的良心已在他的心四周画了个永久光环。

假若我们当中有人因巨大灾难而使他将自己用额头汗水换来的东西给予泪眼模糊的人，那么，他就该知道存在的良心在向他溢汗的额头和送礼的手祝福。

假若我们当中有人在死亡阴影的深谷里为他人打发日夜，那么，他就该知道存在良心将日夜带着他走在生命宝座面前的光明大道上。

假若我们当中有人因巨大灾难将心中的情感和灵魂里的感触倾倒在贫穷、困难铁蹄踩踏的胸膛上，那么，他就该知道存在的良心已用夜里的微风和清晨的露珠为他的胸膛织就了一件衬衫。

但是，倘使我们当中有这样的人：国家的灾难没有能够唤醒他的灵魂中沉睡的东西，民族的痛苦没能激起他心中的沉默因素，那么，他就应该知道他将在沉睡、沉默中度过终生。倘若他今天感到某种安全和放心，那么，他终有一天会后悔自己在虚构的安全和表面的放心之间失去的机会。

我曾细心研究、观察过，而且发现了一条客观规律，它使强与弱、富与贫、聪明与愚蠢之间的差别全然消失，使他们全部惊惧不安地面对着生与死。

假若我们当中有人想这样远避灾难和灾民，那么，他就应该知道这种暗在的公正——它是存在良心的一种，相当于手掌之于手腕——那将在灾难过后使他站在一边,取而代之的将是安拉的同情;他会变成自己民族的陌生人、异乡人、生活中的一切权利与义务的陌生人。

十六、纪伯伦的话

叙利亚兄弟,请听我说。我心里有话,想把它发送到你的心中。来呀,让我们交谈一分钟吧!就让我们的话毫无客套之词——没有客套的话益于相互了解——兄弟之间的相互了解是太阳光下最高尚的事情。

你像我一样知道,你的数以千计的同胞已被饿死。就在我说你听到的时刻,你的和我的数以千计的同胞正因饥饿而挣扎。

安拉有意,困难消隐,条条大道在我们面前展开,我们能够寄金钱和食品给他们。

我们能够把金钱和食品寄给我们的民众;然而你我热爱的民众成百上千,我们的金钱与食品却不能满足他们当中的一个人的需要。

叙利亚兄弟,我打内心深处感觉到你想伸出援助之手,但由于自然原因,你现在还没有行动。

那自然原因便是:你希望能够向灾民委员会寄发五百里亚尔,但实际上你只能寄发五里亚尔,因为你是一家之主,你的经济负担不准许你寄出更多的钱。你因害羞而没有寄发五里亚尔;因为在你看来,这钱实在是太少了,你不愿意让你的名字与这极少的钱联系在一起;因为你是慷慨民众中的一员,意欲馈赠更多的钱物。

这些原因使你无法伸出援助之手,但其中不乏证明你品德高尚、大志在胸的因素。

不过,兄弟,请听我说:假设你发现自己已站在一座起了火的房子前,那房子里有二十位你的亲人和朋友。如果你无法一下救出二十个人,难道你连一个人也不去救吗?

那是不会的。我发现你出于豪爽义务,当即纵身跳入火海,虽然你明明知道自己无法救出所有人。我发现你之所以那样做,完全是受到了男子汉气概和勇敢、热诚的启示。我们正面临着伟大祖国所遭受的灾难,理应相互合作,尽全力消除灾难。

我们的义务不是与那些死去的人一起死去,也不是与那些挨饿的人一道挨饿。我们的耳边响着这样的声音:如果你们有一百张饼,而你们不饿的话,就请给快饿死的人一张饼吧!

兄弟,你会说:"我不是富翁;那些富人们应该献出他们的钱财!"你不要用这样的话摆脱你的义务。在义务面前是不分一周挣十里亚尔的工人和一年赢利十万里亚尔的巨商的,而是会把二者叫住,说:"各尽其力吧!"穷汉的一分钱相当于富翁的一千第纳尔。不论礼品轻重,对受礼者来说,礼品就是一种吉祥如意。

义务并不要求穷人像中产阶级一样行事,也不要求中产阶级像富翁一样行事。同样道理,生活不要求雄鹰像鸵鸟一样鸣唱。

叙利亚兄弟,我以千百位心怀苦涩死去的人的名义,恳求你向灾民委员会捐助,要量力而行,而不要信意,而且不要忘记,大海是由滴水汇聚而成;对于大海来说,任何一滴水都有其不可忽视的价值和意义。

十七、上帝在暴风中

东方人天生喜欢生活的细腻外表,讨厌粗糙,就连事实在内;厌恶坚硬,哪怕是真理。因此,你会看到东方人触摸轻柔、言谈平稳、话语绵软、待人和气,虽然你会感觉到所有这些光滑、柔软的面纱后面不乏性格的粗鲁、思想的沙粒、原则和目的的生硬。

在上帝的每一块土地上,你都会发现社会批评家有着崇高的文学地位。至于在东方,批评则是一门不为人知的艺术。即使有一些人能够将醋与酒区分开来,但他们却不被人知,原因在于无论是文学批评还是社会批评,均发自思想的正直;而正直之中存在着冷酷无情;在怀着细柔美梦和晚香玉般的东方人看来,冷酷无情是可憎可恶的。

在东方,君王是上帝留在大地上的影子。在东方,长官是国家的宪法。在东方,主教是闪光的星辰。至于撰写支离破碎的贺词和悼词的愚笨反动家伙,那则是天生精力旺盛的诗人。

这并不意味着东方人的心灵深处不知道:君王就是屠夫;主教就是披着羊皮的狼;捧香炉者就是杀人犯。东方人和所有的人一样,与他们有同样的感受,熟知他们之所知。但是,温柔而有教养的东方人不能以正确的名字命名事物,因为那样会刺耳伤神。

东方人走到哪里都会捧着香炉,显得温柔和蔼。在美国,一种报纸只要有吸引力,能为人民服务,就能够出版发行!任何一个社团所演出的剧本,都是我的作品《麦克拜斯与哈姆雷特》的姊妹篇,而男女演员则是像鲁布斯、艾尔芬、沃库·克兰、拉什勒、鲁札和萨莱·白尔娜那样的演员。在晚上和剧场里唱歌的,则都是夜莺和鳦鸟!

这也不是说在美国的东方人不懂得的美与丑、高尚与低贱。不,因为阿拉伯报纸的大多数读者都能读英文报纸,都会在一个星期内去剧场和运动场,即使只有一次。总的来说,东方人的耳朵是敏感的,耳中有弦,只要有柔和细微的声音,便会颤动;即使是那种细微的声音也能使他们选择温和的谎言,抛弃严酷的真理,宁要天鹅式的伪善,也不喜欢生硬的真理和曲折的忠诚。

在美国的东方人当中,没有不会区别商业活动中的高尚人与低贱者的。但是,假若有人站起来,说:"出卖汗水并非高尚之事",假若你敢于说出类似的粗野话语,东方人便会捂住耳朵,然后相互窃窃私语:"这个人是何等粗俗!他的话多么野蛮!"

喂,我的兄弟,上帝用玫瑰水和的泥巴捏成了我们;我们的骨架是卡路伯①呼出的气构成的;我们躯体中的血管含着沙路伯②的叹息声;我们的皮肤是用茉莉花叶子剪裁成的;我们的灵魂,正如阿拉伯诗人所云:

阵阵微风,
伤了他的双颊;

---

① 卡路伯,基督教传说中的小天使。
② 沙路伯,基督教传说中的小天使。

丝绸光滑，
划破了他的指尖。

凭上帝起誓，我们是最细柔温和的人！但是，我们不知道怎样才能崇拜令火山爆发、与大海一起波涌，和暴风一道行进的上帝。暴风来临，摧毁的只有枯枝败叶！

十八、你们留在美国吧

你做何选择？你是留在工资待遇优厚，充分享受机会、幸福、美食和自由的独立国家美国呢，还是返回你的工厂凋零、债台高筑、工资微薄、食物缺乏、税种繁多的你那满目疮痍的国家呢？为了人道主义的福利，你们还是留在美国吧！

请你们站住——每一个男人或女子，都想返回祖国——且慢，好好思考一下你们的行动吧！人道主义决定你们现在要留在美国，从事你们力所能及的工作，以便帮助你们的古老祖国在美国得到必不可少的东西。

难道你们不知道祖国在呼喊你们帮助她，使饥者得食，令裸者着衣！因为美国是唯一没有被战争破坏的国家，而且有足够能力帮助你们的国家，防止废墟进一步增加。

因此，出于人道主义义务，美国应该竭尽全力帮助欧洲和所有遭受战争灾难的国家。既然你们是你们的祖国赖以依靠的美国力量的一部分，那么，你们的神圣义务便是留在美国，帮助美国来拯救你们的祖国。

究竟是什么因素促使你们去往你们出生的那块被战争破坏、为饥饿笼罩的土地呢？你们没有能力援助你们的祖国或朋友，反而会增加他们的困难，尤其是在此时此刻，你们离开一个繁荣、富强、一切具备的国家，去往一个废墟遍地、贫困、多病、没有任何工业、没有工作的国家，只会加重那里的灾难。

传言欧洲工作机会大有，你们千万不要受此诱惑。对于欧洲来说，不过几年，大有工作机会是不可能的。你们是在“和平时期”离开你们国家的；即使如此，你们也没有看到你们所向往的良好情况。

如今是一场大破坏过后,你们怎能设想碰上那样的好事呢?

无论考虑你们的个人利益,还是集体利益,你们都应该留在美国,把你们的资金投在美国,在美国为你们的心灵建立固定住宅,按照美国的爱国主义原则教育你们的孩子。你们要在这里创造财富,并将之寄回你们的祖国,以便扫除那里的贫困,帮助祖国重建繁荣。

十九、致叙利亚兄弟

叙利亚兄弟:

你是我的兄弟,因为你是叙利亚人,对着永恒世界说着一句话的国家,已对我低声说出另外一句话。

你是我的兄弟,因为孕育你的国家生下了我;孕育发自于你内心深处的第一声呐喊的宇宙,也孕育了由我的内心生下来的第一声呐喊。

你是我的兄弟,因为你是我的一面镜子。每当我看到你的面孔,我便看到了我自己的一切:我内心里的坚强与懦弱、协调与混乱,沉睡与苏醒。

你是我的兄弟,因为我每想到一件事,便看到那件事的各种因素在你的思想中波涌翻滚;我每想做一件事情,便看到你亦同谋共往;每当我拒绝某件事情,我发现你早已放弃之。

你是我的兄弟,你伴随着耶稣、摩西和穆罕默德。

你是我的兄弟,你经历过五千年的灾难。

你是我的兄弟,你戴着我们的父辈和祖辈拖拉着的桎梏。

你是我的兄弟,你戴着压在我们肩上的沉重枷锁。

你是我的兄弟,你为我们分担痛苦和眼泪;共遭灾难和痛苦的人们,定会同享荣光与欢乐。

你是我的兄弟,你与我们同站在我们过去的坟墓和我们未来的祭坛前。

*　　*　　*

叙利亚兄弟:

昨天,雾霭蒙着我的周身,我曾抱怨你,责备你。

今天,风神驱散了雾霭,我知道我是在责备、抱怨自己。昨天,我认定你身上有丑陋之处,今天却发现那丑陋之处在我的身上。你的禀赋有我讨厌的东西,我发现那些东西也都在我的品性之中。我试图从你的灵魂中连根拔掉的东西,我却发现它的根与我的灵魂紧紧相连。

生命带给我们过去的和现在的东西一模一样。

在所有转化为我们的不幸与幸运的事物中,我们也都是一样的。

我们彼此一模一样,区别只在于你面临灾难时沉着镇静,坚忍不拔,而我却大喊大叫,焦躁不安,面对灾难失望叫喊。

现在,我已经认识了你,也认识了我自己。假如我看到你身上有缺点,发现那缺点也在我的身上。

叙利亚兄弟:

你被钉在十字架,但却在我的胸膛上,穿透你两掌和双脚的钉子也穿透了我的心膜。

明天,当一个过路人经过髑髅地①时,他分辨不清哪是你的血滴,也分辨不清哪是我的血滴,而会边走边说:

“就在这里,一个人被钉在十字架上。”

二十、我爱极端主义者

编者按:在当代,我们不知道还有像纪伯伦·哈利勒·纪伯伦这样的能揭示灵魂斗争的诗歌、散文作家。纪伯伦在这篇文中表述了他对激进和极端分子的见解。毫无疑问,每一颗自由心灵都会与他同爱他所描述的那部分人。

我爱极端主义者。

我爱能够下到生活的低谷和登上生活高峰的人们。

我爱那些全身心倾向孤独、决不在两种相反事物之间停留的人们。

---

① 髑髅地,基督受极刑之地。

我爱充满坚定希望的心神，我爱天性不接受拼装、内核不容分裂的朴素灵魂。

我爱极端分子，他们热情奔放，强烈爱好的火炬炽烈燃烧；他们的心总在剧烈地跳动，屈从于自己的情感；他们避开原则的斗争而进入个人法规，脱离思想的混合而转入单纯的原始思想，那原始思想带着他们上升到云彩之上，又降到大海之底。

我考验过温和主义者们，用秤称过他们的目标，用尺量过他们到达的地方，发现他们是胆小鬼，害怕真理如同害怕国王，害怕虚妄如同害怕魔鬼。于是，他们求助于既无益又无害的中间法规保护，沿着明路走去，那条明路把他们引向既无向导，又不会迷途的荒芜沙漠，既远离幸福，又远离贫困。

生活是夏天，歌唱着它的炽热思恋；生活是冬令，夸耀着它的暴风的强劲。谁在调节、安排自己的生活时采取温和态度，使之不受夏日欢狂、冬令可怖的影响。那么，他的白昼便毫无光荣、绝美可谈，他的夜晚也便没有任何神奇与幻梦，他的心灵也就更接近于死人，而远离生者，简直就是行将入土的人，宁愿在阴曹地府安息，也不愿意生活、行走在阳光之下。

宗教信仰中的温和主义者，徘徊于害怕惩罚与期盼奖励之间；一旦行进在信徒队伍中，他便拄起拐杖；当跪下膜拜时，他的思想便站起来讥笑他。

世俗生活中的温和主义者，只能停留在他母亲生下他的地方；他不后退，免得人们将他的后退当作笑料；他也不前进，以免将人们引向大路或人迹常至之地；而是呆呆地注视着自己的影子，留心细听着自己心脏的跳动，屏着自己的呼吸。

爱情中的温和主义者，不饮爱情杯中的液浆，无论冷甜还是热苦，而是由痴呆用虚弱和恐怖沼泽中提取来的不冷不热的稀汁湿润自己的双唇。

抑恶扬善中的温和主义者，不与恶斗，不倡善事，仅仅满足于维护感情中流露出来的僵死情感，将毕生消耗在海岸边，就像贝壳，外表坚如石，内里似软胶，不知生命的涨潮何时结束，或者退潮何时开始。

追求高贵中的温和主义者，是达不到目的的，而在其外表壳上涂上一层闪光的油，只有微风吹过或光波扫来才会干燥。

追求自由中的温和主义者,将看不到自己留在丘陵、坡地上的脚印。运动就像生活,决不会为了让跛子和瘫子赶上而放慢脚步。

愿望中的温和主义者所向往的生命,要么长而单薄,或者短而厚重。不管他的想法如何,生命要么长而干枯,要么短而粗壮。假若他是一个极端主义者,那么,他定会让生命延长,而且充满工作和成果,健壮无比,紧紧拥抱着真理、爱情和自由。

* * *

我听到无能的温和主义者们说:“满足是取之不竭的宝库”,于是我打灵魂深处厌恶他们,远远离开了他们,并且说:“假若猴子和侏儒满足于他们的懦弱和平庸,怎会变成人和巨人呢?”我听猴子和侏儒们说“温和乃百德之首”,禁不住我的灵魂对他们感到恐惧,扭过脸去,背对着他们说:“他们只注视事情的中部,能知道事情的真实情况吗?难道事情没有首和尾吗?”

我听头脑糊涂的人们说:“一鸟在手胜于十鸟在树”,禁不住我的灵魂厌恶了他们,愤怒地说:“这些笨蛋们连半只鸟也不配得到,即使他们撒腿奋追十只鸟。难道追飞鸟不正是为生活而奋斗,不就是生活的目的和生活本身吗?”

我爱极端主义者。

我爱被温和主义者钉在十字架上的人。当那个人扭脖子,合上双眼之时,人们相互说:“我们已经摆脱了那个令人不安的极端主义者!”他们不知道那个人的灵魂那时已走去征服诸民族和历代人了。

我爱那个抛弃了父亲的王位和权杖的人。那个人用粗布取代了绸缎,用卑贱取代了尊荣,独身走默示与思恋的顶峰;与此同时,温和主义者们却讥笑他,惊异他那纤细的手指将存在中暗藏的和显露的集中在一起。

我爱痴迷不悟、视死如归、看破红尘的烈士们;除了终极目的,他们认为一切都不值一提;除了高尚目标,他们认为一切都微不足道。

我爱那些被烧死、遭石击刑、被绞死和死于利剑下的人,因为他们殉身于一种占据了他们头脑的思想,或者燃烧着他们心中的情感。

我爱极端主义者。我把酒杯举到唇边，只是为了尝他们的血和泪的味道；我隔窗望天，只是为了看他们的面容；我侧耳聆听风暴狂吼，只是为了听他们的歌喉和欢呼。

二十一、致美籍叙利亚青年

我相信你们，相信你们的命运。

我相信你们为这种新文明做出了贡献。

我相信你们从你们的父辈那里继承了旧梦、歌和语言，你们完全可以将之作为在美国的知恩的礼物豪迈地加以描述。

我相信你们能对这个伟大国家的奠基人说："看哪，我是一个青年，一棵从黎巴嫩丘陵连根拔起的树苗，但我的根深深扎在这里；我将成为一棵硕果累累的大树。"

我相信你们能对易卜拉罕姆说："当你说话时，拿撒勒的耶稣触摸你的嘴唇；当你写字时，耶稣会握住你的手；我将拥护你说的一切话和写的所有文章。"

我相信你们能对易姆逊、惠特曼和杰姆斯说："我的血管里流着诗人和贤哲的血。我愿意来你们这里取经，但决不两手空空而来。"

我相信你们的父辈为获得财富而来到这块土地之时，你们已经出生在这里，以便用智慧和劳作淘金。

我相信你们能够成为良好公民。

怎样做良好的公民呢？

假定在你们的权利之前，要继承他人的权利，但要经常意识到你们的权利。

你们要成为思想和工作的自由人，知道你们的自由受控于他人的权利。

你们要用你们的手创造美，还要满怀爱和信仰估价他人所创造的一切。

你们要用劳动换取财富，而且单单依靠劳动，尽力少花费自己的所得，以便在你们告别人世时，你们的孩子不依赖国家帮助。

你们要站在纽约、华盛顿、芝加哥和旧金山的高塔前，发自内心地说："我们是建设大马士革、朱伯勒、苏尔、赛达和安塔基亚人民的后代;如今,我们在这里正胸怀壮志,与你们一道进行建设。”

你们要为你们成为美国人而感到自豪,但也应该为你们的父母来自安拉惠手抚摩并派使者而至的土地感到自豪。

二十二、你们有你们的思想,我有我的思想

我们都是穷人,除了生命别无余财。我们都是求乞者,除了生命别无可献。

你们有你们的思想;你们的思想本是一株大树,根插传统土地,枝靠惯性生长。我有我的思想;我的思想原是一片乌云,飘移在天空,之后化作雨滴降下,汇成小溪流入大海,然后又化作雾升上云天。

你们有你们的思想;你们的思想本是一座坚固高塔,大风吹不动,狂飙摧不跨。我有我的思想;我的思想原是柔韧青草,随风四下摇摆,以摇摆寻欢取乐。

你们有你们的思想;你们的思想本是一种旧学说,不会发生变化。我有我的思想;我的思想原是一种新创造,我每早晚都在筛它,它也筛我。

* * *

你们有你们的思想,我有我的思想。

你们想让你们的强者打倒你们的弱者,让你们的足智多谋计算你们的天真无邪者。我则想用我的犁杖耕地,用我的镰刀收割,用石头和泥土建房,用毛或麻织衣。

你们想让体面与财富联姻,而我却想依靠自己。

你们想奋力追求声誉、美名,而我却想把声誉和美名当作两粒沙子抛在永恒海岸边。

你们想的是高楼大厦,家具用镶金嵌银的檀香木制作,华丽丝毯罩壁铺地,而我却只要洁净的灵魂和肌体,即使连一个头靠的地方也没有。

你们想做有头衔的职员,而我却只想做有用的公仆。

*　　　*　　　*

你们有你们的思想,我有我的思想。

你们有你们思想的社会、宗教海洋及其艺术、政治要求,我想的只是显而易见的朴素道理。

你们的思想说:“女人美而丑,娴淑而放荡,聪明而愚笨。”而我的思想却说:“每个女人是每个男人的母亲;每个女人都是每个男人的姊妹;每个女人都是每个男人的女儿。”

你们的思想说:“盗贼,罪犯,杀人犯,恶棍,逆子。”而我的思想却说:“盗贼是垄断者的走狗;罪犯是暴君的造物;杀人犯是被杀者的盟友;恶棍是暴徒的果实;逆子是酷厉的结果。”

你们的思想说:“法律,法院,法官,惩罚。”而我的思想却说:“假若有一部实用法律,我们都不服从,或都服从,倘使有一部基本法律,我们所有人在其面前一律平等。谁讨厌堕落的人,那么,他便是他们当中的一员。谁紧紧收起自己的衣角,以免让落入沼泽的人拉住,那么,他本人也是自处沼泽的人。对跌脚和过失不屑一顾且引以自豪者,无异于以对全人类不屑一顾。吹嘘自己没有罪过,无异于吹嘘生命自身没有过失。”

你们的思想说:“杰出者,发明家,教授,天才,才子,哲学家,伊玛目。”而我的思想却说:“深爱者,亲爱者,盟友,忠诚者,正直人,牺牲者,殉道人。”

你们的思想说:“拜火教,婆罗门教,佛教,基督教,伊斯兰教。”而我的思想却说:“宗教只有一个,尽管表现形式各不相同,而且永远是单一位,尽管道分数叉,就像几个指头。”

你们的思想说:“叛教徒,多神教徒,年老人,异乡人,不信神者。”而我的思想却说:“彷徨者,迷路者,弱者,盲者,智力和精神上的孤儿。”

你们的思想说:“富翁,穷人,赠礼人,求乞者。”而我的思想却说:“我们都是穷人,除了生命没有富人;我们都是求乞者,除了生命没有赠礼人。”

* * *

你们有你们的思想，我有我的思想。

你们的思想说："国家靠政务、政党、会议、报告和条约而立足。"而我的思想却说："国家必靠劳作而立足：劳作在田间、葡萄园，劳作在织机前和印染厂，劳作在采石场和森林，劳作在办公室和印刷厂。"

你们的思想认为人们以其征战英雄而感到豪迈，于是频频歌颂奈姆鲁德①、奈卜赫德②、拉美西斯③、亚历山大④、凯撒⑤、汉尼拔⑥、拿破仑⑦。而我的思想却只承认真正的英雄是孔子、老子⑧、柏拉图⑨、阿里·艾卜·塔里布⑩、埃扎利⑪、贾拉勒丁·鲁米⑫、哥伦布和巴斯德⑬。

你们的思想认为压倒的力量在于军团、大炮、装甲车、潜水艇、飞机和毒气。而我的思想却认为真正的力量在于真理；依靠臂力和机械取胜的人，他们最终将成为失败者。

---

① 奈姆鲁德，大地上的第一位暴君。

② 奈卜赫德，公元前605－前562年巴比伦国王。

③ 拉美西斯，古埃及法老。

④ 亚历山大，马其顿国王（公元前336－前323）。

⑤ 凯撒，（约公元前100－前44），古罗马统帅，政治家。

⑥ 汉尼拔（公元前247－前183/182）迦太基人，古代最伟大的军事统帅之一，一生与罗马共和国为敌。公元前195年他离开迦太基，投奔叙利亚安条吉三世。他受命指挥一支舰队，因缺乏海战经验而被击败。有人说他假道克里特岛，逃往俾提尼亚，因惧怕被引渡而服毒自杀。

⑦ 拿破仑（1769.8.15－1821.5.5）法国将军，法国第一执政和皇帝。

⑧ 老子，春秋末哲学家、到家创始人。相传姓李名耳，字伯阳，又称老聃，一说即太史儋，或老莱子。楚国苦县（今河南鹿邑东）厉乡曲仁里人。相传孔子曾经问礼于他。第一个提出"道"是世界的本原，"先天地生"，"可以为天下母"。现存《老子》一书是否为他所作，历来有争论。

⑨ 柏拉图，（公元前427－前347），古希腊哲学家。

⑩ 阿里·艾卜·塔里布（卒于661年）伊斯兰帝国第四位哈里发。

⑪ 埃扎利（卒于公元1111年）苏菲派哲学家。

⑫ 贾拉勒丁·鲁米（1207－1273），中世纪著名的伊斯兰神学家、诗人。

⑬ 巴斯德（1822－1895），法国化学家、微生物学家。

你们的思想能区分开实际与想像、苏菲派与物质主义。而我的思想却晓知生命有独一无二性，其所具有的重量、尺码和程序不同于你们的重量、尺码和程序。也许被你们认作是幻想者的人却是个实践家，而被你们视作唯物主义者的却是个空想家。

*　　*　　*

你们有你们的思想，我有我的思想。

你们有你们的思想；你们追随着你们的思想游荡在废墟、木乃伊和化石博物馆。我有我的思想；我看到的我的思想飘飞在雾霭与星云之间。

你们有你们的思想；你们赞美你们的思想端坐在骷髅制成的宝座上。我有我的思想；我看到我的思想徘徊在无名遥远山谷之中。

你们有你们的思想；你们吹笛赞颂你们的思想，起舞为你们的心灵而欢欣。我有我的思想；我的学说宁取临死的喉鸣，而不要你们的笛鸣，并且封锁你们的舞场。

你们有你们的思想；那是所有快乐温存、协调一致者的思想。我有我的思想；那是每一个失去故乡，在自己的国家里变成了异乡人，在自己的亲人和好友中成了孤独者的思想。

你们有你们的思想，我有我的思想。

二十三、你们有你们的语言，我有我的语言

你们有你们的语言，我有我的语言。

你们有你们所想的阿拉伯语，我有符合我的思想与情感的阿拉伯语。

你们有你们的词语及其排列顺序，我有词语示意，但不触摸，有排序向往但不接近的阿拉伯语。

你们的阿拉伯语中有僵冷的香尸，并将之当作一切；我的阿拉伯语中的躯体，其价值不在自身，而在于体内的灵魂。

你们的语言中有预定的康庄大道，我的语言中有变化无常的媒介，只有把隐藏在我心中的东西传达到众多心中时才依靠它。

你们的语言中有固定的语言和有限的干枯规律，我的语言里有乐声，我会把它的抑扬顿挫、高昂低谷溶入思想、爱好与美感之中。

你们有你们的语言字典、词典、词源，我有耳朵筛过、记忆力背诵下来的熟悉话语，专供人们欢乐、悲哀之时口头传唱。

你们有你们的语言，我有我的语言。

你们有你们的语言韵律、音步、韵脚及允许和不允许的填充；我有我的语言小溪，唱着歌流向海岸，根本不在意自己前进道路上的石头和重量，也不知道与自己同行的秋叶里的韵脚。

你们有你们的语言中的精力旺盛、博学多才、卓越非凡的诗人，并且有人为他们发表、编辑、注视作品；我的语言中有一种东西，惧怕羞涩地漫步在那些既未吟一行诗也没写一行散文的诗人们的心中。

你们有你们语言中的悼亡、颂扬、夸耀、祝贺诗作；我的语言不肯悼念死于子宫者，拒绝颂扬应该嘲弄的人，不屑祝贺同情的人，唾弃中伤可能避开的人，瞧不起夸耀之能事，因为在人类中没有什么值得夸耀之事，人只有能承认自己的软弱和愚昧。

*　　*　　*

你们有你们的语言，我有我的语言。

你们的语言中有《修辞学》、《词汇学》和《逻辑学》；我的语言中有被压迫者的目光、思念者眼中的泪珠、信士唇上的微笑和开朗宽容者的手势。

你们的语言中有西伯维①、乌苏德②、伊本·欧盖勒③及他们先后的心烦意乱的人所说的话；我的语言中有母亲对孩子、情郎对情侣和虔诚修道士者对夜下寂静所说的话。

你们的语言中有《善言家》，出语决不支离破碎；还有《雄辩家》，禁戒无拘无束。我的语言中有寂寞者的喃喃话语，句句见解明

---

① 西伯维（约？－796），语法学家。生于波斯设拉子附近的白依达，成长在巴士拉。

② 乌苏德（约？－600），蒙昧时期诗人。以艾阿沙·白尼·奈赫舍勒而知名。

③ 伊本·欧盖勒（1298－1367）埃及语法学家。

了;有痛苦者的呻吟,声声雄辩畅达;有受惊者的呼喊,句句声声简明达意。

你们的语言中有《坚固建筑》;我的语言中有成群的鴷鸟、夜莺,展翅翻飞田野牧场之间。

你们的语言中有《银质项链》;我的语言中有露珠、回声和风拂杨柳。

你们的语言中有《编织》、《天启》、《修饰》及这些杂艺后的种种虚构。我的语言中有话语,一旦说出,听者竖起耳朵欲听话外音;一经写出,便在读者面前展现出一个无限空间。

你们的语言有其过去,那里饱含昔日的光荣与豪迈;我的语言有其现在与将来及现在的准备和将来的自由与独立。

你们有你们的语言,我有我的语言。

你们的语言中有乐师,乐师拿起四弦琴,为你们弹奏了其手指选定的乐曲;我的语言中有吉他,我拿起它,奏出我的灵魂梦想和我的手指播送出的歌声。

你们当中的部分人将语言诉说给另一部分人,以求相互取乐、欣喜。我把我的语言贮藏在暴风中和海浪里:风有耳,其耳对我的语言的嫉妒胜过你们的耳朵;海有心,其心对我的语言的不在乎胜过你们的心。

你们理当收拾起你们的语言之夜所散落下来的碎片;我应该亲手撕碎每件破旧之物,把路旁阻碍前进的东西全部抛向山顶。

你们应该对你们断下来的病肢做防腐处理,将之保存在你们的智慧博物馆里;我则要把每一个瘫痪的肢体用火烧掉。

* * *

你们有你们的语言,我有我的语言。

你们的语言是瘫痪了的老太婆;我的语言沉浸在自己的青春梦想的海洋之中。

当你们的老太婆和我的少女揭开面纱时,你们的语言会变成什么?你们会把你们的语言贮藏在哪里?

我要说,你们的语言将化为乌有。

我要说,油干了的灯不会再亮多久。

我要说,生活不会走退步。

我要说,尸床之木不会开花结果。

我对你们说,被你们视作表白的东西,并不比被美化的不孕及被装饰的愚笨更高明。

我要说,你们灵魂中的下酣会使你们情不自愿地走向话语的沼泽。

我要说,你们心中的冷酷迫使你们服从你们口上的软弱,你们想像力的微小会把你们当作对嘴多舌的奴隶卖掉。

我要对你们说,只有你们的子孙作为法官和刽子手站起来时,这一代才会结束。

我要对你们说,诗人是使者,将一般灵魂所暗示的传达给个别灵魂;假若没有使命,也便没有诗人。

我要说,作家是忠诚的谈话人;假若没有正确、结合、固定的话语,也便没有作家。

我要对你们说,诗歌和散文是情感与思想,此外还是脆弱的线与断裂的丝。

东方已透出黎明曙光,现在你们还认为我在抱怨你们的语言,同时为我的语言辩护吗?凭使我变成你们眼和鼻中火与烟的主起誓,不是的。

生命不会在死神面前为自己辩解,其实它也不会在谎言那里解释自我,强大永不会站在虚弱面前。

你们有你们的语言,我有我的语言。

二十四、致叙利亚青年

叙利亚青年,你的自我可曾问过你:你是昨天之子,还是明天之子?

你可曾独自审视你的灵魂深处,求其回答你的问话,以便知道你的灵魂像俘虏一样,拖着沉重镣铐行进在昨日队列之中,还是像自由人一样,昂首阔步行进在未来的队伍里?

你究竟居住在你的父辈和祖辈为你建造的理想房舍里,还是在努力为你的子子孙孙建造房舍呢?

你是生活在记忆世界的那种人,还是生活在目标世界的那种人呢?

你的想像力是把你带到你出生的地方,看到你自己与在广场上玩耍的小伙伴们在一起,于是内心叹息道:“一去不复返的岁月多么甜美”,还是你的想像力把你引向新叙利亚,发现自己已是成年男子中的一员,正与人们一道,用自己的智力、精力和体力为自己的国家效力呢?

你是那种常读“先进者消息”——其多数是捏造和虚构——的人,在你的想像中,那些先进者们已经获得了人类的所有完美,他们去时会带走美德、权力,荣誉和意志?

你还是被上帝擦亮眼睛的人,从而知道过去所到达的地方不过是攀登真正高处和获得正确知识的几个台阶而已?

叙利亚青年,请把你独身所梦想的告诉我,你究竟在哀悼过去,还是在向往未来?

你究竟不知不觉地漫游在被大地埋葬的人们的坟墓之间,还是展翅翱翔在尚未出生的灵魂群体之上?

你认为你自己是过去一件事情的终结,还是将来发生的某件事情的发端?

究竟谁是你梦想中的英雄和理想里的新娘?

在困倦与睡眠之间的那个时候,你可曾要求历史人物称赞你,并且让他们亲近、敬重你?

谚语曰:“你给我说出你所结交的人,我就能说出你是何许人。”

我则要加上一句:“你对我说出你所梦想的历史英雄,我就能说出你是什么人。”

假若你欣赏拿破仑,那么,你就是昨日之子。因为拿破仑是个奇特的集合体,未曾与他先或后的人交往过,也没有为明天做出什么大事。瓦特鲁战役①是他的所有对手和目的的殓衣和坟墓。那位伟大君王坐在骷髅丘山的高位上达二十年,已经跌至谷底,消失在一日之间!

---

① 瓦特鲁战役,瓦特鲁系比利时一城市,位于布鲁塞尔以南,公元1815年,英军在此大胜拿破仑。

假若你喜欢华盛顿，那么，你就是明日之子。虽然华盛顿没有成为像拿破仑那样的军事大家和思想天才，但在太阳面前为最伟大和最光辉的社会大厦奠了基。

叙利亚青年，请把你对你的国家的看法告诉我！

假若你是那种提到自己祖国便歌颂那些征服和统治叙利亚的国家的光荣，那么，你就是山洞，只能反射陈歌旧曲的回声，而不是直升向以太和大气共舞的鲜活声音。

假若你是个能透过现代乌云观察未来，看到叙利亚是个繁荣的国家，叙利亚人是一个自由活跃的民族，正独自前进着，决不依靠拐杖，那么，你就是明日之子，必将帮助叙利亚实现其希望与理想。

叙利亚青年，请你告诉我，把你的宗教信仰告诉我！你是将精神考验与幻想混为一谈的人吗？因为远离幻想而远离精神考验，因为讨厌与迷信、传说有关的东西，连真理也厌恶起来？若然，那么，你就是过去之子，耳朵全聋，分不清青蛙的鼓噪与鴚鸟的鸣唱。

假若你是被生活所钟爱的人，生活便会使他们看到传统和神化都是大地的分泌物，只能短暂存留；宗教是心灵思念的一种果实，但却永存久在。若然，那么，你就是未来之子，沿着美德大道，向着真理目标前进。

叙利亚青年，请你告诉我，把你对科学和神仙的看法告诉我！假若你把铿锵词语一一相对排列起来，站在讲台上，用从学校壁报上采集来的粗浅认识充斥人们耳际，那么，你就是过去的童子，分不清浮上水面的顷刻即消失的闪光泡沫与永久平静、庄重运行在苍穹的星斗。

假若你天生晓得科学依靠品格，那么，你就是明日之子，决不会把光明与黑暗等量齐观。

叙利亚青年，你何不告诉我？请你告诉我：假若你是昨日之子，我们就哀悼你一番；假若你是明日之子，我们就认你为活着的兄弟！

二十五、我爱劳动者

我爱劳动者。

我爱用思想劳作，用泥土和想像星云创造鲜血、美丽、清新、有益图画的人。

我爱那样的人:他在父亲那里继承来的花园里发现一株苹果树,于是在旁边又栽了一株;他买了一棵葡萄树,能接一堪他尔[①]葡萄,经他培养,能接出两堪他尔葡萄。

我爱那样的人:他拿起被丢弃的干木,为婴儿制成摇篮,或做成能弹出歌曲的吉他;我喜欢那样的人:他取来巨石,制成雕像,盖成房子和庙宇。

我爱劳动者。

我爱那样的人:他能把泥土变成盛酒的器皿,或装油的容器,或容香精的罐子。我喜欢那样的人:他能把棉花织成衬衫,能把毛织成外袍,能把丝织成面纱。

我爱铁匠:他打在铁砧上的每一锤,无不夹带着他的一点鲜血。

我爱裁缝:他用交织着自己目光的线缝制衣服。

我爱木匠:他敲进的每一颗钉子,无不夹带着他的决心和意志。

我爱所有这些人。我爱他们那浸透了大地各种因素的手指。我爱他们那满足忍耐象征的脸面。我爱他们那闪烁着勤奋珠光的生活。

我的心中充满着对牧羊人的爱:每日早晨,他赶着自己的羊群去绿色草原,将之带到清泉旁,用芦笛与之促膝交谈,直到长长白天逝去;夜晚来临,将羊群赶回羊圈,那里是休息、安心之地。

我爱劳动者,因为他使我们的日夜相继。

我爱劳动者,因为他为我们提供食物,而克制自我。

我爱劳动者,因为他勤于纺织,让我们穿新衣,而他的妻儿却穿着旧衣服。

我爱劳动者,因为他建起高楼,而自己却住简陋茅舍。

我爱劳动者的甜美微笑。我爱劳动者两眼中的独立、自由目光。

我爱劳动者,因其温顺,自认为是仆人,虽然他是主人。

我爱劳动者,因其腼腆,自认为是枝条,虽然他是树根。

我爱劳动者,因其羞怯,你给了他工钱,未等你感谢他,他先感谢你;你一赞美他的工作,便看到他泪花模糊了双眼。

我爱劳动者,因其为了让我们的背直起来,他总是弯着背;为了

---

① 堪他尔,重量单位。

让我们的脸朝上方,他总是弯着自己的脖子。

我爱劳动者。

灵魂与肉体俱懒,且又厌恶劳动的人,我能说他什么呢?因为需要金钱而拒绝劳动的人,我能说他什么呢?因为审视劳动,自认为自己比那些双手沾满泥土的人高贵,我能说他什么呢?

坐在存在的餐桌旁,却不把自己辛苦换来的面包和美酿放在餐桌上的人,我能说他什么呢?

那些不种想收的人,我能说他什么呢?

我只能像评说植物和靠吸植物津液与动物血液而延续生活的寄生虫那样评说这些人。

我只能像评说趁喜娘新婚之夜偷偷窃新娘首饰的盗贼那样评说这些人。

二十六、我们都祈祷

我们都祈祷,但我们当中的部分人带着目的和知识祈祷,而另一部分人则无目的和无知识地祈祷。人之心在神圣的无限面前无声地跳动、歌唱着跳动。溪水流向海岸,无论山谷狭窄还是宽阔;溪水定会流到大海,无论天空布满冬季乌云,还是夹带着春令喜雨。

在我的信条中,祈祷是对存在的希望,对生活的向往,是有限意志对无限意志的想念;发自婴儿胸中的第一声呐喊,正是昏迷苏醒的祈祷;姑娘新婚之夜的害羞是对被我们称为母性的崇高存在希望所做的祈祷;临终者发出的最后一声叹息,是已知向无形未知神殿做的祈祷。

在我的信仰中,祈祷是农夫心里的甜美希望;农夫将种子播到地里,暗自说:“奉主之名,全靠吾主!”

祈祷是赶着羊群去绿色草原的牧羊人理性中的称心义务。祈祷是织匠灵魂里的美好工作;织匠坐在织机前,为美丽少女织着斗篷,或为老人织着御寒的外套。

祈祷,在我的法律中,便是一个人诚惶诚恐地站在黎明之前,中午时分惊愕不安,暮霞中神魂颠倒;夜半之时,从埋伏地点站起来,带着沉寂与平安喜讯去往夜的平安与沉寂之中。

春天将花儿从沉睡中唤醒之前,花儿在祈祷。秋季将黄叶散落在地面上之时,树木在祈祷……当冬季试图用冰雪为树枝穿上殓衣时,树木在殷切地祈祷。

鸟儿鸣唱前后在祈祷;动物祈祷着求食,祈祷着躲进洞穴……

大山告别夕阳时在祈祷;夜幕笼罩下的山谷在祈祷。

沙漠在祈祷,祈祷声中有绿色森林和喷涌的泉水;山径在祈祷,祈祷的意思是平原和丛林;星斗在被黑暗显露之前和被光明隐没之后在祈祷;深渊在祈祷,祈祷的意义天堂和乐园。

祈祷并不是信奉宗教者的一种职业,也不是人们欲重复显示的标志,认为通过它可以得到上帝的怜悯与祝福,而是人们的一种内里精神状态,简直就是大自然本身的一种看不见的客观情况;被我们称为人类的目的与正道,或大自然的方向或宗旨,或生命的必然命运的东西,充其量不过是存在于原子里的高尚、深刻、全面的一般祈祷,其存在于太阳之中,与第一物质形影不离,如同与普通智力相伴不分。

祈祷并不始于嘴唇发出,也不止于喉咙唱出;祈祷存在于我们的每一最初情感和我们的日日夜夜的每一时刻。

我们都祈祷,大地上的所有存在都祈祷,因为大地上的一切来自上帝,归于上帝。

上帝在自我祈祷,其存在在向自己的存在致礼问安。

二十七、盲诗人

正是光明使我变成了盲人!

那是太阳,慷慨给予你们的是灿烂白昼,而给予我的却是漆黑的夜;那是比梦还深的夜。

尽管如此,我依然遨游天际,而你却住在生你们的地方,直至死神降临,给你们另一生。

看哪,我用我的手杖和六弦琴探路,而你却用串珠自娱。

看哪,我在黑暗中一直往前走,而你们却害怕光明。

的确,我正在歌唱。

我不会迷路,即使阳光隐没。因为主看得见我们的路,而我也在高度戒备之中。

即使我会跌脚,而我的歌声是生着双翅的,依然会翱翔在高风之上。

我是在探看深和高时使双目失明的。凭我的宗教起誓,请问谁在面对深与高景色时会不牺牲自己的双眼?谁又能在看见黎明曙光时不熄灭两只颤抖的蜡烛?

你们说:“他好可怜啊!他看不见天上的星斗,也看不见草原上的延命菊。”

我则说:“他们才可怜呢!他们摸不着星辰,听不到草原上的延命菊。”

好可怜哪!他们的耳中没有耳朵。他们的指尖没有嘴唇。

二十八、阿卜杜拉·布斯塔尼[①]

——纪伯伦为语言大师追悼会所撰悼词

一个人对自己的民族在思想或意志上所做出的贡献,通常要由受益者进行衡量和估价,而这种贡献的标准则是由广大群众确定的。至于取与舍,则显现在那位天才人物的民族中,他把自己的心思吐露给自己的民族,而民众却排斥之,不会从中汲取任何东西,于是他的天才一直存在于历史长河里,直到岁月推出一位理会其天才见解的人物,给他以高度评价;不过,那是在天才人物被土掩埋和其声音被永久寂静淹没许久之后的事了。那是一场古老的悲剧;但它还会长久存在于时代舞台上,因为那是人类处于半醒半睡,本质模糊,而灵魂却透明的时代。

东方出现科学复兴先锋的时期终于到来了——或者说出现了类似科学复兴的时代,于是涌现出教授和导师——他们吸取古代的说话艺术,尽可能地进行筛选,同时相互尽力激发热情——然后开

① 阿卜杜拉·布斯塔尼(1854–1930),黎巴嫩诗人,语法学家。毕业于黎巴嫩著名的希克玛(睿智)学校。对阿拉伯语语法、句法、词汇学、韵律学等研究均有很深造诣,是阿拉伯诗剧的先驱。著有《句法》(1900)、《布斯塔尼辞典》(上下卷1907)、诗剧《希罗多德之死》、《两朵玫瑰花之战》等。

始向新的一代进行传授,用他们手中掌握的知识面包解除青年一代的求知饥饿,以他们水袋里的生命之水解除青年一代的求知之干渴——阿卜杜拉·布斯塔尼正是这些出类拔萃的杰出导师们当中的一位,他们把自己生命的全部勤奋与忠诚都献给了教育事业。安拉怜悯他!尽管他已带着思想和记忆回到了阿拉伯人的蒙昧时期或贝杜因人的粗犷年月,但他性情温柔,演说动人,话语甜润。站在他的面前,想到他那高强记忆力和他那掌握运用那种困难语言的超绝能力,我感到的不仅是不好意思,而是羞愧不已。

阿卜杜拉·布斯塔尼是一位作家,但不是以他所润饰的文章;他是一位诗人,但不是以他所写的诗歌。这位人杰的诗才并不显示在白纸黑字上。假如有人说,他并不是我们所理解的具有双重属性的作家或诗人,随着时间的涨潮和落潮以及文学结构,形式和流派的发展,可以说他们的话是正确的。然而他比诗人和作家更有益,更具有普遍性,更慷慨大方,更朴实可亲。他唤醒了他的数不清的弟子们的灵魂里的诗情和对修辞的兴趣,仿佛他从他们的天质和洞察力中撷取了悠远铿锵的美妙韵律,写就了那首世界级的不朽阿拉伯长诗,每行诗里都写到诗人,或作家,或记者,或考古家,或探索家。在我看来,这首题为《人类》的长诗,行行具有反叛精神;我的意思是说它们一反陈旧传统,踏上了前人从未走过的道路。

假如我们只赞扬阿卜杜拉·布斯塔尼的著述,那么,我们的赞扬还是干瘦、有限的,简直可以说是一种虚妄与摒弃。布斯塔尼的真正伟大之处已经体现并且仍然体现在师从他和以他为师的壮年人和青年人的身上。

五十年间,这位伟人将他的神奇面纱披在一代又一代人的心灵上。这其中有他的特点,有他的荣耀。阿卜杜拉·布斯塔尼满足了每一个与他有联系的人的需求;岂止如此,因为他还激励、鼓舞了和他没有联系的人们的心灵。而自己的脸面没接触到他的神奇面纱的那些人们,则起来反对他的道路及其追随者。那之中孕育着阿拉伯文学的新生命,也是他的自我决心的最有力证明。

明天将会忘记那些对阿拉伯复兴运动出过力的大多数人,但明天必将记起尊贵大师阿卜杜拉·布斯塔尼的英名,而且饱含敬重、感恩之情。